Eine Arbeitsgemeinschaft der Verlage

Böhlau Verlag · Wien · Köln · Weimar
Verlag Barbara Budrich · Opladen · Toronto
facultas.wuv · Wien
Wilhelm Fink · München
A. Francke Verlag · Tübingen und Basel
Haupt Verlag · Bern
Verlag Julius Klinkhardt · Bad Heilbrunn
Mohr Siebeck · Tübingen
Nomos Verlagsgesellschaft · Baden-Baden
Ernst Reinhardt Verlag · München · Basel
Ferdinand Schöningh · Paderborn · München · Wien · Zürich
Eugen Ulmer Verlag · Stuttgart
UVK Verlagsgesellschaft · Konstanz, mit UVK / Lucius · München
Vandenhoeck & Ruprecht · Göttingen · Bristol
vdf Hochschulverlag AG an der ETH Zürich

Julia Lossau
Tim Freytag
Roland Lippuner (Hrsg.)

Schlüsselbegriffe der
Kultur- und Sozialgeographie

34 Abbildungen

Verlag Eugen Ulmer Stuttgart

Die Herausgeber

Prof. Dr. Julia Lossau studierte Geographie mit den Nebenfächern Städtebau, Soziologie und Geologie an den Universitäten Würzburg und Bonn. Nach ihrer Promotion an der Universität Bonn hat sie u. a. in Heidelberg, Salzburg und Berlin gelehrt. Gegenwärtig ist sie Professorin für Humangeographie an der Universität Bremen.

Prof. Dr. Tim Freytag hat sein Studium der Geographie, Geschichte und Romanistik an der Universität Heidelberg mit Auslandsaufenthalten in Genf und Granada verbunden. Nach der Promotions- und Habilitationsphase am Geographischen Institut in Heidelberg war er zunächst als Professor für Kulturgeographie an der Universität Kiel tätig. Seit 2010 ist er Professor für Humangeographie an der Universität Freiburg.

Dr. Roland Lippuner studierte Geographie und Soziologie an der Universität Zürich. Er war wissenschaftlicher Assistent am Institut für Geographie der Friedrich-Schiller-Universität Jena, wo er mit einer Arbeit über „Umwelt und Gesellschaft: Zur Geographie einer strukturellen Kopplung" habilitierte. Zurzeit ist er akademischer Rat am artec | Forschungszentrum Nachhaltigkeit der Universität Bremen.

Bibliografische Information der Deutschen Nationalbibliothek
Die Deutsche Nationalbibliothek verzeichnet diese Publikation in der Deutschen Nationalbibliografie; detaillierte bibliografische Daten sind im Internet über http://dnb.d-nb.de abrufbar.

© 2014 Eugen Ulmer KG
Wollgrasweg 41, 70599 Stuttgart (Hohenheim)
E-Mail: info@ulmer.de
Internet: www.ulmer.de
Lektorat: Sabine Bartsch, Sabine Mann
Herstellung: Jürgen Sprenzel
Grafiken: Birgitt Gaida
Umschlagfoto: Julia Lossau
Umschlaggestaltung: Atelier Reichert, Stuttgart
Satz und Repro: primustype Hurler GmbH, Notzingen
Druck und Bindung: Graphischer Großbetrieb Friedr. Pustet, Regensburg
Printed in Germany

UTB Band-Nr. 3898
ISBN 978-3-8252-3898-8

Inhaltsverzeichnis

Vorwort

Ein Gebäude, ein Schiff und irgendetwas Rundes – das ist es in etwa, was man auf der Umschlagabbildung dieses Buches auf den ersten Blick erkennt. Auf den zweiten Blick sieht man schon mehr: Das Foto zeigt einen Durchgang durch eine Wand, auf der das Panorama abgebildet ist, das sich dem Betrachter jenseits des Durchgangs bietet. Der Aufnahmeort ist Bremerhaven, die genauere Aufnahmeposition befindet sich hinter dem Deutschen Schifffahrtsmuseum, zu dem auch die Wand mit dem abgebildeten Panorama gehört. Das braun-weiße Gebäude im Vorder- und Hintergrund beherbergt das renommierte Alfred-Wegener-Institut für Polar- und Meeresforschung. Der freie Platz hinter dem Durchgang liegt am Museumshafen, der wiederum Teil der Bremerhavener „Havenwelten" ist. Bremerhaven steht exemplarisch für eine Stadt, die im Zuge des globalen Strukturwandels erheblich an Wirtschaftskraft verloren hat. Um den Schrumpfungstendenzen zu begegnen und die Attraktivität der Waterfront zu erhöhen, bemüht sie sich, neue Nutzungen anzuziehen. So befindet sich in der Nähe des Deutschen Schifffahrtsmuseums auch das Deutsche Auswandererhaus, das sich der Emigration unter historischen und aktuellen Aspekten widmet. Eine weitere Attraktion in den „Havenwelten" ist das Klimahaus, das den Klimawandel erlebbar machen will. In Nachbarschaft zum Alfred-Wegener-Institut ist mit der Hochschule Bremerhaven eine weitere wissensintensive Institution untergebracht.

Das Umschlagbild veranschaulicht die zentralen Anliegen, die wir mit diesem Lehrbuch verfolgen. Zunächst thematisiert es eine Reihe von Gegenständen der aktuellen Kultur- und Sozialgeographie: den globalen Wandel – dafür stehen das Klimahaus und das Wegener-Institut –, den wirtschaftlichen Strukturwandel – versinnbildlicht im Hafen und im Schifffahrtsmuseum –, Fragen der Stadtentwicklung – in diesem Fall die Revitalisierung von Hafenanlagen –, historische und aktuelle Migrationsbewegungen, wie sie im Auswandererhaus thematisiert werden, sowie die Bedeutung von Bildung und Wissen, hier dargestellt am Beispiel des Wegener-Instituts und der Hochschule Bremerhaven. Die Art und Weise, wie das Foto diese Gegenstände behandelt, korrespondiert ebenfalls mit unseren Anliegen: Der Blick durch die Passage zeigt nur einen ganz bestimmten Ausschnitt der Realität, der durch die Projektion auf die Wand gewissermaßen verdoppelt wird. Damit erinnert das Bild zum einen daran, dass wir bei unseren Betrachtungen – auch bei wissenschaftlichen – stets eine bestimmte Perspektive einnehmen, die mit entscheidet, was wir sehen können und was nicht. Außerdem weist es darauf hin, dass zwischen den Dingen einerseits und unserer Sicht auf die Dinge andererseits eine Diskrepanz besteht, die nicht überbrückt, wohl aber reflektiert und thematisiert werden kann. Mit der Anerkennung dieser Perspektivität ist also gleichzeitig ein Plädoyer für verstärkte Reflexivität verbunden.

Perspektivität und Reflexivität sind Kennzeichen des sogenannten *cultural turn* der Sozialwissenschaften. Im Zuge dieser kulturtheoretischen Neuausrichtung hat sich die Überzeugung durchgesetzt, dass die soziale Wirklichkeit durch Methoden erschlossen werden muss, die den Sinn von Äußerungen und die Bedeutung von Objekten oder Praktiken erfassen. In der Geographie ist aus dieser Entwicklung eine Neue Kulturgeographie entstanden, die sich nicht nur von einer konventionellen, quantitativ und raumwissenschaftlich geprägten Sozialgeographie abhebt, sondern auch den essentialistischen Kulturbegriff der traditionellen Kulturgeographie überwindet. Wir gehen davon aus, dass der *cultural turn* die Humangeographie insgesamt erfasst und zur Entstehung eines Forschungsfeldes geführt hat, das man als sozialwissenschaftliche und kulturtheoretische Humangeographie bezeichnen kann. In diesem Sinne soll unser Buch ein Beitrag zur Kultur- und Sozialgeographie sein. Es behandelt soziale Phänomene, das heißt Gegenstände, die Bestandteil von Handlungen und Kommunikationen oder Ergebnis der Verknüpfung von Ereignissen und Akteuren in sozialen Beziehungen sind. Die Erklärung dieser Phänomene erfolgt aus einer kulturtheoretischen Perspektive, die sich am Verstehen orientiert und auf Interpretation ausgerichtet ist – wie in unserem Umschlagbild angedeutet.

Schließlich mag die Form der Passage auf dem Umschlagfoto den einen oder die andere an einen Schlüssel erinnern. Das ist durchaus beabsichtigt: Das Foto soll auch in dieser Hinsicht auf das Anliegen unseres Buches anspielen, das für sich in Anspruch nimmt, Schlüsselbegriffe der Kultur- und Sozialgeographie zu versammeln. Dabei ist uns bewusst, dass unsere Auswahl an Schlüsselbegriffen nur genau das sein kann: *unsere* Auswahl, die andere anders getroffen hätten, und unsere *Auswahl*, die keinen Anspruch auf Vollständigkeit erhebt. Sollten Sie als Leserin oder Leser einen Schlüsselbegriff vermissen, werden Sie dazu vielleicht unter einer anderen Überschrift etwas finden: So stellt zum Beispiel Wohnen einen wichtigen Bestandteil der Auseinandersetzung mit sozialen Ungleichheiten und räumlichen Disparitäten dar; Verkehr ist unter anderem Thema der Ausführungen über das Reisen; Geopolitik kommt im Beitrag über Territorien und Grenzen zur Sprache und über Regionen oder Regionalisierungen wird im Zusammenhang mit Globalisierung berichtet.

Verschiedene Schlüsselbegriffe bezeichnen Sachverhalte, die keine ausschließlich geographischen Themen sind. Das hat uns nicht daran gehindert, sie trotzdem in unser Buch aufzunehmen. „Typisch geographisch" sind nach unserem Verständnis nicht die bezeichneten Sachverhalte selbst, sondern die Art und Weise ihrer Betrachtung, genauer gesagt der Versuch, die Raumbezüge der entsprechenden Zusammenhänge herauszustellen und gleichzeitig zu problematisieren. Der Doppelbegriff Kultur- und Sozialgeographie bezeichnet in unseren Augen also nicht nur ein Forschungsfeld, sondern auch (und vor allem) ein spezifisches Interesse, das zweifellos im Fach Geographie am weitesten verbreitet ist, seit einigen Jahren – seit dem sogenannten *spatial turn* – aber auch in vielen anderen Disziplinen zur Geltung kommt.

Das Buch ist kein konventioneller Sammelband mit Forschungsergebnissen zu einem bestimmten Thema. Es ist als Einführung gedacht und soll in erster Linie ein Lehrbuch sein, das bei entsprechender Begleitung auch Anfängerinnen und Anfängern einen Einblick und einen Einstieg in die Kultur- und Sozialgeographie ermöglicht. Darüber hinaus hoffen wir, dass auch fortgeschrittene Studierende sowie Wissenschaftlerinnen und Wissenschaftler anderer Disziplinen das Buch als Überblicksdarstellung und Nachschlagewerk nutzen werden.

Wir haben unsere Schlüsselbegriffe vier Überschriften zugeordnet und das Buch nach „Grundlagen", „Prozessen", „Strukturen" und „Praktiken" gegliedert. Im Kapitel „Grundlagen" werden die Einstellung und das Aufgabengebiet der Kultur- und Sozialgeographie anhand von sechs Zentralbegriffen auf einer allgemeinen Ebene umrissen. In den weiteren Kapiteln werden aktuelle Entwicklungen (Prozesse), gesellschaftliche Gegensätze und Beziehungen (Strukturen) sowie konkrete Praktiken unter kultur- und sozialgeographischen Gesichtspunkten diskutiert.

Die einzelnen Beiträge verfolgen die Absicht, die mit dem jeweiligen Schlüsselbegriff verbundenen Inhalte kompakt und anschaulich darzustellen. Sie orientieren sich am aktuellen Stand der wissenschaftlichen Debatten und versuchen, diesen auf verständliche Weise zu vermitteln. Im Unterschied zu (vermeintlich) „neutralen" Lexikoneinträgen sind die Beiträge in diesem Buch bewusst aus einer bestimmten Perspektive geschrieben und vertreten damit einen besonderen theoretischen Standpunkt. Wir verfolgen damit zwei didaktische Ziele: Zum einen geht es uns darum zu zeigen, wie verschiedene Aspekte des gesellschaftlichen Lebens aus einer kultur- und sozialgeographischen Perspektive aussehen, welche Fragen dabei auftreten und welche Antworten gefunden werden. Gleichzeitig soll aber auch der Standpunkt dieser Perspektive transparent gemacht und damit die Art der Betrachtung selbst zur Diskussion gestellt werden. Wir sind also weniger an einer Vermittlung von reinem Faktenwissen – im Sinne von Kennziffern, Daten und Formeln zum Auswendiglernen – interessiert; darin unterscheidet sich das vorliegende Buch ganz bewusst von klassischen Lehrbüchern. Im Vordergrund steht vielmehr das Bemühen, einen Zugang anzubieten, der den diskursiven Charakter des jeweiligen Begriffes aufnimmt und damit hinter die Kulissen der verhandelten Prozesse, Strukturen und Praktiken schaut: Wer spricht eigentlich warum über Globalen Wandel? Wieso kann die fachwissenschaftliche Geographie als Kolonialwissenschaft par excellence gelten? Inwiefern sind Volkszählungen nicht nur nützlich, sondern auch problematisch? Welche Chancen und welche Gefahren bietet die Kartierung von Armutsquartieren in Städten, und was hat mein eigener Konsum mit den globalen ökonomischen Strukturen zu tun? Das sind einige der Fragen, auf die dieses Buch eine Antwort geben möchte.

Wir möchten uns an dieser Stelle herzlich bei Sabine Mann vom Ulmer Verlag bedanken, die unser Projekt mit großer Ausdauer und Verständnis für unsere Anliegen begleitet hat. Besonderer Dank gebührt zudem Sabine Bartsch für das sorgfältige Lektorat sowie Birgitt Gaida und Steffen Gutmann für die gewissenhafte Bearbeitung der Abbildungen und die Vorformatierung des Manuskripts. Danken möchten wir schließlich auch unseren Autorinnen und Autoren, ohne deren Kreativität und Zuverlässigkeit dieses Buch nicht hätte entstehen können. Wir hoffen, dass es Studierenden dabei hilft, sich mit aktuellen Themen und Inhalten – und en passant auch mit einer aktuellen Perspektive – der Kultur- und Sozialgeographie vertraut zu machen.

Bremen und Freiburg
im Juli 2013

Julia Lossau,
Tim Freytag,
Roland Lippuner

Grundlagen

Tim Freytag **1 Raum und Gesellschaft**

1.1 Einführung

Mobile Kommunikationsmedien und satellitenbasierte Navigations-
geräte sind heute selbstverständliche Begleiter in Alltag und Beruf.
Auch wenn es gelegentlich Pannen und Enttäuschungen gibt – ein
Leben ohne Mobiltelefon und Navigationssystem ist für viele Menschen undenkbar. Es hat den Anschein, als würden wir uns ohne diese
moderne Technik im Lebensalltag nicht mehr zurechtfinden. Mit der
Entwicklung neuer Informations- und Kommunikationsmedien verbindet sich offenbar ein tief greifender gesellschaftlicher Wandel.
Dabei wird im Kontext der fortschreitenden Globalisierung insbesondere das Verhältnis zwischen Individuum, Gesellschaft und Raum neu
geordnet. Der Veränderung und Neubestimmung dieses Verhältnisses
widmet sich dieser Beitrag. Wir werden sehen, dass Raum auf sehr
unterschiedliche Weise gefasst werden kann – je nachdem, aus welcher Perspektive mit diesem Begriff gearbeitet wird.

Innerhalb der aktuellen Kultur- und Sozialgeographie geht es nicht
so sehr um den Raum an sich, sondern vor allem um Zusammenhänge
zwischen gesellschaftlichen Phänomenen und räumlichen Aspekten.
Welche Gestalt erhalten gesellschaftliche Strukturen und Prozesse,
wenn sie aus einer raumbezogenen Perspektive betrachtet werden?
Welche Bedeutung haben Raum und Räumliches für die Organisation
der Gesellschaft und das Zusammenleben von Menschen? Inwiefern
besitzen und nutzen Menschen die Fähigkeit, Räume zu überwinden
und zu verändern? Bei der Beschäftigung mit diesen Fragen zeichnet
sich ab, dass ein zentrales Bindeglied zwischen Gesellschaft und
Raum heute in den Praktiken von Individuen gesehen wird: Menschen produzieren und reproduzieren sowohl räumliche Muster und
Verflechtungen als auch immaterielle Vorstellungen von Räumen.
Dabei entstehen vielfältige sozialräumliche Strukturen und Ungleichheiten, aus denen sich spezifische Restriktionen und Herausforderungen ergeben. Wie man diesen Disparitäten angemessen begegnen
kann, ist eine Frage, die nicht nur die Politik und die Öffentlichkeit
vor eine große Aufgabe stellt, sondern auch die Wissenschaft herausfordert.

1.2 Raumkonzepte

Die Beschäftigung mit Raum bzw. mit verschiedenen Räumen ist ein zentrales Anliegen der Geographie. Aufbauend auf Berichten von Expeditionen aus der Zeit der großen Entdeckungsreisen entstand die moderne Geographie als eine wissenschaftliche Disziplin, die Mensch und Natur in der vorhandenen räumlichen Vielfalt zu erfassen, zu typisieren und zu erklären sucht. Diesem Verständnis folgend erscheint Raum vereinfacht gesehen als die „Welt da draußen", das heißt als ein Ausschnitt der Erdoberfläche. Wenn man sich jedoch etwas eingehender mit der Räumlichkeit dieser „Welt da draußen" beschäftigt, offenbaren sich unterschiedliche Dimensionen von Raum und Räumlichkeit (siehe Kompaktinformation zu *space* und *place;* vgl. auch für entsprechende Systematisierungen z. B. Weichhart 1999; Dünne/Günzel 2006). Diese Dimensionen korrespondieren mit verschiedenen Raumkonzepten, die im Alltag oft nicht klar voneinander getrennt werden. Im Gegenteil – unser Alltag ist dadurch gekennzeichnet, dass sich unterschiedliche Raumvorstellungen überlagern und miteinander verbinden. Als Grundlage für die analytische Reflexion und wissenschaftliche Untersuchung von Raumvorstellungen ist es hilfreich, eine systematische Unterscheidung von Raumkonzepten vorzunehmen.

Dimensionen von Raum und Räumlichkeit

1.2.1 Raum und Zeit als Basiskategorien der Wahrnehmung

Über die Frage „Was ist Raum?" haben die Philosophen bereits im 18. Jahrhundert hitzige Debatten geführt (siehe dazu z. B. Werlen 1995, 141–243; Dünne/Günzel 2006, 19–84). Eine für die Sozial- und Kulturwissenschaften wegweisende Position vertrat dabei Immanuel Kant. Er hat darauf hingewiesen, dass der Raum nicht die „Welt da draußen" ist, sondern „in unserem Kopf" durch die Anschauung oder – wie man heute eher sagen würde – durch die Wahrnehmung entsteht. Wir nehmen physische Gegenstände nämlich immer als platzierte Objekte wahr, das heißt als Objekte, die sich auf oder unter etwas anderem befinden, vor oder hinter und neben anderen Objekten. Manche Objekte verändern ihren Ort oder sind in Bewegung, aber es gibt keine physischen Objekte, die keinen Ort haben. Gleichzeitig nehmen wir den Raum selbst, der die Grundlage dieser Platzierung darstellt, nicht wahr. Wir sehen die Objekte in ihrer räumlichen Anordnung (hintereinander, nebeneinander, übereinander), aber niemals den Raum selbst oder die „reine Stelle", an der sie sich befinden. Raum ist deshalb, vereinfacht gesagt, die Art und Weise der Wahrnehmung von Objekten. Entsprechend seiner Ausführungen über den Raum hat Kant übrigens auch philosophische Überlegungen über die Zeit formuliert.

Wahrnehmung von Objekten

Wir können uns Raum und Zeit auch als ein Koordinatensystem vorstellen, in dem Menschen oder Objekte positioniert und Veränderungen abgebildet werden. So können entlang der Zeitachse langsame Entwicklungen verzeichnet oder plötzliche Umbrüche festgestellt, aber auch Wiederholungen oder Stagnation registriert werden. Durch die zeitliche Perspektive wird es möglich, verschiedene Situationen oder Zustände vergleichend zu betrachten und Veränderungen sichtbar zu machen. Ebenso verhält es sich mit der räumlichen Perspektive. Auch entlang der Raumachse unseres Koordinatensystems ist eine vergleichende Betrachtung verschiedener Situationen oder Zustände möglich. Dabei geht es nicht, wie bei der Zeitachse, um die Gegenüberstellung von vorher und nachher, sondern um den Vergleich zwischen hier und dort oder die Differenz von innen und außen. Auch die Unterscheidung zwischen Nähe und Ferne setzt eine räumliche Perspektive voraus, die besagt, dass unterschiedliche Räume gleichzeitig existieren.

1.2.2 Räume als Container – eine verbreitete Alltagsvorstellung

Es gehört zu unserer Alltagserfahrung, dass mehrere Räume nebeneinander existieren – wie etwa die unterschiedlich eingefärbten Länder auf einer Weltkarte: Ganz egal, welche Maßstabsebene wir betrachten, überall auf der Erdoberfläche finden wir Räume oder Territorien, die durch mehr oder weniger durchlässige Trennlinien voneinander abgegrenzt werden (vgl. Beitrag zu Territorien und Grenzen in diesem Band). Diese Linien markieren Übergänge zwischen innen und außen, oben und unten, zugehörig und fremd. Sie tun dies nicht nur, wenn eine Grenze – wie zum Beispiel eine mittelalterliche Stadtmauer – eine physisch-materielle Form hat, sondern auch im Fall der aktuellen Gemarkungsgrenzen unserer Gemeinden. Diese sind zwar auf Karten und in Plänen verzeichnet, für den Betrachter im Gelände aber nicht ohne Weiteres zu erkennen. In beiden Fällen entstehen durch die Grenzziehungen sogenannte Container, das heißt Behälter mit Inhalten, denen bestimmte soziale, kulturelle und ökonomische Eigenschaften zugeschrieben werden können. Der territorialen Organisation von Gesellschaften liegt also ein „Container-Denken" zugrunde, das die Aufteilung von Zuständigkeiten oder die Zuordnung von Verantwortlichkeit erlaubt und insofern ein nützliches Instrument ist, um den Zugang zu Ressourcen zu regeln (z. B. um die Frage zu klären, wer wo etwas anbauen oder abbauen darf). Gleichzeitig birgt dieses Denken aber die Gefahr, dass Territorien und Grenzen als selbstverständlich und manchmal sogar als naturgegeben erachtet werden, obwohl es stets Menschen sind, die Grenzen ziehen, Grenzverläufe korrigieren und auf diese Weise Territorien schaffen.

territoriale Organisation von Gesellschaften

Die Vorstellung von Container-Räumen erschwert es auch, ein Bewusstsein dafür zu gewinnen, dass vielfältige grenzüberschreitende Verbindungen und Bezüge bestehen. Tatsächlich ist die Wirkung territorialer Grenzen stets auf bestimmte Aspekte beschränkt.

Dies gilt etwa für die administrativen Grenzen zwischen zwei benachbarten Stadtteilen, die für den überwiegenden Teil des Alltagshandelns der Bewohnerinnen und Bewohner keine große Bedeutung haben. Eine weitere Problematik des Container-Denkens liegt in der Annahme, dass die in einem Gebiet lebende Bevölkerung weitgehend homogen sei. Die Gefahr, vorschnell eine Verbindung zwischen Territorium und Bevölkerung herzustellen und der Bevölkerung spezifische Eigenschaften oder Einstellungen zuzuschreiben, besteht auch in wissenschaftlichen Darstellungen. Sie wurde vom Geographen John Agnew (1994) als *territorial trap* bezeichnet (vgl. den Beitrag zu Territorien und Grenzen in diesem Band).

1.2.3 Relationale Räume – ein Geflecht von Beziehungen

Aus kultur- und sozialgeographischer Perspektive erweist sich die Vorstellung von Container-Räumen aufgrund der oben skizzierten Umstände meistens als nur wenig zielführend. Denn technologische Innovationen haben – wie eingangs skizziert – dazu beigetragen, dass unser Leben und Wirtschaften zunehmend durch eine Verknüpfung verschiedener und teilweise weit voneinander entfernt gelegener Räume geprägt ist. Ergiebiger kann es deshalb sein, mit relationalen Raumkonzepten zu arbeiten. Die diesen Betrachtungsweisen zugrunde liegende Vorstellung wurde vor allem vom deutschen Philosophen und Universalgelehrten Gottfried Wilhelm Leibniz begründet. Er hat betont, dass er „den Raum ebenso wie die Zeit für etwas rein Relatives halte, nämlich für eine Ordnung des Nebeneinanderbestehens, so wie die Zeit eine Ordnung der Aufeinanderfolge" sei (Leibniz 1715/16, zit. in Dünne/Günzel 2006, 61).

Die Verwendung eines relationalen Raumbegriffs erlaubt es, einen Raum in seiner Bedeutung für den Menschen zu erfassen und die Verflechtungen zwischen unterschiedlichen Orten oder Stellen in den Blick zu nehmen. Vor dem Hintergrund eines relationalen Raumbegriffs geht es also weniger darum, einzelne Räume isoliert zu betrachten, sondern vielmehr um die Beziehungen, die zwischen unterschiedlichen Räumen bestehen. Dies gilt nicht nur für Lagebeziehungen von Objekten, die im Raum angeordnet sind, sondern beispielsweise auch für räumliche Mobilität, für Verflechtungen in den Prozessen der Produktion und des Konsums, für die Verbreitung von Wissen und den Zugang zu Information sowie die räumliche Dimension sozialer Netzwerke. Wie Kant in seinen erkenntnistheoretischen Ausführungen betont, handelt es sich bei diesen Lagebeziehungen jedoch nicht um absolute physische Distanzen zwischen Objekten, sondern um Beziehungen, die wir durch unsere Betrachtung (Anschauung bzw. Wahrnehmung) herstellen. Die Idee von Raum als Basiskategorie der Wahrnehmung und das relationale Raumkonzept schließen sich also nicht aus, sondern können bei sozial- und kulturwissenschaftlichen Betrachtungen zusammen in

Verflechtungen zwischen unterschiedlichen Orten

Anschlag gebracht werden. So wird es möglich, Räume als Vorstellungswelten zu betrachten.

Space und place

Mit dem englischen Begriffspaar *space* und *place* werden zwei grundlegende Konzepte der Geographie bezeichnet. Dabei verweist *space* vor allem auf einen abstrakten geometrischen Raum, innerhalb dessen sich Menschen und Objekte sowie deren Beziehungen an spezifischen Standorten verorten lassen. Dieser Ansatz beruht im Wesentlichen auf einem raumwissenschaftlichen Verständnis, das auch in den englischsprachigen Begriffen *spatial science* bzw. *spatial analysis* anklingt und vor allem dazu dient, Strukturen und Prozesse innerhalb eines messbaren Raumes (quantitativ) zu erfassen, zu untersuchen und gegebenenfalls zu modellieren. *Place* steht dagegen für ein ganzheitliches, phänomenologisch geprägtes Verständnis von Raum, das neben der materiellen Dimension von Orten auch deren Wahrnehmung, die symbolischen Bedeutungen und die Aufenthaltsqualitäten beinhaltet. In diesem Sinne sind Orte oder Landschaften als *places* bedeutsam für unser Alltagsleben: Sie können uns vertraut oder fremd sein, wir können uns in ihnen wohl oder unwohl fühlen. Solche Eigenschaften ergeben sich aus einem fortwährenden Prozess der Produktion und der Reproduktion ortsbezogener Bedeutungen.

1.2.4 Räume als Vorstellungswelten

Es ist bemerkenswert, wie gut wir über fremde Länder Bescheid wissen oder meinen, Bescheid zu wissen, obgleich wir diese Länder niemals bereist, geschweige denn dort einmal gelebt haben. Ganz ähnlich verhält es sich mit dem Wissen über vergangene Epochen wie zum Beispiel das Mittelalter. Tatsächlich sind wir vor allem mit bestimmten Vorstellungsbildern vertraut, die sich auf diese Länder und Epochen beziehen. Indien und China sind ebenso Bestandteil unserer Vorstellungswelten wie die Toskana oder das Zeitalter der griechischen Antike. Diese Vorstellungen können von eigenen Erfahrungen geprägt sein, in den meisten Fällen beruhen sie aber auf Bedeutungsgehalten, die mittels verschiedener Medien verbreitet werden.

geographical imaginations Der in Kanada lehrende Geograph Derek Gregory (1994) spricht in diesem Zusammenhang von *geographical imaginations* – von Vorstellungen, die mit bestimmten Räumen verbunden werden, die bestimmte Erwartungen und implizite Bewertungen enthalten. Diese Überlegungen gehen auf den Literaturwissenschaftler Edward Said (1978) zurück, der in seinem Buch *Orientalism* herausgearbeitet hat, wie der Orient als Konstrukt einer eurozentrisch-kolonialistischen

Perspektive entstanden ist. Laut Said ist der Orient nicht einfach ein Ausschnitt der Erdoberfläche, sondern eine raumbezogene Vorstellung, die eng an eine spezifische Weltsicht gebunden ist (siehe Kompaktinformation zu Repräsentation). In diesem Sinn verweisen *geographical imaginations* nicht nur auf Vorstellungen von Orten oder Räumen, sondern auch auf die Perspektive des Betrachters. Dieser Ansatz wurde auch in anderen kulturgeographischen Arbeiten aufgegriffen. So hat der britische Geograph Denis Cosgrove (1984) gezeigt, dass der Blick auf eine Landschaft stets in bestimmte historisch-gesellschaftliche Zusammenhänge eingebettet ist. Die Kulturgeographie kann deshalb als eine wissenschaftliche Disziplin verstanden werden, die sich mit der Konstruktion von raumbezogenen Vorstellungen befasst (Lossau 2002).

Konstruktion von raumbezogenen Vorstellungen

Repräsentation

Repräsentation geht auf das lateinische Wort *repraesentatio* zurück und bedeutet soviel wie Darstellung oder Vertretung. So repräsentiert zum Beispiel eine Parlamentsabgeordnete die Menschen ihres Wahlkreises. In den Sozial- und Kulturwissenschaften wird dieses Vertretungsprinzip auf Gedanken, Wörter und Dinge übertragen, die für bestimmte Ereignisse oder Zusammenhänge stehen: Repräsentation umfasst in diesem Sinne Vorstellungen und Praktiken der Interpretation und der Kommunikation. Für die kultur- und sozialgeographische Forschung sind raumbezogene Repräsentationen von besonderem Interesse. Während der „klassische" geographische Ansatz darin besteht, die Erdoberfläche zu beschreiben und eine vermeintlich objektive Repräsentation derselben zu schaffen, tritt bei aktuellen Arbeiten die Frage in den Vordergrund, wie diese Darstellungen von handelnden Akteuren hergestellt werden. In diesem Fall richtet sich das Erkenntnisinteresse vorwiegend darauf, raumbezogene Repräsentationen zu identifizieren und herauszuarbeiten, wie Menschen mit ihrer Hilfe die Welt für sich und andere verstehbar machen.

1.3 Gesellschaft

Während der Begriff der Gesellschaft im Alltagsgebrauch oft unreflektiert verwendet wird, um eine bestimmte (oder unbestimmte) Anzahl von Menschen zu bezeichnen, ist es die Aufgabe der Sozialwissenschaften, eine präzisere Vorstellung darüber zu entwickeln, was eine Gesellschaft eigentlich ausmacht. Selbstverständlich gibt es – ebenso wie im Fall der Raumkonzepte – durchaus unterschiedliche Ansätze für ein sozialwissenschaftliches Verständnis von Gesellschaft, von denen zwei im Folgenden kurz erläutert werden.

1.3.1 Der Begriff der Gesellschaft

Im Unterschied zum Begriff der Bevölkerung, der die innerhalb eines Territoriums lebenden Menschen bezeichnet (vgl. den Beitrag zu Demographie und Bevölkerung in diesem Band), geht es bei der Gesellschaft im allgemeinen sozialwissenschaftlichen Verständnis um einen sozialen Zusammenhang, der mittels bestimmter Normen und Regeln organisiert wird. Nicht die Individuen als solche, sondern die **Beziehungen zwischen den Individuen** sind demzufolge konstituierend für eine Gesellschaft. Dabei liegt der Fokus allerdings nicht auf Interaktionen, sondern auf Beziehungen, die durch gemeinsame Überzeugungen gestiftet und durch Institutionen (z. B. eine staatliche Verfassung) aufrechterhalten sowie durch soziale Praktiken im Alltagsleben dauerhaft reproduziert werden.

Ein anderes Verständnis von Gesellschaft hat der deutsche Soziologe Niklas Luhmann geprägt. In der Luhmannschen Systemtheorie wird unter der Gesellschaft die Verflechtung der sozialen Kommunikation verstanden (Luhmann 1984; 1997). Im Vordergrund stehen dabei also nicht die Menschen, sondern deren Kommunikation, die sich innerhalb unterschiedlicher, funktional differenzierter Systeme vollzieht. Dabei lassen sich im Einzelnen verschiedene Funktionssysteme, wie zum Beispiel Wirtschaft, Wissenschaft, Kunst oder Politik, unterscheiden (vgl. den Beitrag zum Reisen in diesem Band). Der Gesellschaftsbegriff von Luhmann berücksichtigt die tief greifenden Veränderungen in unserer Zeit, angesichts derer es zunehmend schwierig erscheint, Gesellschaft als einen relativ homogenen und fest gefügten sozialen Zusammenhang zu begreifen. Vielmehr erleben wir eine fortschreitende **gesellschaftliche Ausdifferenzierung und soziale Fragmentierung** sowie einen Trend zur Auflösung traditionell bestehender gesellschaftlicher Zusammenhänge (Beck et al. 1996; Beck 2008).

1.3.2 Bedeutung räumlicher Bezüge

Wenn wir nun der Frage nachgehen, welche Bedeutung räumliche Bezüge für die Gesellschaft haben, ist zunächst anzumerken, dass es eine Vielzahl von Einrichtungen gibt, die unterschiedliche territoriale Reichweiten besitzen. Dies gilt zum Beispiel für Verwaltung, Bildung, Gesundheit, Rechtsprechung und Sicherheit sowie Einzelhandel und Dienstleistungen. Die Raumordnung (vgl. den Beitrag zu Regieren und Planen in diesem Band) bietet ein weiteres anschauliches Beispiel dafür, dass gesellschaftliches Zusammenleben in räumlicher Hinsicht geplant und gestaltet wird. Angesichts der verschiedenen raumbezogenen Ansprüche und Nutzungsinteressen ist es kaum verwunderlich, dass sich Räume hinsichtlich ihrer Form und Funktion stark voneinander unterscheiden. Das Spektrum reicht dabei von der Großstadt bis zur ländlichen Gemeinde oder vom Natur- und Landschaftsschutzgebiet bis zum Urlaubsparadies.

Bei der Auswahl von Reisezielen oder Wohnstandorten wird deutlich, dass die Menschen nicht nur differenzierte Vorlieben besitzen, sondern diese auch in unterschiedlichem Maße verwirklichen können – je nachdem über welche finanziellen Mittel sie verfügen und welche sonstigen Faktoren der Ermöglichung bzw. Verhinderung im Einzelfall greifen. Dies ist ein Grund dafür, dass sich Menschen mit ähnlichen Vorlieben und finanziellen Möglichkeiten an bestimmten Wohn- oder Urlaubsorten konzentrieren. Auf diese Weise erlangen gesellschaftliche Disparitäten eine räumliche Dimension: Gesellschaftliche Unterschiede schlagen sich im Raum nieder bzw. werden durch räumliche Anordnungen akzentuiert. Dies gilt zum Beispiel für die ungleiche Verteilung von Einkommen oder Bildungsabschlüssen, variierende Anteile älterer Menschen oder kinderreicher Haushalte sowie für diverse andere demographische, soziale und ökonomische Merkmale (vgl. den Beitrag zur Fragmentierung in diesem Band).

Ein anderer Aspekt, der die Bedeutung räumlicher Bezüge für die Gesellschaft unterstreicht, betrifft die Stellung von Individuen innerhalb der Gesellschaft oder, genauer genommen, die Frage, wie Menschen sich dort selbst positionieren und von anderen Menschen positioniert werden. Für diese Praktiken der sozialen Verortung spielt die räumliche Dimension nämlich eine besondere Rolle. Dies zeigt sich im Kontext von raumbezogener Integration und Exklusion (z. B. Segregation der Wohnbevölkerung und Quartierseffekte) wie auch anhand emotionaler Bindungen an bestimmte Orte bzw. dort befindliche Menschen und damit verbundene Erinnerungen (vgl. den Beitrag zu Erinnern und Gedenken in diesem Band).

Praktiken der sozialen Verortung

1.3.3   Neuordnung der räumlichen Bezüge

Häufige Ortswechsel und der Aufenthalt in verschiedenen Räumen sind heute eine Selbstverständlichkeit. Dies betrifft nicht nur das Reisen in ferne Länder, sondern auch Distanzen, die mithilfe des Telefons oder im virtuellen Raum zurückgelegt werden können. Unter Umständen entstehen intensive funktionale Verflechtungen zwischen Orten, die in großer räumlicher Distanz zueinander liegen, während andere Orte, die nur wenige Kilometer voneinander entfernt sind, mangels Austausch und Verflechtungen zusehends voneinander entkoppelt werden.

Vor allem das als *time-space compression* bezeichnete Phänomen – das die Tatsache umschreibt, dass räumliche Distanz im Zeitalter der Globalisierung sehr schnell überwunden werden kann – verdeutlicht die aktuelle Neuordnung der räumlichen Bezüge (vgl. den Beitrag zur Globalisierung in diesem Band). Obwohl es selbstverständlich auch von den geltenden Einreise- oder Einfuhrbeschränkungen abhängt, ob territoriale Grenzen eine Barriere darstellen oder überwunden werden können, sind Menschen, Dinge und Ideen in einer globalisierten Welt auf besonders vielfältige Weise miteinander verbunden. Wie

Wechselwirkungen zwischen globalen und lokalen Einflüssen

es das vom Soziologen Roland Robertson geprägte Konzept der *glocalization* zum Ausdruck bringt, kommt es vielerorts zu Wechselwirkungen zwischen globalen und lokalen Einflüssen (siehe dazu die Kompaktinformation zu De- und Reterritorialisierung).

De- und Reterritorialisierung

Die Begriffe Deterritorialisierung und Reterritorialisierung verbinden zwei gegenläufige und nur scheinbar gegensätzliche Prozesse: Auf der einen Seite verlieren territoriale Grenzen (z. B. zwischen Gemeinden, Bundesländern oder Staaten) seit einiger Zeit an Bedeutung oder werden zumindest durchlässiger. Auf der anderen Seite bilden sich aber auch neuartige territoriale Konfigurationen (z. B. Metropolregionen) heraus. Im Europa des 19. und 20. Jahrhunderts galt die Ebene der Nationalstaaten als besonders wichtig und wirkmächtig. Demgegenüber erleben wir seit dem ausgehenden 20. Jahrhundert ein Erstarken der inter- und transnationalen Verflechtungen und parallel dazu auch einen Bedeutungsgewinn der Ebene von Regionen und Gemeinden. Das Konzept der De- und Reterritorialisierung verdeutlicht, dass es sich bei Territorien um Gebilde handelt, die von Menschen durch Grenzziehungen geschaffen oder verändert werden.

Ver- und Entankerung

Dass die Menschen im Zentrum der aktuellen Neuordnung der räumlichen Bezüge stehen, veranschaulicht das Konzept der Ver- und Entankerung (*embeddedness* und *disembeddedness*; vgl. Giddens 1984). Dieses begriffliche Oppositionspaar umschreibt das Phänomen, dass Menschen in der sogenannten Spätmoderne (z. B. infolge von Migration) aus lokal oder regional geprägten alltagsweltlichen Bezügen herausgerissen werden und möglicherweise mithilfe moderner Kommunikationsmedien neue Verbindungen in globalen Netzwerken eingehen, sodass sich letztlich eine Wiederverankerung vollzieht. Der räumliche Bezugsrahmen der spätmodernen Gesellschaft besteht deshalb auch nicht aus klar definierten territorialen Einheiten, sondern aus vielfältigen Verflechtungen auf unterschiedlichen Maßstabsebenen.

1.4 Perspektiven für die kultur- und sozialgeographische Forschung

Die beschriebenen Veränderungen der Gesellschaft und ihrer räumlichen Bezüge stellen die Kultur- und Sozialgeographie vor neue Herausforderungen. Wie ist es möglich, diesen Veränderungen in der Forschung Rechnung zu tragen? Brauchen wir ein Umdenken und die Entwicklung neuer Forschungsansätze? Vor dem Hintergrund dieser Fragen richtet sich das gegenwärtige Interesse im Bereich der Kultur-

und Sozialgeographie verstärkt auf die Erschließung neuer Forschungsperspektiven (vgl. Gebhardt/Reuber 2011). Dabei geht es in erster Linie um das Herstellen von Raumbezügen durch Handelnde und um die gesellschaftliche Konstruktion von Räumen.

Die Vorstellung, dass Räume und Orte durch menschliches Handeln geschaffen bzw. mit Bedeutung versehen und dadurch angeeignet werden, ist grundlegend für aktuelle Arbeiten in der Kultur- und Sozialgeographie. Demgegenüber ging es in früheren Arbeiten oft primär darum, wie sich Menschen und ihre Aktivitäten im Raum anordnen und wie räumliche Aspekte dabei strukturierend wirken können (bis hin zu geodeterministischen Beschreibungen, die menschliches Handeln in kausaler Abhängigkeit von der natürlichen Umwelt darstellten und verstehen wollten). Der Fokus lag also vor allem auf dem Räumlichen, das gewissermaßen als Analyserahmen für die Untersuchung sozialer und kultureller Phänomene diente (Weichhart 2008). Eine Abkehr von dieser Betrachtungsweise erfolgte im Zuge einer Öffnung gegenüber den sozial- und kulturwissenschaftlichen Nachbardisziplinen und eines wachsenden Interesses an der Komplexität menschlicher Handlungen und Handlungsmotive in ihren sozialen und kulturellen Zusammenhängen. Im angelsächsischen Raum haben unter anderem Derek Gregory und John Urry (1985) maßgeblich dazu beigetragen, eine gesellschaftstheoretisch fundierte Humangeographie zu entwickeln, die innerhalb der Sozial- und Kulturwissenschaften anschlussfähig ist.

gesellschaftliche Konstruktion von Räumen

Im deutschsprachigen Raum gilt Benno Werlen als ein wichtiger Wegbereiter für eine konzeptionelle Erneuerung der Humangeographie. In Anlehnung an den britischen Soziologen Anthony Giddens (1984) und dessen „Theory of Structuration" begründete Werlen eine handlungszentrierte Sozialgeographie. Im Mittelpunkt steht dabei das „alltägliche Geographie-Machen" von Individuen, das heißt die Produktion und Reproduktion von Räumen bzw. Regionalisierungen der Alltagswelt durch menschliches Handeln (Werlen 1995; 1997). Nach kontroversen Diskussionen über Werlens Beitrag zur Fortentwicklung der Sozialgeographie (Meusburger 1999) hat sich inzwischen die Vorstellung etabliert, dass soziale und räumliche Bezüge durch menschliches Handeln verändert werden und dass sich dieses Handeln jeweils im Rahmen bestehender, gesellschaftlich auferlegter Regeln und Rahmenbedingungen vollzieht (vgl. Werlen 2000, 305–355).

handlungszentrierte Sozialgeographie

Angeregt durch die Überlegungen Werlens wurden in den vergangenen Jahren auch verschiedene andere theoretische Ansätze für die Kultur- und Sozialgeographie erschlossen. So wurde etwa die vom französischen Soziologen Pierre Bourdieu konzipierte Theorie der Praxis unter anderem im Bereich der geographischen Stadt- und Entwicklungsforschung aufgegriffen und als Perspektive für eine reflexive Sozialgeographie umrissen (Lippuner 2006). Eine weitere Richtung, die während der vergangenen Jahre die Kultur- und Sozialgeo-

Theorie der Praxis

diskurstheoretischer Ansatz graphie geprägt hat, ist der diskurstheoretische Ansatz (Glasze/Mattissek 2009). Aus diskurstheoretischer Perspektive geht es vor allem um die Beschäftigung mit Sprache und anderen Symbolsystemen, die als Mittel zur Artikulation und vorübergehenden Festschreibung raumbezogener Vorstellungen und Positionierungen verstanden werden. Unter Bezugnahme auf die von Niklas Luhmann begründete **Geographie sozialer Systeme** Systemtheorie und deren Weiterentwicklungen wurde eine interdisziplinäre Diskussion über die „Geographien sozialer Systeme" angeregt, an der sich Forscherinnen und Forscher verschiedener Fachrichtungen beteiligen (siehe dazu z. B. Goeke/Lippuner 2011). Vor dem Hintergrund feministischer und marxistischer Theorien hat zudem eine **Kritische Geographie** Kritische Geographie an Profil gewonnen, deren Anliegen auch darin besteht, auf Ungerechtigkeiten und Missstände im Verhältnis von Gesellschaft und Raum hinzuweisen (Belina 2008). In der Summe ergibt sich ein facettenreiches Bild verschiedener Ansätze und Perspektiven zur Untersuchung der Produktion und Konstruktion von Raum in aktuellen kultur- und sozialgeographischen Arbeiten.

1.5 Fazit

Wie lassen sich der Begriff der Gesellschaft und die Zusammenhänge zwischen Gesellschaft und Raum konzeptionell fassen? Neben einem Bewusstsein für die aktuellen Veränderungen der räumlichen Konfigurationen sind es vor allem das relationale Raumverständnis und die Dimension der konstruierten raumbezogenen Vorstellungswelten, die die kultur- und sozialgeographischen Forschungsarbeiten der vergangenen zwei oder drei Jahrzehnte bestimmt haben. Diese Entwicklung ist als eine Reaktion darauf zu verstehen, dass Gesellschaft und Raum gegenwärtig einer starken Dynamisierung unterliegen, die sich im Kontext einer fortschreitenden Globalisierung und der damit verbundenen modernen Informations- und Kommunikationstechnologie vollzieht. Angesichts einer grundlegenden Neustrukturierung der Bezüge zwischen Gesellschaft und Raum ist es erforderlich, auch die wissenschaftliche Untersuchung dieser Zusammenhänge aus einem anderen Blickwinkel zu betrachten. In der Kultur- und Sozialgeographie erfolgte eine entsprechende Neuorientierung zunächst durch die Etablierung einer handlungsorientierten Sozialgeographie. Im Zuge des *cultural turn* kamen weitere Impulse hinzu, die zu einer Pluralität **Pluralität theoretischer Perspektiven** theoretischer Perspektiven für die Untersuchung gesellschafts- und raumbezogener Themen geführt haben. Eine besondere Herausforderung besteht darin, bei der Untersuchung gesellschaftlicher Strukturen und Prozesse gleichermaßen der materiellen Dimension wie auch der Ebene der sprachlich-symbolhaften Konstruktion gerecht zu werden. Weitere interessante Fragen ergeben sich im Zusammenhang mit Macht und Kontrolle, die von bzw. über Individuen ausgeübt werden.

Literatur

Agnew, J. (1994): The territorial trap: the geographical assumptions of international relations theory. In: Review of International Political Economy 1 (1), 53–80.

Beck, U. (2008): Die Neuvermessung der Ungleichheit unter den Menschen. Soziologische Aufklärung im 21. Jahrhundert. Frankfurt a. M.: Suhrkamp.

Beck, U.; Giddens, A.; Lash, S. (1996): Reflexive Modernisierung. Eine Kontroverse. Frankfurt a. M.: Suhrkamp.

Belina, B. (Hg.) (2008): Special Thematic Issue: German Critical Geographies. In: An International E-Journal for Critical Geographies 7 (3).

Cosgrove, D. (1984): Social formation and symbolic landscape. London: Croom Helm.

Dünne, J.; Günzel, S. (Hg.) (2006): Raumtheorie. Grundlagentexte aus Philosophie und Kulturwissenschaften. Frankfurt a. M.: Suhrkamp.

Gebhardt, H.; Reuber, P. (2011): Aktuelle Leitlinien der Strukturierung und Entwicklung der Humangeographie. In: Gebhardt, H.; Glaser, R., Radtke, U.; Reuber, P. (Hg.): Geographie. Physische Geographie und Humangeographie. 2. Aufl., Heidelberg: Spektrum Akademischer Verlag, 645–653.

Giddens, A. (1984): The Constitution of Society: Outline of the Theory of Structuration. Cambridge: Polity Press.

Glasze, G.; Mattissek, A. (Hg.) (2009): Handbuch Diskurs und Raum. Theorien und Methoden für die Humangeographie sowie die sozial- und kulturwissenschaftliche Raumforschung. Bielefeld: transcript.

Goeke, P.; Lippuner, R. (2011): Geographien sozialer Systeme. In: Soziale Systeme. Zeitschrift für soziologische Theorie 17 (2), 227–233.

Gregory, D. (1994): Geographical imaginations. Cambridge: Blackwell.

Gregory, D.; Urry, J. (Hg.) (1985): Social relations and spatial structures. London: Macmillan.

Lippuner, R. (2006): Reflexive Sozialgeographie: Bourdieus Theorie der Praxis als Grundlage für sozial- und kulturgeographisches Arbeiten nach dem cultural turn. In: Geographische Zeitschrift 93 (3), 135–147.

Lossau, J. (2002): Die Politik der Verortung. Eine postkoloniale Reise zu einer anderen Geographie der Welt. Bielefeld: transcript.

Luhmann, N. (1984): Soziale Systeme. Grundriss einer allgemeinen Theorie. Frankfurt a. M.: Suhrkamp.

Luhmann, N. (1997): Die Gesellschaft der Gesellschaft. Frankfurt a. M.: Suhrkamp.

Meusburger, P. (Hg.) (1999): Handlungszentrierte Sozialgeographie. Benno Werlens Entwurf in kritischer Diskussion. Stuttgart: Steiner.

Said, E. (1978): Orientalism. New York: Vintage.

Weichhart, P. (1999): Die Räume zwischen den Welten und die Welt der Räume: Zur Konzeption eines Schlüsselbegriffs der Geographie. In:

Meusburger, P. (Hg.): Handlungszentrierte Sozialgeographie: Benno Werlens Entwurf in kritischer Diskussion. Stuttgart: Steiner, 67–94.

Weichhart, P. (2008): Entwicklungslinien der Sozialgeographie. Von Hans Bobek bis Benno Werlen. Stuttgart: Steiner.

Werlen, B. (1995): Sozialgeographie alltäglicher Regionalisierungen. Band 1: Zur Ontologie von Gesellschaft und Raum. Stuttgart: Steiner.

Werlen, B. (1997): Sozialgeographie alltäglicher Regionalisierungen. Band 2: Globalisierung, Region und Regionalisierung. Stuttgart: Steiner.

Werlen, B. (2000): Sozialgeographie. Eine Einführung. Bern: UTB Haupt.

Werlen, B.; Lippuner, R. (2011): Sozialgeographie. In: Gebhardt, H.; Glaser, R.; Radtke, U.; Reuber, P. (Hg.): Geographie. Physische Geographie und Humangeographie. 2. Aufl., Heidelberg: Spektrum Akademischer Verlag, 686–713.

2   Kultur und Identität

Julia Lossau

2.1   Einleitung

Es ist erstaunlich warm an diesem Morgen in Reykjavík. Julia, die am Vorabend im kühlen Nieselregen am Kevlavík International Airport angekommen ist, sitzt im Foyer ihres Hostels und wundert sich über die sommerlichen Temperaturen. Sie wird die nächsten drei Monate in Island verbringen, um ein Praktikum im Vatnajökull-Nationalpark zu absolvieren. Bevor sie in drei Tagen zum Nationalparkzentrum am See Mývatn aufbricht, hat sie Zeit, sich die isländische Hauptstadt anzuschauen.

Julia trinkt noch einen Schluck Kaffee und blickt sich um. Außer ihr befinden sich im Foyer nur zwei Gruppen. Eine von ihnen ist nicht zu überhören: Drei Jungs und ein Mädchen in Julias Alter lassen laut-stark und wild gestikulierend die gestrige Nacht Revue passieren. Ihrem Temperament, ihren dunklen Haaren und ihrer Sprache nach zu urteilen, könnte es sich um Italiener handeln. Wie leise, denkt Julia, ist dagegen das zweite Grüppchen: Im hinteren Teil des Foyers sitzen drei ältere Asiaten um die vierzig, die die meiste Zeit schwei-gend mit ihren Digitalkameras beschäftigt sind. „Typisch Asiaten, immer einen Fotoapparat in der Hand", murmelt Julia und muss schmunzeln. In diesem Moment betritt ein etwa 25-Jähriger mit Skateboard das Foyer, der Julias Blick schon allein wegen seiner dunklen Hautfarbe auf sich zieht. Er missversteht Julias Schmunzeln als Aufforderung, sich zu ihr zu setzen. Mit Schwung lässt er sich auf den Stuhl neben ihr fallen und strahlt sie an: „Hi, I'm Anders." Noch bevor Julia etwas erwidern kann, fügt er hinzu: „I'm from Stockholm – where are you from?"

Auch wenn diese Geschichte erfunden ist, hätte sie sich so oder ähnlich zutragen können. Fast jeder war schon einmal im Ausland und hat erlebt, dass Fragen nach Kultur und Identität sich unterwegs mit größerer Offensichtlichkeit stellen als zu Hause. Allein der Auf-enthalt im Ausland führt uns meist mitten in eine fremde Kultur. Wir sehen uns mit einer anderen Sprache, anderen Sitten, Gebräuchen und Landschaften konfrontiert. Neben Einheimischen trifft man dort, wie Julia in Reykjavík, auch andere Fremde: Menschen, die von über-all her zusammenkommen und ihre eigene Kultur, ihre eigene kultu-relle Identität an den anderen Ort mitgenommen haben. Gerade die-ses Aufeinandertreffen unterschiedlicher Kulturen ist es, was einen Auslandsaufenthalt für viele Menschen so spannend macht.

Man muss natürlich nicht ins Ausland fahren, um über kulturelle Unterschiede zu stolpern oder sich zu fragen, was eigentlich die eigene kulturelle Identität ausmacht. Es genügt, sich mit einem Ausländer in Deutschland zu unterhalten, um zu erfahren, dass das Leben in und mit zwei Kulturen nicht nur spannend, sondern auf die Dauer auch mühsam sein kann. Zudem ist die Thematik von eigenen und fremden Kulturen nicht auf das Zusammenleben von In- und Ausländern beschränkt: Wer beispielsweise auf Dark Metal steht, fühlt sich aller Wahrscheinlichkeit nach einer anderen (Sub-)Kultur zugehörig als jemand, der gerne Musikantenstadl schaut.

kulturelle Identität Die kulturelle Identität einer Person hat demnach viele Facetten: Angefangen von unserem Musikgeschmack und unserem Kleidungsstil über die Einrichtung unseres WG-Zimmers bzw. unserer Wohnung bis hin zu unseren Hobbys und unseren bevorzugten Urlaubszielen haben wir unterschiedliche Identitäten, leben in unterschiedlichen Kulturen. Auch wenn uns das oft nicht bewusst ist: Fragen unserer Kultur und unserer Identität begleiten uns im Alltag auf Schritt und Tritt.

Während die Bedeutung von Kultur und Identität im Alltag meist nicht hinterfragt wird, haben sich die Kultur- und Sozialwissenschaften intensiv mit diesen beiden Begriffen auseinandergesetzt. Diese Beschäftigung hat im Fall der Kultur sogar dazu geführt, dass sie zu einer zentralen Kategorie für die Wissenschaften selbst geworden ist. Seit etwa zwanzig Jahren haben kulturtheoretische Zugänge auch in den Sozialwissenschaften erheblich an Einfluss gewonnen (Reckwitz 2000). Immer öfter wird auf das Kulturelle – hier verstanden als die **Symbol- und Sinndimension gesell-schaftlicher Sachverhalte** Symbol- und Sinndimension gesellschaftlicher Sachverhalte – verwiesen, um das Soziale (d. h. gesellschaftliche Strukturen und Prozesse) zu erklären. Der damit angedeutete Wandel von sozialtheoretischen hin zu kulturtheoretischen Zugängen wird in der Literatur auch als *cultural turn* bezeichnet (Bachmann-Medick 2006).

Cultural turn

Die kulturtheoretische Wende (*cultural turn*) der Geistes- und Sozialwissenschaften hatte ihren Höhepunkt in den letzten Jahrzehnten des 20. Jahrhunderts. Zu dieser Zeit setzte sich in vielen Fächern die Erkenntnis durch, dass die soziale Welt eine symbolische Dimension aufweist. Damit ist gemeint, dass die Gegenstände der sozialen Welt nicht voraussetzungslos gegeben sind, sondern im kommunikativen Geschehen mit einem spezifischen Sinn aufgeladen werden und auf spezifische Weise interpretiert oder gedeutet werden. Diese Erkenntnis hatte zur Folge, dass Signifikationsprozesse und Deutungsschemata fortan als zentrale Phänomene sozial- und geisteswissenschaftlicher Forschung betrachtet wurden (vgl. z. B. Bachmann-Medick 2006; Reckwitz 2000). Innerhalb der Geographie wirkte sich das mit dem *cultural turn* verbundene Interesse für Sinnsysteme und Bedeutungswelten auch auf den Raumbegriff aus. So steht der *cultural turn* aus geographischer Sicht unter anderem für die Einsicht, dass auch geographische Räume nicht voraussetzungslos gegeben sind, sondern konstruierten Charakter haben (vgl. z. B. Lossau 2008).

Der *cultural turn* ist auch an der Humangeographie nicht spurlos vorübergegangen. Im Gegenteil führte er dazu, dass ältere human- bzw. anthropogeographische Perspektiven einer kritischen Prüfung unterzogen und mit Blick auf Fragen nach Kultur und Identität neu formuliert wurden. Das Ziel dieses Kapitels besteht darin, diese Neuformulierungen nachzuvollziehen. Bevor dies geschieht, soll kurz erläutert werden, was überhaupt gemeint ist, wenn in den Sozial- und Kulturwissenschaften gegenwärtig von „Kultur" und „Identität" die Rede ist.

2.2 Kultur

Am Beginn des dritten Jahrtausends ist „Kultur" zu einem allgegenwärtigen Begriff geworden. Wir sprechen von Bakterienkultur, Freikörperkultur, Managementkultur, aber auch vom Kulturbeutel, von der Kulturindustrie oder dem Kulturkampf. Die Vielfalt der Möglichkeiten, „Kultur" mit einem anderen Worten zu kombinieren, weist bereits darauf hin, dass es sich dabei um einen schillernden Begriff handelt, der sich nicht leicht fassen lässt. Aus aktueller sozial- und kulturwissenschaftlicher Sicht gibt es demzufolge auch nicht die *eine* Bedeutung von „Kultur". Anstatt weiterhin danach zu suchen oder sich gar um eine allgemein gültige Definition zu bemühen, wird in der Literatur nach dem *cultural turn* darauf hingewiesen, dass es eine ganze Reihe unterschiedlicher Bedeutungen gibt, die sich im Laufe der Zeit immer wieder verändern können (vgl. z. B. Möbius 2009). So hat etwa der britische Literaturwissenschaftler Raymond Williams, der als Mitbegründer der sogenannten *Cultural Studies* gilt, in seinen *Keywords* dargestellt, wie sich die Bedeutung des englischen Wortes *culture* in historischer Hinsicht entwickelt hat (Williams 1976).

Wie das englische Wort *culture* geht auch das deutsche Wort „Kultur" auf das lateinische Verb *colere* zurück, das so viel bedeutet wie „bebauen", „bearbeiten", aber auch „pflegen", „Sorge tragen" oder „verehren". Was im Sprachgebrauch der Römer in erster Linie mit dem Verb und seinem Substantiv, *cultura*, verbunden wurde, war die Natur, die es mit landwirtschaftlichen Maßnahmen zu „kultivieren" galt. In dieser „Kultivierung" der Natur – und damit in gewisser Weise auch in der Opposition zu Natur – zeigt sich ein zentraler Aspekt aller Kulturbegriffe: Wenn von „Kultur" die Rede ist, geht es immer (auch)

„Kultivierung" der Natur

um Menschengemachtes, um das vom Menschen Gestaltete im Unterschied zu dem, was von Natur aus vorhanden ist. Interessant ist in diesem Zusammenhang die zunächst metaphorische Übertragung der landwirtschaftlichen Tätigkeiten des Ackerbaus auf „die pädagogische, wissenschaftliche und künstlerische ‚Pflege' der individuellen und sozialen Voraussetzungen des menschlichen Lebens selbst" (Ort 2003, 19). Die uns heute geläufige Bedeutung von Kultur im Sinne einer „Kultivierung" der Menschen lässt sich schon bei Cicero finden, der die Philosophie in Analogie zum Ackerbau als „cultura animi", als Pflege des Geistes, bezeichnet, wenn er in den Tuskulanischen Gesprächen schreibt: *Cultura autem animi philosophia est.*

Ein zweiter grundlegender Aspekt des heute gängigen Kulturverständnisses ist die Übertragbarkeit des Begriffes auf menschliche Gruppen, die – wie etwa im Fall der Maya, Inka und Azteken – selbst als Kulturen bezeichnet werden. Wie die Beispiele andeuten, kann **Zeitalter des** dieser Aspekt auf das Zeitalter des Kolonialismus zurückgeführt wer-
Kolonialismus den, als der Kontakt zwischen den Europäern einerseits und den „fremden" bzw. „wilden" Kulturen andererseits den Blick für kulturelle Unterschiede schärfte (Cosgrove 2000). Bestimmte Ideen der Aufklärung brachten es mit sich, dass sich die Europäer als überlegen betrachteten und sich das Recht nahmen, die „wilden", das heißt natur-näheren, Kulturen zu „zivilisieren" – oder gar zu „kultivieren". Seither führt der Kulturbegriff die Vorstellung von Unterschieden und Unterscheidungen mit sich und ist – im Plural gedacht – mit offenen oder verdeckten Machtasymmetrien zwischen den bezeichneten Kulturen verbunden. Diese Machtasymmetrien zeigen sich nicht nur im Verhältnis von westlichen und nicht-westlichen Kulturen (Hall 1994); sie bilden sich auch in der Bezeichnung „Subkulturen" ab, die innerhalb einer (vermeintlichen) „Mehrheits-" oder „Leitkultur" zu finden sind und deren Angehörige sich meist durch geringere Ressourcen und durch eingeschränkte Partizipationsmöglichkeiten auszeichnen (vgl. Cosgrove 2000).

Stellt man vor diesem Hintergrund die Frage, worin die Funktion von „Kultur" besteht, so lässt sich mit dem Kulturtheoretiker Hartmut Böhme (1996, 61) sagen, dass „sie nach innen hin integrativ, nach außen hin hierarchisch und ausgrenzend funktioniert". Was das bedeutet, soll am Beispiel von Julia in Reykjavík erläutert werden. Die **integrative Funktion** nach innen gerichtete, integrative Funktion von „Kultur" wird in Julias
von „Kultur" Fall nur indirekt deutlich, denn damit ist der symbolisch ausgedeutete Sinnhorizont des Denkens, Fühlens und Handelns angesprochen, dem man sich zugehörig fühlt und mit dem man sich identifiziert. Hinweise auf Julias kulturelle Identität findet man im Text vor allem, indem man fragt, wie oder was Julia *nicht* ist: Julia ist wahrscheinlich keine Italienerin, keine Asiatin und keine Schwarze, denn sonst würde sie die Eigenschaften der (vermeintlichen) Italiener und Asiaten, aber **ausgrenzende Funktion** auch die Hautfarbe von Anders nicht bemerkenswert finden. Darin
von „Kultur" zeigt sich gleichzeitig die nach außen gerichtete, ausgrenzende Funk-

tion von „Kultur". Nehmen wir an, Julia ist eine weiße Deutsche. Das kann sie nur sein, weil und indem sie sich von den Eigenschaften der (vermeintlichen) Italiener bzw. Asiaten abgrenzt und Anders' Hautfarbe „besondert", das heißt überhaupt als etwas Besonderes, Bemerkenswertes wahrnimmt. Auch die hierarchische Dimension von „Kultur" wird an diesem Beispiel gut sichtbar. Die eigene kulturelle Identität wird als die normale, nicht zu hinterfragende angesehen, wodurch ihr in der Differenz zum Fremden unter der Hand eine besondere Würde, ein besonderer Wert verliehen wird (vgl. Nassehi 1997, 188).

2.3 Identität

Bleiben wir noch einen Moment bei Julia. Zwar hat das Nachdenken über „Kultur" dazu geführt, dass wir nun etwas über ihre kulturelle Identität wissen. Julias Identität hat aber noch weitere Facetten. Recht eindeutig scheint beispielsweise ihre Geschlechtsidentität zu sein. Auch ihr Alter lässt sich leicht eingrenzen: Da sie allein ins Ausland reist, muss sie älter als sechzehn sein, und da sie Vierzigjährige für „älter" hält, wird sie vermutlich jünger als dreißig sein. Hinweise auf ihren sozialen Status findet man, wenn man sich zum einen vergegenwärtigt, dass sie sich einen dreimonatigen Aufenthalt in Island leisten kann und wenn man sich zum anderen fragt, warum sie in Island ist. Julias Intention, ein Praktikum in einem isländischen Nationalpark zu absolvieren, deutet darauf hin, dass sie einen relativ hohen Bildungsgrad hat und womöglich studiert. Die Frage nach ihrer ethnischen und nationalen Identität schließlich wurde bereits eingangs beantwortet, indem vermutet wurde, Julia sei eine weiße Deutsche (in dieser Annahme zeigte sich übrigens, dass die kulturelle Identität oft nicht leicht von der ethnischen und der nationalen Identität zu trennen ist).

An Julias Beispiel wird deutlich, dass die Identität einer Person viele Dimensionen hat. Dass nicht alle dieser Dimensionen immer und überall gleich wichtig sind, beschreibt der britische Geograph Peter Jackson mit folgenden Worten: „When I'm on holiday abroad [...], I'm often quite conscious of being ‚British', aware of other British holidaymakers around me and of all the other nationalities who come together for a week or two in some ‚foreign' place. When I'm back home in England, I often describe myself as a Londoner (although I was born just south of London in Surrey and have lived in Yorkshire for the last ten years). In other situations, I might be more conscious of my age or sex, or how I dress, or the kind of music I enjoy" (Jackson 2005, 392). Insofern Jackson betont, dass sich Identitäten im Laufe der Zeit verändern können, bricht er mit der konventionellen Vorstellung, der zufolge Identität von einem inneren Wesen ausgeht und von äußeren Einflüssen unabhängig ist. Eine solche Vorstellung finden wir überall dort, wo wir ganz selbstverständlich von der Existenz eines

Dimensionen der Identität einer Person

unhintergehbaren Selbst ausgehen; von einem stabilen Kern, der bestimmt, wer und wie eine Person bzw. eine Gruppe ist. Identitätstheorien nach dem *cultural turn* lehnen diese Vorstellung ab. Sie wenden sich gegen die Auffassung, Identitäten seien gleichsam selbstgenügsam und vertreten stattdessen eine relationale Vorstellung von Identität. Relational bedeutet in diesem Zusammenhang, dass die Bildung einer bestimmten Identität immer auf Bilder und Vorstellungen von anderen Identitäten angewiesen ist, in deren Spiegel sie sich erschaffen und reproduzieren kann (vgl. Lossau 2011). Dies gilt mit Blick auf die – in der internationalen Debatte am häufigsten genannten – Dimensionen der „Rasse" bzw. der Ethnie, der Klasse bzw. des sozialen Status, des Geschlechts und der Nation ebenso wie für diejenigen des Alters, des Familienstandes oder auch des Bildungsgrades.

Identitätsanker Diese Dimensionen kann man sich als „Identitätsanker" vorstellen, mit deren Hilfe sich die Subjekte wie in einem Koordinatensystem positionieren und voneinander unterscheiden können (siehe dazu Abb. 2.1 und vgl. zum Aspekt der Distinktion vor allem Bourdieu 1982). Das bedeutet aber umgekehrt nicht, dass alle Subjekte, die im Koordinatensystem in einer bestimmten Hinsicht die gleiche Stellung einnehmen und damit zu Gruppen zusammengefasst werden können (z. B. alle Frauen, Schwarzen, Deutschen, Alten, Behinderten, alle mit Hauptschulabschluss etc.), untereinander wesensgleich sind. Die im Koordinatensystem entstehenden Gruppen stellen, wie der französische Soziologe Pierre Bourdieu formuliert, keine realen Gruppen, **kulturelle** sondern lediglich „Klassen auf dem Papier" dar (Bourdieu 1991, 12).

Klassifizierung Im Alltag tendieren wir dazu, die Mitglieder der „Klassen auf dem Papier" als homogen und mit gleichen, quasi biologisch festgelegten Wesenszügen ausgestattet zu betrachten. Anders ausgedrückt: Wir stecken sie in eine Schublade – etwa indem wir sagen, Frauen seien „besonders sozial", Homosexuelle seien „total nett", Schwarze seien „so musikalisch" und Italiener „furchtbar laut". Und tatsächlich ist die Zugehörigkeit zu bestimmten „Klassen" so identitätsstiftend und handlungsleitend, dass ihre Mitglieder sich vorstellen, sie gehörten nicht bloß auf dem Papier, sondern auch in der Realität zusammen und bildeten eine „echte" Gemeinschaft (zum Begriff der *imagined community* vgl. Anderson 1988). In den Kultur- und Sozialwissenschaften nach dem *cultural turn* geht es hingegen darum, solche **Essentialismen** Essentialismen zu erkennen und auf ihren homogenisierenden und gleichzeitig diskriminierenden Gehalt hin zu befragen: „We should not assume", schreibt Peter Jackson, „that all single mothers share any common characteristics beyond their marital and parental status, and we should be particularly wary of categorizations like ‚black youth' as such labels are often applied indiscriminately to demonize whole groups of people" (Jackson 2005, 393).

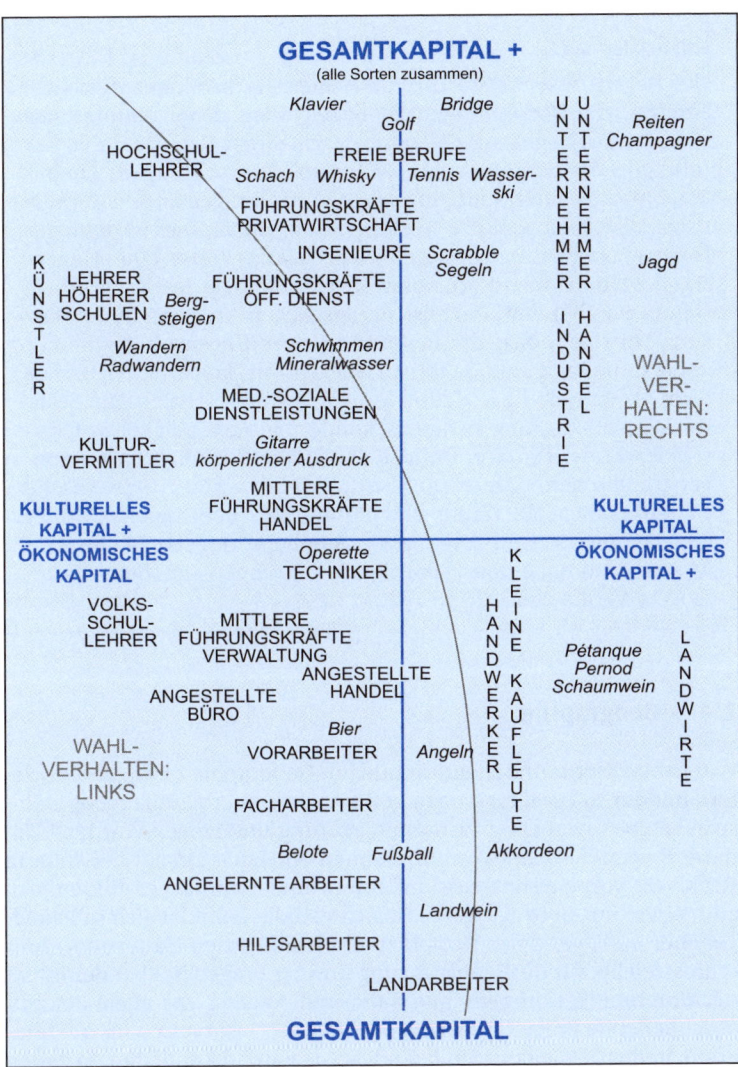

Abb. 2.1
Bourdieus Raum der sozialen Positionen und Raum der Lebensstile – oder: Wie man
sich ein Koordinatensystem der Identität vorstellen kann (Quelle: Bourdieu 1998,
19). Während die X-Achse anzeigt, über wie viel Kapital die Subjekte verfügen
(wobei zwischen ökonomischem und kulturellem Kapital unterschieden wird), ist
an der Y-Achse das Wahlverhalten der Subjekte abgetragen. Alle, die relativ viel
Kapital zur Verfügung haben und eher links wählen, befinden sich im oberen linken Kasten: Kulturvermittler, Ingenieure, Hochschullehrer etc. Es liegt auf der
Hand, dass es sich dabei um „Klassen auf dem Papier" handelt, denn nicht alle
Hochschullehrer, um ein Beispiel herauszugreifen, spielen Schach.

Essentialismus

Der Begriff Essentialismus wird – meist in kritischer Absicht – benutzt, um Vorstellungen zu bezeichnen, denen zufolge das Wesen eines Gegenstandes festlegt, wie dieser Gegenstand in der (alltäglichen oder wissenschaftlichen) Betrachtung erscheint. Manchmal liegen essentialistischen Vorstellungen auch naturalistische bzw. biologistische Argumente zugrunde. Dies ist dann der Fall, wenn davon ausgegangen wird, dass das Wesen eines Gegenstandes von seiner Natur bzw. seiner Biologie festgelegt wird. Demgegenüber wird in konstruktivistischen Ansätzen die Auffassung vertreten, dass die Bedeutung eines Gegenstandes immer kontextabhängig und daher variabel ist. Aus konstruktivistischer Sicht ergibt sich die Bedeutung nicht aus der Essenz (dem „wahren Wesen") des Gegenstandes, sondern in Abhängigkeit von signifikativen und interpretativen Prozessen. In jüngeren humangeographischen Ansätzen wird dieser konstruktivistische Gedanke auch auf Raum und Räumliches übertragen. So hält etwa Benno Werlen fest, dass „räumliche Gegebenheiten [...] fortwährend neue und vielfältige Bedeutungen annehmen [können]" (Werlen 2000, 35).

2.4 Geographie

Was haben Kultur und Identität nun mit Geographie zu tun und inwiefern hat der *cultural turn* dazu geführt, dass ältere humangeographische Perspektiven einer kritischen Prüfung unterzogen wurden? Um diese Fragen zu beantworten, schauen wir noch einmal bei Julia in Reykjavík vorbei. Hinweise auf Raum und Räumliches finden sich zum einen im „Setting" der Geschichte: Julia befindet sich in Island, genauer im Foyer eines Hostels in der isländischen Hauptstadt. Aufschlussreicher für die Beantwortung unserer Fragen ist aber der Inhalt der Kommunikation zwischen Julia und Anders. Vor allem Anders' abschließende Frage („Where are you from?") ist typisch für die Situation, in der die beiden sich befinden. Sie wird in Kontexten, in denen (einander noch) Unbekannte aufeinander treffen, regelmäßig gestellt. Was aus dieser Frage spricht, ist die hoffnungsvolle Vorstellung, über den Herkunftsort des Gegenübers etwas über das Gegenüber selbst zu erfahren – ganz so, als wisse man bereits etwas über das Wesen bzw. den Charakter einer Person, wenn man herausgefunden hat, wo sie lebt bzw. wo sie aufgewachsen ist.

kulturelle Identität und Ort

Das Wie und Wo, kulturelle Identität und Ort, scheinen also in der Alltagssprache zusammenzugehören. Und nicht nur in der Alltagssprache: Auch ältere human- bzw. anthropogeographische Perspektiven fußten auf der Überzeugung, dass die Kultur eines Ortes bzw.

Abb. 2.2
„Verkehrsmittel der Ent-
deckungsreisenden in
Afrika" (Quelle: Oppel/
Ludwig 1898, Tafel 28).
In F. Hirts geographi-
schen Bildertafeln aus
dem Jahr 1898 wird das
Verhältnis zwischen
westlicher und afrikani-
scher Welt auf traditio-
nelle Weise repräsen-
tiert: Halbnackte
„Wilde" sind den wei-
ßen Reisenden beim
„Entdecken" des Landes
behilflich.

einer Region in Zusammenhang mit der physischen Materialität dieses Ortes bzw. dieser Region betrachtet werden müsse. So bestand ein
Ziel der traditionellen Geographie als Landschafts- oder Länderkunde
darin, unterschiedliche „Kulturräume" zu erforschen, in denen das
physisch-materielle Substrat und die Kultur vermeintlich zu einer Einheit verschmolzen waren (vgl. Werlen 2000). Vor dem Hintergrund
dieses Forschungsprogramms ist die Geographie zu einer Kolonialwissenschaft par excellence geworden: Die (vor-)wissenschaftliche
Geographie wirkte bei der „Entdeckung", Kartierung und Eroberung
der sogenannten Neuen Welt entscheidend mit, die im Rahmen des
kolonialen Projektes in westliche Begriffsraster eingebunden, nach
westlichen Normen beurteilt und insgesamt westlichen Repräsentati-
onssystemen einverleibt wurde (vgl. Lossau 2011). Der besondere
Beitrag der Anthropogeographie bestand dabei darin, die Besonderheiten der „fremden" bzw. „wilden Kulturen" aus den physisch-geo-
graphischen Bedingungen ihres Lebensraums herauszulesen. In der
traditionellen geographischen Perspektive, die das Soziale mit dem
Physischen vermengte, wurden die Unterschiede zwischen den „europäischen Kulturen" und den „fremden Kulturen" auf naturwissen-
schaftliche Fakten zurückgeführt, und die Machtasymmetrien zwischen ihnen wurden naturalisiert (vgl. Abbildung 2.2).

    In der aktuellen Humangeographie, wie sie sich unter dem Einfluss
des *cultural turn* entwickelt hat, wird die Existenz eines natürlichen
Zusammenhangs zwischen Kultur und Raum, zwischen Identität und
Ort, dagegen radikal in Frage gestellt. Im englischsprachigen Kontext
waren es vor allem die Geschlechtergeographie (vgl. den Beitrag zu
Geschlecht und Sexualität in diesem Band) und die postkoloniale
Theorie (siehe dazu die Kompaktinformation), die dafür gesorgt
haben, dass der Glaube an die Erklärungskraft des Raumes auch
innergeographisch erschüttert wurde. Im deutschsprachigen Raum
kommt der Sozialgeographie alltäglicher Regionalisierungen von

**Ziel der traditionellen
Geographie**

Benno Werlen das Verdienst zu, die Humangeographie konsequent von raumtheoretischen auf gesellschaftstheoretische Füße gestellt zu haben. Was die unterschiedlichen Ansätze teilen, ist die Vorstellung, dass Räume nicht von Natur aus gegeben sind, sondern im Rahmen gesellschaftlicher Konventionen erst gemacht bzw. gesellschaftlich konstruiert werden (vgl. den Beitrag zu Raum und Gesellschaft in diesem Band). Mit dem in Vancouver lehrenden Geographen Derek Gregory (1994) können die gemachten Räume und Raumordnungen als **geographische Imaginationen** „geographische Imaginationen" (*geographical imaginations*) bezeichnet werden. Imagination bedeutet in diesem Zusammenhang nicht „bloße Einbildung", sondern „Vorstellung". Die Aussage, dass Räume immer Vorstellungsräume sind, korrespondiert mit der kultur- und sozialtheoretischen Grundannahme, dass auch Nicht-Soziales erst in Vorstellungsgehalte – zum Beispiel einen bestimmten Sinnhorizont, eine bestimmte Semantik oder einen bestimmten symbolischen Code – eingebunden werden muss, um bedeutsam werden zu können.

Postkoloniale Theorie

Die postkoloniale Theorie geht davon aus, dass koloniale Denkmuster und Strukturen auch nach dem formalen Ende des Kolonialzeitalters weiterwirken, und zwar sowohl in den ehemaligen Kolonien als auch in den Ländern der ehemaligen Kolonialmächte. In diesem Sinne markiert sie einerseits einen Bruch mit dem Kolonialismus, weist aber andererseits auf eine Kontinuität kolonialer Strukturen hin. Die Gegenstände postkolonialer Forschung reichen von rassistischen Wissensformen und Raumordnungen über ungerechte globale Wirtschaftsbeziehungen bis hin zu (neo-)imperialen Politikformen. Zu den bekanntesten Theoretikerinnen und Theoretikern der postkolonialen Theorie gehören Homi K. Bhabha, Gayatri Chakravorty Spivak, Edward Said und Stuart Hall. Ihnen ist gemeinsam, dass sie – obwohl „nicht-westlicher" Herkunft – an angesehenen westlichen Universitäten und Instituten tätig waren oder es noch sind. In Bezug auf den Zusammenhang von Kultur und Identität besteht eine große Herausforderung der postkolonialen Theorie darin, essentialistischen Impulsen zu widerstehen: Anstatt das Eigene und das Fremde auf seine vermeintliche Wesenhaftigkeit festzuschreiben, werden Wege gesucht, die Vielfalt und interne Heterogenität von Identitätskonstruktionen anzuerkennen.

Verortung Einer der Sinnhorizonte, in dessen Rahmen Raumvorstellungen entstehen, ist derjenige der Verortung (Lossau 2002). Er besteht darin, Kulturen und Identitäten entlang (vermeintlich) objektiver Unterschiede im Raum festzuschreiben. Zwar bringt dieses Festschreiben unsere komplexe, prinzipiell immer auch anders mögliche Welt in eine augenscheinlich objektive Ordnung und weist uns unseren Platz darin zu. Die Logik dahinter lautet: Wir wissen, wer wir bzw. wer die anderen sind, weil wir wissen, wo wir bzw. die anderen sind – wobei *wir* eine andere Stelle besetzen (sprich: aus einem anderen Land, einer anderen Stadt kommen) als *die anderen*. In dieser Logik bleibt aber verborgen, dass erst die Verortung nach dem Muster „hier/dort" die Überzeugung herzustellen vermag, die entstandene Ordnung sei dem Prozess des Verortens vorgängig und die Kulturen bzw. Identitäten seien wirklich unterschiedlich.

Aus dieser Perspektive können Island und Deutschland, Italien und Asien, Stockholm und Reykjavík als Elemente einer imaginativen Geographie der Welt betrachtet werden, wie sie bei der Verortung vermeintlich stabiler Identitäten entsteht. Da Identitäten ihre Stabilität umgekehrt erst durch ihre Verortung in vermeintlich natürlichen, homogenen Räumen erlangen, kann man sagen, dass die Räume und die Identitäten in einem Verhältnis der wechselseitigen Konstitution stehen. Dennoch, oder gerade deshalb, kann es eindeutig voneinander abgegrenzte (Kultur-)Räume per se ebenso wenig geben wie essentialistische und exklusive (kulturelle) Identitäten.

2.5   Fazit

Vor diesem Hintergrund soll abschließend gefragt werden, was das für die Geographie und im Speziellen für Studierende der Kultur- und Sozialgeographie bedeutet. Dass Räume aus kultur- und sozialgeographischer Sicht primär als Vorstellungsräume existieren heißt nicht, dass ihre Untersuchung unwichtig würde, wie Kritiker der neuen kulturgeographischen Perspektiven manchmal behaupten (für eine Systematisierung der Kritik vgl. Lossau 2008). Im Gegenteil – aus einer sozial- und kulturtheoretisch informierten Perspektive werden Gegenstände überhaupt erst bedeutsam, *weil* Vorstellungsgehalte mit ihnen verbunden sind. Was man aus einer solchen Perspektive zwar tatsächlich nicht mehr untersuchen kann ist, wie Räume „an sich", in ihrer physischen Materialität, jenseits allen Sinns, auf die Gesellschaft einwirken. Was man hingegen herausfinden kann ist, wie Räume auf ganz unterschiedlichen gesellschaftlichen Ebenen, vom Klassenzimmer bis zum Kanzleramt, als Vorstellungsräume hergestellt und zum Beispiel in Identifikationsprozessen wirksam werden.

Vorstellungsräume

Diese Fragestellung macht nicht nur den theoretischen Reiz der aktuellen kulturgeographischen Forschung aus. Sie verleiht ihr auch gesellschaftliche Relevanz in einer Zeit, in der kulturelle Identitäten buchstäblich in Bewegung geraten sind. Die Globalisierung hat dazu geführt, dass einfache kulturelle Ordnungen – hier ist das Eigene, dort ist das Fremde – durcheinander geraten sind. Das bedeutet aber interessanterweise nicht, dass wir aufhören würden, weiterhin Verortungen nach dem Muster „hier/dort" vorzunehmen – deshalb fällt es uns, um ein letztes Mal auf Julia zurückzukommen, nach wie vor auf,

gesellschaftliche Relevanz kulturgeographischer Forschung

wenn wir in Island nicht nur Menschen aus Island, sondern auch aus Asien, Italien und Schweden treffen.

Im alltäglichen Leben muss es auch gar nicht darum gehen, zu versuchen, der Logik der Verortung zu entrinnen, um sich und andere nicht mehr in die „Schubladen der Identität" zu stecken: Auch wenn wir alle als Individuen wahrgenommen werden möchten, existieren wir als Alltagsmenschen nur in den und durch die sozialen Dimensionen unserer Identität. Als Wissenschaftlerinnen und Wissenschaftler hingegen haben wir die Möglichkeit, uns vom Alltag zu distanzieren, um gleichsam hinter die Kulissen der Produktion von Räumen und (kulturellen) Identitäten zu schauen. Gelegenheit dazu gibt es spätestens, wenn es das nächste Mal heißt: „Where are you from?"

Literatur

Anderson, B. (1988): Die Erfindung der Nation. Zur Karriere eines folgenreichen Konzepts. Frankfurt a. M.: Campus.

Backmann-Medick, D. (2006): Cultural Turns. Neuorientierungen in den Kulturwissenschaften. Reinbek bei Hamburg: Rowohlt Verlag.

Böhme, H. (1996): Vom Cultus zur Kultur(wissenschaft). Zur historischen Semantik des Kulturbegriffs. In: Glaser, R.; Luserke, M. (Hg.): Literaturwissenschaft – Kulturwissenschaft. Positionen, Themen, Perspektiven. Opladen: Westdeutscher Verlag, 48–68.

Bourdieu, P. (1982): Die feinen Unterschiede. Kritik der gesellschaftlichen Urteilskraft. Frankfurt a. M.: Suhrkamp.

Bourdieu, P. (1991): Sozialer Raum und Klassen. Leçon sur la leçon. Zwei Vorlesungen. 2. Aufl., Frankfurt a. M.: Suhrkamp.

Bourdieu, P. (1998): Praktische Vernunft. Zur Theorie des Handelns. Frankfurt a. M.: Suhrkamp.

Cosgrove, D. (2000): Culture. In: Johnston, R. J. et al. (Hg.): The Dictionary of Human Geography. 4th ed., Malden MA/Oxford UK: Blackwell.

Gregory, D. (1994): Geographical Imaginations. Cambridge MA/Oxford UK: Blackwell.

Hall, S. (1994): Rassismus und kulturelle Identität. Ausgewählte Schriften 2. Hamburg: Argument Verlag.

Jackson, P. (2005): Identities. In: Cloke, P.; Crang, P.; Goodwin, M. (Hg.): Introducing Human Geographies. 2nd ed., London: Hodder Arnold.

Lossau, J. (2002): Die Politik der Verortung. Eine postkoloniale Reise zu einer anderen Geographie der Welt. Bielefeld: transcript.

Lossau, J. (2008): Kulturgeographie als Perspektive. Zur Debatte um den cultural turn in der Humangeographie – eine Zwischenbilanz. In: Berichte zur Deutschen Landeskunde 82, 317–334.

Lossau, J. (2011): Postkoloniale Ansätze. Raum und kulturelle Identität. In: Gebhardt, H. et al. (Hg.): Geographie. Physische Geographie und

Humangeographie. 2. Aufl., Heidelberg: Spektrum Akademischer Verlag, 653–660.

Möbius, S. (2009): Kultur. Bielefeld: transcript.

Nassehi, A. (1997): Das stahlharte Gehäuse der Zugehörigkeit. Unschärfen im Diskurs um die „multikulturelle Gesellschaft". In: Ders. (Hg.): Nation, Ethnie, Minderheit. Beiträge zur Aktualität ethnischer Konflikte. Köln/Weimar/Wien: Böhlau Verlag, 177–208.

Oppel, A.; Ludwig, A. (Hg.) (1898): Allgemeine Erdkunde in Bildern. 3. Aufl. von F. Hirts geographischen Bildertafeln, Teil 1. Breslau: Ferdinand Hirt.

Ort, C.-M.: (2003): Kulturbegriffe und Kulturtheorien. In: Nünning, A.; Nünning, V. (Hg.): Konzepte der Kulturwissenschaften: Theoretische Grundlagen – Ansätze – Perspektiven. Stuttgart: J. B. Metzler, 19–38.

Reckwitz, A. (2000): Die Transformation der Kulturtheorien. Zur Entwicklung eines Theorieprogramms. Weilerswist: Velbrück.

Werlen, B. (2000): Sozialgeographie. Eine Einführung. Bern/Stuttgart/Wien: Haupt.

Williams, R. (1976): Keywords: A Vocabulary of Culture and Society. London: Fontana Paperbacks.

Roland Lippuner ## 3 Natur und Landschaft

3.1 Einleitung

Die Landschaft bildete lange Zeit das zentrale Forschungsobjekt der Geographie. Ihrer Beschreibung, Typisierung und Erklärung galten die größten Forschungsanstrengungen von Geographinnen und Geographen. Auch wenn die Landschaft inzwischen „nur" noch ein Forschungsgegenstand unter vielen ist, bleibt er doch kennzeichnend für das Hauptinteresse dieser Disziplin: Denn im Kern ging und geht es bei der Auseinandersetzung mit der Landschaft stets um die Beziehungen zwischen Mensch und Natur oder – in sozialwissenschaftlicher Terminologie – um das Verhältnis von Gesellschaft und Umwelt. Welche begrifflichen und konzeptionellen Schwierigkeiten mit dieser Aufgabe verbunden sind, vermag möglicherweise Abbildung 3.1 anzudeuten. Diese zeigt ein sportliches Paar bei einer Wanderung durch die Mittelgebirgslandschaft der Thüringer Rhön. Man liegt womöglich nicht ganz falsch mit der Vermutung, dass es den abgebildeten Personen unter anderem darum geht, „Natur zu erleben" und

Abb. 3.1
„Natur- und Landschaft erleben" (Foto: R. Schübel, Bildarchiv der Thüringer Tourismus GmbH)

„Landschaft zu genießen". Doch, worin besteht dieses Naturerlebnis? Und was heißt es, Landschaft zu genießen?

Für die abgebildeten Personen gilt wohl, dass sie trotz – oder vielmehr dank – der Funktionskleidung den Wind und das Wetter spüren, durch die Anstrengung der Bewegung den eigenen Körper erleben, außer Atem geraten und vom Tragen des Rucksacks eventuell Schmerzen verspüren. Dazu kommen viele weitere Eindrücke und Empfindungen, wie das Rauschen des Windes, die Stimmen der Vögel, der visuelle Eindruck der Umgebung, Licht und Schatten, Gerüche, Geräusche und Stimmungen, von denen nur schwer zu sagen ist, wodurch sie im Einzelnen hervorgerufen werden. Alles in allem scheint das Erleben von Natur ein recht komplexer Erfahrungszusammenhang zu sein.

Eine genauere Betrachtung der Abbildung offenbart zudem, dass die Natur, die wir beim Durchstreifen der Landschaft erleben, in vielerlei Hinsicht „künstlich" ist. Auch in der abgebildeten Landschaft ist Vieles von Menschen errichtet, gebaut oder gepflanzt und keineswegs von sich aus an Ort und Stelle gewachsen. Die Wiesen, über die die beiden Personen gehen, sind Weiden, die möglicherweise gedüngt und gemäht werden. Der Wald im Hintergrund wird forstwirtschaftlich genutzt – man erkennt einen Fichtenbestand, der das Ergebnis entsprechender Anstrengungen ist. Das Bild zeigt offensichtlich eine Kulturlandschaft und keine „natürlich gewachsene" Landschaft. **Kulturlandschaft** Andererseits wird man den abgebildeten Pflanzen – auch den Fichten im bewirtschafteten Forst – kaum absprechen können, natürliche Organismen zu sein. Hat man es hier also mit „künstlicher Natur" zu tun und kann es diese überhaupt geben? Ist Natur nicht gerade das, was nicht künstlich geschaffen, nicht von Menschen beeinflusst wurde, sondern so belassen ist, wie „es ist"?

In der Kulturlandschaft steckt aber noch eine andere Besonderheit: Nicht nur das Natürliche scheint hier etwas Künstliches zu sein; umgekehrt haftet der Kultur in der Kulturlandschaft auch etwas Natürliches an. Wahrscheinlich besichtigen und konsumieren die beiden Personen bei ihrem Aufenthalt in der Rhön auch Produkte der „lokalen Kultur". Sie erfreuen sich vermutlich an den typischen Gebäuden dieser Gegend, lernen aktuelles und vergangenes Brauchtum auf Dorffesten und in Museen kennen oder genießen die Spezialitäten der regionalen Küche. Dass Natur und Kultur dabei eventuell durcheinander geraten, Natur etwas Künstliches und Kultur etwas Natürliches zu sein scheint, muss den Genuss des Aufenthalts „in der Natur" nicht stören.

Wenn wir uns sozial- oder kulturwissenschaftlich mit Natur und Landschaft beschäftigen, sollten wir jedoch versuchen, uns diesbezüglich Klarheit zu verschaffen. Konkret gilt es, zu untersuchen, wie Natur und Landschaft durch soziale Praktiken hervorgebracht, wie sie verwendet und dadurch verändert werden. Beide, Natur und Landschaft, so viel geht aus dem einleitenden Beispiel hervor, scheinen nicht einfach gegeben zu sein, sondern werden in irgendeiner Weise durch das Tun von Menschen geschaffen. Es gilt also, diesen Herstellungsprozess in den Blick zu nehmen. Zu unterscheiden ist dabei zwischen der materiellen Produktion und der signifikativ-symbolischen Konstruktion von Natur und Landschaft. Anschließend soll untersucht werden, wie Natur in der Landschaft erlebbar wird.

3.2 Produktion von Natur und Landschaft

Dass der Mensch die Natur nutzt und dadurch verändert, ist keine neue Erscheinung. Seit dem Neolithikum werden Pflanzen und Tiere gezüchtet, wird die Landschaft durch Rodung, Ackerbau und Siedlung oder Verkehr geprägt, werden Rohstoffe abgebaut und neue Stoffe geschaffen (siehe z. B. Küster 1995). Die Veränderung der (Natur-)Landschaft durch das Wirken der Menschen (Landschaftswandel) und ihre Rückwirkung auf die Kultur war bis in die 1950er-Jahre eines der wichtigsten Themen der Geographie. Noch im 20. Jahrhundert bildete dieses Thema ein „Einheitsparadigma", das eine integrierte Betrachtung erlaubte und eine Aufteilung des Fachs in die eigenständigen Teildisziplinen Humangeographie und Physische Geographie verhindern sollte (siehe Schultz 1980 oder Hard 2001 und Werlen 2008). Diese Trennung ist heute weitgehend vollzogen. Außerdem werden in der Beschreibung des landschaftlichen Formenschatzes (Landschaftsmorphologie) und in den Fragen der Abgrenzung verschiedener Landschaftstypen (Landschaftstypologie) keine großen wissenschaftlichen Herausforderungen mehr gesehen. Der Zusammenhang verschiedener Elemente in einem „Landschaftsökosystem" ist in der Landschaftsökologie nach wie vor ein lebendiges Forschungsgebiet, das jedoch hauptsächlich von der Physischen Geographie aus naturwissenschaftlicher Perspektive bearbeitet wird (siehe z. B. Mosimann 2011). Zu den Ansätzen, in denen Wechselwirkungen zwischen Mensch und Natur aus sozial- und kulturwissenschaftlicher Sicht untersucht werden, zählen die Humanökologie, die Soziale Ökologie sowie die Politische Ökologie. Es handelt sich dabei um interdisziplinäre Forschungsfelder, zu denen auch die Geographie einen wesentlichen Beitrag geleistet hat bzw. leistet (siehe dazu z. B. Groß 2006).

Mit der gesellschaftlichen Produktion von Natur befassten sich allerdings auch schon die Begründer der Sozialtheorie. Insbesondere Karl Marx wies darauf hin, dass die Natur dem Menschen nicht als unverrückbare Gegebenheit und äußere Bedingung des Handelns gegenübertrete, sondern selbst ein „geschichtliches Produkt", oder genauer, ein „Produkt der Industrie und des Gesellschaftszustandes" sei (Marx/Engels 1967, 43). Der Mensch, so Marx, sei zwar selbst ein „Naturwesen", das heißt ein Geschöpf mit organischen Bedürfnissen und lebe als solches in einem „Stoffwechsel" mit der Natur (ebd., 51).

Veränderung der (Natur-)Landschaft

gesellschaftliche Produktion von Natur

Er sei aber eben auch ein „für sich selbst seiendes Wesen", das sich am eigenen Bewusstsein orientiere und in die Natur eingreife, sie forme und verändere und so eine „zweite Natur" schaffe (Görg 1999, 46).

Die Idee eines gesellschaftlichen Stoffwechsels (Metabolismus) wird in der ökologischen Forschung später vom Umwelthistoriker Rolf Peter Sieferle aufgegriffen und von Marina Fischer-Kowalski vielfach angewendet (siehe Fischer-Kowalski et al. 1997). Sie besagt, dass Gesellschaften auf je spezifische Weise Stoffe und Energie aus der Natur aufnehmen, diese auf eine bestimmte Art und Weise umwandeln und auch wieder an die Umwelt abgeben. Die Transformation der Gesellschaft hängt demzufolge von der Verfügbarkeit von Energie und von der Art und Weise ab, wie die Materialflüsse gestaltet werden. Während Umwelthistoriker wie Sieferle et al. (2006) damit vor allem den gesellschaftlichen Wandel über lange Zeiträume als eine Veränderung des „sozial-ökologischen Regimes" beschreiben (siehe auch Winiwarter/Knoll 2007), kann mit dem Konzept des gesellschaftlichen Stoffwechsels auch auf die Produktion von Natur hingewiesen und die Umwandlung der Landschaft in den Blick genommen werden (siehe dazu z. B. Haberl 1999).

Auf die Theorie von Marx berufen sich (implizit) auch die Urheber des Konzepts der gesellschaftlichen Naturverhältnisse (Görg 1999; Becker/Jahn 2006). Sie betonen, dass das Verhältnis von Gesellschaft und Umwelt durch eine dialektische Beziehung gekennzeichnet ist: Einerseits ist, wie man am Landschafts- und Klimawandel deutlich sehen kann, der Mensch zu einer zentralen Triebkraft der Veränderung von Ökosystemen geworden. Andererseits erbringen (intakte) Ökosysteme weiterhin wichtige „Dienstleistungen" für die Gesellschaft. Das Konzept der gesellschaftlichen Naturverhältnisse stellt deshalb die Wechselwirkungen zwischen gesellschaftlichen und biophysikalischen Prozessen in den Mittelpunkt und versucht so, die gesellschaftliche Produktion von Natur und den materiellen Stoffwechsel miteinander zu verbinden. Vor dem Hintergrund der Annahme, dass es sowohl eine „Verselbstständigung der Gesellschaft" (und damit einen Gestaltungsspielraum) als auch eine anhaltende Abhängigkeit von funktionierenden Ökosystemen gibt, liegt der Betrachtungsschwerpunkt dieser Forschungsrichtung auf Fragen der Regulation der gesellschaftlichen Naturverhältnisse (Görg 2003). Diese Auseinandersetzung involviert auch *landscape governance* und damit die Frage nach den Möglichkeiten, die Umgestaltung der Landschaft durch veränderte Landnutzung zu steuern (siehe z. B. Görg 2007).

Die grundlegende Problematik, dass die Fortschritte in der Naturbeherrschung neue Gefahren für die Gesellschaft hervorrufen, wurde auch von anderen Autoren aus der Tradition der marxistischen Theorie erkannt. Max Horkheimer und Theodor Adorno (1975) zum Beispiel betrachten diesen Widerspruch in der „Dialektik der Aufklärung" als zentrales Moment der Entwicklung der modernen (westlichen)

gesellschaftlicher Stoffwechsel (Metabolismus)

gesellschaftliche Naturverhältnisse

Gesellschaft. Prominent ist der Gedanke, dass die zunehmende Emanzipation von der Natur unerwünschte Folgen (z. B. saurer Regen, Waldsterben, Desertifikation, Artensterben, Verschmutzung der Ozeane, Klimawandel usw.) haben kann und damit die gesellschaftliche Entwicklung zu einer Gefahrenquelle wird, außerdem bei Ulrich Beck (1986). Weil die Errungenschaften der modernen Gesellschaft selbst

Risiken

Risiken für die weitere Entwicklung der Gesellschaft bergen und man nur die Wahl zwischen unterschiedlichen Risiken (aber keine absolute Sicherheit mehr) hat, kann die gegenwärtige Gesellschaft laut Beck (1986) als „Risikogesellschaft" bezeichnet werden.

Diese Risiken sind allerdings in der Gesellschaft ungleich verteilt: So wie nicht alle von der Nutzung der natürlichen Ressourcen im gleichen Maße profitieren, so haben auch nicht alle unter den negativen Folgen im gleichen Maße zu leiden. Mit dieser Ungleichverteilung der Folgen von Umweltveränderungen beschäftigt sich vor allem die Politische Ökologie. Sie betrachtet die Umwelt „als ein ‚Schlachtfeld unterschiedlicher Interessen' […], auf dem um Macht, Verfügungsrechte und Einfluss gerungen wird" (Krings 1999, 130; vgl. dazu Flitner 2003). Das Forschungsinteresse der Politischen Ökologie richtet sich unter dem Gesichtspunkt der Produktion von Natur zum Beispiel auf Fragen der Umweltgerechtigkeit und der Verteilung von Entwicklungschancen (siehe dazu z. B. Smith 1984 oder Harvey 1996).

3.3 Konstruktion der Natur

Die eingangs erwähnten Schwierigkeiten mit der „künstlichen Natur" einer Kulturlandschaft betreffen aber nicht nur die Tatsache, dass naturräumliche Gegebenheiten heute zum größten Teil von Menschen beeinflusst und damit kulturell oder gesellschaftlich geprägt sind. Sie

Natur und Kultur als Dichotomie

rühren grundsätzlich vielmehr daher, dass wir es gewohnt sind, Natur und Kultur als Dichotomie zu denken, das heißt als begriffliche Aufteilung der Welt in zwei komplementäre Bereiche. Es handelt sich dabei um ein Denken, das bis in die Antike zurückreicht. So benutzt zum Beispiel Aristoteles (in seiner Metaphysik) für die Bezeichnung der Natur den Begriff der *physis*. Diese umfasst nach Aristoteles all das, was nicht „gemacht" ist, sondern das Prinzip des Werdens, der Bewegung und der Ruhe (*kinesis* und *stasis*) in sich selbst hat. Dieser Gedanke ist offenbar bis heute in Naturvorstellungen präsent: Die künstlich angelegte und gärtnerisch gehegte Rabatte entlang der Straße wird gemeinhin als kulturelles Produkt betrachtet; das Gänseblümchen, das ohne unser Zutun am Wegrand wächst, oder der Vogelknöterich, der sich selbst seinen Weg durch einen Spalt im Straßenbelag sucht, gehören nach dieser Auffassung hingegen zur Natur. Eine moderne Fassung bekommt diese Vorstellung von Natur und Kultur im Zuge der Aufklärung durch die Dichotomie von Körper und Geist (siehe die Kompaktinformation zum cartesianischen Dualismus).

Cartesianischer Dualismus

Als cartesianischen Dualismus bezeichnet man in der Philosophie und in den Sozial- oder Kulturwissenschaften den Gegensatz von Körper und Geist. Die Bezeichnung verweist auf den Philosophen René Descartes, der sich bei seinen Erwägungen über die Möglichkeiten der Erkenntnis auf die Unterscheidung von Gedanklichem und Ausgedehntem (*res cogitans* und *res extensa*) bezieht. Gemäß seiner Auffassung stehen sich die von Kausalgesetzen geprägte Materie (Körper) auf der einen Seite und die geistige Sphäre des Denkens auf der anderen Seite gegenüber. Die Möglichkeit, Erkenntnisse über die Welt zu erlangen, bleibt dabei dem (menschlichen) Geist vorbehalten, das heißt dem Subjekt, das nach den Prinzipien der Vernunft sowohl die ausgedehnte äußere Welt als auch die eigenen Gedanken, das Ich und die Bedingungen des Denkens erkundet.

Dieser Gegensatz ist bei Descartes als ontologische Zweiteilung der Welt gedacht, das heißt als eine Unterteilung in zwei verschiedene Regionen des Seins (Seinsweisen). Im wissenschaftstheoretischen Rückblick wird jedoch klar, dass auch die Unterscheidung von ausgedehnter und mentaler Welt (Körper und Geist) eine epistemologische Differenzierung ist, die insbesondere von den modernen Wissenschaften inszeniert und kontinuierlich reproduziert wird (siehe die Kompaktinformation zur Ontologie und Epistemologie). Der Unterschied zwischen Natürlichem und Kulturellem liegt also weniger „in der Natur der Dinge" als vielmehr „im Auge des Betrachters". Es handelt sich dabei nicht um eine Zweiteilung, die besagt, wie die Dinge an sich sind, sondern um eine Zweiteilung der Art und Weise, wie wir die Welt wahrnehmen und (gedanklich) ordnen.

ausgedehnte und mentale Welt (Körper und Geist)

Ontologie und Epistemologie

Ontologie ist die Lehre von der Seinsweise der Dinge, vom „Sein als solchem". Ontologische Aussagen geben Auskunft darüber, wie die Dinge „an sich" sind. Traditionell beziehen sich ontologische Erörterungen auf die Existenz des Menschen, der gedanklichen Gegenstände und der materiellen Dinge. Dabei geht es um die Frage, wie die Wirklichkeit unabhängig von unserer Erkenntnis beschaffen ist. Der Wert ontologischer Aussagen ist in den Kultur- und Sozialwissenschaften umstritten, da sie (implizit) einen perspektivenlosen Blick von außen auf die Welt beanspruchen und vorgeben, die Welt so sehen zu können, wie sie ist (und nicht nur so, wie sie von einem bestimmten Standpunkt aus erscheint).

Epistemologie ist eine Bezeichnung für die Lehre der Erkenntnis und ein Synonym für Erkenntnistheorie. Epistemologische Aussagen betreffen die Art und Weise, wie die Dinge wahrgenommen und verstanden (erkannt) werden. Sie zielen also auf die Möglichkeiten der Erfassung von Wirklichkeit und auf das Wissen. Im Zentrum steht dabei unter anderem die Bestimmung von Subjekt-Objekt-Beziehungen. Die Frage nach den Bedingungen wissenschaftlicher Erkenntnis bildet die Schnittstelle zur Wissenschaftstheorie.

konstruktivistische Einstellung Philosophische Grundlagen für diese konstruktivistische Einstellung liefert unter anderem Kant mit der Idee, dass Erkenntnis vom erkennenden Subjekt ausgeht und die Anwendung von Kategorien beinhaltet, die selbst nicht in der Welt enthalten sind (und durch die Welt auch nicht vorgegeben werden). Auch in der Allgemeinen Linguistik und in der Sprachphilosophie, auf die sich unter anderem die Diskurstheorie (Foucault) beruft, werden ähnliche Gedanken formuliert. So weist zum Beispiel der Sprachwissenschaftler Ferdinand de Saussure darauf hin, dass sprachliche Äußerungen zunächst nichts anderes sind als Lautbilder, die ihren Sinn erst durch den kulturell definierten Bezug zu einer Bedeutung bekommen, die ihrerseits von der Position in einem selbstreferenziellen System von Signifikaten (Bedeutungsgehalten) abhängt. In jüngerer Zeit hat der amerikanische Philosoph Richard Rorty (1981) die konstruktivistische Position weiter ausgebaut. Er zeigt, dass Erkenntnis nicht einfach als Abbild der äußeren Welt im Bewusstsein der Menschen begriffen werden kann, sondern als Produkt besonderer Praktiken (sogenannte Sprachspiele) betrachtet werden muss, bei denen konventionelle Unterscheidungen und Kategorien (wie Natur und Kultur) für bestimmte Zwecke zum Einsatz kommen. Rorty geht damit noch einen Schritt weiter als Kant und zeigt (indirekt), dass auch die Natur nichts ist, was vor der Erkenntnis als gegeben vorliegt (vgl. dazu Zierhofer 2004).

Vor diesem Hintergrund hat sich in den Sozial- und Kulturwissenschaften die Überzeugung durchgesetzt, dass „die Natur" keine unveränderbar feststehende Größe ist, sondern von unseren Vorstellungen **Natur als soziale** und Einstellungen abhängt. Natur tritt in der sozialen Welt nur als **Konstruktion** eine soziale Konstruktion in Erscheinung, das heißt als eine (bewertete) Vorstellung von Natur, die überindividuelle Gültigkeit und Handlungsrelevanz besitzt. Im Fokus der sozial- und kulturwissenschaftlichen Perspektive stehen deshalb verschiedene Auffassungen von Natur sowie die Herstellung, die Durchsetzung und die Konsequenzen der vorherrschenden Naturverständnisse. Diese sind sowohl historisch als auch kulturell und kontextuell verschieden.

Auf kontextuelle Unterschiede beim Naturverständnis hat in der deutschen Geographie beispielsweise Gerhard Hard (2002) immer wieder hingewiesen (für die englischsprachige Debatte sind die Arbei-

ten von Douglas/Wildavsky 1982; Thompson et al. 1990 und Mac-
naghten/Urry 1998 wegweisend). Hard (2001) zeigt anhand der Diskussion über Grünflächen in Städten, dass ganz unterschiedliche Auffassungen darüber herrschen, was Natur sei: Mit Natur können
„Wildnisse" wie zum Beispiel Waldstücke gemeint sein, aber auch
landwirtschaftliche Nutzflächen im Stadtbereich (Gärten) oder Park-
anlagen, Grünstreifen und Rabatten, das heißt „das gesamte Stadt-
gärtner- und Grünflächenamtsgrün" sowie die städtische Ruderalve-
getation auf Brachflächen (Hard 2001, 260). Diese unterschiedlichen
Vorstellungen von „Stadtnatur" können dazu führen, dass der Schutz
und die Pflege der einen Natur die Verdrängung oder Zerstörung
einer anderen Natur voraussetzt (ebd.).

3.4   Imagination und Erleben von Landschaft

Eine konstruktivistische Einstellung im weiteren Sinne kennzeichnet
auch die aktuelle Auseinandersetzung mit Landschaft in der Kultur-
und Sozialgeographie. Das bedeutet, dass der wissenschaftliche Blick
aktueller Landschaftsforschung weniger ins Gelände als vielmehr auf
die Sprache, auf Texte oder Bilder sowie auf Praktiken gerichtet wird,
die in besonderer Weise auf die Landschaft Bezug nehmen. „Die
wahre Landschaft", so schreibt der schwedische Landschaftsforscher
Orvar Löfgren (1994) „ist im Kopf". Sie ist – wie Denis Cosgrove, ein
Vorreiter der kultur- und sozialgeographischen Landschaftsforschung,
präzisiert – eine Art, die Welt zu betrachten: „Landscape is not merely
the world we see, it is a construction, a composition of that world.
Landscape is a way of seeing the world" (Cosgrove 1984, 13).

Das Besondere an der Betrachtung der Welt als Landschaft ist der
ästhetische Zugang zur Umwelt, der dabei zum Tragen kommt. Unter **ästhetischer Zugang**
dem Gesichtspunkt ihrer landschaftlichen Qualitäten betrachten wir **zur Umwelt**
die Umwelt im Hinblick darauf, ob sie ausdrucksvoll und harmonisch
ist, wir begreifen sie als gewachsen und nicht geplant, verbinden sie
mit Harmonie in der Mannigfaltigkeit usw. (siehe dazu Hard 2002,
171–210). Dieser ästhetische Zugang ist ein Produkt des 18. und 19.
Jahrhunderts. Er stammt ursprünglich aus der Kunst, genauer, aus
der Landschaftsmalerei. Der heute geläufige Begriff von Landschaft
beruht also auf einer ganz bestimmten Art der Betrachtung, einer
„Kultur des Sehens", die zunächst nur unter Experten (in der Malerei)
verbreitet war; denn dieser „landschaftliche Blick" war alles andere **„landschaftlicher Blick"**
als selbstverständlich. Er musste, im Gegenteil, richtiggehend einge-
übt werden. Man benutzte dazu Hilfsmittel und Techniken, die uns
heute teilweise sonderbar erscheinen. Die vielleicht originellste Technik dieser Art ist das sogenannte Claude-Glas (auch Claude-Spiegel),
ein kleiner, konvexer und in der Regel getönter Taschenspiegel. Das
Gerät ist nach dem französischen Landschaftsmaler Claude Lorrain
benannt und gehörte im 18. Jahrhundert zur Standardausrüstung von

Abb. 3.2 Caspar David Friedrich: Der Sommer (1807) – Die Betrachtung von Landschaften setzt bestimmte Sehgewohnheiten voraus. Dieser „landschaftliche Blick" wurde maßgeblich durch die Malerei geprägt, die in den Landschaftsdarstellungen häufig ländliche Idylle zeigt und damit ein idealisiertes Bild vom ländlichen Leben erzeugt. (Quelle: bpk, Bildagentur für Kunst und Geschichte/Bayerische Staatsgemäldesammlung)

(gebildeten) Reisenden (Hennig 1999, 53). Man stellte sich damit im Gelände an aussichtsreiche Stellen und betrachtete die Umgebung im Spiegel. Dadurch wurden die Seheindrücke den Idealen des Pittoresken angeglichen: Die landschaftlichen Elemente werden farblich verändert und gerahmt, das heißt virtuell arrangiert, sodass der Eindruck eines gemalten Bildes entsteht.

Ein weiteres Hilfsmittel für die Perfektionierung des landschaftlichen Blicks war die Reiseliteratur, die im 18. und 19. Jahrhundert in großem Umfang verfasst wurde. Reiseführer gaben an, welche Objekte und Stellen man auf einer gelungenen Reise gesehen haben sollte. Dabei wurden häufig auch Anleitungen gegeben, wie und von wo aus man die begehrten Objekte und Szenen richtig zu betrachten hatte. Diese Fähigkeit stellte sich nämlich für das Selbstverständnis des gebildeten bürgerlichen Subjekts als wichtig heraus. Denn, wer in der Lage war, die Landschaft zu betrachten und deren Schönheit zu ermessen, wer also über die „Kultur des Sehens" verfügte, die den landschaftlichen Blick begründet, der wies sich damit auch als eine Person mit Geschmack und Kultur aus, wie man zum Beispiel in Wordsworth's *Guide to the Lakes* lesen kann, einem bedeutenden Reiseführer (von 1810) mit Anleitungen für die Erwanderung des *Lake District* in Nordwestengland.

Es verwundert dann auch nicht, dass der landschaftliche Blick bei genauerer Betrachtung eine asymmetrische und insofern machtgeladene Beziehung zwischen dem Betrachter und dem Betrachteten erzeugt. Die in der Landschaftsmalerei dargestellten Szenen, die auch Vorbild für die Landschaftsbetrachtung von Reisenden und Touristen im Gelände waren, zeigen häufig ländliche Idyllen (Hard 2002, 11–34). Daraus spricht zum einen eine gewisse Bewunderung für das Ländliche, für die (vermeintliche) Natürlichkeit und Urtümlichkeit bzw. Unverfälschtheit des Lebens auf dem Land – ein Gedanke, der auch heute noch mit (idealisierten) Bildern vom Landleben verbunden wird. Gleichzeitig ist es aber ein städtischer Blick und der Blick eines kulturbeflissenen Subjekts, der sich auf die ländliche Szene richtet – ein Blick, der auch nicht erwidert wird. Die Bewohnerinnen und Bewohner des ländlichen Raums werden einseitig zum Objekt einer Betrachtung durch das gebildete bürgerliche Subjekt (aus der Stadt), das den landschaftlichen Blick eingeübt und außerdem die (Frei-)Zeit und die Muße hat, sich das Land einfach anzuschauen, das heißt kontemplativ zu erschließen, anstatt es zu bebauen (vgl. dazu Nash 2005).

Asymmetrie der Landschafts-betrachtung

Wenn dieser landschaftliche Blick einmal eingeübt ist, kann die Landschaft als Projektionsfläche verwendet und so ausgestattet werden, dass sie als „Kulisse" für spezielle Praktiken, beispielsweise für den Tourismus, dient (siehe dazu auch das Kapitel zum Reisen). Die touristische Inszenierung der Landschaft wirft unter anderem die Frage auf, inwieweit in der Landschaft symbolische Gehalte körperlich erlebt werden können. Zumindest scheinen es solche Erfahrungsmöglichkeiten zu sein, die gesucht werden, wenn Menschen beim Spazierengehen, Wandern oder Radfahren die Landschaft erkunden, um auf diese Weise Natur zu erleben.

touristische Inszenierung der Landschaft

Wenn man davon ausgeht, dass dieses Naturerlebnis (aus der subjektiven Sicht der Akteure) gelingt, dann reicht es unter Umständen nicht aus, die sprachlichen Äußerungen, (Reise)Berichte, Bilder und medialen Repräsentationen diskurs- oder zeichentheoretisch zu untersuchen, um die Konstruktion der Landschaft zu verstehen. Stattdessen müsste man versuchen, auch jene Aspekte des Umgangs mit materiellen Objekten zu erfassen, die nicht sprachlich geäußert werden und unter Umständen auch nicht eindeutig zu bezeichnen sind, aber für das Erleben der Umwelt und für das Handeln gleichwohl eine Rolle spielen. Ereignisse und Qualitäten, von denen wir gewissermaßen „vorsprachlich" angesprochen werden, betreffen zum Beispiel den ergreifenden Eindruck beim Anblick einer (buchstäblich) atemberaubenden Landschaft oder die Anmutung eines Ortes. Konzepte, die auch solche Aspekte einbeziehen, werden in der Phänomenologie gesucht und entwickelt. Einer der am häufigsten diskutierten Begriffe ist dabei jener der Atmosphäre. Im Allgemeinen werden damit subjektive Eindrücke bezeichnet, die nicht allein auf der kognitiven Durchdringung von Situationen beruhen, sondern unter anderem auf leibliches Empfinden zurückgeführt werden müssen. Der Körper der Akteure wird dabei nicht nur als materielle Verankerung in der physi-

Atmosphäre

schen Welt relevant, sondern als Zentrum des Erlebens und als eine Vermittlungsinstanz von Sinneseindrücken, die an der Herstellung einer Beziehung zur Umwelt konstitutiv beteiligt ist (siehe dazu z. B. Böhme 1995 oder für die Geographie Kazig 2007).

Eine Besonderheit von Atmosphären besteht darin, dass sie weder eindeutig beim wahrnehmenden Subjekt noch auf der Objektseite bei der räumlichen Anordnung von Gegenständen verortet werden können: Für das Subjekt scheinen atmosphärische Eindrücke von der Qualität der Umgebung auszugehen. Wir erleben sie überraschend, werden von ihnen getroffen oder überwältigt. Gleichzeitig könnten sie aber von einem außenstehenden Beobachter auf der Objektseite in der Anordnung der Dinge nicht erkannt werden. Atmosphären müssen deshalb als relationale Phänomene begriffen werden, als „Zwischendinge", die sich durch Objekt- oder Raumbeschreibungen nicht vollständig erfassen lassen. Der Soziologe Dirk Baecker (2005) kommt deshalb zum Schluss, dass Atmosphären „Augenwinkelphänomene" sind. Sie werden nicht durch das hervorgerufen, was gerade im Fokus steht, sondern durch dessen Beziehung zu anderen, nicht direkt wahrgenommenen aber gleichwohl mit registrierten Objekten.

Affekte und emotionale Aspekte raumbezogener Praktiken

Rund um Fragen nach der Qualität von Umwelt- oder Raumerlebnissen ist in den letzten Jahren (vor allem in der angelsächsischen Geographie) eine lebhafte Diskussion über Affekte und emotionale Aspekte raumbezogener Praktiken entstanden (siehe dazu Hasse 1999 oder Davidson/Milligan 2004). In den Arbeiten aus diesem Forschungsfeld der *emotional geographies* zeigt sich immer wieder, dass Körper und Geist nicht ohne Weiteres getrennt und auseinandergehalten werden können, wie es die konventionelle (Sozial)Theorie und das moderne westliche Denken nahelegen. Die Auseinandersetzung mit Affekten und Emotionen trägt auf diese Weise dazu bei, dass neu über das Verhältnis von Natur und Kultur nachgedacht wird. Sie verbindet sich in diesem Punkt mit Teilen der Wissenschafts- und Technikforschung, den *science and technology studies (STS)*, die zeigen, dass aufgrund der zunehmenden Durchdringung und Beherrschung der Natur mit technischen Einrichtungen und Artefakten auch das herkömmliche Naturverständnis ins Wanken gerät (siehe Kompaktinformation zu Hybridität). Die Konsequenz dieses Hinterfragens sollte allerdings nicht die Rückkehr zur Annahme eines großen Allzusammenhangs sein; die Devise müsste vielmehr lauten, die alltagsweltliche und wissenschaftliche Beobachtung zu beobachten und zu erklären, wo, zu welchem Zweck und mit welchen Effekten Natur und Kultur auseinandergehalten oder vermengt werden. Das Studium der Art und Weise, wie die Landschaft wahrgenommen, benutzt und dabei praktisch erfahren oder angeeignet wird, bietet dazu eine Vielzahl von spannenden und aufschlussreichen Beispielen.

Hybridität

In den Sozial- und Kulturwissenschaften wird heute die ontologische Zweiteilung von Natur und Kultur (Körper und Geist) vermehrt infrage gestellt und stattdessen argumentiert, dass symbolische Gehalte, menschliche Individuen und materielle Dinge in sozialen Praktiken stets miteinander verbunden seien. Erst die (moderne) wissenschaftliche Betrachtung löse diese Verbindungen auf und ordne natürliche und kulturelle Bestandteile unterschiedlichen, voneinander getrennten Bereichen zu. Die feministische Wissenschaftshistorikerin Donna Haraway (1995) wendet sich mit der Figur des Cyborgs gegen diese Einteilung. Der Cyborg ist ein Mischwesen, dessen funktionale Einheit auf technischen und organischen Bestandteilen gleichermaßen beruht. Damit weist Haraway darauf hin, dass die Unterscheidung von Natur und Kultur nicht nur künstlich, sondern auch nicht hilfreich für das Verständnis der heutigen Lebensbedingungen ist. Der Techniksoziologe Bruno Latour (2007) ruft deshalb dazu auf, diese Unterscheidung aufzugeben und stattdessen von hybriden Netzwerken auszugehen (siehe dazu auch Whatmore 2002).

Literatur

Baecker, D. (2005): Atmosphäre – Kommunikationsmedium der gebauten Umwelt. In: Schmidt, A. J.; Jammers, R. (Hg.): Essener Forum Baukommunikation, Jahrbuch 2005. Essen, 30–37.

Beck, U. (1986): Risikogesellschaft. Auf dem Weg in eine andere Moderne. Frankfurt a. M.: Suhrkamp.

Becker, E.; Jahn, T. (Hg.) (2006): Soziale Ökologie. Grundzüge einer Wissenschaft von den gesellschaftlichen Naturverhältnissen. Frankfurt a. M.: Campus.

Böhme, G. (1995): Atmosphäre. Essays zur neuen Ästhetik. Frankfurt a. M.: Suhrkamp.

Cosgrove, D. E. (1984): Social Formation and Symbolic Landscape. London: Croom Helm.

Davidson, J.; Milligan, C. (2004): Embodying emotion sensing space: introducing emotional geographies. In: Social and Cultural Geographies 5/4, 523–532.

Douglas, M.; Wildavsky, A. (1982): Risk and Culture: An Essay on the Selection of Technical and Environmental Dangers. Berkley: University of California Press.

Fischer-Kowalski, M.; Haberl, H.; Hüttler, W.; Payer, H.; Schandl, H.; Winiwarter, V.; Zangeri-Weisz; H. (Hg.) (1997): Gesellschaftlicher Stoffwechsel und Kolonisierung von Natur. Ein Versuch in Sozialer Ökologie. Amsterdam: G+B Verlag Fakultas.

Flitner, M. (2003): Kulturelle Wende in der Umweltforschung? – Aussichten in Humanökologie, Kulturökologie und Politischer Ökologie. In: Gebhardt, H.; Reuber, P.; Wolkersdorfer, G. (Hg.): Kulturgeographie. Aktuelle Ansätze und Entwicklungen. Heidelberg: Spektrum Akademischer Verlag, 213–228.

Görg, C. (1999): Gesellschaftliche Naturverhältnisse. Münster: Westfälisches Dampfboot.

Görg, C. (2003): Regulation der Naturverhältnisse. Münster: Westfälisches Dampfboot.

Görg, C. (2007): Landscape Governance. The „politics of scale" and the „natural" conditions of places. In: Geoforum 38 (5), 954–966.

Groß, M. (2006): Natur. Bielefeld: transcript.

Haberl, H. (1999). Die Kolonisierung der Landschaft: Landnutzung und gesellschaftlicher Stoffwechsel. In: Schneider-Sliwa, R.; Schaub, D.; Gerold, G. (Hg.): Angewandte Landschaftsökologie, Grundlagen und Methoden. Berlin: Springer, 491–509.

Haraway, D. (1995): Die Neuerfindung der Natur. Primaten, Cyborgs und Frauen. Frankfurt a. M.: Campus.

Hard, G. (2001): Natur in der Stadt? In: Berichte zur deutschen Landeskunde 75 (2/3), 257–270.

Hard, G. (2002): Landschaft und Raum. Ansätze zur Theorie der Geographie, Band 1. Osnabrücker Studien zur Geographie 22. Osnabrück: Universitätsverlag Rasch.

Harvey, D. (1996): Justice, Nature and the Geography of Difference. Oxford: Blackwell.

Hasse, J. (1999): Das Vergessen der Gefühle in der Anthropogeographie. In: Geographische Zeitschrift 87 (2), 63–83.

Hennig, C. (1999): Reiselust. Touristen, Tourismus und Urlaubskultur. Frankfurt a. M.: Suhrkamp.

Horkheimer, M.; Adorno, T. W. (1975): Dialektik der Aufklärung. 3. Aufl., Frankfurt a. M.: Fischer.

Kazig, R. (2007): Atmosphären – Konzept für einen nicht-repräsentationellen Zugang zum Raum. In: Pütz, R.; Berndt, C. (Hg.): Kulturelle Geographien. Zur Beschäftigung mit Raum und Ort nach dem Cultural Turn. Bielefeld: transcript, 167–187.

Krings, T. (1999): Editorial: Ziele und Forschungsfragen der Politischen Ökologie. In: Zeitschrift für Wirtschaftsgeographie 43, 129–130.

Küster, H. (1995): Geschichte der Landschaft in Mitteleuropa. Von der Eiszeit bis zur Gegenwart. München: C. H. Beck.

Latour, B. (2007): Eine neue Soziologie für eine neue Gesellschaft. Frankfurt a. M.: Suhrkamp.

Löfgren, O. (1994): Die wahre Landschaft ist im Kopf. In: Topos. European Landscape Magazine 6, 6–14.

Macnaghten, P.; Urry, J. (1998): Contested Nature. London: SAGE.

Marx, K. (1967): Ökonomisch-philosophische Manuskripte. Kritik der Hegelschen Dialektik und Philosophie überhaupt. Karl Marx, Friedrich Engels, Werke, Ergänzungsband 1, Berlin, 568–588.

Mosimann, T. (2011): Einführung in die Landschaftsökologie: der ökologische Blick auf die Landschaft. In: Gebhardt, H.; Glaser, R.; Radtke, U.; Reuber, P. (Hg.): Geographie. Physische Geographie und Humangeographie. 2. Aufl., Heidelberg: Spektrum Akademischer Verlag, 606–615.

Nash, C. (2005): Landscapes. In: Cloke, P.; Crang, P.; Goodwin, M. (Hg.): Introducing Human Geographies. 2nd ed., London: Hodder Arnold Publication, 156–167.

Rorty, R. (1981): Der Spiegel der Natur: Eine Kritik der Philosophie. Frankfurt a. M.: Suhrkamp.

Schultz, H.-D. (1980): Die deutschsprachige Geographie von 1800 bis 1970. Ein Beitrag zur Geschichte ihrer Methodologie. Abhandlungen des Geographischen Instituts – Anthropogeographie, Band 29, Berlin.

Sieferle, R. P.; Krausmann, F.; Schandl, H.; Winiwarter, V. (2006): Das Ende der Fläche: zum gesellschaftlichen Stoffwechsel der Industrialisierung. Umwelthistorische Forschungen. Köln 2006: Böhlau

Smith, N. (1984): Uneven Development: Nature, Capital and the Production of Space. Oxford: Blackwell.

Thompson, M.; Ellis, R.; Wildavsky, A. (1990): Cultural Theory. Colorado: Westview Press.

Whatmore, S. (2002): Hybrid Geographies. Natures, Cultures, Spaces. London: SAGE.

Werlen, B. (2008): Sozialgeographie. Eine Einführung. 3. überarb. und erw. Aufl. Bern: Haupt.

Winiwarter, V.; Knoll, M. (2007): Umweltgeschichte. Eine Einführung. Köln: Böhlau.

Zierhofer, W. (2004): Abschied von der einen Natur. Einführung in eine Grundlagendebatte. In: GAIA 13 (2), 105–112.

Prozesse

Benno Werlen # 4 Globalisierung

4.1 Einleitung

Globalisierung ist nicht nur ein Schlüsselbegriff der Sozial- und Kulturwissenschaften, sondern auch ein Schlagwort in den Medien und der Politik. Der Ausdruck bezieht sich auf die nach wie vor zunehmenden Möglichkeiten, über große Distanzen hinweg Beziehungen zu pflegen, sich Wissen über ferne Regionen anzueignen oder mit modernen Transportmitteln in relativ kurzer Zeit an weit entfernte Orte zu reisen und sich Produkte aus der ganzen Welt zu beschaffen. Globalisierung ist aber auch ein Reizwort, das an die Macht bzw. die Machenschaften transnationaler Unternehmen, das Finanzwesen und seine Krisen oder den Terrorismus und die Versuche erinnert, Konflikte in allen Weltregionen politisch oder militärisch zu lösen.

Die Vielfalt der Assoziationen, die mit dem Begriff der Globalisierung verbunden sind, erschwert eine sachliche Auseinandersetzung mit der Frage, aus welchen Prozessen die Globalisierung faktisch besteht. Für eine wissenschaftliche Analyse der Globalisierung und ihrer Auswirkungen auf das tägliche Leben ist eine präzise Bestimmung dieser Prozesse aber notwendig. Aus kultur- und sozialgeographischer Sicht interessiert insbesondere, welche Veränderungen im gesellschaftlichen Leben mit der Ausweitung sozialer, kultureller und ökonomischer Beziehungen einhergehen und welche Implikationen diese Veränderungen für die geographische Weltsicht, das heißt für unser Weltbild und die geographische Forschung, haben. Die übergeordneten Thesen dazu lauten: Der Prozess der Globalisierung hat ein neues Zeitalter der geographischen Lebensbedingungen eingeläutet; er ist unumkehrbar und bildet in mehrfacher Hinsicht die zentrale Herausforderung der wissenschaftlichen Geographie, aber auch der politischen Gestaltung des gesellschaftlichen Zusammenlebens. In Bezug auf die Konsequenzen für die geographische Forschung geht dieser Beitrag im Speziellen davon aus, dass Globalisierung mit einem traditionellen raumzentrierten Fachverständnis nicht hinreichend erfasst werden kann.

neues Zeitalter der geographischen Lebensbedingungen

Um diese Thesen zu erläutern, wird im Folgenden zunächst gezeigt, welche Aspekte der Globalisierung durch verschiedene Perspektiven sozialwissenschaftlicher Betrachtung hervorgehoben werden und welche Kontroversen diesbezüglich bestehen. Im Anschluss daran wird die Ansicht vertreten, dass die Globalisierung ein Merkmal der alltäglichen Lebensbedingungen in der Gegenwart – der sogenannten Spät-Moderne – ist und deshalb durch eine tätigkeitszentrierte Herangehensweise erschlossen werden muss. Durch diese Betrachtungsweise zeigt sich auch, inwiefern wir selbst die Prozesse der Globalisierung mit unserem täglichen Handeln gestalten. Dabei wird deutlich, dass Globalisierung ein Ergebnis der Herstellung von Raumbezügen ist, das heißt eine Art, die Welt auf sich zu beziehen und somit eine Form des „Geographie-Machens".

4.2 Perspektiven der Globalisierung

In den meisten Theorien der Globalisierung herrscht, trotz der ansonsten teilweise konträren Ausrichtungen, grundsätzlich Einigkeit darüber, dass Globalisierung ein wechselseitiger Prozess von Entankerung und Wiederverankerung bzw. *disembedding* und *re-embedding* (Giddens 1995) ist, der sowohl Entgrenzungen als auch Wieder-Begrenzungen (Beck 1997) beinhaltet (für einen Überblick über verschiedene Theorien der Globalisierung siehe Dürrschmidt 2002). Globalisierung besteht demzufolge nicht einfach in der Auflösung lokaler Bezüge; vielmehr hat man es mit einer Dialektik von globalen und lokalen Bezügen zu tun. In der sozialwissenschaftlichen Debatte über dieses Wechselverhältnis von Globalem und Lokalem sind drei Hauptpositionen auszumachen. In den entsprechenden Diskussionen, in denen auch um die „richtige" Interpretation des Phänomens Globalisierung gerungen wird, geht es im Wesentlichen darum, ob Globalisierung als ein Prozess zu verstehen ist, der

Entankerung und Wiederverankerung)

- mit den Anfängen der Menschheitsgeschichte in Gang gesetzt wurde und seither mit wachsender Intensität und zunehmender Geschwindigkeit abläuft,
- mit der Aufklärung und der Entwicklung des Kapitalismus zusammenfällt und in jüngster Zeit eine Beschleunigung erfahren hat oder
- ein zeitgenössisches Phänomen darstellt, das für das postindustrielle Zeitalter charakteristisch ist.

Laut dem ersten Argumentationsmuster ist die Globalisierung ein kontinuierlicher Prozess, der schon in der Antike (oder noch früher) einsetzte. In der Tat gibt es eine ganze Reihe älterer Entwicklungen, die eine Überwindung von Distanzen – vor allem im Rahmen weiträumiger Handelsbeziehungen – ermöglichten. So sind etwa Geld und Schrift für die Ausdehnung der Wirkungsreichweite von Handlungen eine wichtige Voraussetzung. Sie führten alleine jedoch nicht zu den heute bekannten globalisierten Verhältnissen. Vielmehr haben die Schrift und das Geld zunächst die Bildung von Standardsprachen oder nationalen Volkswirtschaften befördert und damit lange Zeit die nationalstaatlich-territoriale Einteilung der Welt gestützt. Die Ursachen für die Aufhebung (und Neubildung) von räumlichen Einteilungen und Grenzen, die wir heute als Globalisierung bezeichnen, scheinen also jüngeren Datums zu sein.

Globalisierung als kontinuierlicher Prozess

David Harvey (1996, 420) betont, im Sinne des zweiten Argumen-
tationsmodells, dass diese Ursachen in der Entstehung und Verbreitung kapitalistischer Produktions- und Tauschprinzipien liegen. Den
Kern der Globalisierung habe bereits Karl Marx im Kommunistischen
Manifest (1848) als ein inhärentes Merkmal des Kapitalismus identifiziert: Er bestehe in der Notwendigkeit der ständigen Ausweitung der
Märkte, welche die Bourgeoisie über den gesamten Erdball jage. Für
Harvey ist Globalisierung konsequenterweise nichts anderes als eine
harmlosere bzw. verharmlosende Etikette für exakt jene Verhältnisse,
die man früher angemessener als Imperialismus, Kolonialismus und
Neokolonialismus bezeichnet habe. Der Begriff der Globalisierung
werde meist nur verwendet, um das kritische Potenzial dieser Bezeichnungen zum Verschwinden zu bringen.

Man kann dieser Kritik der ökonomischen Komponente der Globalisierung und der damit verbundenen (neoliberalen) Ideologie zwar
zustimmen, doch man sollte klar unterscheiden zwischen

- der ideologischen Verwendung des Schlagwortes Globalisierung
  mit dem Ziel, bestimmte politische Maximen durchzusetzen,
- der Frage nach den methodologischen Konsequenzen für die Erforschung globalisierter Lebensverhältnisse sowie
- der empirischen Abklärung der sozialen und kulturellen Konsequenzen, die sich aus globalisierten Lebensverhältnissen für lokal
  situierte Subjekte ergeben.

Eine ideologische Verwendung des Ausdrucks Globalisierung liegt
vor, wenn in politischen, wirtschaftlichen und anderen Diskursen die
Globalisierung als erklärendes Element angeführt wird. Das ist zum
Beispiel der Fall, wenn es heißt, „aufgrund der Globalisierung" müsse
die Produktion eines Unternehmens in andere Regionen verlagert
werden, oder wenn argumentiert wird, „unter dem Druck der Globalisierung" müssten Steuern gesenkt, Staatsausgaben verringert oder
Zinssätze und andere Faktoren vereinheitlicht werden. Globalisierung soll in diesen und ähnlichen Redeweisen erklären, warum es zu
(unerwünschten) Erscheinungen kommt. Dabei kann der Begriff der
Globalisierung eigentlich gar nichts erklären, er bezeichnet vielmehr
das zu erklärende Phänomen.

Harveys forschungspolitische Folgerung, der Begriff der Globalisierung sei abzulehnen, hat vor allem mit seiner grundsätzlichen wissenschaftstheoretischen Einstellung zu tun, die im Marxismus bzw.
dem Historischen Materialismus begründet ist. Wenn Harvey (1996,
429) Globalisierung forschungskonzeptionell ablehnt, weil die Rede
von Globalisierung sowohl antikapitalistische als auch moderate sozi-
aldemokratische Gegenbewegungen zu entkräften versuche, dann ist
das im Lichte *seiner* Kritischen Theorie konsequent. Harveys (1996,
429) Vorschlag, statt Globalisierung *uneven geographical development*
zum Kernkonzept geographischer Forschung zu machen, übersieht
jedoch, dass soziale und ökonomische Ungleichheiten häufig gar

keine klare räumliche Ausprägung aufweisen. So sind zum Beispiel extreme Reichtumsgefälle innerhalb bestimmter Gebiete keine Seltenheit. Sowohl in Industrie- als auch in Entwicklungsländern existiert oft an denselben Orten die schlimmste Armut unmittelbar neben dem größten Reichtum, und zwar in den Zentren der Metropolen.

Problematisch ist auch die in Harveys kritischer Perspektive enthaltene Annahme, dass Globalisierung primär ein ökonomisches Phänomen sei (dem die Politik entweder folgen könne oder entgegensteuern müsse). Diese Annahme verweist, genau genommen, gar nicht auf eine Besonderheit der gegenwärtigen Bedingungen des Handelns, denn die Entstehung weltwirtschaftlicher Austauschprozesse ist eine ältere Entwicklung. Wie Falk (1995, 160) zeigt, war die „Internationalisierung des Handels" Anfang des 20. Jahrhunderts größer als in den 1960er-Jahren und erreichte erst um 1970 wieder das Niveau der Zeit unmittelbar vor dem Ersten Weltkrieg. Die Direktinvestitionen erreichten diesen Stand sogar erst Anfang der 1990er-Jahre wieder. In wirtschaftlicher Hinsicht wies also bereits der europäische Imperialismus in seiner „Blütezeit" einen sehr hohen Grad der kontinentübergreifenden Internationalisierung auf.

Vertreter des dritten Argumentationsmusters gehen deshalb davon aus, dass Globalisierung ein aktuelles Phänomen darstellt, dessen Ursachen in der Gegenwart (und in der jüngeren Vergangenheit) zu suchen sind. Dafür spricht unter anderem, dass der Begriff *globalization* 1962 erstmals in Websters Lexikon auftritt (Waters 1995, 2) und im wissenschaftlichen Kontext, wie Robertson (1992, 8) feststellt, erst Mitte der 1980er-Jahre zu einem Schlüsselbegriff wurde. Das erstmalige Auftreten eines Begriffs kann laut Foucault (1981) als Hinweis genommen werden, wann das mit ihm bezeichnete Phänomen als Problem zur Kenntnis genommen wurde. Für Globalisierung gilt demnach, dass sie erst in der zweiten Hälfte des 20. Jahrhunderts Bestandteil des diskursiven (Alltags-)Bewusstseins wurde.

Globalisierung als aktuelles Phänomen

Auch im dritten Argumentationsmuster ist die Globalisierung ein Ergebnis von Modernisierungsprozessen, deren Folgen sich jedoch erst in der postindustriellen Spät-Moderne abzeichnen. Internationale Arbeitsteilung und kapitalistische Weltökonomie gelten hier als wichtige, aber nicht als die einzigen Dimensionen der Globalisierung. Daneben sind auch die sozialen und kulturellen Voraussetzungen der ökonomischen Entwicklung zu beachten, die verschiedene institutionelle Bereiche umfassen (siehe dazu die Kompaktinformation Moderne und Modernisierung). Globalisierung kann dann verstanden werden als eine Verknüpfung der Bedingungen und Konsequenzen des Handelns über große Distanzen hinweg, die sowohl in ökonomischer und sozialpolitischer als auch in kultureller Hinsicht erfolgt. Mit anderen Worten bezeichnet der Begriff das Potenzial und die Faktizität eines bisher nie erreichten räumlichen und zeitlichen Ausgreifens sozialer Beziehungen und damit eine tief greifende Veränderung der Lebensbedingungen. Handeln über Distanz und globale Verfügbarkeit

Handeln über Distanz und globale Verfügbarkeit

ehemals nur lokal bekannter Wissensbestände sind dabei zwei besonders wichtige Aspekte. Sie implizieren „die Ausdifferenzierung transnationaler Kulturen und die Entstehung eines weltweiten Netzes von
gesellschaftlichen Interaktionsformen" (Ronneberger/Schmid 1995,
357), womit eine Transformation sowohl der lokalen Umstände als
auch der Lebensformen der Subjekte selbst verbunden ist. In dieser
Form ist die Globalisierung typisch für spät-moderne Lebensbedingungen. Sie beruht auf Techniken und Technologien, die erst seit dem
20. Jahrhundert in größerem Umfang zum Einsatz kommen. Nicht
Schrift oder Geld sind demnach die zentralen Instanzen der Globalisierung, sondern Computer und Netzwerke der digitalen Kommunikation sowie die entsprechenden (sozialen) Einrichtungen (Gemeinschaften oder *communities*) und das dazugehörige Wissen bzw. die
dadurch eröffneten Informationsmöglichkeiten (und deren Risiken).

Transformation der institutionellen Wirklichkeit der Moderne

Zusammenfassend kann man im Sinne des dritten Argumentationsmusters festhalten, dass Globalisierung die Transformation der
institutionellen Wirklichkeit der Moderne in ökonomischer, sozialpolitischer und kultureller Hinsicht voraussetzt. Diese Transformation
führt unter anderem dazu, dass die naturräumlichen (physisch-geo-
graphischen) Bedingungen ihren prägenden Einfluss auf die Gestaltung der sozial-kulturellen Realitäten (Gesellschaft) verlieren. Außerdem entsteht ein Bewusstsein dafür, dass erdräumliche Hindernisse
und Distanzen im Alltagsleben zunehmend an Bedeutung verlieren.

Moderne und Modernisierung

Moderne und Modernisierung bezeichnen eine Epoche sowie
eine Entwicklung, die im 16. Jahrhundert in Europa begann.
Grundlegend für den Prozess der Modernisierung im weltan-
schaulichen Sinne sind die Entzauberung oder Rationalisierung
der Welt im Zuge der Aufklärung sowie die zentrale Position des
erkennenden und handelnden Subjekts, welches als sinnkonsti-
tutive Instanz begriffen wird. Der Modernisierungsprozess beinhaltet gesellschaftliche Veränderungen in drei institutionellen
Dimensionen: Die erste betrifft die mit der Entwicklung neuer
Technologien (Industrialisierung) einhergehende Transformation der Produktions- und Tauschverhältnisse (Kapitalismus).
Die zweite Dimension beinhaltet die nationalstaatliche Ordnung
– mit dem Ausbau bürokratischer Apparate zur staatlichen Koordination menschlichen Handelns – sowie den unmittelbar daran
gekoppelten Bereich der militärischen und polizeilichen Organisation zur Kontrolle der Gewaltanwendungsmittel. Eine dritte
institutionelle Dimension der Moderne bezieht sich auf die Infor-
mationsproduktion, -speicherung und -diffusion. Sie umfasst Diskurse und Symbolordnungen, zu denen die (National-)Sprachen
ebenso zu zählen sind wie andere symbolische Systeme, zum Beispiel solche der Musik, des Films oder des Sports.

4.3 Raumbezüge des täglichen Lebens

Mit der Ausdehnung der räumlichen Spannweite des Handelns, auf die der Begriff der Globalisierung verweist, geht laut Giddens (1995) eine umfassende Aufhebung der engen räumlichen und zeitlichen Kammerung des Lebens (Entankerung) einher. Zu dieser Aufhebung trägt unter anderem der Bedeutungsverlust der Traditionen bei. Diese sind in modernen Gesellschaften nicht mehr die allumfassenden Regulatoren der räumlich-zeitlichen Organisation des Handelns und bilden auch nicht mehr die zentralen Orientierungsinstanzen im täglichen Leben. Das heißt, dass sowohl die Tagesabläufe als auch die Biografien der Menschen von Entscheidungen abhängen: Womit jemand seinen Lebensunterhalt bestreitet, hängt heutzutage zum Beispiel von der eigenen Berufswahl (oder den Ausbildungserfolgen) ab und wird nicht durch die Familiensituation bzw. den Beruf des Vaters vorbestimmt. Wenn heute ein Nachkomme den gleichen Beruf wie der Vater wählt (und den elterlichen Betrieb übernimmt), so ist auch das nicht durch Traditionen im eigentlichen Sinne vorbestimmt, sondern stellt das Ergebnis einer Entscheidung dar, die auch anders hätte ausfallen können. Spät-moderne Lebens- und Gesellschaftsformen können deshalb als „ent-traditionalisiert" (Giddens 1995) bezeichnet werden.

Bedeutungsverlust der Traditionen

An die Stelle der durch Traditionen gesicherten zeitlichen Stabilität tritt ein permanenter sozialer Wandel, der im Alltag auch als Beschleunigung erlebt wird (Rosa 2005). In der Tat ist diese Beschleunigung jedoch „nur" die andere Seite der Ausdehnung der Handlungsreichweiten, die durch neue Transportmittel und elektronische Medien entsteht. Wenn sich die räumlichen Reichweiten des Handelns und der Kommunikation derart erweitern, dass die Welt in Bezug auf die Verfügbarkeit von Informationen zu einem „globalen Dorf" zusammenschrumpft, dann verändert sich nicht nur die Beziehung zum Raum, sondern auch die Beziehung zur Zeit: Das scheinbare Schrumpfen der Welt durch die Entwicklungen in der Transport- und Kommunikationstechnik muss deshalb als eine räumliche und zeitliche Verdichtung – als *time-space compression* (Harvey 1989) – begriffen werden (siehe auch die Kompaktinformation zur „raumzeitlichen Schrumpfung"). Einen systematischen Überblick über die verschiedenen Facetten dieses Prozesses erlaubt die idealtypische Darstellung der räumlichen und zeitlichen Aspekte spät-moderner Lebensformen (siehe Abbildung 4.1).

räumliche und zeitliche Verdichtung

Stabilität in zeitlicher Hinsicht ist unter spät-modernen Lebensbedingungen nicht mehr garantiert. Spät-moderne Handlungspraktiken sind nicht durch lokale Traditionen fixiert, sie verlaufen vielmehr in alltäglichen Routinen. Auch Routinen erzeugen eine gewisse Gleichförmigkeit und damit relative Erwartungssicherheit, sie geben den Individuen aber größere Freiheitsgrade und können, anders als Traditionen, immer wieder neu verhandelt werden. Soziale Beziehungen

1 alltägliche Routinen erhalten die Seinsgewissheit
2 global auftretende Generationskulturen und Lebensstile
3 Produktion und bewertete Leistung bestimmen soziale Positionen
4 abstrakte Systeme (wie Geld, Schrift und Expertensysteme) ermöglichen Beziehungen über große Distanzen hinweg
5 weltweite Kommunikationssysteme
6 das „globale Dorf" bildet einen weitgehend anonymen Erfahrungskontext
spät-moderne Lebensformen sind räumlich und zeitlich „entankert"

Abb. 4.1
Spät-moderne Lebensformen: idealtypische Systematisierung der räumlichen und zeitlichen Bezüge (Quelle: nach Werlen 1999, 127)

sind in spät-modernen Lebensformen nicht mehr streng über Verwandtschaftssysteme geregelt. Dafür treten Generationskulturen und globale Lebensstile auf, an denen sich die Menschen in vielen Fragen des Alltags orientieren: Mit wem man seine Freizeit verbringt, wie man sich kleidet, was man isst und wo man wohnt – all das hängt vom eigenen Geschmack und der jeweiligen Mode, den Trends oder Strömungen ab, denen man als Individuum zugeneigt ist. Dabei spielen die Vorlieben Gleichaltriger (Generationskulturen) oft eine größere Rolle als die Vorstellungen der Eltern. Außerdem finden sich ähnliche Muster der Lebensführung an weit entfernten Orten (globale Lebensstile). Soziale Positionen werden in Produktionsprozessen über bewertete Leistung erworben. Sie sind nicht strikt an das Alter und sollten – gemäß den Prinzipien der Aufklärung – auch nicht an das Geschlecht gebunden sein.

In räumlicher Hinsicht ist die enge Kammerung traditioneller Lebensformen in vielerlei Hinsicht aufgehoben. Der Einsatz von Geld, die Schrift und technische Artefakte (z. B. die Verfügbarkeit und Verbreitung von Druckerzeugnissen oder Computern) ermöglichen wirtschaftliche Transaktionen und soziale Beziehungen über große Distanzen hinweg. Moderne Fortbewegungsmittel erzeugen ein hohes Maß an Mobilität. Individuelle Fortbewegungs- und weiträumige Niederlassungsfreiheit führen zu einer Durchmischung verschiedenster – ehemals lokaler – Kulturen auf engstem Raum. Hinzu kommen globale Kommunikationssysteme, die eine Informationsverbreitung ermöglichen, die nicht an räumliche Anwesenheit gebunden ist. Face-to-Face-Interaktionen werden auch weiterhin gepflegt, doch große Teile der Kommunikation sind mediatisiert.

Raumzeitliche Schrumpfung (time-space compression)

Als „raumzeitliche Schrumpfung" bezeichnet man die Ausdehnung der Reichweiten menschlichen Handelns als Folge technischer Innovationen im Transport- und Kommunikationsbereich. Die damit verbundene Vergrößerung des räumlichen Wirkungsbereichs beruht auf einer absoluten Erhöhung der Geschwindigkeit bzw. einer relativen Verkürzung der Distanzen. Dadurch kommt es zu einer raumzeitlichen Implosion, das heißt zum Eindruck einer Schrumpfung der Welt: Dinge und Ereignisse, die zuvor zeitlich weit entfernt lagen, können in unmittelbare Nähe rücken (ohne dass sich der Standort auf dem Globus verändert). Der Begriff „raumzeitlicher Schrumpfungsprozess" steht in Zusammenhang mit den technologischen Aspekten der Globalisierung und verdeutlicht den axiomatischen Zusammenhang von Raum und Zeit.

Auch wenn das tägliche Leben der meisten Menschen nicht in allen Punkten dieser idealtypischen Systematisierung entspricht, so kann man im Hinblick auf die Lebensbedingungen in der spät-modernen Gegenwart im Allgemeinen doch feststellen, dass die räumliche und zeitliche Dimension in einzelnen Handlungen von den Subjekten immer wieder subjektiv mit spezifischen Bedeutungen verknüpft werden. Mit anderen Worten: Das „Wann" und „Wo" sozialer Aktivitäten ist Gegenstand von Absprachen und nicht an feste Tätigkeitsinhalte gebunden; an die Stelle von unhinterfragten traditionellen Fixierungen treten rationale, institutionelle Regelungen.

Von besonderer Bedeutung für die Entankerung spät-moderner Lebensformen sind demnach die Verbreitungsmedien der elektronischen Kommunikation (Telekommunikation). Sie begründen den Kernaspekt der Globalisierung: die beinahe ortsunabhängige Verfügbarmachung von Informationen in sozialer Gleichzeitigkeit. Fernsehen, Mobiltelefone, Internet usw. sind zentrale Mittel für das „Handeln über Distanz" und als solche an einer grundlegenden (auch qualitativen) Veränderung der Handlungsbedingungen beteiligt. Informationen, die über elektronische Medien verbreitet werden, sind sofort – in Echtzeit – für eine unüberschaubare Vielzahl von Menschen an unterschiedlichsten Orten auf dem ganzen Globus erreichbar. Das (lokale) Handeln erlangt dadurch insofern eine neue Qualität, als sich seine Konsequenzen jederzeit in großer Distanz äußern können. Umgekehrt können die lokalen Bedingungen Ausdruck der Konsequenzen des Handelns weit entfernter Subjekte sein. Das Hauptmerkmal von Globalisierung ist folglich darin zu sehen, dass menschliches Handeln im Kontext lokaler Umstände gleichzeitig durch Gegebenheiten mitgeprägt wird, die im Handeln an weit entfernten Orten ihren Ausgangspunkt haben. Globalisierung ist deshalb

ortsunabhängige Verfügbarkeit von Informationen

immer multidimensional. Sie umfasst die verschiedensten Bereiche des Handelns, ist also nicht mit der Internationalisierung der Beziehungen zwischen Nationalstaaten gleichzusetzen, sondern meint umfassende Formen der Verknüpfung lokaler Gegebenheiten mit global angelegten Bedingungen und Konsequenzen.

4.4 Globalisierung und Regionalisierung

Als Veränderung der Raumbezüge des täglichen Lebens ist die Globalisierung ein inhärenter Bestandteil des Handelns von Subjekten. Mit anderen Worten: Globalisierung findet nicht außerhalb der Alltagspraxis der Menschen statt. Damit ist nicht nur gemeint, dass die handelnden Subjekte mit institutionellen Veränderungen konfrontiert sind, sondern auch und vor allem, dass sie die institutionelle Wirklichkeit durch das alltägliche Handeln selbst reproduzieren und verändern. Eine institutionelle Analyse, die nur nach den überindividuellen strukturellen Transformationen in der Gesellschaft fragt, reicht deshalb nicht aus, um die Prozesse der Globalisierung in einem tiefergehenden Sinn begreifbar zu machen. Vielmehr bietet sich eine praxiszentrierte Perspektive an, von der aus die institutionellen Kontexte des Handelns ebenso zu erschließen sind wie die räumlichen Bezüge des täglichen Lebens.

Regionalisierung

Der Begriff der Regionalisierung bezeichnet in der Geographie traditionell ein wissenschaftliches Verfahren der Bildung räumlicher Klassen. Regionen kommen gemäß dieser Auffassung durch Abgrenzung von Raumausschnitten und deren Verknüpfung mit (statischen oder variablen) Sachmerkmalen zustande (z. B. Industrieregionen mit einem bestimmten Anteil an Industriebeschäftigten oder Klimaregionen mit bestimmten Durchschnittstemperaturen und Niederschlagswerten siehe dazu Sedlacek 1978). In der neueren Kultur- und Sozialgeographie bezieht sich der Begriff auf die These, dass die Menschen nicht nur Geschichte, sondern auch Geographie „machen" (beides allerdings nicht unter selbst gewählten Umständen). Der Begriff der Regionalisierung bezeichnet in diesem Sinne alle Praktiken, bei denen physische Markierungen symbolisch besetzt – das heißt Orte und Räume „angeeignet" – und diese sozialen Aneignungen überwacht und reproduziert werden. Regionalisierung ist demzufolge ein sinnhafter Prozess, der auf die Regelung des Verhaltens und die Durchsetzung sozialer Normen zielt, weil mit der symbolischen Aufladung von Räumen auch Ordnungen des Handelns festgelegt werden.

Aus einer solchen praxiszentrierten Perspektive kann Globalisierung als aktuelle Form der „Welt-Bindung" verstanden werden, das heißt als eine Art und Weise, wie die Subjekte die Welt auf sich beziehen. Diese „Welt-Bindung" beinhaltet neben den erwähnten Mechanismen der Entankerung auch subjektspezifische Wiederverankerungen (unter prinzipiell entankerten Lebensbedingungen). Die konkreten Prozesse dieser Wiederverankerung werden in der Sozialgeographie alltäglicher Regionalisierungen (Werlen 1999; 2007a; 2007b) als Formen des „Geographie-Machens" betrachtet. Sie können (analytisch) anhand der hauptsächlichen Ausrichtung der Tätigkeiten unterschieden werden, im Rahmen derer neue Raumbezüge hergestellt oder bestehende verwendet und gegebenenfalls verändert werden (siehe dazu ausführlich Werlen 2007a; 2008 und 2010).

praxiszentrierte Perspektive

Der Blick auf die Praxis mit ihren Prozessen der Entankerung und Wiederverankerung zeigt auch, dass es unter dem Gesichtspunkt der Globalisierung nicht einfach um die Auflösung territorialer Einheiten (auf der Ebene der Nationalstaaten) oder um die Aufhebung von politisch-administrativen Grenzen und um die Neubildung entsprechender Bezugsgrößen (auf sub- oder supranationaler Ebene) geht. Vielmehr stehen mit der grundlegenden Frage der Konnektivität die Möglichkeiten des Anschlusses von Handlungen an vorangegangene Ereignisse im Mittelpunkt. In dieser Hinsicht besteht Globalisierung aus einer Vervielfachung potenzieller Adressaten von Kommunikation und einer „Explosion" der Anschlussmöglichkeiten. Das führt nicht nur zu einer Vergrößerung der Handlungs- und Kommunikationsmöglichkeiten, sondern auch zu einer vielfachen Verunsicherung. Fremdes (in der Form von unvertrauten Einstellungen, Ausdrucksweisen und Praktiken) tritt nun nicht mehr nur „an den Rändern der Gesellschaft" auf, das heißt an besonderen Orten (zum Beispiel „in der Fremde") oder bei der Begegnung mit ausgeschlossenen Gruppen, sondern ist ein Bestandteil des täglichen Lebens geworden (Baecker 2000; Nassehi 1998). Damit ist nicht gemeint, dass es durch Globalisierung automatisch zu Verständnis und Akzeptanz des Fremden kommt. Es geht vielmehr darum, dass das Fremde als das Unvertraute in der eigenen Lebenswelt auftaucht und in diesem Sinne „vertraut" geworden ist (Nassehi 1995): Man muss sich unter den Bedingungen der Globalisierung darauf einstellen, mit ungewohnten Einstellungen und Verhaltensweisen konfrontiert zu werden.

Vervielfachung potenzieller Adressaten von Kommunikation

Die damit einhergehende Unsicherheit wird noch dadurch verschärft, dass große Teile der Kommunikation durch elektronische Verbreitungsmedien vermittelt werden. Eine Zurechnung von Äußerungen auf personale oder funktionale Eigenschaften eines Sprechers oder eines Autors, wie sie in Situationen der Face-to-Face-Kommunikation und auch bei herkömmlicher schriftlicher Kommunikation noch funktioniert, wird schwieriger bzw. ist teilweise gar nicht mehr möglich, wenn Informationen „aus dem Netz" kommen und die Absender verborgen bleiben oder unter Umständen gar keine Personen sind, sondern Programme (z. B. Suchmaschinen). Ob das Gelesene oder Gehörte auch stimmt oder ob es mit bestimmten Interessen mitgeteilt wurde (z. B. mit dem Ziel, etwas zu verkaufen), sieht man den Informationen, die von den Algorithmen der Computerprogramme erzeugt werden, nicht an (siehe dazu auch Baecker 2007).

Strategien des Umgangs mit dieser Unsicherheit sind der zunehmende (interkulturelle) Vergleich und die räumliche Verortung durch geographische Referenzierung von Informationen. So scheinen zum Beispiel das Interesse am Aufenthaltsort von Personen und die Darstellung des räumlichen Bewegungsmuster in jenen Kommunikationszusammenhängen besonders wichtig, in denen die Überprüfbarkeit von Äußerungen schwierig und die personale Identität der Kommunikationsteilnehmer unklar ist. Das ist zum Beispiel in den (sozialen) Netzwerken der elektronischen Kommunikation der Fall, wo dementsprechend häufig Ortsangaben gemacht und neuerdings auch Bewegungsmuster abgebildet werden, um personale Identitäten zu belegen und die Glaubwürdigkeit der Aussagen zu untermauern.

Kultur und kulturelle Unterschiede

Auch der Bezug auf Kultur und kulturelle Unterschiede kann vor diesem Hintergrund Identität stiften und Orientierung bei der Frage ermöglichen, worauf Bezug genommen werden soll, wenn man nicht weiß, mit wem man es zu tun hat (vgl. hierzu den Beitrag zu Kultur und Identität in diesem Band). Das erklärt, warum das Regionale und das Lokale im Zuge der Globalisierung nicht verschwinden, sondern – im Gegenteil – als Konstruktionen regionaler Kultur und als lokaler Bezug eine Renaissance erleben (Lippuner/Werlen 2007). Damit wird verständlich, warum es vor dem Hintergrund der Globalisierung zu einer Betonung und nicht zu einer „Verflüssigung" von kulturellen Differenzen und von Grenzen im Allgemeinen kommt, sondern zu einer Betonung von räumlichen Einteilungen und Verortungen.

4.5 Fazit

Ausgangspunkt dieses Beitrags war die Annahme, dass Globalisierung als Veränderung der geographischen Lebensbedingungen bzw. als Transformation der Raumbezüge des täglichen Lebens und damit als Ausdruck von Alltagspraktiken zu begreifen ist. Der Begriff bezeichnet einen institutionellen Wandel, der mit der Moderne einsetzte (Modernisierung), dessen Konsequenzen sich aber erst in der spätmodernen Gegenwart abzeichnen. Im ersten Abschnitt wurde argumentiert, dass Globalisierung in diesem Sinne mehr umfasst als die globale Ausweitung von Märkten bzw. marktwirtschaftlichen Prinzipien und auch nicht mit den neoliberalen oder marxistischen Ideologien jener verwechselt werden darf, die sich affirmativ oder ablehnend auf Globalisierung beziehen, um Handlungszwänge zu suggerieren oder herrschende Verhältnisse zu kritisieren. Im zweiten

Abschnitt wurde eine praxistheoretische Perspektive vorgestellt, die zeigt, dass Globalisierung Bestandteil des Alltagslebens sowie des Handelns von Subjekten ist, das verschiedene Dimensionen (Handlungsorientierungen) aufweist und spezifische Formen des „Geographie-Machens" beinhaltet. Prädestiniert für die Analyse der Globalisierung ist konsequenterweise die kultur- und sozialwissenschaftliche Geographie. Sie kommt dieser Aufgabe im interdisziplinären Austausch mit anderen Wissenschaftsdisziplinen durch ihre Akzentsetzung auf die Frage nach den räumlichen Bezügen sozialer Praxis nach.

Die kultur- und sozialgeographische Perspektive hilft auch dabei, ein weiteres Missverständnis aufzuklären: Die Ausdehnung der Reichweite des Handelns führt nicht – wie zuweilen behauptet wird – dazu, dass das Lokale bedeutungslos wird und der Raum verschwindet. Es wäre aus kultur- und sozialgeographischer Sicht naiv anzunehmen, dass sich lokale Bedingungen des Handelns und territoriale Grenzziehungen in einem allgemeinen „Raum der Ströme" (Castells 2004) einfach „auflösen" würden. Stattdessen ist eher das Gegenteil zu beobachten: Die Bezugnahme auf das Lokale scheint an Bedeutung zu gewinnen, und überall, wo Grenzen beseitigt oder Territorien aufgehoben werden, entstehen neue Raumbezüge, werden andere Geographien gemacht. Auch wenn das Schlagwort der Globalisierung inzwischen in den Medien und politischen Diskussionen größere Bedeutung erlangt hat als in der Wissenschaft, beinhaltet die mit ihm verbundene Dialektik von Lokalem und Globalem nach wie vor lohnenswerte Fragestellungen und Forschungsaufgaben – vor allem in Bezug auf die systematische Erschließung der Implikationen der digitalen Revolution für die gesellschaftliche Räumlichkeit (Werlen 2013).

Globalisierung ist Bestandteil des Alltagslebens

Literatur

Baecker, D. (2000): Wozu Kultur? Berlin: Kadmos.

Baecker, D. (2007): Studien zur nächsten Gesellschaft. Frankfurt a. M.: Suhrkamp.

Beck, U. (1997): Was ist Globalisierung? Frankfurt a. M.: Suhrkamp

Castells, M. (2004): Das Informationszeitalter: Wirtschaft – Gesellschaft – Kultur. Teil 1: Der Aufstieg der Netzwerkgesellschaft. Opladen: Leske + Budrich.

Dürrschmidt, J. (2002): Globalisierung. Bielefeld: transcript.

Falk, R. (1995): Ökonomien. In: Hauchler, I. (Hg.): Globale Trends 1996. Fakten Analysen Prognosen. Frankfurt a. M.: Fischer, 151–179.

Foucault, M. (1981): Die Ordnung der Dinge. Frankfurt a. M.: Suhrkamp

Giddens, A. (1995): Konsequenzen der Moderne. Frankfurt a. M.: Suhrkamp.

Harvey, D. (1989): The Condition of Postmodernity. Oxford: Blackwell.

Harvey, D. (1996): Justice, Nature and the Geography of Difference. Oxford: Blackwell.

Lippuner, R.; Werlen, B. (2007): Regionale Kulturen und globalisierte Lebensstile. In: Geographische Rundschau 59 (7/8), 22–27.

Nassehi, A. (1995): Der Fremde als Vertrauter. Soziologische Beobachtungen zur Konstruktion von Identitäten und Differenzen. In: Kölner Zeitschrift für Soziologie und Sozialpsychologie 47, 1995, 443–463.

Nassehi, A. (1998): Die „Welt" – Fremdheit der Globalisierungsdebatte. Ein phänomenologischer Versuch. In: Soziale Welt 49, 151–166.

Robertson, R. (1992): Globalization. Social Theory and Global Culture. London: SAGE.

Ronneberger, K.; Schmid, C. (1995): Globalisierung und Metropolenpolitik: Überlegungen zum Urbanisierungsprozess der neunziger Jahre. In: Hitz, H. R.; Keil, R.; Lehrer, U.; Ronneberger, K.; Schmid, C.; Wolff, R. (Hg.): Capitales Fatales. Urbanisierung und Politik in den Finanzmetropolen Frankfurt und Zürich. Zürich: Rotpunktverlag, 354–378.

Rosa, H. (2005): Beschleunigung. Die Veränderung der Zeitstrukturen in der Moderne. Frankfurt a. M.: Suhrkamp.

Sedlacek, P. (Hg.) (1978): Regionalisierungsverfahren. Darmstadt: Wissenschaftliche Buchgesellschaft.

Waters, M. (1995): Globalization. London: Routledge

Werlen, B. (1999): Zur Ontologie von Gesellschaft und Raum. Sozialgeographie alltäglicher Regionalisierungen, Band 1. 2., völlig überarb. Aufl., Stuttgart: Steiner.

Werlen, B. (2007a): Globalisierung, Region und Regionalisierung. Sozialgeographie alltäglicher Regionalisierungen, Band 2. 2., völlig überarb. Aufl., Stuttgart: Steiner.

Werlen, B. (2007b): Sozialgeographie alltäglicher Regionalisierungen, Band 3. Ausgangspunkte und Befunde empirischer Forschung. Stuttgart: Steiner.

Werlen, B. (2008): Sozialgeographie. Eine Einführung. 3. überarb. Aufl., Bern: Haupt.

Werlen, B. (2010): Gesellschaftliche Räumlichkeit 2. Konstruktion geographischer Wirklichkeiten. Stuttgart: Steiner.

Werlen, B. (2013): Gesellschaft und Raum: Gesellschaftliche Raumverhältnisse. Grundlagen und Perspektiven einer sozialwissenschaftlichen Geographie. In: Erwägung – Wissen – Ethik. Forum für Erwägungskultur 24 (1), 3–16.

5   Fragmentierung

Susanne Heeg

5.1   Einleitung

Die Stadt Frankfurt veröffentlicht, wie viele weitere Städte in Deutschland, jedes Jahr einen Wohnungsmarktbericht, der sich mit der Entwicklung des städtischen Wohnungsmarktes befasst (Müller/Seifert 2012). Darin werden die Bevölkerungsentwicklung, Wohnungsversorgung, Bautätigkeit sowie der öffentliche Wohnungsbestand nach Stadtbezirken differenziert analysiert. Dabei zeigt sich, dass die Stadt in verschiedene Teilräume unterteilt und von sichtbaren oder unsichtbaren Barrieren und Grenzen durchzogen ist. Auch die jüngsten Berichte decken auf, dass es zwischen den Frankfurter Stadtteilen große Unterschiede hinsichtlich ihres Anteils an Bezieherinnen und Beziehern staatlicher Transferleistungen, Ausländerinnen und Ausländern, Arbeitslosen und Sozialwohnungen gibt. Wissenschaft und Politik sprechen in diesem Zusammenhang oft von „fragmentierten Räumen". Der Begriff bezeichnet einen Zustand der Verinselung, der **Zustand der** zum Teil mit Zerfallsprozessen verbunden ist, gleichzeitig aber auch **Verinselung** Möglichkeitsräume eröffnen kann. Vor allem in den Stadtverwaltungen wird zudem angenommen, dass eine Konzentration von gesellschaftlich ausgegrenzten und auf staatliche Hilfe angewiesenen Haushalten in städtischen Teilräumen die Stabilität der entsprechenden Wohngebiete bedroht. Ein hoher Anteil von Menschen in prekären Lebenslagen mindere die Möglichkeit zur Selbsthilfe und zur Bewältigung des Alltags, da die sozialen und ökonomischen Bezüge zur Mehrheitsgesellschaft verloren gingen. Zudem könne eine hohe räumliche Konzentration von sozial Benachteiligten eine Stigmatisierung und Diskriminierung der Räume sowie der dort lebenden Menschen verstärken und eine soziale Ausgrenzung begünstigen (Bolz et al. 2011).

5.2   Segregation

Der Fachbegriff für die städtische Ungleichheit, die der Wohnungsmarktbericht für Frankfurt dokumentiert, lautet Segregation. Der Begriff bezeichnet zunächst nur das Ausmaß der ungleichen Verteilung von bestimmten Bevölkerungsgruppen und ökonomischen Aktivitäten in einem Untersuchungsraum (Fassmann 2004, 163ff.). Häufig wird Segregation aber mit Phänomenen der Armut, Benachteili-

(Randnotiz:) **Verteilung von Bevölkerungsgruppen und Aktivitäten**

gung und räumlichen Ausgrenzung in Verbindung gebracht (Pacione 2001, 348ff.; Knox/Pinch 2006, 168ff.). Obwohl die Bezeichnung auf vielfältige soziale Aspekte und deren räumliche Ungleichverteilung anwendbar ist – beispielsweise Reichtum, Kreativität, Freizeitaktivitäten, Lebensstile, Schulformen – wird sie gegenwärtig eher eingeschränkt verwendet. Der Begriff der Segregation steht vor allem für ein zunehmendes Problembewusstsein hinsichtlich schwieriger sozialer Entwicklungen (z. B. Pacione 2001, 359ff.). Er weist auf wirtschaftliche und politische Veränderungen hin, die in den letzten 20 Jahren zu einer zunehmenden sozialen Ungleichheit geführt und dazu beigetragen haben, dass der städtische Raum vielerorts in Teilräume mit Unterschieden hinsichtlich Einkommen, Religion, Nationalität sowie Bildungsstand der Bevölkerung zerfällt. Zwar waren Städte schon immer durch verschiedenste Formen der sozialen Ungleichentwicklung geprägt (vgl. Stichweh 2006 und Krätke 1995, 158), aber es scheint, dass sich diese Tendenzen gegenwärtig verstärken und die Gefahr der Ausgrenzungen und der Fragmentierungen in sich bergen. Im Extremfall führt dies auch in den Großstädten des (industrialisierten) Nordens zu benachteiligten Gebieten, die strukturelle Ähnlichkeiten mit den „Ghettos" oder „Slums" der Metropolen des Südens aufweisen (siehe dazu die Kompaktinformation zu Ghetto und Slum).

soziale Ungleich-entwicklung Im Wohnungsmarktbericht der Stadt Frankfurt (Müller/Seifert 2012) wird die soziale Ungleichentwicklung auf der Basis von drei Indikatoren ermittelt: dem Anteil der Empfängerinnen und Empfänger von Hartz IV (Arbeitslosengeld gemäß Sozialgesetzbuch II), der Arbeitslosen gemäß Sozialgesetzbuch III sowie dem Anteil der Menschen ohne deutschen Pass. Auf diese Weise werden mehrere Stadtbezirke identifiziert, in denen soziale Problemlagen deutlich ausgeprägt sind. Entsprechende Räume sind vor allem ehemalige Industriearbeiterquartiere, wie Griesheim, Gallus oder Höchst, mit einem hohen Anteil an Sozialwohnungen sowie klassische Ankunfts- und Durchgangsorte wie die Innenstadt und das Bahnhofsviertel (vgl. Abbildung 5.1). Da dem Bericht zufolge der Anteil der sozial schwachen Bewohnerinnen und Bewohner in den vergangenen Jahren zugenommen hat, werden diese Bezirke als „besonders problematische Gebiete" klassifiziert. In allen genannten Bezirken nehmen die drei Indikatoren Werte an, die zum Teil deutlich über dem städtischen Durchschnitt liegen. Abbildung 5.1 zeigt auch, dass in einigen Gebieten, in denen Probleme erkannt wurden, öffentliche Fördermaßnahmen zur Anwendung kommen.

Auswahl der Indikatoren Mit der Auswahl der Indikatoren werden inhaltliche Schwerpunkte in der Auswertung gesetzt. Bei dem hier gewählten Beispiel zielt die Analyse auf die Erfassung der sozialen Entwicklung. Häufig wird dabei mit Karten gearbeitet, um zu veranschaulichen, wo beispielsweise Armut und Benachteiligung zu finden sind (Abbildung 5.1). Es werden also soziale Daten mit räumlichen Einheiten kombiniert. Dieses Verorten birgt – je nach Perspektive – die Chance oder die Gefahr,

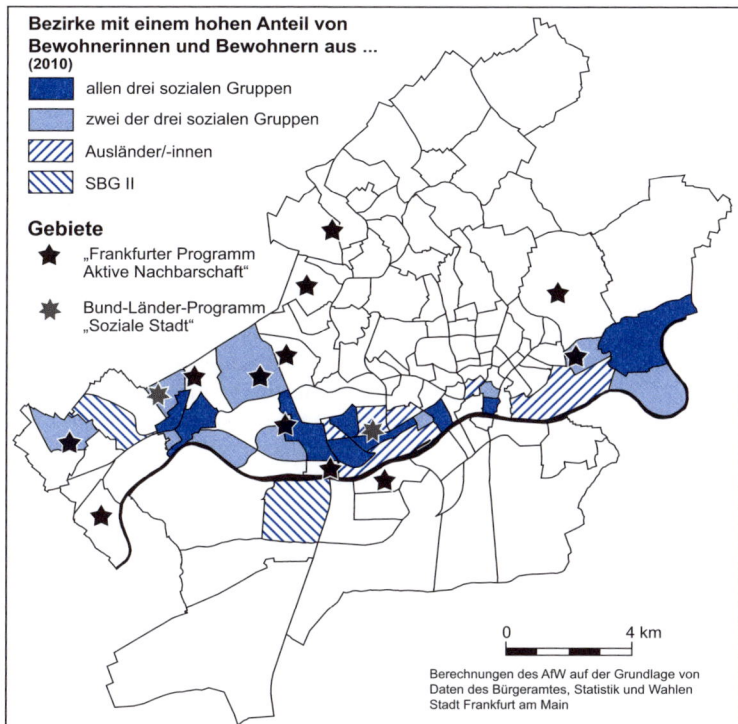

Bezirke mit einem hohen Anteil von Bewohnerinnen und Bewohnern aus ...
(2010)

■ allen drei sozialen Gruppen

■ zwei der drei sozialen Gruppen

▨ Ausländer/-innen

▧ SBG II

Gebiete

★ „Frankfurter Programm Aktive Nachbarschaft"

✹ Bund-Länder-Programm „Soziale Stadt"

0   4 km

Berechnungen des AfW auf der Grundlage von
Daten des Bürgeramtes, Statistik und Wahlen
Stadt Frankfurt am Main

Abb. 5.1
Konzentration der ausländischen Bevölkerung, der SGB II-Empfängerinnen und Empfänger sowie der Arbeitslosen im Stadtgebiet Frankfurt im Jahr 2010 (Quelle: Müller/Seifert 2012, 66)

dass ein spezifisches Verständnis der Probleme geschaffen wird. Die Chance besteht darin, dass im Zuge des Aufdeckens von Problemlagen auf den Raum zugeschnittene Hilfsmaßnahmen entwickelt werden können; die Gefahr besteht darin, eine unangemessene (oder zumindest unvollständige) Zuschreibung vorzunehmen. Denn was sagt es tatsächlich aus, wenn der Anteil von SGB II-Empfängerinnen und Empfängern, Arbeitslosen und Menschen ohne deutschen Pass in einem Stadtteil über dem städtischen Durchschnitt liegt? Es sagt nichts über den anderen Teil der Bevölkerung, der dem städtischen Durchschnitt entspricht oder möglicherweise sogar bessergestellt ist. Weiterhin können keine Aussagen über soziale Netzwerke, die Armutsentwicklungen kompensieren können, oder über die sozialen und politischen Orientierungen der Bevölkerung getroffen werden, die man mit Angaben zu Arbeitslosigkeit oder staatlichen Transferleistungen nicht erfassen kann. Man muss sich also bewusst sein, dass die Veranschaulichung über Karten möglicherweise neue und interessante Einsichten vermittelt, dass Karten aber stets selektiv sind, indem sie unter Auslassung bestimmter Aspekte andere wiederum verdeutlichen. Streng genommen bringt die bildliche Darstellung von sozialen Merkmalen und räumlichen Einheiten auf Karten benachteiligte

Karten sind selektiv.

Stadtteile zu einem gewissen Grad sogar hervor, da die spezifische Kombination von räumlichem Zuschnitt und Indikatorenauswahl entsprechende Raumeinheiten erst erzeugt.

Diese Diskussion um Stärken und Schwächen von Karten und Indikatoren ist äußerst schwierig: Einerseits spiegelt die indikatoren- und kartengestützte Diskussion von Ungleichheit nur wider, was gesellschaftlich angesehen ist (nämlich ein hohes Einkommen zu haben, keine Hilfen zum Lebensunterhalt zu beziehen, einer Arbeit nachzugehen und die deutsche Staatsbürgerschaft zu besitzen). Eine Politik des Nicht-Benennens von räumlichen Disparitäten würde aber andererseits soziale Phänomene, die auf Ungleichheit hinweisen, totschweigen und damit ungleiche Teilhabe an der Gesellschaft ausblenden. Die Visualisierung und Verräumlichung von sozialen Phänomenen bedeutet jedenfalls immer, Probleme nicht nur anzusprechen, sondern sie auch zu bewerten und eventuell zu skandalisieren. Karten haben dabei die Aufgabe, die Charakteristika von Räumen zu veranschaulichen. Dadurch kann es zu einer Wechselwirkung zwischen der Benennung von sozialen Phänomenen und räumlichen Zuschreibungen kommen, die eine Stigmatisierung befördern kann. Stigmatisierung bedeutet, dass Räumen, Personen oder Personengruppen negative Merkmale und Eigenschaften zugeschrieben werden. Karten sind also nicht harmlos: sie spiegeln gesellschaftliche Sachverhalte nicht nur wider, sondern haben – indem sie diese Sachverhalte anschaulich darstellen – darüber hinaus die Kraft, Problematisierungen zu transportieren und damit Diskussionen wirkmächtig zu beeinflussen (vgl. Wood et al. 2010).

Visualisierung und Verräumlichung von sozialen Phänomenen

Ghetto

Wenn nach starken Worten zur Beschreibung eines „armen" Viertels gesucht wird, werden häufig die Begriffe „Ghetto" oder „Slum" verwendet. Mit beiden erfolgt eine Skandalisierung teilräumlicher Entwicklungen. Ursprünglich steht die Bezeichnung Ghetto für ein bestimmtes Stadtviertel in der europäischen Stadt, in dem Juden seit der Antike gezwungen waren zu leben. Heute bezeichnet der Begriff vor allem benachteiligte Stadtviertel in den USA, in denen sich soziale und wirtschaftliche Ausgrenzungserfahrungen von Minderheiten verdichten. Diese Raumeinheiten sind Teil des städtischen Siedlungsgebietes, weisen gegenüber diesem aber häufig Grenzen in der Form von großen Straßen oder sogar Mauern und Zäunen auf (Marcuse 1998). Auch in Bezug auf wirtschaftliche und soziale Beziehungen liegen Ausgrenzungen vor, die sich häufig mit Fragen der Hautfarbe und der sozialen oder ökonomischen Marginalität verbinden.

Slum

Im Unterschied zum Begriff „Ghetto", der einen ungeliebten, aber formellen Bestandteil einer Stadt bezeichnet, sind Slums informelle Siedlungsgebiete, in denen sich Menschen ohne Erlaubnis niedergelassen haben. In der Regel wird der Ausdruck Slum auf Teilbereiche der stark wachsenden Städte in Ländern des Südens angewandt. Lange Zeit dominierte eine moralische Definition von Slums, wonach sich dort verwahrloste und kriminelle Bevölkerung konzentriert und das Leben durch Laster, Schmutz und mangelnde Hygiene geprägt ist. Mit der UN-Habitat Definition (UN-Habitat 2003) erfolgte eine Konzentration auf materielle und rechtliche Siedlungsmerkmale. Demnach sind Slums Orte mit hoher Bevölkerungskonzentration, ohne angemessenen Zugang zu Trinkwasser und sanitären Einrichtungen, mit einer ungesicherten Verfügungsgewalt über Grund und Boden und einer schlechten Bausubstanz.

Unterschicht und Prekariat

Um die Bezeichnung von Menschen mit geringem bzw. nicht-existenzsicherndem Einkommen tobt schon seit Langem ein harter Kampf. Hinter dieser Auseinandersetzung um Begrifflichkeiten stehen unterschiedliche Erklärungsangebote. Der Ausdruck „Unterschicht" (*underclass*) wird häufig für jenen Teil der Gesellschaft verwendet, der – gemessen an Einkommen, Lebensstandard und Bildungsstand – zum niedrigsten Segment gehört. Die Unterschicht zeichnet sich durch eine hohe strukturelle Arbeitslosigkeit, geringe Bildung und sonstige Merkmale der Deprivation aus. Bei der Diskussion über die Unterschicht schwingt mit, dass diese randständige gesellschaftliche Position selbstverantwortet ist. Insbesondere in den USA ist der Begriff umstritten, da er zum Schlagwort gegen die verarmte Bevölkerung mit afro- und lateinamerikanischem Hintergrund geworden ist und abwertend wirkt. Demgegenüber zielt die Bezeichnung „Prekariat" auf politische und wirtschaftliche Transformationen, mit denen Armut strukturell produziert wird. Hier sind die Betroffenen eher Opfer der Umstände. Während also die Unterschicht ein quasi-natürlicher Bestandteil der Gesellschaft ist, bezeichnet Prekariat in der Regel die Verlierer einer neoliberalen Umstrukturierung.

5.3   Integration

Seit den 1960er-Jahren gibt es in Deutschland eine immer wiederkeh-
rende Diskussion, in der Fragmentierung mit Migration in Verbindung gebracht wird. Sie geht mit der Vorstellung einher, dass städtische Fragmentierung ein Ergebnis mangelnder oder fehlender Integration eingewanderter Bevölkerungsgruppen darstellt. Diese
Diskussion hat eine räumliche Dimension, weil behauptet wird, dass
sich bestimmte Gruppen räumlich von der Mehrheitsgesellschaft iso-
lieren. Kritische Autoren, wie Stephan Lanz (2009) oder Klaus Ronneberger und Vassilis Tsianos (2008), argumentieren, dass diese Integ-
rationsdiskussion in Deutschland eine implizite Ausgrenzung beinhaltet. Zudem werde mangelnde Integration denjenigen zum Vorwurf
gemacht, die davon betroffen sind. Mit der Aufforderung, sich besser
zu integrieren, finde eine diskursive Isolierung und Ausgrenzung
durch die „Mehrheitsgesellschaft" statt, die dann als mangelnde Integration beklagt werde. Fragmentierungen werden dabei als etwas
Negatives betrachtet, das von den Zuwanderinnen und Zuwanderern
selbst ausgeht.

Ausgrenzung durch die „Mehrheitsgesell-schaft"

Spätestens mit dem Scheitern des Rotationsmodells von 1964, welches vorsah, dass angeworbene Gastarbeiterinnen und Gastarbeiter
Deutschland nach wenigen Jahren wieder verlassen, entwickelte sich
der Migrationsdiskurs zu einem Problemdiskurs. Als die „Gastarbeiter" begannen, aus den Lagern und Heimen in heruntergekommene
Altstadtviertel zu ziehen, nahm man die räumliche „Ballung" zusehends als Gefahr für die innere Sicherheit und die nationale Identität
wahr (Lanz 2009, 66). In einer Umkehrung von Ursache und Wirkung
wurde ihnen vorgeworfen, sich bewusst von der deutschen Gesellschaft abzugrenzen. Die für die ehemaligen Gastarbeiter typischen
schlechten Wohnbedingungen wurden demnach nicht als Zwang aufgefasst, der sich aus der Diskriminierung auf dem städtischen Wohnungsmarkt ergab, sondern als ein Ergebnis ihrer kulturellen Prä-
gung. Dieses Argument wurde im Verlauf der Jahre modifiziert, aber
nicht aufgegeben. Nach wie vor gibt es eine Argumentationslinie, der
zufolge sich Ausländer bewusst abgrenzen, um in ihrer eigenen Kultur
zu leben. Für das Scheitern der Integration werden die Kultur und
sich daraus ergebende soziokulturelle Merkmale und Praktiken der
Minderheiten verantwortlich gemacht.

kulturelle Angleichung

Hinter dieser Vorstellung steht die Idee, dass Integration eine kulturelle Angleichung erfordert sowie die Bereitschaft, die Kultur des
Ankunftslandes zu übernehmen (vgl. hierzu den Beitrag zu Kultur
und Identität). Kulturelle Unterschiede werden insbesondere dann als
bedrohlich aufgefasst, wenn sie sich im Raum abzeichnen. Notwendig
sei deshalb eine Auflösung von räumlichen Konzentrationen bzw.
communities, da diese einer gesellschaftlichen Integration entgegen-
stehen. Städtische Fragmentierung beinhaltet in diesem Kontext ein
Bedrohungsszenario, das kulturellen Enklaven ein Eigenleben

zuschreibt, welches die städtische sowie nationale Integrität in Gefahr bringt.

Es gibt zwei Varianten dieses Bedrohungsszenarios, die politisch unterschiedlich besetzt sind. Stellvertretend sei hier auf die Position von Hartmut Häußermann und Walter Siebel (2001) einerseits sowie die Thesen von Thilo Sarazzin (2010) andererseits verwiesen. Während Häußermann und Siebel Unterstützung für benachteiligte Stadtviertel einfordern, um zukünftige gesellschaftliche Konflikte – ähnlich denjenigen in den französischen Banlieus – zu vermeiden, bewirken die Dramatisierungen von Sarazzin eine Verschärfung der Ausgrenzung, da Arme und Migranten zu Tätern erklärt werden. Die Kernaussage von Sarazzin ist, dass diese sich entweder anpassen und Verhaltensweisen bzw. Werte der Mehrheitsgesellschaft übernehmen oder mit Repressionen rechnen müssen. Beide Interpretationen beklagen die Situation in benachteiligten städtischen Quartieren, aber mit unterschiedlichen politischen Folgerungen. Während Häußermann und Siebel für eine soziale Einbindung – oder kritischer: für eine präventive Befriedung – mithilfe öffentlicher Maßnahmen plädieren, möchte Sarazzin eine Begrenzung der Migration sowie eine repressive Politik gegenüber Migrantinnen und Migranten. Die beiden Positionen zum gleichen Szenario lauten demnach Sozialpolitik versus Sicherheitspolitik.

Situation in benachteiligten Quartieren

Meistens erzeugen die in diesem Zusammenhang entstandenen Berichte und Analysen nicht nur ein Bild von Kulturen als klar abgrenzbaren Entitäten, sondern sie beinhalten darüber hinaus die Überzeugung, dass Abweichung vom gesellschaftlichen Durchschnitt ein Problem darstellt. Diese Abweichung wird aber nur in eine Richtung gehend als problematisch betrachtet, nämlich dann, wenn es sich um benachteiligte Gruppen, wie Bezieher staatlicher Transferleistungen oder Migranten mit geringen Einkommen, handelt. Stadtviertel, in denen die Abweichung in die andere Richtung geht, die also einen unterdurchschnittlich ausgeprägten Anteil an Beziehern von Transferleistungen oder von Migranten aufweisen, werden in der Regel nicht als problematisch wahrgenommen. Dies verweist darauf, dass Segregation und Fragmentierung zwei Seiten haben, von denen aber nur eine diskutiert wird: Auf der einen Seite befinden sich Räume, in denen sich nach hegemonialen Vorstellungen problematische Gruppen konzentrieren, auf der anderen Seite aber eben auch jene Räume, die den gesellschaftlichen Vorstellungen entsprechen oder gar sozioökonomisch bessergestellt sind als der Durchschnitt. Diskutiert wird vorwiegend Armutssegregation, nicht aber die Existenz von Wohlstandsgebieten, obwohl beide Phänomene und damit verbundene Raumtypen nur aus dem impliziten Bezug aufeinander Sinn machen. Diese Diskussion über die problematische Sozialstruktur in bestimmten Gebieten und die damit zusammenhängenden Probleme (z. B. ungenügende Verkehrsanbindung, mangelhafte Infrastrukturausstattung im Bereich Einzelhandel, Bildung oder Kinder-

Armutssegregation und problematische Sozialstrukturen

versorgung) begünstigen unter Umständen die selektive Abwanderung derjenigen, die es sich leisten können, andere Wohnstandorte zu wählen. Vor diesem Hintergrund zeigt sich auch, welche Bedeutung der Wohnungsmarkt und das Gefüge von Miet- und Eigentumspreisen haben: Sie können nicht unwesentlich zur Fragmentierung des Stadtraums beitragen, weil sich die Wertschätzung von Stadtteilen aus dem Verhältnis der Stadtteile zueinander ergibt.

Sozialpolitische Maßnahmen

Sozialpolitische Maßnahmen, die an die Problematisierung von Fragmentierung und Segregation anschließen – aber über den Sicherheitsdiskurs von Sarrazin hinausgehen –, haben in der Regel zwei Ausrichtungen, die beide auf soziale Mischung und eine Abmilderung kultureller Kontraste zielen. Eine beinhaltet eine betreuende Bearbeitung sozialer Ungleichheit durch Quartiersarbeit. In dieser Perspektive wird zum Teil anerkannt, dass segregierte Stadtviertel die Funktionen einer sozialen Stabilisierung für Menschen in prekären Lebenssituationen haben können. Demnach bieten diese Viertel die Chance, dass sich aufgrund von ähnlichen Problemlagen formelle und informelle Netzwerke zwischen Bewohnerinnen und Bewohnern bilden können: Gegenseitige Information, Beratung und Unterstützung würden Orientierung und Handlungsoptionen eröffnen, die zur Stabilisierung im Viertel beitragen können.

Die andere Variante sozialpolitischer Maßnahmen befördert vor allem bauliche Aufwertungsmaßnahmen in den benachteiligten Stadtvierteln, damit bessergestellte Personen und Haushalte zuziehen. Beide Maßnahmenpakete sind jedoch einseitig: Problematische Viertel müssen durch Bearbeitung verändert werden, aber Wohlstandsgebiete werden nicht angetastet. Sowohl die Stärkung von Netzwerken als auch bauliche Aufwertungsmaßnahmen können außerdem dazu beitragen, dass bislang benachteiligte Stadtviertel für einkommensstarke Gruppen attraktiv werden und Mieten sowie Eigentumspreise steigen. Wohin gehen dann aber Bevölkerungsgruppen, die sich die Preise dann nicht mehr leisten können? Auf diese Frage wird gegenwärtig in den wenigsten Städten eine Antwort gefunden. Offensichtlich ziehen manche Bewohner in andere benachteiligte Viertel um, andere suchen sich notgedrungen Wohnungen im Umland von Städten, wo die Mietpreise niedriger sind. Es gibt aber bislang keine nennenswerten Ansätze, gehobene Wohngebiete für ärmere Bevölkerungsgruppen zugänglich zu machen.

5.4 Erklärungsansätze und politische Antworten

Unabhängig von der Frage, mit welchen Wertungen man Veränderungen versieht, besteht ein großer Konsens darüber, dass sich in den letzten 20 Jahren weitreichende Änderungen im gesellschaftlichen Gefüge ergeben haben. Sowohl im Entwurf des 4. Armuts- und Reichtumsberichts in Deutschland (Die Bundesregierung Deutschlands

2012) als auch im Sozialbericht von 2011 (WZB et al. 2011) wird festgestellt, dass Reichtum immer ungleicher verteilt ist. Auf der einen Seite nimmt privater Reichtum in Deutschland stetig zu, auf der anderen Seite aber auch die gesellschaftliche und individuelle Armut (siehe dazu auch die Kompaktinformation zu Unterschicht und Prekariat). Allerdings gibt es unterschiedliche Interpretationsangebote, wie sich damit einhergehende räumliche und soziale Fragmentierungen erklären lassen. Im Folgenden sollen wichtige Erklärungen dargestellt werden.

Nicht alle Erklärungsansätze haben einen Fokus auf den gesellschaftlichen Wandel. Insbesondere sozialökologische Ansätze setzen andere Schwerpunkte (siehe dazu die Kompaktinformation Sozialökologie und Sozialraumanalyse). Mit Blick auf die sozialen Entwicklungen beweisen politökonomische Analysen große Erklärungskraft. Klassische Erklärungen von Manuel Castells (1977) oder Neil Smith (1996), aber auch aktuellere Betrachtungen wie diejenige von Martin Kronauer (2010) leiten räumliche und soziale Fragmentierungsmuster aus gesellschaftlichen Umbrüchen ab.

Sozialökologie und Sozialraumanalyse

Die Sozialökologie der sogenannten Chicagoer Schule geht davon aus, dass das räumliche Muster einer Gesellschaft das Ergebnis von Verdrängungsprozessen (Invasion und Sukzession) ist (siehe z. B. Burgess et al. 1925). Demnach gelingt es der stärksten Gruppe, sich im Kampf um vorteilhafte Positionen im Raum durchzusetzen. Als stärkste Gruppe wird überwiegend jene bezeichnet, die entweder über ein sehr hohes Einkommen verfügt oder zahlenmäßig dominiert. In den Sozialraumanalysen, die sich auf diesen Ansatz beziehen, erfolgt die Unterscheidung der Gruppen meistens auf der Basis des Einkommens oder der Position im Arbeitsprozess sowie ethnischer Kriterien (z. B. Herkunft, Nationalität, Hautfarbe). Sozialraumanalysen zeigen mithilfe multivariater Verfahren, wie sich die Sozialstruktur einer Gesellschaft im Stadtraum niederschlägt. Sie liefern aber häufig nur eine deskriptive Bestandsaufnahme. Die Kritik an diesen Ansätzen zielt auch auf deren mangelnde Fähigkeit zur Erklärung der Umwälzung in Städten seit den 1970er-Jahren.

Diese Ansätze rekurrieren unter anderem darauf, dass sich westliche Gesellschaften in den letzten 30 Jahren von Industrie- zu Dienstleistungsgesellschaften gewandelt haben (siehe dazu auch den Beitrag Arbeiten und Produzieren in diesem Band). Dieser wirtschaftliche Transformationsprozess ist mit einer Abwanderung des produzierenden Gewerbes aus Städten bzw. – allgemeiner – aus den westlichen Ländern verbunden. Städte in Nordamerika sowie Europa waren in den letzten 30 Jahren Orte eines massiven Arbeitsplatzverlustes in der

Abwanderung des produzierenden Gewerbes

Industrie; oft verzeichneten sie gleichzeitig ein Arbeitsplatzwachstum in den Dienstleistungen. Nicht wenige Städte in Asien, Lateinamerika oder Afrika erlebten ähnliche Entwicklungen, wenngleich die Deindustrialisierung häufig weniger stark ausgeprägt war. Allerdings konnte sowohl in den Städten des Nordens als auch des Südens das Wachstum an Dienstleistungsbeschäftigung in den wenigsten Fällen den Verlust von Industriearbeitsplätzen kompensieren. Dies erklärt, warum Armut vor allem als Phänomen der Städte diskutiert wird: Dort treten Deindustrialisierung und Tertiarisierung (Tertiärisierung) am stärksten auf. Für die Städte des Südens gelten noch zusätzliche Bedingungen, die zur starken Armutsentwicklung beigetragen haben, wie zum Beispiel Strukturanpassungsprogramme, Städtewachstum oder Handelsliberalisierungen.

Armut als Phänomen der Städte

Ein weiterer wichtiger Aspekt zur Erklärung der zunehmenden Armut ist, dass die Beschäftigung in der Industrie mit einer weniger starken Spreizung der Einkommen verbunden war, als sie der Dienstleistungssektor aufweist. Insbesondere Saskia Sassen (1997) hat auf die polarisierte Qualifikations- und Einkommensstruktur im Dienstleistungssektor hingewiesen. Demnach stehen hoch bezahlten Investmentbankern, Computerspezialisten, Anwälten und Beratern eine Vielzahl von Angestellten im Niedriglohnbereich gegenüber: Putzkräfte, Sicherheitsleute, Arbeiterinnen und Arbeiter in der Gastronomie (z. B. bei Fast-Food-Ketten), Angestellte in globalen Einzelhandelsketten etc. Die Polarisierung der Einkommen im Dienstleistungssektor hängt nicht nur mit unterschiedlichen Qualifikationsanforderungen zusammen, sondern ergibt sich auch aus einem unterschiedlichen gewerkschaftlichen Organisationsgrad. Während starke Industriearbeitergewerkschaften immer wieder erfolgreich für bessere Löhne kämpfen, sind Gewerkschaften in vielen Bereichen des Dienstleistungssektors nur schwach vertreten oder können die Interessen der Beschäftigten nur schwer durchsetzen.

Probleme der wirtschaftlichen Umstrukturierung

Diese Veränderungen haben Folgen für die Städte. Probleme der wirtschaftlichen Umstrukturierung, wie die Rückkehr der Arbeitslosigkeit auf hohem Niveau oder sinkende Steuereinnahmen, bewirken erhöhten Handlungsdruck bei gleichzeitig verringerten Handlungsmöglichkeiten. Städte sind also Orte, an denen aktuelle Probleme der sozioökonomischen Entwicklung verstärkt auftreten und Lösungen gefunden werden müssen. Die Antwort der Mehrzahl der Städte besteht auf der einen Seite darin, an einem zunehmend verschärften Standortwettbewerb um Unternehmen und zahlungskräftige Haushalte teilzunehmen (Harvey 1989). Auf der anderen Seite wird versucht, Arbeitslosigkeit abzubauen, indem ein verstärkter Druck auf Arbeitslose und Bezieher von staatlichen Transferleistungen ausgeübt wird (Eick et al. 2004; Dingeldey 2011). Diese abnehmende Bereitschaft zum sozialen Ausgleich ist nicht nur ein politischer Ausdruck des Umgangs mit Armut in Städten, sondern auch ein Ergebnis neu ausgehandelter Verantwortung und Zuständigkeiten zwischen verschiedenen räumlichen Maßstabsebenen. So sind in Deutschland in den vergangenen Jahren zunehmend Aufgaben vom Bund an die Städte abgegeben (z. B. im Feld von Arbeitslosigkeit) oder auf der Ebene der Kommunen neu geschaffen worden (z. B. Kinderbetreuung).

Sozialräumliche Fragmentierung ist also das Ergebnis zunehmender Unsicherheiten in den Erwerbs- und Beschäftigungsaussichten, die wiederum auf eine weltweite Reorganisation von Unternehmen sowie veränderte sozialstaatliche Antworten zurückzuführen sind. Die Ver- und Auslagerung von Arbeitsbereichen trifft auf eine Flexibilisierung von Arbeitsverhältnissen, die neue Armut und Ausgrenzungserfahrungen produzieren. Betroffen sind davon vor allem Menschen mit einem niedrigen Qualifikationsniveau sowie Migrantinnen und Migranten, die trotz ihrer Qualifikationen auch in der zweiten und dritten Generation noch mit Vorbehalten auf dem Arbeitsmarkt zu kämpfen haben. Bezogen auf das Muster der sozialräumlichen Fragmentierung greifen für viele Migrantinnen und Migranten Benachteiligungen am Arbeits- und Wohnungsmarkt ineinander. Sie sind häufig mit Zugangsbarrieren konfrontiert, die dazu beitragen, dass sie sich zusammen mit Armen in den gleichen Räumen wiederfinden.

Unsicherheiten in den Erwerbs- und Beschäftigungsaussichten

Die politischen Antworten auf diese weitreichenden Umstrukturierungen sind oft zwiespältig. Eine Vielzahl von Autorinnen und Autoren hat darauf hingewiesen, dass verschärfte sozialräumliche Ungleichheit mit verschärften räumlichen Abgrenzungen beantwortet wird. Peter Marcuse (1998), Saskia Sassen (1997; 2001) oder Peter Lieser und Roger Keil (1988) haben hervorgehoben, dass sich die Wohlhabenden dieser Welt sowie die politisch Mächtigen zunehmend verbarrikadieren, um Armut auf Distanz zu halten. Besonders drastische Formen dieser Abschottung beschreiben Stephen Graham und Simon Marvin (2001), die argumentieren, dass Innenstädte in der westlichen Welt zunehmend zu technisch aufgerüsteten Sicherheitszonen ausgebaut werden. Georg Glasze et al. (2005) analysieren unter anderem auch für Deutschland Versuche der Einhegung, zu denen sowohl die sogenannten *gated communities* als auch die Überwachung des öffentlichen Raums gehören. Dies trifft ebenso auf die sogenannten Konsumwelten zu – Shoppingmalls und überwachte innerstädtische Einkaufsstraßen folgen immer stärker diesem Muster. Es scheint, als bestehe die häufigste Antwort auf städtische Fragmentierung in einer zunehmenden Überwachung und Kontrolle von Räumen.

Überwachung und Kontrolle von Räumen

Eine weitere Antwort zeigt sich in der Tendenz, in innerstädtischen Gebieten, die noch vor 20 bis 30 Jahren als heruntergekommen bezeichnet wurden, Gentrification zu befördern (Füller/Marquardt 2010). Darunter versteht man eine bauliche, infrastrukturelle sowie auf Sicherheit und Überwachung bedachte Aufwertung, in deren Folge besserverdienende Personengruppen die Wohn-, Arbeits- und

Freizeitqualitäten dieser Räume wiederentdecken. Ein Mittel zur Aufwertung besteht gegenwärtig vor allem im Einsatz von Kunst und Kultur (Zukin 1995). Diese wird in der Stadtpolitik zielgerichtet genutzt, um den städtischen Raum zu gestalten (Holm 2010). Es stellt sich aber die Frage, ob damit städtische Fragmentierung verhindert oder abgebaut werden kann. Häufig scheint eher das Gegenteil der Fall: Die von Armut und Ausgrenzung betroffene Bevölkerung wird durch diese Aufwertung in andere Stadtteile verdrängt.

Literatur

Bolz, P.; Jacobs, H.; Lubinski, N. (2011): Monitoring 2011 zur sozialen Segregation und Benachteiligung in Frankfurt am Main. In: Dezernat für Soziales, Senioren, Jugend und Recht der Stadt Frankfurt Main (Hg.): Materialienreihe Jugend und Soziales, Band 6. Frankfurt a. M.

Burgess, E. W.; Park, R. E.; McKenzie, R. D. (1925): The City. Chicago: University of Chicago Press.

Castells, M. (1977): Die kapitalistische Stadt. Ökonomie und Politik der Stadtentwicklung. Hamburg: VSA.

Die Bundesregierung Deutschlands (Hg.) (2012): Lebenslagen in Deutschland. Entwurf des 4. Armuts- und Reichtumsberichts der Bundesregierung. Berlin.

Dingeldey, I. (2011): Der aktivierende Wohlfahrtsstaat. Governance der Arbeitsmarktpolitik in Dänemark, Großbritannien und Deutschland. Frankfurt a. M.: Campus.

Eick, V.; Grell, B.; Mayer, M. (2004): Zwischen Sozialintegration und Arbeitszwang: Gemeinnützige Beschäftigungsinitiativen in den USA und der Bundesrepublik. In: WSI Mitteilungen 11, 610–616.

Fassmann, H. (2004): Stadtgeographie I: Allgemeine Stadtgeographie. Braunschweig: Westermann Schulbuchverlag.

Füller, H.; Marquardt, N. (2010): Die Sicherstellung von Urbanität. Innerstädtische Restrukturierung und soziale Kontrolle in Downtown Los Angeles. Münster: Westfälisches Dampfboot.

Glasze, G.; Pütz, R.; Rolfes, M. (2005): Die Verräumlichung von (Un-) Sicherheit, Kriminalität und Sicherheitspolitiken – Herausforderungen einer Kritischen Kriminalgeographie. In: Dies. (Hg.): Diskurs – Stadt – Kriminalität. Städtische (Un)Sicherheiten aus der Perspektive von Stadtforschung und Kritischer Kriminalgeographie. Bielefeld: transcript, 13–58.

Graham, S.; Marvin, S. (2001): Splintering urbanism. Networked infrastructures, technological mobilities and the urban condition. London/New York: Routledge & Kegan Paul.

Harvey, D. (1989): From Managerialism to Entrepreneurialism: The Transformation in Urban Governance in Late Capitalism. In: Geographiska Annaler 71 (1), 3–17.

Häußermann, H.; Siebel, W. (2001): Integration und Segregation – Überlegungen zu einer alten Debatte. In: Deutsche Zeitschrift für Kommunalwissenschaften 1, 68–79.

Holm, A. (2010): Wir bleiben alle! Gentrifizierung – städtische Konflikte um Aufwertung und Verdrängung. Münster: Unrast.

Knox, P.; Pinch, S. (2006): Urban Social Geography. Harlow: Pearson.

Krätke, S. (1995): Stadt, Raum, Ökonomie. Einführung in aktuelle Problemfelder der Stadtökomonie und Wirtschaftsgeographie. Basel/Boston: Birkhäuser.

Kronauer, M. (2010): Exklusion. Die Gefährdung des Sozialen im hoch entwickelten Kapitalismus. 2. Aufl., Frankfurt a. M.: Campus.

Lanz, S. (2009): Der lange Schatten der Kulturnation. Städtische Einwanderungspolitiken am Beispiel von Berlin. In: Bayer, N.; Engl, A.; Hess, S.; Moser, J. (Hg.): Crossing Munich. Beiträge zur Migration aus Kunst, Wissenschaft und Aktivismus. München: Silke Schreiber Verlag, 66–69.

Lieser, P.; Keil, R. (1988): Zitadelle und Ghetto. Modell Weltstadt. In: Prigge, W.; Schwarz, H.-P. (Hg.): Das neue Frankfurt. Städtebau und Architektur im Modernisierungsprozeß. Frankfurt a. M.: Vervuert, 183–208.

Marcuse, P. (1998): Ethnische Enklaven und rassische Ghettos in der postfordistischen Stadt. In: Heitmeyer, W. et al. (Hg.): Die Krise der Städte. Frankfurt a. M.: Suhrkamp, 176–193.

Müller, W.; Seifert, W. (2012): Wohnungsmarkt Bericht 2011. Frankfurt a. M.: Amt für Wohnungswesen der Stadt Frankfurt am Main.

Pacione, M. (2001): Urban Geography. A Global Perspective. London/New York: Routledge.

Ronneberger, K.; Tsianos, V. (2008): Panische Räume. Das Ghetto und die „Parallelgesellschaft". In: Hess, S.; Binder, J.; Moser, J. (Hg.): No integration?! Kulturwissenschaftliche Beiträge zur Integrationsdebatte in Europa. Bielefeld: transcript, 137–152.

Sarrazin, T. (2010): Deutschland schafft sich ab. Wie wir unser Land aufs Spiel setzen. 2. Aufl., München: DVA.

Sassen, S. (1997): Informalization in advanced market economies. In: Issues in Development – Discussion Paper 20, 1–29.

Sassen, S. (2001): The Global City: New York, London, Tokyo. Princeton/Oxford: Princeton University Press.

Smith, N. (1996): The new urban frontier. Gentrification and the revanchist city. London/New York: Routledge.

Stichweh, R. (2006): Zentrum/Peripherie-Differenzierungen und die Soziologie der Stadt. In: Lenger, F.; Tenfelde, K. (Hg.): Die europäische Stadt im 20. Jahrhundert. Wahrnehmungen – Entwicklungen – Erosion. Weimar/Wien: Böhlau Verlag.

UN-Habitat (2003): The Challenge of the Slums: Global Report on Human Settlements 2003. London: United Nations.

Wood, D.; Fels, J.; Krygier, J. (2010): Rethinking the power of maps. New York: Guilford Press.

Wissenschaftszentrum Berlin für Sozialforschung WZB; Statistisches Bundesamt Destatis; Sozioökonomisches Panel/Deutsches Institut für Wirtschaftsforschung SOEP (Hg.) (2011): Datenreport 2011. Ein Sozialbericht für die Bundesrepublik Deutschland. Reihe Zeitbilder. Berlin/Bonn.

Zukin, S. (1995): The cultures of cities. Cambridge, MA: Blackwell.

6 Global Change

Michael Flitner

6.1 Einleitung

Die Bezeichnung Global Change hat sich in den letzten zwei Jahrzehnten durch internationale Programme und zahllose Publikationen in der wissenschaftlichen Welt verbreitet. Sie ist auch darüber hinaus bekannt und verständlich geworden. Die englische Wortverbindung ist dabei in der deutschen Fachliteratur immer noch häufiger in Gebrauch als die Übersetzung „globaler Wandel". Das deutet darauf hin, dass der Gegenstand aus internationalen Zusammenhängen stammt und daran auch weiterhin gebunden bleibt. Wie der journalistische Wortgebrauch zeigen heute einschlägige wissenschaftliche Beiträge ein breites Verständnis von Global Change, das scheinbar nur weniger Erläuterungen bedarf. Gemeinhin wird mit dem Begriff ein Geflecht von weltumspannenden Prozessen bezeichnet, deren zentraler Strang von globalen Umweltveränderungen unterschiedlichen Charakters gebildet wird. Als bedeutsamste dieser Veränderungen gilt heute fraglos die der Erdatmosphäre und die mit ihr einhergehende globale Erwärmung. Daneben werden auch die Verringerung biologischer Vielfalt und die Versauerung der Ozeane oft beispielhaft als Vorgänge genannt.

globale Umweltveränderungen

Diese primär physikalischen, biologischen und chemischen Vorgänge bilden den Ausgangspunkt der meisten Begriffsbestimmungen; sie definieren auch große Teile der Forschung unter dem Namen Globaler Wandel. Doch werden häufig noch weitere Themenbereiche diesem Feld zugeordnet, die sozialer oder jedenfalls gemischter, hybrider Natur sind: demographische Veränderungen, internationale Migrationsbewegungen sowie ökonomische, soziale oder kulturelle Aspekte der Globalisierung (Brunotte et al. 2002, 60; Glaser/Gebhardt 2012, 1173). Die abgrenzende Unterscheidung zwischen *global environmental change* und *global social* (oder *societal*) *change* hat sich nicht durchsetzen können, wie eine entsprechende Titelsuche in Bibliothekskatalogen und Bibliografien zeigt. Die Wortfolge ohne die Unterscheidung ist vielfach häufiger anzutreffen, und es mag gerade jener noch nicht näher bestimmte Zusammenhang zwischen natürlichen und gesellschaftlichen Veränderungen sein, der die Verbreitung dieser Bezeichnung begünstigt hat.

Um den Begriff näher zu bestimmen, liegt es nahe, zunächst einmal seine gedanklichen Gegensätze zu betrachten. Die Bezeichnung Global Change regt dann erstens zu der Überlegung an, welche Wissenschaftszweige oder Denkschulen es heute gibt, die die Welt *nicht* in ihrem Wandel betrachten, sondern sie in erster Linie in ihrer Unveränderlichkeit oder in ihrem Beharrungsvermögen zu verstehen suchen. Da ist auf Anhieb wenig zu finden. Jedenfalls gibt es keine größeren Forschungsprogramme, die explizit unter dem Schlagwort des globalen Stillstands (*global stasis*) oder dergleichen angelegt sind. In einer sozialwissenschaftlichen Perspektive wirft der Fokus auf den (sozialen) Wandel denn auch weniger die Frage nach einem unveränderlichen Zustand auf, als vielmehr diejenige nach den zugrunde liegenden Sozialstrukturen, die Veränderungen unterworfen sind. Ebenfalls hinterfragt werden deren Antriebskräfte und Folgen (vgl. den Beitrag zur Globalisierung in diesem Band). Der Gegenpol des globalen Wandels wäre demnach weniger der globale Stillstand als vielmehr der Befund verfestigter sozialer Verhältnisse oder räumlicher Muster im weltweiten Maßstab. Davon kann indessen ohne Weiteres die Rede sein; dies illustrieren bereits gängige Sammelbegriffe wie „Entwicklungsländer" oder „Globaler Süden". Globale Muster und Strukturen stehen also nicht im Widerspruch zur Perspektive des globalen Wandels. Diese rückt jedoch die historische Dimension der Verhältnisse stärker in den Vordergrund, und gerade darin zeigt sich eine Verwandtschaft zur Erforschung des globalen Wandels aus Sicht der Naturwissenschaften. Auch bei diesen geraten nämlich mit den anthropogenen Umweltveränderungen zugleich geschichtliche Naturzustände in den Blick, etwa in der Paläoklimatologie, die sich mit den klimatischen Verhältnissen der Vergangenheit befasst. Der natur- und gesellschaftswissenschaftlichen Perspektive auf den globalen Wandel ist somit eine historische Komponente gemein, und zwar in ähnlichen, auf die menschliche Geschichte bezogenen Zeithorizonten.

historische Naturzustände

Der zweite Gegensatz, den das Wortpaar Global Change direkt herausfordert, ist der des *globalen* Wandels auf der einen und des *lokalen* Wandels auf der anderen Seite. Diese Polarität erschließt sich leichter: Es gibt eine lange Tradition geographischer und kulturwissenschaftlicher Arbeiten, die den lokalen, räumlich begrenzten Wandel in den Mittelpunkt stellen, ob im Bereich der Umwelt und der materiellen Reproduktion oder bezüglich der symbolischen Welten kleinerer sozialer Einheiten. Hiervon grenzt sich die Forschung zum globalen Wandel in ihrem Schwerpunkt eindeutig ab, indem sie als Ausgangspunkt und Beschreibungsfall konsequent die globale Ebene wählt. Bezugsgröße sind weltweite Veränderungen oder – in anderen Worten – der Wandel im „System Erde" (Steffen 2004). Dabei ist nicht zwingend vorgegeben, in welchem Verhältnis die beschriebenen globalen Prozesse zu kleinräumigeren Dynamiken stehen. Haben wir es mit einem multilokalen und kumulativen Geschehen zu tun, bei dem sich viele kleine Ereignisse zu einem weltweiten Wandel summieren? Oder handelt es sich in einigen Fällen auch um globale oder systemische Antriebskräfte, die auf regionale und lokale Situationen einwirken? Welche Verknüpfungen und Skaleneffekte kenn-

Verhältnis zwischen kleinräumigen Dynamiken und globalen Prozessen

zeichnen die untersuchten Zusammenhänge? Was sind Ursachen, was Wirkungen?

Schon die kurze Betrachtung zum Begriff des Globalen Wandels hat verdeutlicht, dass dieser nicht einfach ein Zustand oder eine Tatsache in der Welt ist, sondern in erster Linie eine bestimmte Art und Weise darstellt, auf die Welt zu blicken. Diese Perspektive wird im Folgenden in zwei Schritten näher erklärt. Zunächst soll genauer beschrieben werden, welche Phänomene in den letzten Jahren unter dem Schlagwort globaler Wandel betrachtet wurden und welche Forschungsprogramme um die zugehörigen Themen entstanden sind. Dabei wird auch geklärt, wie die Perspektive des globalen Wandels überhaupt aufgekommen ist und in welchem Kontext sie die spezifische Form der Global Change-Forschung angenommen hat. Die Antwort auf diese Frage wird am Beispiel des Klimawandels gegeben, zu dessen „bemerkenswertesten Eigenschaften gehört, dass er überhaupt entdeckt worden ist" (Sayre 2012, 63, Übersetzung des Autors).

globaler Wandel als Perspektive

Im zweiten Schritt wird schließlich gefragt, welche politischen Möglichkeiten und Schwierigkeiten der globale Wandel, wie er heute in der Global Change-Forschung formuliert wird, mit sich bringt. Dabei wird die Tendenz thematisiert, die physische Welt insgesamt als vom Menschen geprägte Sphäre zu verstehen. In kritischer Absicht werden die impliziten politischen Gehalte dieser Tendenz ermittelt und Ansatzpunkte benannt, die der politischen Ökonomie und der Kultur des globalen Wandels stärker Rechnung tragen.

6.2   Globale Phänomene und Forschungsprogramme

Paradebeispiel und Kernthema des globalen Wandels ist der anthropogene Klimawandel, der durch menschliche Aktivitäten hervorgerufen wird, bei denen die sogenannten Treibhausgase frei werden. Zu den prominentesten Quellen solcher Gase zählen die Verbrennung fossiler Brennstoffe für Kraftwerke, Industrie, Verkehr und Wärmegewinnung sowie der Landnutzungswandel mit den Prozessen der Entwaldung und bestimmten landwirtschaftlichen Praktiken, darunter insbesondere die Viehwirtschaft. In den letzten Jahrzehnten hat der Klimawandel immer stärkere wissenschaftliche und politische Beachtung gefunden. Heute geben viele Länder große Summen dafür aus, die klimatischen Veränderungen zu erforschen, verschiedene Formen von „Klimaschutz" zu betreiben (*mitigation*) oder Anpassungen an unvermeidlich scheinende Veränderungen vorzubereiten oder schon vorzunehmen (*adaptation*).

Die Grundhypothese des anthropogenen Klimawandels ist denkbar einfach: Die Lufttemperatur in Bodennähe hat sich in den vergangenen hundert Jahren im weltweiten Mittel um mehr als 0,7 Grad Celsius erhöht. Dieser Wert ist aus großen Datensätzen errechnet und

Grundhypothese des anthropogenen Klimawandels

durch eine hohe Zahl zusätzlicher Beobachtungen gestützt. Dabei waren die letzten beiden Jahrzehnte nacheinander jeweils die wärmsten je gemessenen Dekaden. In Einklang mit der überwältigenden Mehrheit der damit befassten Wissenschaftler hält es der Weltklimarat für „sehr wahrscheinlich", dass dieser Temperaturanstieg im Wesentlichen durch menschliche Einflüsse hervorgerufen ist (IPCC 2007). Doch so klar und verständlich dieser Gesamtzusammenhang, so komplex stellen sich die Verhältnisse bei genauerer Betrachtung dar. Die überwältigende Mehrzahl menschlicher Aktivitäten ist in irgendeiner Weise klimarelevant, das gilt für die hoch arbeitsteiligen Funktionsbereiche (z. B. die industrielle Produktion) ebenso wie für das alltägliche individuelle Handeln. Doch wie lässt sich das feststellen und beurteilen? Und grundlegender: Wie kommt es überhaupt zur Beobachtung und „Entdeckung" solcher globalen Phänomene?

wissenschaftliches Instrumentarium und Organisationsformen der Wissenschaft

Eine notwendige Voraussetzung der Beobachtung ist zunächst einmal ein wissenschaftliches Instrumentarium, das in der Lage ist, entsprechende Phänomene im Einzelnen zu erfassen. Ebenso wichtig sind entsprechende Organisationsformen der Wissenschaft, die es ermöglichen, dass globale Phänomene auch als solche erkennbar werden. Der Wissenschaftshistoriker Matthias Dörries (2005) hat diese beiden Bedingungen einer Weltbeobachtung überzeugend am Beispiel des ungeheuren Ausbruchs des Vulkans Krakatau im Jahr 1883 entwickelt: Die Eruption in der Sundastraße zwischen den Inseln Java und Sumatra am 27. August des Jahres wurde nicht nur im damaligen Niederländisch-Indien, sondern rund um die Welt zeitnah registriert. Ein zusammenhängendes, globales Bild des Geschehens konnte jedoch nur entstehen, weil es im letzten Drittel des 19. Jahrhunderts bereits ein weltweites – wenn auch noch lückenhaftes – Mess- und Beobachtungsnetz gab, mit dessen Daten sich die Druckwelle rund um den Erdball und die Ausbreitung der „Rauchfahne" in der Stratosphäre feststellen und schlüssig rekonstruieren ließen. Mit der britischen Royal Society war zudem eine wissenschaftliche Institution vorhanden, die sich um eine Zusammenführung und Auswertung dieser Daten bemühte, und die durch ihre Position im britischen Weltreich einen einzigartigen Zugang zu Informationen aus aller Welt besaß. Die Entwicklung eines weltweiten Netzes von Telegrafenlinien ab den 1860er-Jahren bildete eine weitere technische Voraussetzung dafür, dass die entsprechenden Daten ebenso wie die mediale Berichterstattung nur noch Stunden statt Wochen benötigten, um den halben Globus zu umrunden. Messnetz, schnelle Kommunikationsmedien und Koordinationsinstanz: Aus diesen drei Komponenten war ein globales Observatorium entstanden, das mit dem enormen Vulkanausbruch gewissermaßen ein Ereignis fand, das zu beobachten es eben in der Lage war. Damit wurde die Erde als Ganzes zum Objekt der Wissenschaft, zugleich wuchs in der Folge fast zwangsläufig auch „das Bewusstsein für die Kleinheit und Anfälligkeit der Erde, das Bewusstsein eines ‚globalen Innenraums'" (Dörries 2005, 71).

Die Grundgedanken dieser Fallstudie erhellen auch die Entwicklung der Klimaforschung und des globalen Wandels bzw. die Genese der spezifischen historischen Konstellation, in der die Global Change-Forschung ihre Form annimmt. Schon in den 1870er-Jahren wurde die Internationale Meteorologische Organisation (IMO) gegründet, um internationale Standards für die Messungen und den Austausch von Wetterdaten zu etablieren. Solche Standards tatsächlich zu entwickeln und durchzusetzen, dauerte jedoch viele Jahrzehnte. Noch 1945 verwirft etwa das *Handbook of Meteorology* den Versuch, einen weltweiten Überblick über die Übertragung und Kodierung meteorologischer Daten zu geben, als undurchführbar: Zu zahlreich seien die verwendeten Codes, zu unterschiedlich die beobachteten Elemente, die Beobachtungstechniken und die Nachfrage nach Information in den verschiedenen Teilen der Welt. Unterschiedliche Verfahren der Datenübertragung komplizierten das Bild weiter (Edwards 2006, 234f.).

Erst mit der Transformation der IMO zur World Meteorological Organization (WMO) im Rahmen der Vereinten Nationen (1950/51) wurde der Versuch, ein globales Informationsnetz für meteorologische Daten aufzubauen, institutionell wirkungsvoll gestärkt. Der Ausbau dieses Netzes geschah sodann im weltpolitischen Rahmen von Dekolonisierung und Ost-West-Konflikt. In der Folge sollten „zwei der zentralsten Technologien des Kalten Kriegs – Computer und Satelliten – dann auch zu den wichtigsten Instrumenten der Meteorologie werden" (ebd., 242, Übersetzung des Autors). Im Jahr 1957, das zum *International Geophysical Year* (IGY) ausgerufen worden war, landete die Sowjetunion mit dem ersten erfolgreichen Start eines Satelliten einen Überraschungscoup. An Bord der Metallkapsel befand sich wenig mehr als ein Thermometer und ein kleines Funkgerät, genug jedoch, um im Westen einen „Sputnik-Schock" auszulösen, nämlich die weithin geteilte Befürchtung, die planwirtschaftliche Sowjetunion könne bald die technische und militärische Vorherrschaft erlangen (siehe Abbildung 6.1). Nur wenig später folgten nordamerikanische Satelliten zur Wetter- und Erdbeobachtung; die Weltraumagentur NASA wurde ins Leben gerufen sowie eine Reihe von Institutionen und Projekten, die die Atmosphären- und Wetterforschung auf neue und vielfältige Weise mit militärischen Zielsetzungen verknüpften (vgl. Conway 2008, Kap. 1).

Weitgehend unberührt von der Doppelfunktion der Satelliten wurden Standardisierung und auch punktuelle Zusammenarbeit in der Wetterbeobachtung weltweit vorangetrieben, unter anderem im Rahmen des *World Weather Watch* der WMO. Die im Kontext dieser Zusammenarbeit generierten Beobachtungsdaten waren und sind größtenteils frei zugänglich und werden weithin geteilt. Mit den Modellen, die seit den 1980er-Jahren im Rahmen des *World Climate Research Programme* entwickelt werden, bilden sie einen Grundstock für die Arbeit des *Intergovernmental Panel on Climate Change* (IPCC),

Aufbau eines globalen Informationsnetzes für meteorologische Daten

Standardisierung in der Wetterbeobachtung

das gemeinsam von WMO und dem Umweltprogramm der Vereinten Nationen (UNEP) eingerichtet wurde und der Erkenntnis eines anthropogenen Klimawandels schließlich zum Durchbruch verhalf (Edwards 2006).

Die Entstehung der Global Change-Forschung unter diesem Namen lässt sich in dem skizzierten Rahmen genau verorten und zeitlich auf die zweite Hälfte der 1980er-Jahre datieren. Sie fällt mit den letzten Jahren der bipolaren Weltordnung zusammen, das heißt mit dem Ende jener Ost-West-Konfrontation, die ihre Frühphase geprägt hat. 1986 beschließt der Internationale Wissenschaftsrat (ICSU) das International Geosphere-Biosphere Programme (IGBP) zum Studium von Global Change. Dieses Programm gewinnt ab 1989 an Fahrt. Zwei methodische Schwerpunkte stechen dabei aus heutiger Sicht hervor: die Modellierung und vor allem die Fernerkundung (vgl. Kwa 2005, 923). Biogeochemie, Atmosphärenphysik, Ozeanographie und Ökologie werden nun systematisch in einer quantifizierenden und modellierenden Perspektive erforscht, wobei die Fernerkundung zum zentralen Datenlieferanten wird. Das übergreifende Modellierungsprojekt zielt auf die Entwicklung eines „numerischen Modells des Erdsystems, [...] das benutzt werden kann, um verlässliche, hochauflösende Vorhersagen über den langfristigen globalen Wandel zu machen" (IGBP 1989, 465, Übersetzung des Autors). Dies wird aber erst für die frühen Jahrzehnte des 21. Jahrhunderts erwartet, da erst dann mit der Verfügbarkeit von entsprechend großen Computerkapazitäten zu rechnen sei.

Fernerkundung und Modellierung

Die Projekte des IGBP sind von Beginn an fest in naturwissenschaftlicher Hand. Die Sozialwissenschaftler Peter Taylor und Frederick Buttel (1992, 409f.) kritisieren denn auch schon früh die Dominanz der Klimaforschung und insbesondere der Globalen Zirkulationsmodelle (GCMs) in der Erforschung des globalen Wandels. Daran ändern auch die kleineren Programme wenig, die kaum später unter anderem vom *International Social Science Council* (ISSC) aufgelegt werden, so etwa das *International Human Dimensions Programme on Global Environmental Change* (IHDP) (vgl. Manshard 1993; Ehlers 1998). Zwar gibt es nun in einigen Projekten und Programmen eine Zusammenarbeit von Natur- und Sozialwissenschaften auch über längere Zeiträume hinweg, so in dem zehnjährigen Projekt zum Wandel von Landnutzung und Landbedeckung (LUCC) (vgl. Lambin/Geist 2006). Und zumindest in einem Programm der ersten Phase gelingt auch eine spürbare sozialwissenschaftliche Akzentsetzung, nämlich in der Behandlung der institutionellen Dimensionen des globalen Wandels (Young et al. 2008). Doch insgesamt bleibt die Forschung an sozialwissenschaftlichen Fragestellungen nachgelagert und die tonangebende Rolle naturwissenschaftlicher Perspektiven wird kaum hinterfragt.

Natur- und Sozialwissenschaften

Die Ausrichtung der Forschungen wird heute im Wesentlichen von einem wissenschaftlichen Komitee geleistet, das der Exekutivausschuss der ICSU benennt. Ein Netzwerk von mittlerweile siebzig nationalen Komitees ist über den Beirat an den Planungen beteiligt, übernimmt aber vor allem die Umsetzung und Ausgestaltung entsprechender Forschungsförderung in den Mitgliedsländern (siehe dazu die Kompaktinformation zum Nationalen Komitee für Global Change Forschung).

Nationales Komitee für Global Change Forschung (NKGCF)

Im Jahr 1996 rief die Deutsche Forschungsgemeinschaft (DFG) in enger Zusammenarbeit mit dem Bundesministerium für Bildung und Forschung (BMBF) das Nationale Komitee für Global Change Forschung ins Leben. Darin versammelten sich 15 Wissenschaftler unterschiedlichster Forschungsbereiche mit dem Ziel, die Forschung zum globalen Wandel koordiniert anzugehen. Das Mandat des Komitees kann in drei Punkten zusammengefasst werden:

- es ist nationaler Ansprechpartner für die internationalen Programme der Global Change-Forschung und berät entsprechende Förderaktivitäten;
- es koordiniert die deutsche Forschung zum globalen Wandel und wirkt an der Abstimmung zwischen Wissenschaftsorganisationen und Förderinstitutionen mit;
- es trägt zur Definition von Forschungsbedarf bei und regt innovative Forschungsansätze und Programmbeiträge an.

Mit dem neuen globalen Programm *Future Earth – Research for Global Sustainability* wird das bisherige Gremium durch ein verkleinertes Komitee für Nachhaltigkeitsforschung ersetzt.

Die konzeptionelle Rahmung der Forschungen wird jedoch nach wie vor überwiegend von der internationalen Ebene getrieben. Wenn auch die finanziellen Forschungsmittel zu großen Teilen weiterhin aus nationalen Programmen bereitgestellt werden, kommen die wichtigsten inhaltlichen Weichenstellungen – jedenfalls formell – in den internationalen Programmen und Komitees zustande.

6.3 Politik des globalen Wandels und multinaturale Geographien

Aus dem internationalen wissenschaftlichen Komitee des IGBP kam denn auch im Jahr 2000 der Vorstoß, ein neues Erdzeitalter mit dem Namen Anthropozän auszurufen (Crutzen/Stoermer 2000). Diese Benennung soll zum Ausdruck bringen, dass die Erde heute ganz im Zeichen des menschlichen Einflusses steht. Die folgenden Punkte werden im Internetauftritt des IGBP genannt, um die Berechtigung des Begriffs zu untermauern (IGBP 2012):

Anthropozän

- Die Menschheit hat in den letzten 150 Jahren große Teile der bekannten Ölreserven aufgebraucht, deren Entstehung mehrere hundert Millionen Jahre benötigte.
- Fast die Hälfte der Landoberfläche ist durch direkte menschliche Eingriffe verändert worden, mit bedeutsamen Folgen für die biologische Vielfalt, den Nährstoffkreislauf, die Bodenstruktur und das Klima.
- Für die Herstellung von Düngemitteln und bei der Verbrennung fossiler Brennstoffe wird heute auf synthetischem Weg mehr Stickstoff fixiert als auf natürlichem Weg in allen terrestrischen Ökosystemen zusammengenommen.
- Mehr als die Hälfte des gesamten zugänglichen Trinkwassers wird für menschliche Zwecke verwendet und das Grundwasser geht in vielen Regionen rasch zur Neige.

Es ist also vor allem der Umfang menschlichen Einflusses, der hier als entscheidende Veränderung hervorgehoben wird. Der wichtigste Popularisierer des Begriffs, der niederländische Meteorologe und Chemie-Nobelpreisträger Paul Crutzen, hat diesen Einfluss frühzeitig auch als praktische Aufgabe für Wissenschaftler und Ingenieure formuliert. Um die Gesellschaft sicher durch das Anthropozän zu führen, sei nicht nur „angemessenes menschliches Verhalten auf allen Ebenen" notwendig; dies erfordere wohl auch „international akzeptierte Projekte des geo-engineering im großen Maßstab, zum Beispiel um das Klima zu ‚optimieren'" (Crutzen 2002, 23, Übersetzung des Autors).

Geo-Engineering

Zu den Plänen und Experimenten des Geo-Engineering zählen heute so unterschiedliche Maßnahmen wie die Verteilung von reflektierenden Nanopartikeln in der Stratosphäre, die Installation von

Schattensegeln im Weltall oder die Einbringung von Eisensulfat in die Ozeane, um dort durch stärkeres Algenwachstum mehr Kohlendioxid zu binden. Mit diesen Visionen planetarer Ingenieurskunst scheint sich die früh geäußerte Befürchtung zu bestätigen, der Global Change-Diskurs werde die „moralisch-technokratische Formulierung globaler Umweltprobleme" verstärken (Taylor/Buttel 1992, 409, Übersetzung des Autors). Dazu passt auch die starke Fokussierung der jüngeren Debatten auf individuelles Handeln, das als scheinbar einziger und wirksamer Ersatz für großmaßstäbigeres politisches Handeln in den Fokus rückt. Der multikausale, multilokale und kumulative Charakter gerade der anthropogenen Erwärmung fordert dies förmlich heraus: Fast alle menschlichen Aktivitäten sind klimarelevant, und viele davon liegen im Bereich des individuellen Ermessens (siehe dazu die Kompaktinformation zum *carbon footprint*).

Fokussierung der jüngeren Debatten

Carbon footprint

Der *carbon footprint* ist ein Maß für die Menge von Kohlendioxid und anderen Treibhausgasen, die durch eine bestimmte Aktivität direkt und indirekt verursacht wird. Damit kann die Klimawirksamkeit einzelner Tätigkeiten verglichen werden. So lässt sich etwa errechnen, wie viele Kohlendioxidäquivalente eine Reise von Amsterdam nach Basel verursacht, je nachdem mit welchen Verkehrsträgern sie durchgeführt wird. Häufig werden bei der Ermittlung der CO_2-Bilanz aber auch mehrere Aktivitäten zusammengefasst, so insbesondere die Handlungen, die den Lebenszyklus eines Produktes ausmachen, von der Gewinnung der Rohstoffe bis etwa zur thermischen Resteverwertung. Mit einem solchen *product carbon footprint* lassen sich zum Beispiel Lebensmittel oder Haushaltsgegenstände in verschiedenen Ausführungen vergleichen. Ähnliche Bilanzen können für ganze Produktionszweige erstellt werden, für abgegrenzte Gebiete oder politische Einheiten sowie für einzelne Personen oder soziale Gruppen mit bekannten Konsum- und Verhaltensmustern. Die Methoden zur Berechnung sind international allerdings nicht vereinheitlicht. Eine Herausforderung liegt vor allem in der Frage, wie die Ermittlung indirekter Effekte angemessen einzugrenzen ist.

Mit dem *carbon footprint* lässt sich jeder Aspekt unseres Verhaltens im Hinblick auf die globale Herausforderung des Klimawandels durchleuchten. Wie viele Kohlendioxidäquivalente lassen sich einsparen, wenn Computer und Fernseher nachts ganz ausgeschaltet werden? Ist die Tomate aus dem niedersächsischen Gewächshaus tatsächlich klimafreundlicher als diejenige, die mit dem Lastwagen aus der Provence geliefert wird? Selbst wenn wir die Antwort auf diese und ähnliche Fragen kennen, ergibt sich daraus in vielen Fällen keine klare

Richtschnur für das eigene Handeln. Soll die Spanienreise abgeblasen werden, wenn ich sie durch meine Fahrradfahrten zur Arbeit nicht wieder „einsparen" kann? Welche Rolle spielt der Preis der unterschiedlichen Tomaten, welche ihr Nährwert, und welche – nicht zu vergessen – ihr Geschmack? Der *carbon footprint* mag als grober Indikator dienen, der in die Erwägung dieser und ähnlicher Fragen alltäglichen Handelns eingeht. Aber er ist offensichtlich kein hinreichender Maßstab, um die Vielfalt und Verwobenheit individueller Erwägungen und gesellschaftlicher Normen in eine plausible Ordnung zu bringen. Noch weniger kann er dem gesellschaftlichen und politischen Rahmen individuellen Handelns angemessen Rechnung tragen.

Da fast alle Bereiche und Formen gesellschaftlichen Handelns klimarelevant sind, scheint umso mehr die Vorstellung naiv, der Klimawandel ließe sich im herkömmlichen Sinne politisch steuern. Das Rahmenübereinkommen der Vereinten Nationen über Klimaänderungen hat vor zwanzig Jahren als übergeordnetes Ziel festgelegt, „die Stabilisierung der Treibhausgaskonzentrationen in der Atmosphäre auf einem Niveau zu erreichen, auf dem eine gefährliche anthropogene Störung des Klimasystems verhindert wird" (UNFCCC, Art. 2). Aber was heißt gefährlich, und gefährlich für wen? Die jüngeren, zunehmend kleinräumigeren Szenarien über die globale Erwärmung zeigen ausgeprägte Unterschiede zwischen verschiedenen Regionen, von den unterschiedlichen „Verwundbarkeiten" sozialer Gruppen gar nicht zu reden.

politische Steuerung des globalen Wandels

Der britische Soziologe Anthony Giddens (2009, 4) hat vor diesem Hintergrund geschrieben, es gebe bis dato noch gar keine Politik des Klimawandels. Und man kann ihm zustimmen, wenn unter Politik traditionelle Formen der Steuerung verstanden werden. Deren Wirksamkeit ist auch im Hinblick auf andere Phänomene des globalen Wandels, zum Beispiel auf den Verlust der biologischen Vielfalt, dürftig (Flitner/Görg 2008). In diesen und anderen Bereichen des globalen Wandels geht es um die unerwünschten Folgen unterschiedlichster Aktivitäten an so vielen Orten und unter so verschiedenen Bedingungen, dass Reaktionen in einzelnen Ländern und in den üblichen Politikfeldern wenig Erfolg versprechen. Vielmehr scheint die gesamte Wirtschafts- und Lebensweise mit ihren Beziehungen zur natürlichen Umwelt infrage zu stehen. Dementsprechend wird in jüngster Zeit vielfach auf die Notwendigkeit tief greifender sozialer Transformationen verwiesen, um den globalen Wandel in annehmbaren Bahnen zu halten (O'Brien 2011; WBGU 2011).

Notwendigkeit tief greifender sozialer Transformationen

Doch weitreichende gesellschaftliche Veränderungen haben bekanntlich mit vielen Widerständen zu rechnen. Umso schwerer wiegt es, dass die Kräfte einstweilen unklar bleiben, die für einen solchen Wandel global zur Verfügung stehen (vgl. Taylor et al. 2002, 13ff.). Etwas zugespitzter formuliert: Der Global Change, der heute eingehegt werden soll, ist ja selbst gerade das Produkt der Entfaltung der industriellen Produktionsweise in einer weltweiten Marktgesellschaft, die der Wirtschaftshistoriker Karl Polanyi (1978) in seinem berühmten Buch als „große Transformation" beschrieben hat. Daher ist eine wirksame Antwort auf die unerwünschten Folgen des globalen Wandels nicht ohne Weiteres mit einem „kapitalistischen Anthropozän" vereinbar, in dem als Antwort auf die globale Umweltkrise eine noch stärkere marktliche Durchdringung propagiert wird (Lorimer 2012, 603).

In der humangeographischen Diskussion ist eine kritische Perspektive auf globale, gesellschaftliche Naturverhältnisse in den letzten zwei Jahrzehnten vor allem auf dem Feld der Politischen Ökologie sichtbar gewesen (stellvertretend Peet et al. 2011). Erst in jüngster Zeit werden die polit-ökonomischen Arbeiten durch eine wachsende Zahl von Publikationen ergänzt, die Perspektiven aus den Kulturwissenschaften und den Science Studies aufnehmen. Diese Arbeiten fördern neue, „multinaturale Geographien" zutage, die der unauflöslichen Verstrickung gerecht zu werden versuchen, in der sich natürliche und soziale Welten heute befinden. Dabei ist in vielen Situationen kaum mehr zu unterscheiden, was als natürlich, was als menschengemacht gelten kann und – unabhängig davon – was wünschenswerte Zustände der Umwelt wären (vgl. den Beitrag zu Natur und Landschaft in diesem Band). Ein anschauliches Beispiel hierfür liefert die Geographin Kezia Barker (2008) mit ihrer Darlegung über den Stechginster in Neuseeland. Von englischen Viehzüchtern ins Land gebracht, wird die Pflanze seit mehr als hundert Jahren als invasive Art bekämpft. Erst in den 1970er-Jahren wurde entdeckt, dass einige besonders dichte Ginster-Gestrüppe den letzten Lebensraum für eine vom Aussterben bedrohte heimische Insektenart, die Riesen-Wetas, bilden. Die entsprechenden Flächen wurden daraufhin vom Naturschutzministerium erworben. Sie müssen jedoch weiter mit den gleichfalls eingeführten Ziegen beweidet werden, um die stachelige Dichte der Gebüsche sicherzustellen, die die Insekten vor anderen Räubern schützt (Townsend et al. 2009, 362).

Mit diesem Beispiel und ähnlichen Arbeiten treten die Versuche einer Reinigung oder einfachen Wiederherstellung intakter oder „wilder" Natur in den Hintergrund. Auch in erdgeschichtlicher Perspektive ist mit der Verkündung des Anthropozäns die moderne Vorstellung einer vom Menschen abgetrennten Natur öffentlich beerdigt worden (Lorimer 2012, 606). Stattdessen rückt ein neues Zusammenleben in sozio-natürlichen Konstellationen in den Fokus, dessen begriffliche Grundlegung gerade erst geschieht (vgl. Bakker 2010). Es ist diese Suche nach neuen, womöglich besseren Formen des Zusammenlebens, die den globalen Wandel als Feld gesellschaftlicher Deutungskämpfe und Gegenstand wissenschaftlicher Anstrengung interessant macht.

Politische Ökologie

Literatur

Bakker, K. (2010): The limits of ‚neoliberal natures': Debating green neoliberalism. Progress in Human Geography 34, 715–735.

Barker, K. (2008): Flexible boundaries in biosecurity: accommodating gorse in Aotearoa New Zealand. Environment and Planning A 40, 1598–1614.

Brunotte, E.; Gebhardt, H.; Meurer, M.; Meusburger, P.; Nipper, J. (Hg.) (2002): Lexikon der Geographie in 4 Bänden. Zweiter Band. Heidelberg. Spektrum Akademischer Verlag.

Conway, E. (2008): Atmospheric science at NASA: a history. Baltimore, Md.: Johns Hopkins University Press.

Crutzen, P. J. (2002): Geology of mankind. Nature 415, 23.

Crutzen, P. J.; Stoermer, E. F. (2000): The ‚Anthropocene'. Global Change Newsletter 41, 17–18.

Dörries, M. (2005): Krakatau 1883: Die Welt als Labor und Erfahrungsraum. In: Schröder, I.; Höhler, S. (Hg.): Welträume. Geschichte, Geographie und Globalisierung seit 1900. Frankfurt/New York: Campus, 51–73.

Edwards, P. N. (2006): Meteorology as Infrastructural Globalism. Osiris 21 (1), 229–250.

Ehlers, E. (1998): Global Change und Geographie. Geographische Rundschau 50 (5), 273–276.

Flitner, M.; Görg, C. (2008): Politik im Globalen Wandel. Räumliche Maßstäbe und Knoten der Macht. In: Brunnengräber, A.; Burchardt, H.-J.; Görg, C. (Hg.): Mit mehr Ebenen zu mehr Gestaltung? Multi-Level-Governance in der transnationalen Sozial- und Umweltpolitik. Schriften zur Governance-Forschung 14. Baden-Baden: Nomos Verlag, 163–181.

Giddens, A. (2009): The Politics of Climate Change. Cambridge: Polity Press.

Glaser, R.; Gebhardt, H. (2012): Hotspots und Tipping Points von Global change, Globalisierung und Ressourcenknappheit. In: Gebhardt, H.; Glaser, R.; Radtke, U.; Reuber, P. (Hg.): Geographie – Physische Geographie und Humangeographie. 2. Aufl., Berlin u. a.: Springer Verlag: 1172–1179.

IGBP International Geosphere-Biosphere Programme (1989): IGBP Identifies Core Projects. Ambio 18 (8), 465.

IGBP (2012): Anthropocene. http://www.igbp.net/globalchange/anthropocene (15.12.2012).

IPCC Intergovernmental Panel on Climate Change (2007): IPCC Fourth Assessment Report – Working Group I Report – The Physical Science Basis. Genf.

Kwa, Ch. (2005): Local Ecologies and Global Science. Discourses and Strategies of the International Geosphere-Biosphere Programme. Social Studies of Science 35 (6), 923–950.

Lambin, E. F.; Geist, H. (Hg.) (2006): Land-use and Land-cover Change: Local Processes and Global Impacts. Berlin u. a.: Springer Verlag.

Lorimer, J. (2012): Multinatural geographies for the Anthropocene. Progress in Human Geography 36 (5), 593–612.

Manshard, W. (1993): Geography and the international global change programmes. European Review 1 (4), 309–317.

O'Brien, K. (2011): Responding to environmental change: A new age for human geography? Progress in Human Geography 35 (4), 542–549.

Peet, R.; Robbins, P.; Watts, M. (2011): Global Political Ecology. London u. a.: Routledge.

Polanyi, K. (1978): The great transformation: politische und ökonomische Ursprünge von Gesellschaften und Wirtschaftssystemen. Frankfurt a. M.: Suhrkamp.

Sayre, N. F. (2012): The Politics of the Anthropogenic. Annual Review of Anthropology 41, 57–70.

Steffen, W. (Hg.) (2004): Global change and the earth system: a planet under pressure. Berlin u. a.: Springer Verlag.

Taylor, P. J.; Buttel, F. H. (1992): How do we know we have global environmental problems? Science and the globalization of environmental discourse. Geoforum 23 (3), 405–416.

Taylor, P. J.; Watts, M. J.; Johnston, R. J. (2002): Geography/Globalization. In: Johnston, R. J.; Taylor, P. J.; Watts, M. J. (Hg.): Geographies of global change: remapping the world. 2. Aufl., Malden u. a.: Blackwell Publishing.

Townsend, C. R.; Begon, M. J.; Harper, L. (2009): Ökologie. 2. Aufl., Berlin u. a.: Springer.

Wissenschaftlicher Beirat der Bundesregierung Globale Umweltveränderungen WBGU (2011): Welt im Wandel: Gesellschaftsvertrag für eine Große Transformation. Hauptgutachten. Berlin.

Young, O. R.; King, L. A.; Schroeder, H. (Hg.) (2008): Institutions and Environmental Change. Principal Findings, Applications, and Research Frontiers. Cambridge, MA: MIT Press.

Detlef Müller-Mahn
und Julia Verne

7 Entwicklung

7.1 Einleitung

Zu den Kernproblemen der heutigen Weltgesellschaft gehört das Fortbestehen extremer sozialer und wirtschaftlicher Gegensätze zwischen den armen und reichen Ländern der Erde. Fünf Jahrzehnte „Entwicklungszusammenarbeit" haben die globalen Disparitäten zwischen den Wohlstandsgesellschaften des Nordens und den von Armut, Unsicherheit und Hunger betroffenen Menschen im Globalen Süden nicht überwinden können. Im Gegenteil – die Kluft zwischen den reichsten und ärmsten Ländern wird immer größer (Kreutzmann 2008). Der Human Development Report des UN-Entwicklungsprogramms (UNDP) von 2011 geht sogar davon aus, dass sich die Lebensqualität gerade in den ärmsten Ländern noch weiter verschlechtern könnte, weil diese besonders schwerwiegend von den Auswirkungen des globalen Wandels betroffen sind.

Vor diesem Hintergrund befasst sich die Geographische Entwicklungsforschung mit den Ursachen und den regional unterschiedlichen Ausprägungen der globalen Entwicklung (Scholz 2004, 2012; Bohle 2011). Sie untersucht, wie Menschen unter benachteiligten Bedingungen leben, wie ihr Handeln in politische und ökonomische Kontexte auf unterschiedlichen Maßstabsebenen eingebunden ist und über welche Möglichkeiten und Kapazitäten sie verfügen. Das Verständnis von „Entwicklung" hat sich dabei im Laufe der Zeit erheblich gewandelt (Müller-Mahn/Verne 2010). Dieser Beitrag diskutiert in einem kurzen historischen Abriss die Auseinandersetzungen um die weltweit ungleichen Entwicklungsprozesse im Spannungsfeld zwischen wissenschaftlichem und politischem Umgang mit Entwicklung. Nach einer Darstellung der weitgehend optimistischen Haltung der 1960er- und 1970er-Jahre widmen wir uns vor allem den entwicklungskritischen Positionen, die sich seit den 1990er-Jahren in der Wissenschaft herausgebildet haben und die inzwischen auch die Debatten in der Geographie entscheidend beeinflussen. Vor dem Hintergrund der aktuellen entwicklungskritischen Diskussionen stellt sich schließlich nicht nur die Frage nach der Rolle von „Entwicklung" in unserem Fach, sondern auch die nach den Grenzen und Potenzialen einer global ausgerichteten Geographie.

7.2 Von Modernisierung und Dependenz zum „Ende der großen Theorien"

Die wissenschaftliche Auseinandersetzung mit Entwicklungsprozessen ist durch ein Spannungsverhältnis zwischen theoriegeleiteten analytischen Ansätzen und stärker praxisorientierten Arbeiten geprägt. Die kontroversen Debatten um Theorie und Praxis von Entwicklung reflektieren sowohl weltpolitische Ereignisse als auch unterschiedliche Bewertungen von Erfolgen und Fehlschlägen der Entwicklungszusammenarbeit (siehe Abbildung 7.1). Unmittelbar nach der Entkolonialisierung in den 50er- und 60er-Jahren des 20. Jahrhunderts herrschte in vielen der gerade unabhängig gewordenen Staaten in Afrika, Asien und Lateinamerika eine hoffnungsvolle Aufbruchstimmung. Gleichzeitig ließen sich die Entwicklungsorganisationen des Nordens durch die positiven Erfahrungen des Wiederaufbaus im kriegszerstörten Europa zur optimistischen Vision einer „nachholenden Entwicklung" inspirieren, die davon ausging, dass durch gezielte Investitionen rasche Fortschritte und wirtschaftliches Wachstum zu erreichen seien. Entwicklung wurde im Wesentlichen im Sinne einer „Modernisierung" verstanden, die sich am Vorbild der Industrieländer orientierte. Entwicklung galt damit als ein grundsätzlich planbares und steuerbares Unterfangen, für das lediglich im Zuge von „Entwick-

Vision einer „nachholenden Entwicklung"

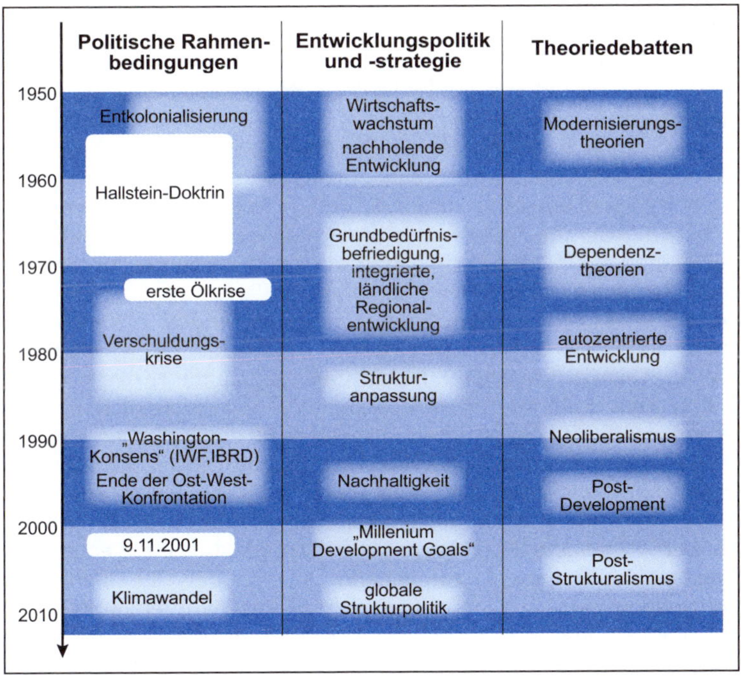

Abb. 7.1
Zeitliche Verortung von Debatten, Strategien und Ereignissen (eigene Darstellung, Grafik: Michael Wegener 2012)

	Politische Rahmenbedingungen	Entwicklungspolitik und -strategie	Theoriedebatten
1950	Entkolonialisierung	Wirtschaftswachstum	Modernisierungstheorien
1960	Hallstein-Doktrin	nachholende Entwicklung	
1970	erste Ölkrise	Grundbedürfnisbefriedigung, integrierte, ländliche Regionalentwicklung	Dependenztheorien
1980	Verschuldungskrise	Strukturanpassung	autozentrierte Entwicklung
1990	„Washington-Konsens" (IWF,IBRD) Ende der Ost-West-Konfrontation	Nachhaltigkeit	Neoliberalismus Post-Development
2000	9.11.2001	„Millenium Development Goals"	Post-Strukturalismus
2010	Klimawandel	globale Strukturpolitik	

lungshilfe" die notwendigen Unterstützungsmaßnahmen von außen zu erbringen und die passenden Rahmenbedingungen in den Entwicklungsländern selbst zu schaffen seien. Doch diese Vision erwies sich bald in vielfacher Weise als „Trugbild" (Macamo 2010), ja sogar als „tödliche Hilfe" (Erler 1985). Als sich im Verlauf der 1970er-Jahre immer deutlicher herausstellte, dass die erwünschten Erfolge nicht so einfach zu erzielen waren, setzte eine kritische Auseinandersetzung mit dem modernisierungstheoretischen Paradigma ein. Als Gegenentwurf wurden Ansätze formuliert, die sich stärker auf die Verursachung von „Unterentwicklung" und „struktureller Deformation" infolge der weiter bestehenden wirtschaftlichen und politischen Abhängigkeiten der früheren Kolonien bezogen und unter der Bezeichnung „Dependenztheorien" zusammengefasst wurden. Im Gegensatz zu den Modernisierungsansätzen propagierte die Dependenz-Debatte eine Loslösung bzw. Abkopplung vom „Westen" und eine Stärkung eigener Potenziale durch eine binnenorientierte Entwicklung.

Stärkung eigener Potenziale durch eine binnenorientierte Entwicklung

In den 1980er-Jahren etablierten sich theoretische Positionen, die durch die Ära des Neoliberalismus und die Verschuldungskrise vieler Entwicklungsländer geprägt waren. Im Jahre 1989 kam noch die Erfahrung des politischen Systembruchs hinzu, die dem Glauben an die Alternative eines sozialistischen Entwicklungsweges die Basis entzog. In seinem 1992 erschienenen Buch „Das Ende der Dritten Welt und das Scheitern der großen Theorie" spitzte der Politologe Ulrich Menzel (1992) die verbreitete Frustration über die Erfolglosigkeit bisheriger Entwicklungsbemühungen in der These zu, dass weder die pro-westliche Modernisierung noch die kapitalismuskritischen Alternativen den Durchbruch für die Entwicklungsländer gebracht hätten. Mit dem Ende des Ost-West-Konfliktes und dem Zusammenbruch der „Zweiten Welt" der sozialistischen Staaten würden sich nun auch die groben Abgrenzungen zwischen „Erster", „Zweiter" und „Dritter Welt" auflösen. Vor allem aber finde innerhalb der Entwicklungsländer selbst eine Ausdifferenzierung statt, die im Widerspruch zu den vereinfachenden globalen Modellen stehe.

Während sich die Entwicklungsforschung seit den 1990er-Jahren immer stärker von der „großen Theorie" verabschiedete, wurde intensiv an Theorien „mittlerer Reichweite" gearbeitet (Krüger 2007). Damit sind Erklärungsansätze gemeint, die ausdrücklich nur für bestimmte Teilfragen im Entwicklungskontext entworfen werden und keine darüber hinausgehende Gültigkeit beanspruchen. Sie stellen in erster Linie alltagsweltliche und lokalspezifische Ausprägungen in den Mittelpunkt oder richten den Forschungsfokus auf lokale Akteure (z. B. Müller-Mahn 2001; Krüger 2003; Tröger 2004). Für eine angemessene Beurteilung dieser neueren Ansätze der Geographischen Entwicklungsforschung muss man sich vor Augen führen, was sie leisten können und was nicht. Die Fokussierung der Forschung auf begrenzte Handlungskontexte bietet die Möglichkeit, konkrete

Fokussierung der Forschung auf begrenzte Handlungskontexte

Akteure in den Mittelpunkt zu stellen und ihr Handeln begreifbar zu machen. Eine solche Perspektive kann jedoch keine Erklärungen für ökonomische Abhängigkeiten, politische Machtverhältnisse oder Dynamiken des gesellschaftlichen Wandels geben; grundlegende Fragen nach der Genese von globalen Disparitäten, Armut, Verwundbarkeit (siehe Kompaktinformation zu Vulnerabilität und Resilienz) und Marginalisierung werden ausgeblendet. Eine gewisse Skepsis gegenüber diesen Ansätzen ist schließlich auch dadurch begründet, dass sie zum Teil unmittelbar mit den Anforderungen und Interessen der Entwicklungspraxis verknüpft sind (Rauch 2007).

Ein alternativer theoretischer Ansatz, der sowohl globale Verursachungszusammenhänge unter den Bedingungen der Globalisierung als auch deren lokale Ausprägungen in den Blick zu nehmen sucht, ist die vom Geographen Fred Scholz formulierte Theorie der fragmentierenden Entwicklung (Scholz 2002; 2004) (siehe hierzu die Kompaktinformation zur fragmentierenden Entwicklung).

globale Verursachungszusammenhänge

> **Fragmentierende Entwicklung**
>
> Die Theorie der fragmentierenden Entwicklung geht von der These aus, dass die Verschärfung des globalen Wettbewerbs zur Verstärkung räumlicher Disparitäten führt (Scholz 2002). Fragmentierung bedeutet, dass sich unter dem Einfluss immer engerer wirtschaftlicher Verflechtungen überall auf der Welt funktionsräumliche Bruchschollen mit spezifischen gesellschaftlichen und wirtschaftlichen Strukturen herausbilden, die primär durch ihre Einbindung in die Weltwirtschaft gesteuert werden, ohne dass Rücksicht auf lokale Bedürfnisse und Interessen genommen wird. Die zentrale Schlussfolgerung dieses Ansatzes lautet, dass die aktuellen weltwirtschaftlichen Bedingungen keine nachholende Entwicklung für die Masse der Menschen in Entwicklungsländern zulassen, sondern nur eine weitere Verschärfung globaler Disparitäten bewirken und dass sich diese Strukturen auch nicht durch entwicklungspolitische Symptomtherapien verändern lassen.

Die Konfrontation mit den widerspruchsgeladenen Phänomenen der Globalisierung führte auch in der englischsprachigen Entwicklungsdebatte zur Hinterfragung der herkömmlichen geographischen Weltbilder und zu einer Identitätskrise der Entwicklungsforschung (Simon 2003). In diesem Zusammenhang wurden einige Anregungen für eine Neuorientierung der Forschung in „Entwicklungskontexten" formuliert, auf die wir im abschließenden Teil dieses Beitrags näher eingehen werden. Zunächst sei jedoch noch ein Blick auf den Zusammenhang von Entwicklungspolitik und Entwicklungsforschung geworfen.

7.3 Geographische Entwicklungsforschung zwischen Mitarbeit und kritischer Distanz zur Praxis

Die politische Relevanz von Entwicklungsprozessen trug wesentlich zur Etablierung der Entwicklungsforschung als akademische Disziplin in den 50er- und 60er-Jahren bei. Bis heute legitimiert sich die Entwicklungsforschung vielfach durch ihre Politiknähe und die damit verbundene Erwartung, dass sie „Entwicklungsprobleme" nicht nur untersucht, sondern auch zu ihrer Lösung beiträgt (Rauch 2009). Indem sich die Geographische Entwicklungsforschung lange Zeit an den Anforderungen und thematischen Vorgaben der Entwicklungszusammenarbeit orientierte, ergaben sich in den vergangenen Jahrzehnten immer wieder neue Themen, die die Wissenschaft aus der Projektpraxis oder dem Umfeld internationaler Organisationen übernahm, beispielsweise zur Armutsbekämpfung und Reduzierung von Vulnerabilität (siehe Kompaktinformation zu Vulnerabilität und Resilienz) (Bohle 2001), zur Konfliktregulierung (Coy 2001) oder neuerdings zur Anpassung an den Klimawandel (Bohle/O'Brien 2006). Aus einer kritischen Perspektive lässt sich dazu jedoch konstatieren, dass dieses pragmatische Verhältnis der Forschung zur Praxis mitverantwortlich ist für eine Entwicklungszusammenarbeit, die in gewisser Weise einen globalen Reparaturbetrieb darstellt, dabei aber nicht in der Lage ist, grundsätzlich diejenigen Strukturen der Benachteiligung zu verändern, die zu Armut und Abhängigkeit in den Ländern des Südens führen.

Anforderungen und thematische Vorgaben der Entwicklungszusammenarbeit

Vulnerabilität und Resilienz

Der Begriff der Vulnerabilität (oder Verwundbarkeit) bezeichnet das Ausmaß der Anfälligkeit von Menschen, Einrichtungen oder Systemen gegenüber störenden Einwirkungen. Diese Anfälligkeit hat grundsätzlich zwei Seiten. Zum einen ist sie auf eine erhöhte Exposition gegenüber potenziellen Störungen oder Extremereignissen zurückzuführen, beispielsweise bei Siedlungen in einer Erdbebenzone oder einem Überschwemmungsgebiet. Zum anderen wird sie dadurch verursacht, dass Menschen oder Gruppen (sogenannte vulnerable Gruppen) nur über unzureichende Mittel verfügen, um externe Störungen oder die Folgen von Extremereignissen zu bewältigen. Beispiele dafür sind durch Überschwemmungen oder Dürren ausgelöste Nahrungskrisen. Vulnerabilität steht in einem engen Zusammenhang mit Armut, betont aber die dynamischen Aspekte der Verursachung von Schutzlosigkeit, Unsicherheit und gesellschaftlicher Benachteiligung. Das neuere Konzept der Resilienz betont zudem die Fähigkeit von Menschen, Gruppen oder sozial-ökologischen Systemen, die Folgen externer Störungen zu bewältigen und danach weiter zu funktionieren.

Während einige Entwicklungsforscher bis heute sehr politiknah arbeiten, zeichnen sich andere durch ihre kritische Distanz zu entwicklungspolitischen Maßnahmen aus. Sie versuchen, in ihrer Forschung vor allem auf die Paradoxie des Entwicklungskonzepts hinzuweisen. Tatsächlich besteht ein Kernproblem der Entwicklungsforschung darin, dass es kein allgemein akzeptiertes Verständnis davon gibt, was „Entwicklung" eigentlich bedeutet. Ganz allgemein kann man darunter einen zielgerichteten Prozess verstehen, dessen Ziel- und Mitteldefinitionen auf normativen Prämissen mit universalistischem Anspruch basieren. Normativ bedeutet in diesem Zusammenhang, dass sich die Ziele an Werten und Normen orientieren, die für sich in Anspruch nehmen, auf die Verbesserung bestimmter, für das Leben der Menschen relevanter Aspekte abzuzielen. Dem entwicklungspolitischen Verständnis von Entwicklung liegt die Vorstellung zugrunde, dass Entwicklungsprozesse grundsätzlich geplant, gestaltet und von außen durch geeignete Maßnahmen unterstützt werden können. Wissenschaftlich gesehen ist der Begriff der Entwicklung jedoch problematisch, weil er nicht einen objektivierbaren Sachverhalt bezeichnet, sondern weil seine Bedeutung auf Wertmaßstäben beruht, die etwas mit dem kulturellen oder sozialen Hintergrund derjenigen zu tun haben, die die Bedeutung festlegen. Wenn man davon ausgeht, dass die Vorstellungen von Entwicklung kultur- und subjektspezifisch unterschiedlich sein können, lässt sich keine allgemeingültige Begründung und Zielsetzung von Entwicklungsprozessen festlegen. Außerdem trägt die Fokussierung auf „Entwicklung" bzw. „Unterentwicklung" dazu bei, die Differenz, die es zu überwinden gilt, immer wieder zu konstatieren und dadurch auch daran festzuhalten – eine Tatsache, die in den letzten beiden Jahrzehnten zu einer substanziellen Kritik an der Entwicklungsforschung geführt hat.

Paradoxie des Entwicklungskonzepts

7.4 Post-Development-Debatten und die Suche nach Alternativen

Vor dem Hintergrund zunehmender Entwicklungskritik bildeten sich in den vergangenen Jahren Gegenströmungen heraus, die in der zunächst weitgehend englischsprachigen Debatte als „Anti- oder Post-Development" bezeichnet wurden (siehe Ziai 2004; 2006 und Escobar 1992; 1995). Deren Anhänger verbindet die kritische Auseinandersetzung mit den Erkenntniszielen und den unhinterfragten Annahmen der bis dahin dominanten Vorstellungen von Entwicklung sowie mit den Raumbildern, die den etablierten Entwicklungsdiskursen zugrunde liegen. Sie sehen die „developing world" als ein Phänomen, das nicht per se gegeben ist, sondern erst durch die Interventionen, die medialen Präsentationen und letztlich auch durch die Forschung der als „entwickelt" geltenden Länder reproduziert und damit perpetuiert wird. Die radikale These des wohl bekanntesten Werkes aus der

Frühzeit der Post-Development-Debatte lautet, das internationale Entwicklungsgeschäft (*developmentalism*) sei verantwortlich für (diskursive) Herstellung und Aufhebung der Dritten Welt (*the making and unmaking of the third world*) (Escobar 1995).

Im Kern der Post-Development-Debatte steht die Kritik an westlichen Vorstellungen von Überlegenheit, Expertentum und Sendungsbewusstsein, die entwicklungspolitische Maßnahmen unterschwellig bis heute begleiten. Die zentrale Forderung richtet sich auf eine kritische Distanzierung von vorherrschenden modernistischen Leitbildern und den dahinter stehenden Eigeninteressen des Nordens (Pieterse 1998; Saunders 2002). Die geographische Auseinandersetzung fokussiert darüber hinaus auf die dem Entwicklungsdiskurs zugrunde liegenden Raumbilder und die darin zum Ausdruck kommende Verräumlichung bzw. Territorialisierung des Entwicklungsdenkens. Kritisiert wird vor allem die bisher so selbstverständliche Dichotomisierung der Welt in „entwickelte" und „unterentwickelte" Länder, die der Komplexität der Beziehungen nicht gerecht werden kann (Radcliffe 2005; Simon 2003; Sidaway 2007). Demgegenüber wird aufgezeigt, unter welchen Bedingungen die vorgestellten Geographien der Differenz (*imagined geographies of difference*) (Power 2003, 6) entstanden sind und wie diese Weltbilder ihrerseits handlungsleitend für die Akteure der Entwicklungspolitik werden.

Dichotomisierung der Welt in „entwickelte" und „unterentwickelte" Länder

Die radikale Forderung der Post-Development-Studies nach einer völligen Abkehr vom Entwicklungskonzept blieb jedoch ihrerseits nicht ohne Kritik. Inzwischen bildete sich zwischen Befürwortern und Fundamentalkritikern eine dritte, vermittelnde Position heraus. Ihre Vertreter sehen eine Gefahr darin, das umkämpfte Feld der „Entwicklung" allein dem internationalen Entwicklungsgeschäft zu überlassen und durch eine voreilige Abkehr von seinen Grundgedanken und Wertvorstellungen jegliche kritisch-konstruktive Einflussmöglichkeit zu verlieren (Simon 2003, 7; Tucker 1999, 15–16). Eine Dekonstruktion des Entwicklungsdenkens sei zwar notwendig, dürfe aber nicht bei einer völligen Ablehnung stehen bleiben (Pieterse 2001). Auch die Geographische Entwicklungsforschung müsse sich also auf die Suche nach Alternativen konzentrieren (Gibson-Graham 2005; Slater 2004). Dies geschieht insbesondere unter dem Leitbild eines *alternative development*, das auf Einsichten verweist, die sich nicht nur auf die Praxis beziehen, sondern besonders auf die Art und Weise, wie Entwicklungs*forschung* betrieben werden sollte (Radcliffe 2005; Simon 2006, 11). Aus dieser Perspektive sollten die Menschen in den sogenannten Entwicklungsländern nicht als bloße Opfer oder Forschungsobjekte gesehen werden, sondern als gleichberechtigte Partner, die aufbauend auf ihrem Wissen und ihren Ideen mindestens genauso viel zur Verbesserung ihrer Lebensumstände beitragen können wie westliche „Entwicklungshelfer". Damit verbunden ist das Anliegen, ungleiche Machtpositionen aufzudecken und möglichst zu überwinden, um so das bisher oft nur in formaler Hinsicht als post-kolonial bezeichnete

Menschen in den Entwicklungsländern als gleichberechtigte Partner

Zeitalter tatsächlich auch zu einem post-imperialen werden zu lassen (Slater 2004; Simon 2003; 2006). Diese Bemühung spiegelt sich auch in einer spezifischen Herangehensweise in der Forschung wider, die mit der Formel „forschen *mit* statt *über*" umschrieben werden kann. Statt den anderen die eigenen, oft gut gemeinten Vorstellungen aufoktroyieren oder vorschnelle Erklärungsmodelle entwickeln zu wollen, sollte es zunächst darum gehen, die unterschiedlichen Kontexte (unabhängig von entwicklungspolitischen Leitlinien) besser zu verstehen.

7.5 Der Blick über „Entwicklung" hinaus

Die grundsätzliche Kritik an dem lange Zeit vorherrschenden Entwicklungsverständnis resultiert nicht nur in einer größeren Offenheit gegenüber der „Andersheit" des jeweiligen Forschungskontexts; sie beinhaltet auch eine Neuorientierung auf der Ebene der Begrifflichkeiten sowie ein Umdenken hinsichtlich der Reichweite von Entwicklungsprozessen. Statt von „entwickelten" und „unterentwickelten" Ländern zu sprechen, wurden die Begriffe Globaler Süden und Globaler Norden propagiert. Dieses Begriffspaar wurde bereits auf einer Sitzung der *Commission on International Development* verwendet, die der frühere Bundeskanzler Willi Brandt im Jahr 1980 leitete und die den Titel *North-South: A Programme for Survival* trug. Daraus entstand der sogenannte Brandt-Report sowie die Brandt-Linie, die auf einer Weltkarte die Abgrenzung des Globalen Nordens vom Globalen Süden markiert. Die Befürworter empfinden diese Begrifflichkeiten als wesentlich neutraler und weniger negativ beladen, da sie die Welt nicht hierarchisch in zwei oder mehr Klassen einteilen, sondern vor allem die Verflechtung zwischen Norden und Süden als Bestandteile des Globalen betonen sollen. Auch wenn diese neuen Vokabeln weiterhin binären Mustern verhaftet bleiben und das Verschwimmen von Abgrenzungen infolge zunehmender Mobilität oder die Herausbildung von Diversität noch zu wenig berücksichtigen, zeichnet sich hier doch ein Umdenken hinsichtlich der Art und Weise der Beziehung ab (Müller-Mahn 2011).

Globaler Süden
Globaler Norden

Insbesondere vor dem Hintergrund, dass diese Begrifflichkeiten auch von Politikern und Aktivisten aus dem Globalen Süden selbst aufgegriffen werden, spricht man ihnen die Möglichkeit zu, insgesamt die Quelle einer positiven Identität zu sein, die es erlaubt, Positionalitäten und globale Beziehungen neu zu verhandeln. Dabei steht dann nicht mehr die „nachholende" Entwicklung – mit dem Ziel, aus dem Globalen Süden einen Globalen Norden zu machen – im Vordergrund, sondern das Streben nach der Überwindung von Ungleichheit im Hinblick auf einen grundsätzlichen Standard, der es den Ländern des Globalen Südens erlaubt, eigene Wege zu gehen (McGregor/Hill 2009, 480).

Andere suchen die Neuausrichtung der Geographischen Entwicklungsforschung weniger in einem Verzicht auf den Entwicklungsbegriff, sondern plädieren umgekehrt dafür, ihn in seiner Reichweite noch auszudehnen. Mit einem Fokus auf die weltweit zu beobachtende ungleiche Entwicklung setzen sie sich dafür ein, Entwicklungsforschung nicht nur auf die vermeintlich „unterentwickelten" Länder zu beschränken, sondern weltweit zu untersuchen (Potter 2001, 425). Entwicklung sei schließlich kein Phänomen, das auf den Globalen Süden und damit auf das klassische Feld der Geographischen Entwicklungsforschung beschränkt bleibe. Vielmehr verdienten es alle Phänomene räumlicher Ungleichheit und alle Formen von Benachteiligung, unter dem Blickwinkel von Entwicklung betrachtet zu werden. So sei es dann auch möglich, Verbindungen zu anderen Forschungsschwerpunkten, wie zum Beispiel zur ländlichen Regionalentwicklung, herzustellen (Potter 2001).

Schließlich findet sich noch eine dritte Position: Gewissermaßen im Umkehrschluss zu denjenigen, die die Ausweitung der Fokussierung auf Entwicklung propagieren und die Ausrichtung auf Entwicklungsprozesse auch für andere Teilbereiche der Geographie fruchtbar machen wollen, werden Stimmen laut, die sich für eine geographische Forschung im Globalen Süden jenseits von Entwicklungsforschung einsetzen (vgl. Müller-Mahn/Verne 2010 und Lossau 2012). Geographische Forschung im Globalen Süden müsse nicht zwangsläufig Entwicklungsforschung im engeren Sinne sein, sondern könne sich mit ganz unterschiedlichen gesellschaftlichen Prozessen befassen und sich dabei an den jeweils geeigneten geographischen Paradigmen orientieren (Dörfler et al. 2003). In diese Richtung weisen beispielsweise kulturgeographische Arbeiten im Nahen Osten (Boeckler 2005), sozialgeographische Untersuchungen zu unterschiedlichen Formen von Mobilität in Afrika (Doevenspeck 2005; Verne 2012), stadtgeographische Arbeiten zu sozialer Ungleichheit in Lateinamerika (Deffner 2010) oder wirtschaftsgeographische Studien zu globalen Wertschöpfungsketten sowie Phänomenen der Globalisierung (Berndt 2004; Ouma et al. 2012). Alle diese Arbeiten zeichnen sich dadurch aus, dass sie sich zwar auf den Globalen Süden beziehen, ihre theoretischen Prämissen aber nicht aus einer explizit entwicklungsorientierten Theoriedebatte ableiten und dadurch eine bessere Anschlussfähigkeit an andere Teilbereiche der Disziplin aufweisen.

Dies zeigt, wie unterschiedlich die Herangehensweisen sind, von denen neue Impulse für die Geographische Entwicklungsforschung ausgehen. Dabei geht es um kontrovers diskutierte Fragen: Wie viel Entwicklung braucht geographische Forschung im Globalen Süden? Welche Bedeutung hat der Ort, an dem geforscht wird? Muss geographische Forschung im Globen Süden immer Entwicklungsforschung sein? Oder warum forscht ein Großteil der Kultur- und Wirtschaftsgeographen, der Stadt- und Sozialgeographen fast ausschließlich im Globalen Norden?

7.6 Geographie als „Weltdisziplin"

„The world is our oyster!" (Johnston 1985)

Während innerhalb der Geographischen Entwicklungsforschung intensiv an einer Neuausrichtung gearbeitet wird, die sich um Anschlussfähigkeit an andere Teilbereiche der Disziplin bemüht, lässt sich in diesen anderen Teilbereichen schon seit einiger Zeit eine Abkehr von geographischer Forschung außerhalb des Globalen Nordens beobachten (vgl. Taylor 1989 und 1993). Bereits 1985 beklagte Ron Johnston die Tatsache, dass sich immer mehr Geographen aus einem Großteil der Welt zurückgezogen hätten und dadurch engstirnig und kurzsichtig in ihrer Forschung und Lehre geworden seien (Johnston 1985, 443). Vier Jahre später zitierte Peter Taylor die Einstellung seiner Kollegen mit den Worten: „Geography is about the world. Well [...] yes, sure, but let's get on with the newest geography and forget the world" (Taylor 1989, 302). Die aus diesen Beobachtungen abgeleitete Forderung, geographische Forschung solle sich wieder intensiver mit anderen Gesellschaften auseinandersetzen, um die „geographische Ignoranz" zu reduzieren und ein besseres Verständnis der Welt zu ermöglichen, ist bis heute aktuell (Dicken 2004, 19; siehe auch Olds 2001, Hayter et al. 2003 und Bonnett 2003). So hat es den Anschein, als habe der zunehmende Einfluss poststrukturalistischer Ideen sowie die damit verbundene Hinwendung zur Diskursforschung und zu stärker textbasierten Methoden die Skepsis gegenüber empirischer Forschung im Globalen Süden sogar noch größer werden lassen (Bonnett 2003, 59–60). Dies entspricht sicherlich nicht der Intention einer poststrukturalistisch beeinflussten Geographie, die mit ihren Konzepten der Dekonstruktion, des Dezentrierens und der De-Essentialisierung den Status des im Globalen Norden generierten und vermeintlich universalistischen Wissens radikal herausfordert und die Forschung dazu anregt, den empirischen Fokus und damit auch die theoretischen Erkenntnisse wieder zu erweitern. Doch auch wenn in einigen Teilbereichen der Geographie bereits viel theoretisch über die Bedeutung der Anerkennung von Vielfalt und Andersartigkeit geschrieben wurde, fehlt es noch an der praktischen Umsetzung in empirische Forschung (Thrift/Walling 2000, 106).

Nur ein gleichberechtigter Blick auf die ganze Welt erlaubt es, die ungleichen Entwicklungsprozesse, die sich zurzeit auf der Welt abzeichnen, zu verstehen. Allein Forschungen im Globalen Norden reichen dazu nicht aus. Stattdessen gilt es, jedem Ort die gleiche Bedeutung und Relevanz zuzusprechen und dadurch die Unterschiedlichkeit der Forschungsfelder und der daraus resultierenden Perspektiven wieder zu vergrößern. Die Relevanz der Geographischen Entwicklungsforschung oder – wie wir heute vielleicht zutreffender formulieren sollten – der geographischen Forschung im Globalen Süden liegt allerdings nicht nur darin, dass sie einer eurozentristischen Blickverengung entgegensteht. Sie ist wissenschaftlich auch deshalb

gleichberechtigter Blick auf die ganze Welt

höchst relevant, weil sie durch die Erweiterung der Perspektiven auf empirischer Ebene der Geographie zu neuen theoretischen Gedanken und Reflektionen verhelfen kann, die an die aktuellen Kerndebatten des globalen Wandels anschließen (Taylor 1989; Hayter et al. 2003; Dicken 2004; Wei 2006). Das bedeutet, die Vielfältigkeit der Welt nicht durch hegemoniale westliche Perspektiven zu strukturieren und zu kontrollieren, sondern die Sicht der anderen – des Globalen Südens – ernst zu nehmen.

Literatur

Berndt, C. (2004): Globalisierungs-Grenzen. Modernisierungsträume und Lebenswirklichkeiten in Nordmexiko. Bielefeld: transcript.

Boeckler, M. (2005): Geographien kultureller Praxis. Syrische Unternehmer und die globale Moderne. Bielefeld: transcript.

Bohle, H.-G. (2001): Neue Ansätze der Geographischen Risikoforschung. Ein Analyserahmen zur Bestimmung nachhaltiger Lebenssicherung von Armutsgruppen. In: Die Erde 132 (2), 119–140.

Bohle, H.-G. (2011): Geographische Entwicklungsforschung. In: Gebhardt, H.; Glaser, R.; Radtke, U.; Reuber, P. (Hg.): Geographie. Physische Geographie und Humangeographie. Heidelberg: Elsevier/Spektrum Akademischer Verlag, 746–763.

Bohle, H.-G.; O'Brien, K. (2006): The discourse on Human Security: Implications and relevance for climate change research. A review article. In: Die Erde 137 (3), 155–163.

Bonnett, A. (2003): Geography as the world discipline: connecting popular and academic geographical imaginations. In: Area 35, 55–63.

Brandt, W. (1980): North-South. A Programme for Survival: Report of the Independent Commission on International Development Issues. London: Pan Books.

Coy, M. (2001): Institutionelle Regelungen im Konflikt um Land: zum Stand der Diskussion. In: Geographica Helvetica 56 (1), 28–33.

Deffner, V. (2010): Habitus der Scham – eine soziale Grammatik ungleicher Raumproduktion. Eine sozialgeographische Untersuchung der Alltagswelt Favela in Salvador da Bahia (Brasilien). In: Passauer Schriften zur Geographie 26, Selbstverlag Geographie der Universität Passau.

Dicken, P. (2004): Geographers and ‚globalization': (yet) another missed boat? In: Transactions of the Institute of British Geographers 29 (1), 5–26.

Dörfler, T.; Graefe, O.; Müller-Mahn, D. (2003): Habitus und Feld: Anregungen für eine Neuorientierung der Geographischen Entwicklungsforschung auf der Grundlage von Bourdieus Theorie der Praxis. In: Geographica Helvetica 58 (1), 11–23.

Doevenspeck, M. (2005): Migration im ländlichen Benin. Sozialgeographische Untersuchungen an einer afrikanischen Frontier. Saarbrücken: Verlag für Entwicklungspolitik.

Erler, B. (1985): Tödliche Hilfe. Bericht von meiner letzten Dienstreise in Sachen Entwicklungshilfe. Köln: Hayit Medien.

Escobar, A. (1992): Imagining a Post-Development Era? Critical Thought, Development and Social Movements. In: Social Text 31/32, 20–56.

Escobar, A. (1995): Encountering development: the making and unmaking of the third world. Princeton NY: Princeton University Press.

Gibson-Graham, J.-K. (2005): Surplus possibilities: postdevelopment and community economies. In: Singapore Journal of Tropical Geography 26, 4–26.

Hayter, R.; Barnes, T.; Bradshaw, M. (2003): Relocating resource peripheries to the core of economic geography's theorizing: rationale and agenda. In: Area 35, 15–23.

Johnston, R. (1985): The world is our oyster. In: Transactions of the Institute of British Geographers 9, 443–459.

Kreutzmann H. (2008): Dividing the World: Conflict and Inequality in the Context of Growing Global Tension. In: Third World Quarterly 29 (4), 675–689.

Krüger, F. (2003): Handlungsorientierte Entwicklungsforschung. Trends, Perspektiven, Defizite. In: Petermanns Geographische Mitteilungen 147 (1), 6–15.

Krüger, F. (2007): Erklärungsansätze und Analysemodelle „mittlerer Reichweite". In: Böhn, D.; Rothfuß, E. (Hg.): Entwicklungsländer. Handbuch des Geographieunterrichts, Band 8. Köln: Aulis, 73–79.

Lossau, J. (2012): Postkoloniale Impulse für die deutschsprachige Geographische Entwicklungsforschung. In: Geographica Helvetica 67, 125–132.

Macamo, E. (2010): Entwicklungsforschung und Praxis. Kritische Anmerkungen aus der Sicht eines Beforschten. In: Geographische Rundschau 62 (10), 52–57.

McGregor, A.; Hill, D. (2009): North-South. In: Kitchin; R.; Thrift, N. (Hg.): International Encyclopedia of Human Geography. Oxford: Elsevier 473–480.

Menzel, U. (1992): Das Ende der Dritten Welt und das Scheitern der Großen Theorie. Frankfurt a. M.: Suhrkamp.

Müller-Mahn, D. (2001): Fellachendörfer. Sozialgeographischer Wandel im ländlichen Ägypten. Stuttgart: Steiner.

Müller-Mahn, D. (2011): Die Auflösung von Norden und Süden. Neue Raumbilder als Herausforderungen für die Geographische Entwicklungsforschung. In: Gebhardt et al. (Hg.): Geographie. Physische Geographie und Humangeographie. Heidelberg: Spektrum Akademischer Verlag, 763–775.

Müller-Mahn, D.; Verne, J. (2010): Geographische Entwicklungsforschung. Alte Probleme, neue Perspektive. In: Geographische Rundschau 62 (10), 4–11.

Olds, K. (2001): Practices for ‚process geographies': a view from within and outside the periphery. In: Environmant and Planning D: Society and Space 19, 127–136.

Ouma, S.; Boeckler, M.; Lindner, P. (2012): Extending the Margins of Marketization: Frontier Regions and the Making of Agro-Export Markets in Northern Ghana. In: Geoforum, Online Publication 01.03.2012.

Pieterse, J. N. (1998): My paradigm or yours? Alternative Development, Post-Development, Reflexive Development. In: Development and Change 29, 343–373.

Pieterse, J. N. (2001): Development Theory. Deonstructions/Reconstructions. London: SAGE.

Potter, R. (2001): Geography and development: ‚core and periphery'? In: Area 33 (4), 422–439.

Power, M. (2003): Rethinking Development Geographies. London: Routledge.

Radcliffe, S. (2005): Development and Geography: towards a postcolonial development geography? In: Progress in Human Geography 29, 291–298.

Rauch, T. (2007): Von Basic Needs zu MDGs. Vier Jahrzehnte Armutsbekämpfung in Wissenschaft und Praxis und kein bisschen weiter. In: Peripherie 27 (107), 216–245.

Rauch, T. (2009): Entwicklungspolitik. Theorien, Strategien, Instrumente. Das Geographische Seminar. Braunschweig: Westermann.

Saunders, K. (Hg.) (2002): Feminist post-development thought. Rethinking modernity, post-colonialism and representation. London: Zed Books.

Scholz, F. (2002): Die Theorie der „fragmentierenden Entwicklung". In: Geographische Rundschau 54 (10), 6–11.

Scholz, F. (2004): Geographische Entwicklungsforschung. Methoden und Theorien. Berlin/Stuttgart: Gebr. Bornträger VBH.

Scholz, F. (2012): Entwicklungsländer. Entwicklung und Unterentwicklung im Prozess der Globalisierung. Diercke Spezial. 2. Aufl., Braunschweig: Westermann.

Sidaway, J. (2007): Spaces of postdevelopment. In: Progress in Human Geography 31 (3), 345–361.

Simon, D. (2003): Dilemmas of development and the environment in a globalising world: theory, policy and praxis. In: Progress in Development Studies 3 (1), 5–41.

Simon, D. (2006): Separated by common ground? Bringing (post)development and (post)colonialism together. In: The Geographical Journal 172 (1), 10–21.

Slater, D. (2004): Geopolitics and the post-colonial: rethinking North-South relations. Malden MA: Blackwell.

Taylor, P. (1989): The Error of Developmentalism in Human Geography. In: Gregory, D.; Walford, R. (Hg.): Horizons in Human Geography. Basingstoke: Macmillan, 303–319.

Taylor, P. (1993): Full circle, or new meaning for the global? In: Johnston, R. (Hg.): The challenge for geography. A changing world: a changing discipline. Oxford: Blackwell, 174–187.

Thrift, N.; Walling, D. (2000): Geography in the United Kingdom 1996–2000. In: The Geographical Journal 166, 96–124.

Tröger, S. (2004): Handeln zur Ernährungssicherung im Zeichen gesellschaftlichen Umbruchs. Untersuchungen auf dem Ufipa-Plateau im Südwesten Tansanias. Saarbrücken: Verlag für Entwicklungspolitik.

Tucker, V. (1999): The myth of development: a critique of a eurocentric discourse. In: Munck, R.; O'hearn, D. (Hg.): Critical development theory: contributions to a new paradigm. London: Zed Books, 1–26.

Verne, J. (2012): Living Translocality: Space, Culture and Economy in Contemporary Swahili Trade. Stuttgart: Steiner.

Wei, Y. D. W. (2006): Commentary: Geographers and globalization: the future of regional geography. In: Environment and Planning A 38, 1395–1400.

Ziai, A. (2004): Entwicklung als Ideologie? Das klassische Entwicklungsparadigma und die Post-Development Kritik. Ein Beitrag zur Analyse des Entwicklungsdiskurses. Hamburg: Deutsches Übersee-Institut.

Ziai, A. (2006): Zwischen Global Governance und Post-Development. Entwicklungspolitik aus diskursanalytischer Perspektive. Münster: Westfälisches Dampfboot.

Felicitas Hillmann **8   Migration**

8.1   Einleitung: Migration im Blickwinkel unterschiedlicher Perspektiven

Auf der Insel Lampedusa, im Jahr 2008: „Mein Vater ist Farmer. Meine Mutter ist eine alte Frau. Die Regierung hat uns das Land weggenommen und dann hat sich mein Vater auch noch verletzt. Es gibt kein Geld für meine Ausbildung. Ich musste das Land verlassen" (Zitat aus einer YouTube-Dokumentation übernommen). So beschreibt ein afrikanischer Bootsflüchtling, ein Insasse eines Übergangsheims auf der Insel Lampedusa auf dem Weg nach Europa, seine Situation. Er hat die gesamten Ersparnisse seiner Familie in die Reise investiert, mehrere Helfer bezahlt. Die Reise dauerte fast ein Jahr und er hat – im Unterschied zu vielen anderen – überlebt. Als nächstes wird man ihn unter Polizeischutz in ein Lager auf dem Festland bringen.

Ein norditalienischer Tourist sagt über die Gestrandeten: „Hier sieht man die nicht. Das ist doch nur so eine Mediensache. Im Fernsehen sieht es immer so aus, als würden die Illegalen hier auf der Insel Lampedusa bleiben. Aber sie laufen hier nicht rum. Hier gibt es nichts für sie, was sie tun könnten [...]. Mit einem strengeren Gesetz gäbe es diese Probleme nicht ..." (Zitat aus einer YouTube-Dokumentation übernommen). Diese beiden Einschätzungen, die Sicht des Migranten und die Sicht auf den Migranten, beinhalten einige Grundkonstanten von Migration. Eine der wichtigsten ist die, dass man zwischen denen unterscheiden kann, die wandern *müssen*, und denen, die wandern *dürfen*. Darüber hinaus ist jede Migration ein individuelles, biografisches Projekt, das in kollektive Handlungs- und Deutungsmuster eingebunden ist und bestimmte Merkmale aufweist, die sich typisieren lassen. Weiterhin findet Migration nicht in einem abstrakten Raum statt, sondern ist an regionale Bedingungen gebunden und wird durch diese bestimmt. Fast immer handelt es sich um eine individuelle, territoriale Antwort auf globale, strukturelle Ungleichgewichte, die unter anderem durch nationale Gesetzgebung kanalisiert wird. Als vierter Aspekt geben Status und Position des Migranten im Herkunfts- und Aufnahmekontext Auskunft über die sozialräumliche Organisation der Gesellschaft insgesamt. Migrationsprozesse sind ambivalent: Sie sind Ausdruck bestehender struktureller sozioökonomischer und regionaler Disparitäten und können gleichzeitig als Treiber sozialer, ökonomischer und räumlicher Innovationen fungieren. Den fünften Betrachtungspunkt bildet die Tatsache, dass die Migranten selbst

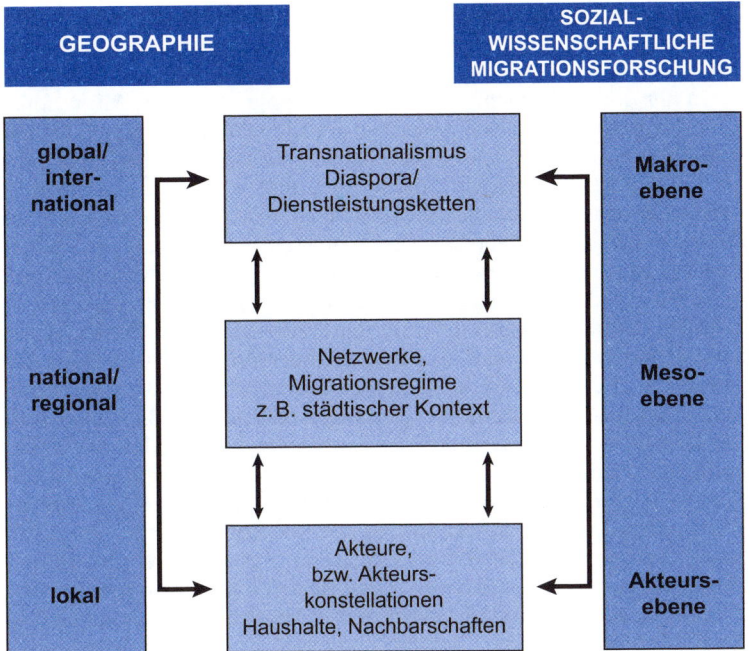

Abb. 8.1
Die Verankerung des
Migrationsprozesses
auf verschiedenen
Handlungsebenen
(eigene Darstellung)

neue Lebens- und Arbeitsformen ausbilden (z. B. durch transnationale Familienformen und die Organisation der Diaspora; vgl. hierzu die Kompaktinformation). Die Position der Migranten wird aber immer wieder auch durch Diskurse und Praktiken der „Einheimischen" sozial konstruiert (vgl. Bogdal 2011 zur Konstruktion der „Zigeuner" in Europa).

Da jeder Migrationsprozess auf ganz verschiedenen räumlichen Ebenen und in unterschiedlichen gesellschaftlichen Zusammenhängen verankert ist, stellt sich Migration als ein hoch komplexer und in sich widersprüchlicher Prozess dar. In seiner Vielschichtigkeit kann dieser wissenschaftlich am ehesten interdisziplinär bearbeitet und wohl kaum durch nur *eine* Theorie angemessen erfasst werden. Die Analyse von Migrationsprozessen setzt voraus, dass man deren Verankerung in größeren gesellschaftlichen Zusammenhängen erkennt und über vertieftes regionales und fachliches Wissen verfügt. Der Einfluss von Migranten bzw. Migrationsprozessen auf die soziale und räumliche Organisation des Herkunfts- und Ankunftskontextes sowie reziprok der Einfluss der übergeordneten gesellschaftlichen Strukturen auf die Akteure und deren Handeln – die damit verbundenen Diskurse und Symboliken eingeschlossen – entfalten eine doppelte Wirkmächtigkeit. Diese wird in der sozialgeographischen Literatur auch als „räumliche Definitionsmacht" konzeptualisiert. In diesem Sinne sind für die Geographie vor allem die Dynamik, die unterschiedlichen

Migration als komplexer und widersprüchlicher Prozess

Reichweiten von und durch Migration und Mobilität sowie die damit verbundenen Aushandlungsprozesse in Form von sozialen Praktiken und Narrationen relevant (vgl. Hillmann 2007).

Migrationsforschung   In der deutschsprachigen Sozialgeographie wurde die Migrationsforschung seit der Nachkriegszeit grundsätzlich als Teil der Bevölkerungsgeographie betrachtet (vgl. Bähr 2010; Gans et al. 2009; Kemper/Kuls 2000; Wehrhahn/Sandner Le Gall 2011). Während die Migrationsforschung in den Sozialwissenschaften von Beginn an auch die Theorie- und Methodendiskussion bereicherte und in das Fach selbst hineinwirkte, wurden in der Geographie Studien zur Migration aus dem Blickwinkel der Entwicklungsländerforschung (z. B. Scholz/Janzen 1982 zum Nomadismus) bzw. der Stadt- oder Wirtschaftsgeographie diskutiert, nicht aber als eigenständiges Teilgebiet aufgefasst. Im Unterschied dazu entwickelte sich in Großbritannien die geographische Migrationsforschung mit vielfältigeren Themen. Bis heute stellt sie dort einen etablierten eigenen Forschungsbereich dar, mit Anregungen für das gesamte Fach (Black et al. 2008; Dwyer 2004; McDowell 2010; Peach 2006; Salt 2011). Durch den Status als koloniales Mutterland hat in Großbritannien die wissenschaftliche Beschäftigung mit „Minderheiten" früh eingesetzt und auch zur Erörterung damit verbundener Fragen der Macht und Abhängigkeit geführt. Erst seit Kurzem entsteht auch in der deutschsprachigen Geographie ein institutionell etablierter Forschungszweig „Geographische Migrationsforschung", der sich aktiv um eine Einbindung der kultur- und sozialwissenschaftlichen Dimension in die Migrationsforschung bemüht. Migrationsprozesse werden explizit zum zentralen Forschungsgegenstand der Sozialgeographie und damit aus den bestehenden Teilbereichen der Geographie herausgehoben (vgl. www.geographische-migrationsforschung.de, letzter Abruf 22.05.2013).

8.2   Definitionen von Migration

Es gibt keine einheitliche Definition dessen, was als Migration (synonym zu Wanderung) gefasst wird – sie wird aber in der Regel als Teil der Mobilität behandelt. Diese wird in der Regel in soziale Mobilität (Veränderungen, die den sozialen Status eines Individuums oder einer Gruppe betreffen, im Sinne eines sozialen Auf- oder Abstiegs) **soziale und räumliche** und räumliche Mobilität (Bewegungen im Raum) unterschieden. **Mobilität** Weiterhin gibt es diverse Kriterien zur Klassifizierung von Wanderungsprozessen. Dies sind vor allem räumliche und zeitliche Kriterien, aber auch Typisierungen, wie sie sich häufig durch den rechtlichen Status ergeben, sowie (an den legalen Zugang gekoppelte) Formen der Arbeitsmarktintegration. Eine Klassifizierung wird ferner durch den Umfang der Migrationsbewegungen und durch die Freiwilligkeit bzw. Unfreiwilligkeit der Wanderung sowie gelegentlich auch die Intention der Migranten vorgenommen. Geläufig ist zudem eine

Unterscheidung nach migrationsauslösenden Faktoren, sogenannten Push-Faktoren (z. B. ökonomisch, sozial, politisch, ökologisch, kulturell und religiös), und umgekehrt den als Pull-Faktoren bezeichneten Anziehungspunkten im Zielkontext. Zusätzlich werden Charakteristika der Migranten selbst, wie zum Beispiel ethnische Zugehörigkeit, Alter, Geschlechtszugehörigkeit, soziale Schicht und Bildungsgrad, zur Definition von Migrationsbewegungen herangezogen. In der Forschung erfolgt in der Regel eine Unterscheidung in die Teilgebiete Migration, Integration und Flüchtlinge. **Push- und Pull-Faktoren**

Der Betrachtungsmaßstab (Mikro-, Meso- oder Makroebene) ist entscheidend für die Definition von Wanderungen. Was unter Migration verstanden wird, hängt wesentlich vom Analysemaßstab ab. Ebenfalls eine Definitionsfrage ist, ab welcher Dauer eine Wanderung als Zirkulation, als nicht-permanente oder permanente Migration aufgefasst wird. Gemäß UN-Nomenklatur ist ein Migrant ein *long-term migrant*, wenn dieser für mindestens ein Jahr seinen Wohnsitz in ein anderes Land verlegt bzw. seinen üblichen Wohnort für diesen Zeitraum verlässt. Kurzzeit-Migranten (*short-term migrants*) beabsichtigen, ihren Wohnsitz nur für drei Monate bis hin zu einem Jahr in das Zielland zu verlegen. Hier ergeben sich Überschneidungen mit Pendlern, Touristen, Diplomaten, Geschäftsreisenden und Expatriates sowie Militärangehörigen.

Auch die Unterscheidung zwischen Migranten und Flüchtlingen gestaltet sich schwierig. Mit der Anerkennung eines Migranten als „Flüchtling" ist ein rechtlicher Status verbunden, der mit rechtlich verankerten Ansprüchen gemäß der Genfer Flüchtlingskonvention von 1951 einhergeht. Wirtschaftliche Gründe werden generell nicht als Fluchtgrund anerkannt. Tatsächlich ist der Verlauf der Grenze zwischen erzwungener Migration (z. B. infolge von Umweltveränderungen oder politischen Unruhen) und freiwilliger Migration fließend und für den Migranten selbst bei der Entscheidungsfindung häufig irrelevant. Hinzu kommt, dass die Umsetzung von Migrationsvorhaben bevorzugt in bestimmten Lebensphasen bzw. Altersgruppen vorkommt und eng mit biografischen Ereignissen verknüpft ist, wie zum Beispiel Aufnahme einer Ausbildung, Familiengründung und Berufsleben. Ebenso spielt die Wanderungsdistanz eine Rolle, wobei es angesichts der neuen Kommunikationstechnologien und preisgünstiger Flugverbindungen weniger auf die Distanz als auf die Zugänglichkeit des Zielortes ankommt. Jegliches Migrationsprojekt basiert auf dem Zusammenspiel unterschiedlicher Motive, der Migrant verfügt nicht über alle notwendigen Informationen zur Durchführung des Migrationsprojektes. Häufig ist sie oder er von Migrationsmythen geblendet bzw. lediglich über die eigenen sozialen Netzwerke informiert und damit abhängig von begrenzten Einblicken in komplexe Zusammenhänge. Er oder sie hat vielleicht ein Arbeitsangebot oder beschließt, auf eigene Initiative loszuziehen, kann dafür mehr oder weniger Ressourcen einsetzen, hat mehr oder weniger Möglichkeiten, **Migranten und Flüchtlinge** **Motive** zurückzukehren. Jedes Migrationsvorhaben ist damit höchst individuell, und doch gleichen sie sich: Man kann kollektive Muster, bestimmte Pfade im Raum und biografische Übereinstimmungen identifizieren, den Einfluss von Genderregimes nachweisen. Die wenigsten Migrationsvorhaben werden von den Migrationswilligen allein geplant und durchgeführt: Im Laufe des Migrationsvorhabens wird eine Reihe von anderen Personen und Institutionen aktiviert, die den Wandernden unterstützen. Migrationen verlaufen daher in der Regel entlang bestimmter Korridore, in ähnlichen Abfolgen (sogenannte *trajectories*). Migrationsindustrien, das heißt den Migrationsprozess flankierende informelle und formelle Dienstleistungen, sorgen für eine Perpetuierung und Verselbstständigung von Migrationsbewegungen (Spaan/Hillmann 2012).

Gastarbeiter

Um ausreichend Arbeitskräfte für den in der Nachkriegszeit einsetzenden Wirtschaftsboom zu haben, schloss die westdeutsche Bundesregierung Anwerbeabkommen mit Italien, Spanien und Griechenland sowie später auch mit der Türkei, Marokko, Portugal, Tunesien und Jugoslawien. Die Gastarbeiter lebten mit befristeten Arbeitsgenehmigungen auf Abruf in Westdeutschland. Die „Integration auf Widerruf" (so die ausländerpolitische Leitlinie der Bundesregierung von 1974) erwies sich vor allem für die heranwachsende zweite Generation als problematisch, denn die Kinder der Gastarbeiter sollten im deutschsprachigen Schulsystem bestehen, gleichzeitig aber sprachlich, emotional und sozial an die (häufig selbst nicht erlebte) Heimat gebunden bleiben.

Aussiedler

In der Bundesrepublik bildeten die Aussiedler seit Ende der 1980er-Jahre eine weitere große Gruppe an Zuwanderern. Dabei handelt es sich um Nachfahren von ehemals ausgewanderten Deutschen, die nun von ihrem Abstammungsrecht (dem sogenannten *ius sanguinis*) Gebrauch machten, um nach Deutschland zu immigrieren. Infolge der vielfältigen Migrationsbewegungen seit Anfang des 20. Jahrhunderts besaßen 2011 in Deutschland 16 Millionen Menschen einen Migrationshintergrund (Bundeszentrale für politische Bildung 2012). Das entspricht einem Anteil von 19,5 % an der Gesamtbevölkerung, wobei der Anteil in den jungen Alterskohorten deutlich höher ist.

8.3   Regulierbarkeit von Migration und Arbeitsmarktzugang der Migranten

Nationalstaaten verfügen grundsätzlich über zwei Optionen, um Wanderungen zu steuern: zum einen durch Kontrolle über Grenzregime (Bestimmungen, wer ein-, aus- oder durchreisen bzw. wer sich wo aufhalten darf) und zum anderen durch Zuweisung von Positionen auf dem Arbeitsmarkt durch entsprechende Erlasse und Gesetze bzw. durch Kontingentierung und Quotierung.

Die Grenzregime sind Teil der Souveränität eines jeden Staates und werden durch Vergabe von Aufenthaltstiteln (Visa und Aufenthaltsgenehmigungen) für Migranten festgelegt, häufig auf Basis bilateraler Abkommen. Einige Regionen bzw. Staaten bilden besondere Migrationsregime aus, die auf ein ähnliches Zusammenspiel von rechtlicher Regulierung, politischem Umgang und Formen der Arbeitsmarktintegration rekurrieren. Ein Beispiel ist das Schengener Abkommen von 1995 (Politik der Freizügigkeit nach innen und Sicherung der Grenzen nach außen), dessen Unterzeichner ihre nationale Souveränität nicht aufgehoben, sondern durch suprastaatliche Abkommen (z. B. Arbeitnehmerfreizügigkeit) ergänzt haben (vgl. Fassmann/Münz 1996). In Europa gibt es seit 2005 zusätzlich erste Ansätze ergänzender Grenzsicherungsmaßnahmen (Agentur Frontex). Der Versuch, unerwünschte Zuwanderung durch massive Grenzkontrollen zu verhindern (siehe Abbildung 8.2), ist jedoch nur begrenzt tragfähig: das eingangs zitierte Beispiel zeigt deutlich, wie stark sich der Konflikt bereits zugespitzt hat und Menschenleben zerstört. Der zu Beginn zitierte Tourist ist sicherlich nicht der einzige, der sogar davon ausgeht, dass die Migranten ungerechtfertigt gestrandet und letztlich vor allem eine Konstruktion der Medien sind. Die Grenzkonflikte sind inzwischen in vielen Ländern so eskaliert, dass die Grenzen durch Zäune und Mauern, Patrouillen oder biometrische Kontrollen bei der Einreise überwacht werden. Die Exterritorialisierung von scheinbar unlösbaren Konflikten erfolgt auch über die Errichtung von Lagern (Agamben 2002), die die Flüchtlinge vom Ankunftskontext separieren sollen (Klepp 2011; Mousa 2012).

Für Staatsangehörige der EU herrscht seit dem 1. Mai 2011 Freizügigkeit auf den Arbeitsmärkten der EU-Staaten, während „Drittstaatler" nachrangig behandelt und als migrantische Arbeitskräfte lediglich branchengenau zugelassen werden. Dies gilt seit einigen Jahren für den niedrig qualifizierten Bereich mit Kontingenten für Saisonarbeiter in der Landwirtschaft und teilweise auch der Bauwirtschaft (vgl. Becker 2010). Seit 2011 liegt auf Grundlage der EU-Richtline „Blue Card" für Deutschland ein Gesetzesentwurf vor, der ähnlich wie in den Jahren 2000–2004 die „Green Card" für IT-Arbeiter (vgl. Pethe 2006), Hochqualifizierte (u. a. Ingenieure und Ärzte) nach Deutschland bringen soll.

> Grenzregime

Abb. 8.2
Grenzstreifen zwischen
Los Angeles County
(USA) und Tijuana
(Mexiko) (Foto: F. Hill-
mann 2011)

Arbeitsmarktinte-
gration

Theoretisch wird die Arbeitsmarktintegration aus makroökonomi-
scher Sicht durch neoklassische Pull-Push-Modelle erklärt. Demzufolge ergibt sich durch Migration ein über Lohndifferenziale geregel-
ter Ausgleich von Angebot und Nachfrage nach Arbeitskräften auf den
regionalen Arbeitsmärkten (Haug 2000, 29f.). Mikroökonomische
neoklassische Theorien argumentieren ähnlich: Angenommen wird,
dass der Migrant nach einer persönlichen Kosten-Nutzen-Analyse
seine Wanderungsentscheidung trifft und dabei prinzipiell Gewinn-
maximierung anstrebt. Konträr dazu schreiben Vertreter der Segmen-
tationstheorie den Migranten eine zentrale Funktion zur Erhaltung
eines dualen Arbeitsmarktes zu. Demnach wird der Kernarbeitsmarkt
mit seinen unbefristeten Vollzeitbeschäftigten durch einen peripheren Arbeitsmarkt aus befristeten und in Teilzeit Beschäftigten ergänzt.
Insbesondere die Migranten fungieren als Konjunkturpuffer bzw. als
„Reservearmee", die als funktional für das kapitalistische System aufgefasst wird (vgl. Castles/Kosack 1985; Piore 1979; Morokvasic
1984).

Am Beispiel der Bundesrepublik zeigt sich, dass die Zuwanderung
von Arbeitskräften erhebliche Auswirkungen auf die Position der ein-

heimischen Arbeitskräfte hat. Die Gastarbeiter, die bereit waren, die sogenannten 3-D-Jobs (*dirty, dreadful, dangerous*) zu übernehmen, erledigten körperlich strapaziöse und familienfeindliche Schichtdienste, Akkordarbeit sowie schwere und schmutzige Tätigkeiten. Mechanisierung und Rationalisierung wurden vorangetrieben und führten zu monotonen Arbeitsabläufen. Hoffmann-Nowotny (1973) konstatiert eine Gliederung der Arbeitsmärkte entlang ethnischer Zuordnungen (durch „Fremdarbeiter") bei gleichzeitiger Statusaufwärtsmobilität der einheimischen Bevölkerung – was als „Unterschichtung" diskutiert wird (Heckmann 1981).

8.4 Geographische Migrationsforschung auf nationaler Ebene

Angesichts der nationalstaatlichen Regulierung von Migration blieb auch die geographische Migrationsforschung lange auf die nationale Ebene beschränkt. In der Sozialgeographie galt ein besonderes Interesse den Gastarbeitern, die auch als „europäisches Problem" wahrgenommen wurden (Schrettenbrunner 1982; vgl. dazu auch die Kompaktinformation). So hat Lichtenberger (1984) für ihre Untersuchung „Gastarbeiter – Leben in zwei Gesellschaften" die ambivalente Zwischenposition der Migranten betont. Für den Gastarbeiter steht dem unterschichtenden Sozialsystem in den westlichen Industrienationen ein überschichtendes Sozialsystem im Herkunftsland gegenüber, in welchem sie durch Aufstieg und Besitz auffallen. Angenommen wird ein Assimilationsprozess des Gastarbeiters in die Mehrheitsgesellschaft hinein; untersucht werden Prozesse der Segregation und die Aktionsräume der Gastarbeiter in Wien (Lichtenberger 1984). Diese Untersuchungsperspektive wurde zwei Dekaden später von Andreas Pott dafür kritisiert, dass sie den „Gebrauchswert von Ethnizität im Wesentlichen nur für Ungleichheits- und Benachteiligungssituationen" vorsehe (Pott 2002, 44). Pott hingegen ist an der Frage interessiert, wie die Mobilisierung von Ethnizität auch zur Bewältigung eines Bildungsaufstiegs genutzt werden kann. Er identifiziert durch Fallanalysen die Handlungsmuster unterschiedlicher Aufsteigertypen und rekonstruiert die Formierung einer „ethnischen Elite". Auch Robert Pütz (2004) wendet sich von der traditionellen Integrationsforschung ab, indem er – anknüpfend an die Forschungen zum migrantischen Unternehmertum – zeigt, wie migrantische Unternehmer ihre Verortung in verschiedenen kulturellen Ordnungen strategisch einsetzen und wie sie „Transkulturalität als Praxis" leben. Einen weiteren Strang der Theoriebildung stellen die Theorien zur Exklusion und sozialräumlichen Segregation dar, die sich mit der Ausgrenzung von Migranten im Stadtraum beschäftigen. So wurde – auf quantitative Verfahren gestützt – die ungleiche Verteilung der ausländischen Bevölkerung in den Großstädten und deren Ursachen untersucht

Mobilisierung von Ethnizität

(Kemper 2007; Häußermann/Kapphan 2000; Freund 1998; Hill-
mann/Windzio 2008). Eine weitere Forschungsperspektive befasst
sich mit den Folgen der ethnischen Segregation auf den Eingliederungsprozess der Migranten (Farwick 2009).

8.5 Migration im Kontext von Globalisierung, Transnationalisierung und Identität

Die oben aufgeführten Migrationsformen und deren wissenschaftliche Bearbeitung waren weitgehend an die industriegesellschaftlichen
Formationen geknüpft – und mit der Globalisierung entstanden „neue
Geographien der Migration". So rückte beispielsweise seit den 1990er-
Jahren die Stadt einerseits als Ort der stärker fragmentierten Anordnung von Migranten (Sassen 1991) in den Fokus, gleichzeitig schälte
sich der „Kosmopolit" als neuer Typus heraus. „Enklaven" als räumliche Konzentrationen von Migranten wurden zunächst für die USA
untersucht (Laux/Thieme 1992). In der geographischen Migrationsforschung wird insbesondere die neue Qualität des „Transnationalen"
diskutiert. Ausgehend von der Erkenntnis, dass die theoretische Darstellung von zunehmend fluiden Migrationsmustern immer noch im
„methodologischen Nationalismus" verharrte, das heißt in einer Theorie, die sich auf die Wirkungsmächtigkeit von Staatsgrenzen bzw.
Wohlfahrtsstaaten stützte, entwarf Pries (1997) den heute auch in der
Transmigration Sozialgeographie breit rezipierten Forschungsansatz der Transmigration. Angenommen wird hierbei, dass sich die Lebenswelten der Migranten als plurilokale Räume grenzüberschreitend aufspannen und
von transkulturellen Identitäten getragen werden. Glick Schiller et al.
(1997) interpretieren die Transmigranten als Teil sich herausbilden-
der Ethnografien, die mit dem herkömmlichen Container-Raumbe-
griff nicht mehr fassbar seien. Aus dem Blickwinkel der Aus- und Einwanderungsländer kommt der Diaspora (vgl. Kompaktinformation
dazu) eine zentrale politische Bedeutung zu, denn durch die neuen
Kommunikationstechnologien wird es für Migranten möglich, sich
gezielt zu organisieren. Allen Transnationalismusansätzen ist gemein,
dass sie die Bedeutung sozialer Netzwerke für die Funktionsweise und
Persistenz von Migration hervorheben und auf die Herausbildung
transnationaler Kompetenzen und soziokultureller Transformationen
hinweisen (Vertovec 2009; Fassmann 2010). In der Tradition des
„Leben in zwei „Lebens in zwei Kulturen" wird hervorgehoben, dass Integrationskon-
Kulturen" zepte, die von einer eindeutigen Orientierung auf eine Zielgesell-
schaft ausgingen, „obsolet" würden. „Hybridität" – ein Leben zwischen den Positionen Rückkehr und Dableiben sei die Norm (und
nicht die Ausnahme) – und transnationale Pendelwanderer, die mit
ihrer transnationalen Lebensform als Triebkräfte des Globalisierungs-
prozesses „von unten" wirkten, seien ein Produkt der globalisierten
Welt. In der Geographie ist mittlerweile eine ganze Reihe von Arbei-

ten entstanden, die sich mit verschiedenen Facetten transnationaler Migration beschäftigen (Hillmann 1996; Richter 2006; Glorius 2007; Goeke 2007; Müller-Mahn 2007; Schmiz 2011).

Diaspora

Ursprünglich wurde der Begriff Diaspora für zerstreute ethnische Gemeinschaften, die außerhalb ihres Heimatlandes lebten und dort von gewaltsamer Verfolgung betroffen waren, genutzt. Die Diaspora richtete ihre Identität nach einem gemeinsamen geistigen, oft religiösen, Zentrum aus und unterlag massiver Ausgrenzung (historisch: Juden, Armenier). Heute wird der Begriff breiter definiert und für alle sich außerhalb des Herkunftslandes organisierenden Gruppen (*communities*) angewendet. Faktisch bestimmen Diaspora-Gemeinschaften in vielen Ländern das politische Leben im Ziel- und Herkunftsort mit, obwohl sie nicht unbedingt physisch anwesend sind. Die Forschung greift so eine transnationale Thematik auf, die sich aus der Präsenz von Migranten auf dem Territorium ergibt: Welche Zugeständnisse will man den Migranten machen? Welchen Raum und welche Vorstellungen vom „Raum" will man (mit-)gestalten (lassen)? Wie können Migranten über Staatsgrenzen hinweg agieren?

8.6   Perspektiven für eine geographische Migrationsforschung

In der Sozialgeographie erfolgt seit der Jahrtausendwende eine deutliche Expansion der Migrationsforschung. Erkennbar ist in Themenwahl und Forschungszugang eine starke Orientierung an der internationalen Migrationsforschung, indem nach der Theoretisierung von Migration (Kraler/Parnreiter 2005), nach Mustern der Remigration (Thieme 2009), der geschlechtsspezifischen Dimension von Migration (Hillmann/Wastl-Walter 2011) sowie der Governance von internationalem Migrationsmanagement (Geiger 2008) gefragt wird. Durch diese inhaltliche Breite und eine erforderliche Vernetzung mit anderen Fachdisziplinen besitzt die geographische Migrationsforschung heute eine feste Position innerhalb der allgemeinen Migrationsforschung. Die eingangs anhand von Zitaten beschriebenen Konstanten der Migration, die auf die Multidimensionalität von Wanderungsprozessen verweisen und die neuen Territorialisierungen von sozialer und kultureller Organisation abbilden sowie die Etablierung neuer Mobilitätsregime anzeigen, sind als Einladung an eine explizit sozialgeographische Migrationsforschung zu verstehen. Sie bieten zahlreiche Ansatzpunkte für zukünftige Forschungsvorhaben.

Literatur

Agamben, G. (2002): Homo sacer. Souveräne Macht und bloßes Leben. Frankfurt a. M.: Suhrkamp.

Bähr, J. (2010): Bevölkerungsgeographie. Verteilung und Dynamik der Bevölkerung in globaler, nationaler und regionaler Sicht. 5. Aufl., Stuttgart: UTB Ulmer Verlag.

Becker, J. (2010): Erdbeerpflücker, Spargelstecher, Erntehelfer. Polnische Saisonarbeiter in Deutschland – Temporäre Arbeitsmigration im neuen Europa. Bielefeld: transcript.

Black, R.; Kniveton, D.; Schmidt-Verkerk, K.; Smith, C. (2008): Climate Change and Migration: Improving Methodologies to Estimate Flows. IOM Migration Research Series, Band 33. Genf: IOM International Organization for Migration.

Bogdal, K. M. (2011): Europa erfindet die Zigeuner. Eine Geschichte von Faszination und Verachtung. Frankfurt a. M.: Suhrkamp.

Bundeszentrale für politische Bildung (2012): Die soziale Situation in Deutschland: Bevölkerung mit Migrationshintergrund. http://www.bpb.de/nachschlagen/zahlen-und-fakten/soziale-situation-in-deutschland/61646/migrationshintergrund (letzter Abruf 02.08.2013).

Castles, S.; Kosack, G. (1985): Immigrant workers and Class Structure in Western Europe. New York/Oxford: Oxford University Press.

Dwyer, C. (2004): Tracing transnationalities through commodity culture: a case study of British-South Asian fashion. In: Jackson, P.; Crang, P.; Dwyer, C. (Hg.): Transnational Spaces. London: Routledge, 60–77.

Farwick, A. (2009): Segregation und Eingliederung. Zum Einfluss der räumlichen Konzentration von Zuwanderern auf den Eingliederungsprozess. Wiesbaden: VS Verlag für Sozialwissenschaften.

Fassmann, H.; Münz, R. (1996): Migration in Europa. Historische Entwicklungen, aktuelle Trends, politische Reaktionen. Frankfurt a. M.: Campus.

Fassmann, H. (2010): Konzepte der (geographischen) Migrations- und Integrationsforschung. In: Fassmann, H.; Dahlvik, J. (Hg.): Migrations- und Integrationsforschung – Multidisziplinäre Perspektiven. Ein Reader. Göttingen: Vienna University Press.

Freund, B. (1998): Frankfurt am Main und der Frankfurter Raum als Ziel qualifizierter Migranten. In: Zeitschrift für Wirtschaftsgeographie 42 (2), 57–81.

Gans, P.; Schmitz-Veltin, A.; West, C. (2009): Bevölkerungsgeographie. 2. Aufl., Braunschweig: Diercke Spezial.

Geiger, M. (2008): Les Organisations Intergouvernementales et la Gouvernance des Flux Migratoires. In: Hommes & Migrations 1272 (Mars–Avril), 8–20.

Glick Schiller, N.; Basch, L.; Szanton-Blanc, C. (1997): From Immigrant to Transmigrant: Theorizing Transnational Migration. In: Pries, L. (Hg.): Soziale Welt – Sonderband 12. Baden-Baden: Nomos, 121–140.

Glorius, B. (2007): Transnationale Perspektiven. Eine Studie zur Migration zwischen Polen und Deutschland. Bielefeld: transcript.

Goeke, P. (2007): Transnationale Migration. Post-jugoslawische Biographien in der Weltgeschichte. Bielefeld: transcript.

Häußermann, H.; Kapphan, A. (2000): Berlin: Von der geteilten zur gespaltenen Stadt: Sozialräumlicher Wandel seit 1990. Opladen: Leske + Budrich.

Haug, S. (2000): Klassische und neuere Theorien der Migration. Arbeitspapiere des Mannheimer Zentrums für Europäische Sozialforschung (30). Mannheim: Mannheimer Zentrum für Europäische Sozialforschung (MZES).

Heckmann, F. (1981): Die Bundesrepublik: Ein Einwanderungsland? Zur Soziologie der Gastarbeiterbevölkerung als Einwandererminorität. Stuttgart: Klett-Cotta.

Hillmann, F. (1996): Jenseits der Kontinente – Migration von Frauen nach Europa. Pfaffenweiler: Centaurus Verlag.

Hillmann, F. (2007): Migration als räumliche Definitionsmacht? Beiträge zu einer neuen Geographie der Migration in Europa. Stuttgart: Steiner.

Hillmann, F.; Windzio, M. (Hg.) (2008): Migration und städtischer Raum. Chancen und Risiken der Segregation und Integration. Opladen: Budrich.

Hillmann, F.; Wastl-Walter, D. (2011): Geschlechtsspezifische Geographien der Migration. In: Berichte zur Deutschen Landeskunde 85 (1), 5–23.

Hoffmann-Nowotny, H. J. (1973): Soziologie des Fremdarbeiterproblems: Eine theoretische und empirische Analyse am Beispiel der Schweiz. Stuttgart: Enke.

Kemper, F. J. (2007): Altersspezifische ethnische Segregation. Das Fallbeispiel Berlin. In: Meyer, F. (Hg.): Wohnen – Arbeit – Zuwanderung. Stand und Perspektiven der Segregationsforschung. Berlin: LIT, 117–133.

Kemper, F. J.; Kuls, W. (2000): Bevölkerungsgeographie. Eine Einführung. 3. Aufl., Stuttgart: Teubner.

Klepp, S. (2011): Europa zwischen Grenzkontrolle und Flüchtlingsschutz. Eine Ethnographie der Seegrenze auf dem Mittelmeer. Bielefeld: transcript.

Kraler, A.; Parnreiter, C. (2005): Migration theoretisieren. In: Prokla. Zeitschrift für kritische Sozialwissenschaft 35 (140), 327–344.

Laux, H.-D.; Thieme, G. (1992): Jenseits des Schmelztiegels – Die asiatische Einwanderung in die USA und das Beispiel der Koreaner in Los Angeles. In: Erdkunde 123, 191–205.

Lichtenberger, E. (1984): Gastarbeiter – Leben in zwei Gesellschaften. Wien: Böhlau.

McDowell, L. (2010): Masculine discourses and dissonances: strutting ‚lads‘, protest masculinity, and domestic respectability. In: Paddison,

R.; Ostendorf, W. (Hg.): Urban Studies: Society. Vol. 2: Experiencing the City. London: SAGE, 256–282.

Morokvasic, M. (1984): Birds of passage are also women. In: International Migration Review 18 (4), 886–907.

Mousa, L. (2012): Flüchtlingslager im Ausnahmezustand. In: Geographische Rundschau 64 (2), 40–45.

Müller-Mahn, D. (2007): Ägyptische Sans-papiers in Paris seit dem Ende des 20. Jahrhunderts. In: Bade, K. J.; Emmer, P. C.; Lucassen, L.; Oltmer, J. (Hg.): Enzyklopädie Migration in Europa vom 17. Jahrhundert bis zur Gegenwart. Paderborn/München: Schöningh, 359–362.

Peach, C. (2006): Global Migration in the Beginning of the 21st Century: A World Without Borders? In: Deutsche Gesellschaft für die Vereinten Nationen DGNV (Hg.): Globale Migration am Beginn des 21. Jahrhunderts: eine Welt ohne Grenzen? Berlin.

Pethe, H. (2006): Internationale Migration hoch qualifizierter Arbeitskräfte. Die Greencard-Regelung in Deutschland. Wiesbaden: Deutscher Universitäts-Verlag.

Piore, M. J. (1979): Birds of passage: migrant labor and industrial societies. Cambridge: Cambridge University Press.

Pott, A. (2002): Ethnizität und Raum im Aufstiegsprozess – Eine Untersuchung zum Bildungsaufstieg in der zweiten türkischen Migrantengeneration. Opladen: Budrich.

Pries, L. (Hg.) (1997): Transnationale Migration. Sonderheft soziale Welt. Baden-Baden: Nomos.

Pütz, R. (2004): Transkulturalität als Praxis. Unternehmer türkischer Herkunft in Berlin. Bielefeld: transcript.

Richter, M. (2006): Integration, Identität, Differenz. Der Integrationsprozess aus der Sicht spanischer Migrantinnen und Migranten. Bern: Lang.

Salt, J. (2011): Migration to and from the UK. In: Modood, T.; Salt, J. (Hg.): Global Migration, Ethnicity and Britishness. London: Palgrave, 14–39.

Sassen, S. (1991): The global city. Princeton: Princeton University Press.

Schmiz, A. (2011): Transnationalität als Ressource? Netzwerke Vietnamesischer Migrantinnen und Migranten zwischen Berlin und Vietnam. Bielefeld: transcript.

Scholz, F.; Janzen, J. (Hg.) (1982): Nomadismus, ein Entwicklungsproblem? Berlin: Reimer.

Schrettenbrunner, H. (1982): Gastarbeiter. Ein europäisches Problem. Frankfurt a. M.: Diesterweg.

Spaan, E.; Hillmann, F. (2012): Migration Trajectories and Migration Industry. Theoretical reflections and empirical examples from Asia. In: Gammeltoft-Hansen T.; Nyberg Sørensen, N. (Hg.): The Migration Industry and the Commercialization of International Migration. London/New York: Routledge, 65–88.

Thieme, S. (2009): Wohin ist zurück? In: CPoS/Zeitschrift für Bevölkerungswissenschaft 34 (3–4), 253–274.

Vertovec, S. (2009): Transnationalism. London: Routledge.

Wehrhahn, R.; Sandner Le Gall, V. (2011): Bevölkerungsgeographie. Darmstadt: Wissenschaftliche Buchgesellschaft.

Strukturen

Matthew G. Hannah
und Caroline Kramer

9 Demographie und Bevölkerung

9.1 Grundbegriffe und ihre Geschichte

„Deutschland wird älter" – diesen Satz liest und hört man immer wieder dort, wo es um die Bevölkerungsentwicklung in Deutschland geht. Die Frankfurter Allgemeine Zeitung vom 8. Februar 2010 titelte sogar: „Frankreich altert, Deutschland vergreist". Aber wie kommt es, dass ein Land ebenso wie eine lebende Person altern oder vergreisen kann? Und woher weiß man, dass dies der Fall ist? Diese Fragen verweisen zum einen auf den Begriff Bevölkerung und zum anderen auf die Demographie als moderne Wissenschaft.

9.1.1 Bevölkerung

Die Bezeichnung Bevölkerung hat eine lange Geschichte, die durch die Verwandtschaft mit den Begriffen Volk, Nation und Gesellschaft geprägt ist (Anderson 2005; Foucault 2004; Poovey 1995). Während alle vier Begriffe auf eine Gruppe von Menschen verweisen, unterscheiden sie sich hinsichtlich des gedanklichen Prinzips, das die

Volk, Nation und Gesellschaft

Gruppe jeweils zusammenhält: So wird einem „Volk" unterstellt, dass es alle zur Gruppe gehörenden Individuen durch gemeinsame Kulturelemente (z. B. Sprache, Religion und Traditionen) und historische Erfahrungen vereint. Der Ausdruck „Nation" bezeichnet hingegen eine Gruppe, die sich vor allem als politische Einheit versteht (obwohl auch die Nation oft einen ethnisch-kulturellen Beigeschmack hat). Das Wort „Gesellschaft" bezeichnet die Mitglieder eines sozialen Systems, das weit über den Maßstab der Familie und der lokalen Gemeinschaft hinaus durch relativ stabile Normen und Regeln der Interaktion sowie eine alltägliche ökonomische Ordnung gekennzeichnet ist.

Das Prinzip, das die Klammer für eine „Bevölkerung" liefert, ist wiederum ein anderes. Das Wort „bevölkern" verweist bereits darauf, denn was als bevölkert verstanden wird, ist ein definiertes geographisches Territorium. Die Gruppe aller sich in einem Territorium befindlichen Personen mag als ethnisches „Volk", als politische „Nation" oder als organisierte „Gesellschaft" verstanden werden – in jedem Fall kann sie aufgrund ihres bloßen Daseins als Bevölkerung bezeichnet werden. Die Frage, ob dies in einem gegebenen Fall geschieht oder nicht, leitet über zu einer zweiten wichtigen Eigenschaft des Bevölkerungsbegriffs: Das Ausweisen einer Gruppe als „Bevölkerung" dient – ebenso wie die darauf folgenden Operationen der Registrierung oder

Beobachtung, wie insbesondere das Zählen – üblicherweise einem praktischen Zweck. Existenz, Größe und Charakteristika einer Bevölkerung sind in der Regel nur von Interesse, sofern sie hinsichtlich der kulturellen, ethnischen, politischen, sozialen oder ökonomischen Welt etwas potenziell Nützliches oder Relevantes auszusagen vermögen. Dies kann anhand des oben genannten Beispiels verdeutlicht werden: Die Feststellung, dass „Deutschland (das heißt die Bevölkerung, die innerhalb der Grenzen von Deutschland wohnt) altert", ist hauptsächlich von Interesse, weil damit sozioökonomische und politische Auswirkungen verbunden sind. Je größer der Anteil von Rentnerinnen und Rentnern in einer Bevölkerung, desto kleiner ist der Prozentsatz derjenigen, deren Arbeitsleistung und Einkommen das wirtschaftliche Wachstum aufrechterhalten und deren Steuergelder den Staatshaushalt finanzieren müssen.

Existenz, Größe und Charakteristika einer Bevölkerung

Eine dritte Eigenschaft des Begriffs Bevölkerung – zumindest in dem Sinn, wie er heutzutage verwendet wird – ist ein Anspruch auf Vollständigkeit. Anders als die Bezeichnungen Volk oder Nation, die manchmal unter Ausschluss von bestimmten Minderheiten verstanden werden, schließt der Ausdruck Bevölkerung alle Menschen ein, die ein Territorium bewohnen – auch wenn dies nicht immer so war, wie unten weiter ausgeführt wird.

9.1.2 Das statistische Instrument der Volkszählung

Im Rahmen der Volkszählung, die auch als Zensus bezeichnet wird, werden statistische Bevölkerungsdaten erfasst. Diese Zählungen können dadurch erfolgen, dass Personen vom Staat beauftragt werden, in jeder Siedlung jeden Haushalt aufzusuchen und die dort wohnhaften Personen zu zählen und meist zu bestimmten soziodemographischen Merkmalen zu befragen. In der jüngeren Zeit werden in verschiedenen europäischen Ländern die vorhandenen Register der Einwohnermeldeämter und anderer Einrichtungen (in Deutschland z. B. Bundesagentur für Arbeit) als Grundlage genutzt und nur wenige Personen direkt gezählt und befragt (Grohmann 2009).

Seit der Antike werden Menschen gezählt. Wie im neuen Testament überliefert ist, ordnete König Herodes eine Volkszählung an. Auch im 21. Jahrhundert spielen Volkszählungen noch eine wichtige Rolle. Sie liefern vor allem Informationen darüber, wie viele Individuen in einem Territorium leben. Diese Individuen werden jedoch nicht nur als allgemeine Personen erfasst, sondern auch als „qualifizierte" Träger bestimmter politisch, sozioökonomisch oder kulturell relevanter Merkmale. Je nachdem, was als relevant gilt, werden die einer Bevölkerung zugehörigen Menschen anhand einer bestimmten Liste von Merkmalen gezählt oder befragt; diese korrespondiert stets mit dem spezifischen historischen und geographischen Kontext. Das führt dazu, dass auch „die Bevölkerung" stets in einem spezifischen Sinn erfasst wird (Anderson 1988; Levitan 2011).

Individuen als Träger politisch, sozioökonomisch oder kulturell relevanter Merkmale

Schon sehr lange ist es üblich, im Rahmen von Volkszählungen die Anzahl der für das Militär tauglichen Männer festzustellen – und zwar entweder als Bestandteil der Kriegsvorbereitung oder (wie in der römischen Antike), um die Kontrolle über ein größeres Territorium aufrechtzuerhalten. Daher wurden oft nur Männer erfasst, während Frauen, Kinder und ältere Menschen buchstäblich „nicht zählten". Ebenfalls schon lange dienen Volkszählungen dazu, die Einnahme von Steuern zu ermöglichen. Für diesen Zweck benötigt der Staat unter anderem Angaben über Besitzverhältnisse. Diese historischen Beispiele verweisen darauf, dass es vor allem Staaten sind, die Volkszählungen durchführen, um Wissen über die Bevölkerung zu sammeln. In diesem Sinne verweist auch der bereits im 18. Jahrhundert gebräuchliche Begriff der Statistik auf die führende Rolle von Staaten bei der systematischen Durchführung numerischer Erhebungen und der Auswertung der gesammelten Daten (Desrosières 2005; Porter 1986).

Geschichte der modernen Bevölkerungsstatistik

Seit dem Ende der Antike entwickelte sich der Stand des statistischen Wissens über die Bevölkerung nur sehr langsam. Bis ins 18. und teilweise ins 19. Jahrhundert hinein waren die von staatlicher Seite gesammelten Informationen sowie die Art und Weise ihrer Erfassung nicht immer zuverlässig; die Erhebungen wurden mehr sporadisch als regelmäßig durchgeführt, und es wurden meist nur wenige Merkmale dokumentiert (z. B. die Anzahl der Menschen, ihr Geschlecht, das Alter und gegebenenfalls ihre Besitzverhältnisse). Dies ist auf zwei Faktoren zurückzuführen: Zum einen waren die modernen statistischen Verfahren und Theorien, anhand derer große Datenmengen sehr detailliert und aufschlussreich erforscht werden können (Probabilitätstheorie, Distributionsanalyse, Korrelationsanalyse, Stichprobenverfahren usw.), noch nicht entwickelt bzw. systematisiert. Zum anderen wurden Bevölkerungsstatistiken noch nicht als allgemein verbreitetes, flexibles und nützliches Regierungswerkzeug anerkannt. Es ist kein Zufall, dass sich dies im Laufe des 19. Jahrhunderts allmählich änderte: Gerade weil Staaten in dieser Zeit neue Machttechniken hervorbrachten und in Verbindung damit neue Verantwortung übernahmen, wurde in diesem Zusammenhang auch die Entwicklung von Methoden zur statistischen Analyse vorangetrieben (Hannah 2000; Desrosières 2005).

17. und 18. Jahrhundert

Die Geschichte der modernen Bevölkerungsstatistik ist ebenso interessant wie zweifelhaft. Wie der französische Philosoph Michel Foucault (2004) aus einer machtkritischen Perspektive festhält, lassen sich die ersten Impulse für eine detaillierte und systematische Registrierung der Bevölkerung auf die sogenannte „merkantilistische Phase" des Kapitalismus zurückführen. Im 17. und 18. Jahrhundert führte die rasante Ausbreitung des Handels zwischen den europäischen Staaten dazu, dass die absolutistischen Herrscher Europas begannen, möglichst günstige Handelsbilanzen anzustreben. In dieser Zeit war es üblich, die nationale Bevölkerung als ökonomische

Ressource zu betrachten, die ein Überangebot von Lebensmitteln produzieren sollte, damit dieses für den Export genutzt werden konnte
(Foucault 2004, 134–173).

Das staatliche Verlangen, mehr Wissen über Bevölkerungen anzu-
sammeln, wuchs in den Jahrzehnten des späten 18. und frühen 19.
Jahrhunderts, als der europäische (und zunehmend auch der nordamerikanische) Kapitalismus allmählich in die Phase der Industrialisierung überging. Zum einen benötigte man exakte Informationen
über die vorhandene Arbeitskraft (d. h. Anzahl, geographische Verteilung, Mobilität und „Tauglichkeit" der arbeitsfähigen Bevölkerung),
um die Entwicklungsmöglichkeiten der nationalen Industrie richtig
einschätzen zu können. Zum anderen wurden die problematischen
Begleiterscheinungen der Industrialisierung immer deutlicher sichtbar: Trotz des beispiellosen ökonomischen Wachstums waren weite
Teile der Bevölkerung von bitterer Armut betroffen; gleichzeitig stellten die Infektionskrankheiten Tuberkulose und Cholera, die sich in
den schnell wachsenden Industriestädten sehr leicht ausbreiten konnten, neue Gefahren für die öffentliche Gesundheit dar.

spätes 18. und frühes 19. Jahrhundert

9.1.3 Wohlfahrt und Biomacht

Im 19. Jahrhundert vollzog sich im Kontext der oben skizzierten Entwicklungen eine historische Verschiebung in der Bedeutung von Politik. So bestand die Form der politischen Macht seit der Vormoderne
im Modell der Souveränität, dessen wichtigstes Ziel die Machterhal-
tung darstellte. Während der Phase der Industrialisierung sahen sich
die Regierungen in Europa und Nordamerika jedoch zunehmend mit
Herausforderungen konfrontiert, die allenfalls indirekt die Machter-
haltung und vor allem die Wohlfahrt der Bevölkerung betrafen. Daher
setzte sich allmählich ein Komplex an Regierungsaktivitäten durch,
die Michel Foucault (2004, 105f.) als Biomacht bezeichnet. Mit diesem Begriff verweist er darauf, dass das Hauptziel des Regierens
fortan nicht mehr in der direkten Sicherung von Herrschaft bestand,
sondern in der Bereitstellung guter Lebensbedingungen für die Bevölkerung, die wiederum ein gesundes und produktives Leben führen
sowie für möglichst gesunden und zahlreichen Nachwuchs sorgen
sollte. Dieser neue Schwerpunkt staatlichen Handelns hatte zur Folge,
dass der Befindlichkeit und Wohlfahrt von Frauen als tatsächliche
oder potenzielle Mütter ein besonderes Interesse entgegengebracht
wurde (Donzelot 1980). Darüber hinaus begannen Regierungen, sich
zum Beispiel mit Ernährungspolitik, Wasserqualität und Transport-
netzen zu befassen, anstatt – wie bisher – ihre Hauptaufgaben lediglich in der Verfolgung und Bestrafung von Kriminellen zu sehen (Foucault 1977a).

Es mag zunächst etwas seltsam klingen, wenn staatliche Aktivitäten der oben beschriebenen Art als Biomacht bezeichnet und mit der
Ausübung von „Macht" in Verbindung gebracht werden, denn es han-

Bereitstellung guter Lebensbedingungen für die Bevölkerung

delt sich dabei um gemeinhin als gut und positiv angesehene Errungenschaften. Aber auch wenn damit ein „guter" Zweck verfolgt wird, so gehen mit der Biomacht doch Eingriffe in die Lebensweise einher, die auf der Ebene des Einzelnen oft unerwünscht oder zumindest lästig sind. Dass diese Eingriffe auch in unserer Zeit beobachtet werden können, verdeutlichen Anordnungen, Regulierungen oder Anreize und Maßnahmen aller Art, wie zum Beispiel Gesundheitsinspektionen, wohnungsamtliche Anordnungen zur Mindestwohnungsfläche pro Kopf, Rauchverbote in Kneipen sowie Versicherungsvergünstigungen für Nichtraucher. Wie unten weiter ausgeführt wird, können derartige Interventionen im Extremfall sogar lebensbedrohlich sein. Darüber hinaus zielen biopolitische Eingriffe häufig auf eine Normierung der Lebensführung des Einzelnen ab, die sich am Modell eines „gesunden" bzw. „verantwortlichen" Lebens orientiert. Zum Beispiel kann ein Rauchverbot in Gebäuden die Wahrscheinlichkeit erhöhen, dass Raucher/innen die „freie" Entscheidung treffen, das Rauchen aufzugeben. Dieses Beispiel verdeutlicht, dass Biomacht nicht nur vom Staat ausgeübt wird: Versicherungen und andere Organisationen können sich ebenfalls an der biopolitischen Regulierung des Lebens beteiligen.

Eingriffe in die Lebensweise

Biomacht

Die Biomacht bezeichnet einen Komplex von Rationalitäten und Techniken zur Sicherung und Kultivierung der Wohlfahrt der Bevölkerung bzw. einzelner Menschen. Unterstützt wird diese Form der Macht durch detailliertes Wissen über die Bevölkerung bzw. Individuen. Auf der Grundlage dieses Wissens werden vielfältige, teils subtile Regulierungen und Anreizmechanismen entwickelt, um die produktive, „verantwortungsvolle" Ausübung von „Freiheit" zu fördern (nach Foucault 1977b, 165–166).

Wie in der Kompaktinformation zur Biomacht bereits angedeutet, stützt sie sich auf (insbesondere statistisches) Wissen. So überrascht es kaum, dass im Laufe des 19. Jahrhunderts mehr und mehr statistische Daten erfasst wurden. Ebenfalls erheblich detaillierter wurde aber auch der Fragenkatalog, der im Rahmen von Volkszählungen und anderen Erhebungen zur Anwendung kam (Anderson 1988). Ende des 19. Jahrhunderts begann schließlich die Systematisierung moderner statistischer Verfahren, mit deren Hilfe es möglich ist, auf der Basis roher Daten nicht ersichtliche Muster oder Korrelationen anschaulich herauszuarbeiten. Wie wichtig die Entwicklung dieser Techniken war, zeigt sich nicht zuletzt daran, dass die statistischen Verfahren der empirischen Sozialforschung heute noch im Modulkatalog vieler sozialwissenschaftlicher Bachelor-Studiengänge vertreten sind, auch wenn die mit ihnen verbundene Rationalität nur selten kritisch hinterfragt wird.

moderne statistische Verfahren

Dabei sind die historischen Zusammenhänge der Entwicklung und vor allem der Anwendung dieser Verfahren durchaus problematisch. So wurde zum Beispiel das statistische Instrumentarium der Biomacht nicht zuletzt entwickelt, um den Zwecken der rassistisch motivierten Eugenik zu dienen. Darunter versteht man bevölkerungs- und gesundheitspolitische Maßnahmen, die das Ziel verfolgen, die genetischen Erbanlagen einer Bevölkerung zu optimieren. So enthalten die modernen Volkszählungen, wie sie zum Beispiel seit 1790 in den USA ausgeführt werden, üblicherweise Daten zur „Rassenzugehörigkeit". Auch in den europäischen Kolonien spielten Volkszählungen und andere Erhebungen zu „rassebezogenen", ökonomischen und militärischen Themen eine wichtige Rolle (Cohn 1987). In der Regel wurden diese Statistiken benutzt, um die Herrschaft von Weißen über Nicht-Weiße „wissenschaftlich" zu rechtfertigen (Gould 1988). Zwei Pioniere der modernen statistischen Methoden, Karl Pearson und Francis Galton, entwickelten Verfahren wie beispielsweise die Korrelationsanalyse im Rahmen des Versuchs, die „Minderwertigkeit der Nicht-Weißen" wissenschaftlich zu belegen (Hacking 1990; Porter 1986). Zusammenfassend lässt sich festhalten, dass wichtige Grundlagen der modernen statistischen Bevölkerungsanalyse in zentralen Punkten zu rassistischen Zwecken entwickelt wurden (Gould 1988) und die frühen Forschungen zur Bevölkerungsstruktur im Dienst der „Rassenforschung" standen (Hannah 2000).

Daten zur „Rassenzugehörigkeit"

Eugenik

In unterschiedlichen historisch-politischen Zusammenhängen ist es zur Herausbildung von Eugenik-Bewegungen gekommen. Gegen Ende des 19. Jahrhunderts wandten sich beispielsweise weiße Eliten in europäischen und nordamerikanischen Ländern – im Zusammenhang mit dem Ausbau großer Industriegebiete in den eigenen Staaten – gegen die damaligen Einwanderungswellen aus Asien, Süd- und Osteuropa. Im Dritten Reich wurde die Eugenik zu einer bevölkerungspolitischen Leitlinie, die eng mit dem Holocaust und der Verfolgung von Minderheiten und behinderten Menschen verknüpft ist. Im Kern sah das eugenische Programm vor, die Fortpflanzung der „schwächeren Rassen" sowie deren genetische Vermischung mit den angeblich „überlegenen weißen Rassen" zu verhindern. Konkret führte die Eugenik in zahlreichen Ländern zu Einwanderungsverboten und Sterilisationsprogrammen.

Vor dem Hintergrund der Geschichte der Bevölkerungszählungen und ihrer ethisch durchaus bedenklichen Motive werden auch mögliche Bedenken und Widerstände gegen Volkszählungen verständlich (Hannah 2010). Die westdeutsche Volkszählung von 1987 etwa wurde – vor dem Hintergrund der zu diesem Zeitpunkt diskutierten

Bedenken und Widerstände gegen Volkszählungen

Rasterfahndung als Maßnahme gegen den RAF-Terrorismus – als weiterer Eingriff in die Bürgerrechte empfunden und zum Teil sehr emotional bekämpft. Die sogenannten Volkszählungsgegner formulierten Parolen wie beispielsweise „Lass Dich nicht erfassen" oder „Zählt nicht uns, zählt Eure Tage", womit sie auf die begrenzte Amtszeit der damals verantwortlichen Bundesregierung anspielten. Die jüngste deutsche Volkszählung wurde auch aus Furcht vor dem Widerstand der Bevölkerung lange hinausgezögert. Unter dem werbewirksamen Motto „Wissen, was morgen zählt" fand sie schließlich erst im Jahr 2011 statt. Vor dem Hintergrund des deutlich milderen politischen Klimas formierte sich jedoch nur wenig Protest; zum Beispiel die noch junge Piratenpartei machte Einwände geltend. Grundsätzlich kann der Widerstand gegen Volkszählungen als Misstrauensvotum gegenüber der Institution Staat verstanden werden, wobei es von Land zu Land große Unterschiede gibt, die teilweise historisch begründet sind: Während beispielsweise in Schweden, einem klassischen Wohlfahrtsstaat, bereitwillig umfangreiche Auskünfte gegeben werden, gibt es in Deutschland – auch durch die Bevölkerungspolitik des Dritten Reichs begründet – größere Vorbehalte gegen staatliche Erhebungen.

9.2 Bevölkerungsentwicklung

Ergänzend zu Volkszählungen werden von staatlicher Seite auch Geburten- und Sterberegister geführt sowie Fortschreibungen unternommen, auf deren Grundlage die künftige Bevölkerungsentwicklung eingeschätzt werden kann. Damit verbundene Fragen, wie zum Beispiel die eingangs erwähnte Vorstellung eines vergreisenden Deutschlands, stoßen auf großes öffentliches Interesse. Da die Werkzeugkiste der Demographie heute sehr viel feinere Analysen ermöglicht als noch vor einem Jahrhundert, stützt sich die aktuelle Biomacht auf eine erheblich präzisere Datenbasis.

In politischen Diskussionen in Deutschland wird manchmal der Eindruck erweckt, es handle sich um eine neue Erkenntnis, dass der demographische Wandel und die „schrumpfende Nation" die Finanzierung der Rentensysteme vor gewaltige Herausforderungen stellen. Dabei sind die Geburtenraten in Westdeutschland bereits 1969 bzw. Anfang der 1970er-Jahre unter das Niveau des sogenannten Bestandserhalts von weniger als 2,1 Kindern je Frau abgesunken – das heißt, es werden nicht so viele Kinder geboren, wie für den Erhalt der aktuellen Bevölkerungszahl erforderlich wären (vgl. Abbildung 9.1). In der DDR führten familienpolitische Maßnahmen dazu, dass die Zahl der Geburten ab Mitte der 1970er-Jahre bis zur Wende nicht so stark zurückging wie in Westdeutschland (Gans/Kemper 2010, 18ff.). Nach der Wende wurde Ostdeutschland jedoch von einem „demographische Schock" erfasst, in dessen Folge die Geburtenrate in einem bis dahin kaum gekannten Tempo und Ausmaß absank (Mau/Zapf 1998).

Geburtenraten in
Deutschland

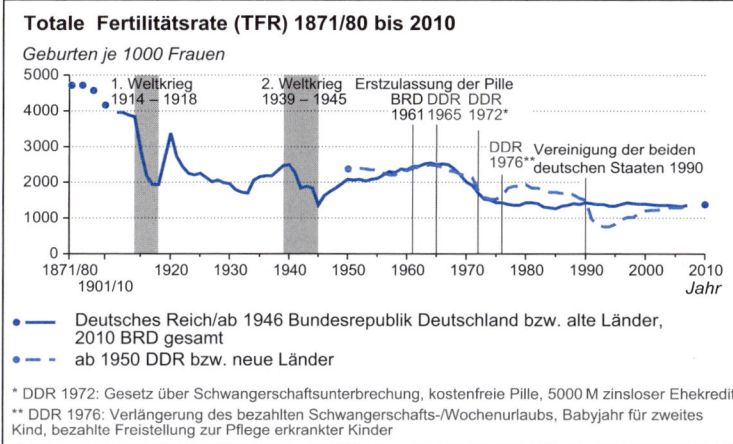

Abb. 9.1
Die zusammengefasste Geburtenziffer (Fertilitätsrate TFR) in Deutschland 1871–2010 (Quelle: Gans/Kemper 2010, 19, ergänzt)

In diesem Prozess wirkten ein politischer Wandel, soziale Umbrüche und demographische Veränderungen beispielhaft zusammen. Zum einen führte die Abwanderung jüngerer Jahrgänge dazu, dass weniger Frauen im sogenannten gebärfähigen Alter in den neuen Ländern verblieben. Zum anderen hatte die plötzliche Konfrontation mit einer Vielzahl von Unsicherheiten (Arbeitslosigkeit, Schließung von Kindertagesstätten) zur Folge, dass die Entscheidung für eine Elternschaft, die von den potenziellen Eltern oft als langfristige Weichenstellung begriffen wird, häufig ausgesetzt oder zumindest aufgeschoben wurde (Mau/Zapf 1998). Mittlerweile haben sich die Geburtenraten in beiden Teilen Deutschlands auf fast dem gleichen niedrigen Niveau von 1,4 Kindern je Frau angenähert, wobei der Anteil der nichtehelichen Geburten in den neuen Bundesländern mehr als doppelt so hoch ist wie in den alten Bundesländern, was unter anderem mit der früher einsetzenden Säkularisierung in der DDR erklärt werden kann.

9.2.1 Modell des demographischen Übergangs

Dass fast alle Industrienationen seit Beginn der Industrialisierung erst einen Prozess des Sterblichkeits- und dann des Geburtenrückgangs durchlaufen haben, ist die Grundaussage des – auch als erste demographische Transition bezeichneten – Modells des demographischen Übergangs (vgl. Bähr 2010, 209ff.). Dieses Modell wurde in den 1920er-Jahren am Beispiel der demographischen Veränderungen im Zuge der Industrialisierung vor allem in Großbritannien und Nordeuropa entwickelt. Die dort beobachteten Phasen eines Absinkens von Sterbe- und später auch Geburtenrate lassen sich in ähnlicher Weise auch in zahlreichen anderen Staaten erkennen. In Anbetracht einer

demographische Veränderungen im Zuge der Industrialisierung

vermeintlichen Gesetzmäßigkeit wurde das Modell des demographischen Übergangs verschiedentlich für Prognosezwecke oder gar für normative Vorgaben im Sinne eines Entwicklungsziels verwendet. Dahinter steckt die modernisierungstheoretische Vorstellung, es gebe im Verlauf der Modernisierung universelle Gesetzmäßigkeiten. Das Modell des demographischen Übergangs kann jedoch nicht ohne Weiteres von den westlichen Industriestaaten auf andere Länder der Erde übertragen werden. Vor diesem Hintergrund wird das Modell mittlerweile sehr kritisch diskutiert. Verwiesen wird auf neuere theoretische Erklärungsansätze, die sowohl Entwicklungen auf globaler (z. B. aufgrund von Prozessen wie Globalisierung und Fragmentierung) als auch auf individueller Ebene in den Blick nehmen (Wehrhahn/Sandner Le Gall 2011, 45ff.).

9.2.2 Demographischer Wandel

Ein neues und grundsätzlich anderes Phänomen ist der demographische Wandel, der – in Anlehnung und Abgrenzung an den demographischen Übergang – auch als „zweiter demographischer Übergang" oder „zweite Transition" bezeichnet wird. Wir werden „weniger, grauer, vereinzelter, bunter" (Gans et al. 2009, 67) – so wird das Szenario des demographischen Wandels plakativ aus dem Blickwinkel der Betroffenen beschrieben. Es werden in diesem Zitat die demographischen und sozialen Prozesse des Bevölkerungsrückgangs, der Alterung einer Population, der Singularisierung und der Heterogenisierung der Bevölkerung angesprochen. Die Ursachen für diese Veränderungen sind auf unterschiedlichen Maßstabsebenen angesiedelt. Im
Schrumpfung und Alterung der Bevölkerung Folgenden wird vorwiegend auf die Schrumpfung und Alterung der Bevölkerung eingegangen. Die Singularisierung, das heißt die Tatsache, dass immer mehr Menschen allein leben, sowie die Heterogenisierung, die vorwiegend eine Folge der Zuwanderung darstellt, können an dieser Stelle nicht ausführlich thematisiert werden.

Als *second demographic transition* wurde der demographische Wandel 1986 erstmals von den Demographen Ron Lesthaeghe und Dirk van de Kaa beschrieben. Demzufolge verlagern sich bei zunehmendem Wohlstand auch die Bedürfnisse der Bevölkerung, was sich wiederum auf die natürliche Bevölkerungsentwicklung auswirkt. Sind die Grundbedürfnisse erst einmal gedeckt, rücken immaterielle Ansprüche in den Vordergrund, wie zum Beispiel Autonomie und
Wertewandel Selbstverwirklichung (Lesthaeghe 2010). Der damit verbundene Wertewandel beinhaltet auch, dass Individualität und Selbstständigkeit in einer globalisierten Welt eine immer größere Rolle spielen. Auf diese Weise verändern sich die Ausbildungs- und Berufswege von Frauen, Formen der Partnerschaft, Lebensstile und Vieles mehr. Dies verdeutlicht, weshalb die Geburtenraten nicht nur in Mittel- und Nordeuropa, in Nordamerika und Australien, sondern auch im ehemals geburtenstarken Südeuropa deutlich gesunken sind. Auch wenn kulturelle

Unterschiede bezüglich der Wertorientierungen berücksichtigt werden müssen, so sind in anderen Regionen der Erde durchaus vergleichbare demographische Prozesse zu beobachten. Dies gilt etwa für die prosperierenden südostasiatischen Staaten Singapur und Thailand, deren Geburtenraten mittlerweile auch deutlich unter das sogenannte Bestandserhaltungsniveau abgesunken sind (Husa/Wohlschlägel 2009). Auch in der Volksrepublik China hat die rigide Ein-Kind-Politik zu massiven Auswirkungen auf die Bevölkerungsstruktur geführt. Da die sozialen Sicherungssysteme in den zuletzt genannten Ländern weit weniger gut ausgestattet sind als (derzeit noch) in Europa und die Altersversorgung bisher sowohl in materieller als auch in pflegerischer Sicht von der Großfamilie geleistet wurde, stehen die Gesellschaften und Regierungen hier vor großen Problemen.

9.3 Ausblick: Demographische Entwicklungen als Herausforderung für Politik und Planung

Die Entwicklung und Sicherung der Wohlfahrt einer Bevölkerung zählt zu den wichtigsten Aufgaben eines Staates. Es erscheint sinnvoll, dass entsprechende staatliche Bemühungen auf verschiedenen maßstäblichen und thematischen Ebenen ansetzen. Zwar fallen die meisten wohlfahrtsstaatlichen Aufgaben (z. B. Arbeits-, Familien- und Sozialpolitik) in Deutschland auf Bundesebene an. Gleichzeitig muss jedoch dem grundgesetzlich verankerten Anspruch auf „die Herstellung gleichwertiger Lebensverhältnisse im Bundesgebiet" (Grundgesetz Artikel 72, Abs. 2, 2012; vgl. dazu das Raumordnungsgesetz der Bundesrepublik § 1, Abs. 2, 2008) Genüge getan werden. Damit rücken auch räumliche Disparitäten stärker ins Blickfeld. Wie Abbildung 9.2 verdeutlicht, sind viele Regionen von teilweise dramatischen Schrumpfungsprozessen betroffen. Dennoch wird es auch in den kommenden Jahrzehnten weiterhin Wachstums- und Zuwanderungsregionen in Deutschland geben.

gleichwertige Lebensverhältnisse

Es ist somit von einer raumbezogenen Fragmentierung im Hinblick auf die genannten demographischen Prozesse auszugehen, die sowohl auf der Ebene der Stadtteile als auch im gesamtdeutschen Maßstab ein Nebeneinander bzw. eine Gleichzeitigkeit von Wachstum und Schrumpfung erwarten lässt. Mit Blick auf Schrumpfungsprozesse steht die Raumordnung vor der besonderen Herausforderung, Konzepte für einen „geordneten Rückbau" von Wohnraum und Infrastruktur zu entwickeln. Als Vorreiter für die Entwicklung von infrastrukturellen Anpassungsstrategien an eine schrumpfende Bevölkerung gilt zum Beispiel Schweden, wo bereits neue Konzepte zur Steuerumverteilung sowie zur kommunalen Kooperation unter anderem in regionalen Entwicklungsprogrammen erarbeitet wurden (Persson 2003).

Rückbau von Wohnraum und Infrastruktur

Abb. 9.2
Regional differenzierte
Komponenten des
demographischen Wan-
dels in Deutschland bis
2010 (Quelle: nach
Wehrhahn/Sandner Le
Gall 2011, 55)

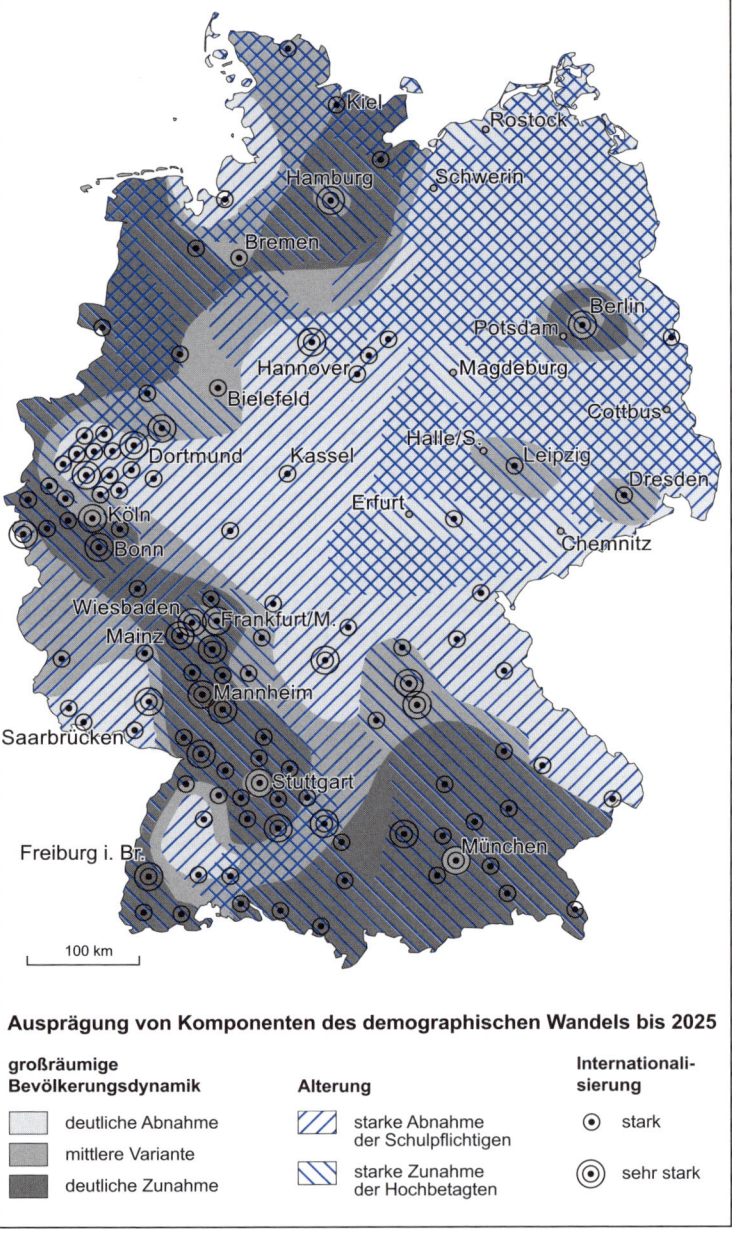

Ausprägung von Komponenten des demographischen Wandels bis 2025

**großräumige
Bevölkerungsdynamik**

☐	deutliche Abnahme
☐	mittlere Variante
☐	deutliche Zunahme

Alterung

▨	starke Abnahme der Schulpflichtigen
▨	starke Zunahme der Hochbetagten

**Internationali-
sierung**

⊙	stark
◉	sehr stark

Bevölkerungspolitik kann in zahlreichen Bereichen wirken, wie zum Beispiel in der Familien-, Wirtschafts-, Arbeitsmarkt- und Bildungspolitik. Insbesondere die Familienpolitik setzt in Deutschland auf Anreizsysteme, die dem Geburtenrückgang entgegensteuern sollen. Es bleibt zwar fraglich, inwieweit die private Entscheidung für oder gegen eine Elternschaft überhaupt politisch gestaltbar ist. In Umfragen zeigt sich aber, dass die Anzahl der Menschen bzw. Paare mit Kinderwunsch größer ist als die Anzahl der späteren Eltern (Bundesministerium des Innern 2011, 54) und dass ein Kinderwunsch umso seltener verwirklicht wird, je höher das Bildungsniveau der Frauen ist (ebd., 20). Als Vorbild für pronatalistische Maßnahmen – also Maßnahmen, die Anreize für steigende Geburtenzahlen schaffen – wird häufig das Nachbarland Frankreich herangezogen, das über deutlich bessere Betreuungsmöglichkeiten für Kinder unter drei Jahren verfügt und infolgedessen auch gegenüber Deutschland eine höhere Vollzeiterwerbsquote der Mütter kleiner Kinder aufweist (Bauer-Hailer/Wezel 2007). Überlagert wird die Entscheidung für oder gegen Kinder von sehr persistenten Rollenzuschreibungen: Unter anderem durch Drohbegriffe wie den der „Rabenmutter" (den es nur in der deutschen Sprache gibt) werden konservative Erwartungen an die Mutterrolle geknüpft. Die traditionellen Rollenbilder von Müttern und Vätern scheinen sich in Westdeutschland nur sehr langsam zu verändern, während es in den neuen Ländern auch abweichende Vorstellungen gibt (Blohm/Walter 2011).

pronatalistische Maßnahmen

Aufgrund der räumlichen Unterschiede der Bevölkerungsentwicklung verlangt die Frage nach dem Altern von Deutschland eine differenzierte Antwort. Die Feststellung, dass „Deutschland vergreist", greift jedenfalls zu kurz. Dies gilt auch und erst recht für die Feststellung, dass „die Deutschen aussterben". Wie der Historiker Thomas Bryant (2011) zeigt, ist die Rede vom „Aussterben der Deutschen" ein Bedrohungsszenario, das im deutschen Demographie-Diskurs bereits seit hundert Jahren eine wichtige Rolle spielt. Allerdings muss darauf geachtet werden, dass dieses Szenario nicht dazu missbraucht wird, eine Konfliktlinie entlang der Altersgrenzen entstehen zu lassen. Derzeit zeichnet sich mit zunehmender Alterung der Gesellschaft noch keine Verschärfung der Generationenkonflikte ab, sondern es ist eine breite Solidaritätsbereitschaft zwischen den Generationen zu erkennen (Sachweh 2011, 13). Um sie zu erhalten, ist es wichtig, Bevölkerungspolitik nicht isoliert, sondern in enger Abstimmung mit anderen Politikfeldern zu betrachten. In der Verbindung von Familien- und Zuwanderungspolitik mit Arbeitsmarkt-, Gesundheits- und Bildungspolitik liegen große politische Herausforderungen. Mit ihnen verbindet sich einerseits dringender Handlungsbedarf, andererseits aber auch die Notwendigkeit zum maßvollen Umgang mit Kontrolle und Einflussnahme im Sinne der Biomacht.

Solidaritätsbereitschaft zwischen den Generationen

Literatur

Anderson, B. (2005): Die Erfindung der Nation: zur Karriere eines folgenreiches Konzepts. Frankfurt a. M.: Campus.

Anderson, M. (1988): The American Census: A Social History. New Haven: Yale University Press.

Bähr, J. (2010): Bevölkerungsgeographie. 5. Aufl., Stuttgart: Ulmer.

Bauer-Hailer, U.; Wezel, H. U. (2007): Frankreich: ein Staat, der Lust auf Kinder macht. Familienpolitik in Deutschland und Frankreich. In: Statistisches Monatsheft Baden-Württemberg 5, 15–17.

Blohm, M.; Walter, J. (2011): Einstellungen zur Rolle der Frau. In: Statistisches Bundesamt (Destatis)/Wissenschaftszentrum Berlin für Sozialforschung (WZB) (Hg.): Datenreport 2011. Bonn: Bundeszentrale für politische Bildung, 393–398.

Bryant, T. (2011): Alterungsangst und Todesgefahr – der deutsche Demographie-Diskurs (1911–2011). In: Aus Politik und Zeitgeschichte 10/11, 40–46.

Bundesministerium des Innern (Hg.) (2011): Demographiebericht: Bericht der Bundesregierung zur demographischen Lage und künftigen Entwicklung des Landes. Berlin.

Cohn, B. (1987): The census, social structure and objectification in South Asia. In: Cohn, B. (Hg.): An Anthropologist among the Historians and other Essays. Oxford: Oxford University Press, 224–254.

Desrosières, A. (2005): Die Politik der großen Zahlen: Eine Geschichte der statistischen Denkweise. Heidelberg: Springer.

Donzelot, J. (1980): Die Ordnung der Familie. Frankfurt a. M.: Suhrkamp.

Foucault, M. (1977a): Überwachen und Strafen. Die Geburt des Gefängnisses. Frankfurt a. M.: Suhrkamp.

Foucault, M. (1977b): Der Wille zum Wissen. Sexualität und Wahrheit Frankfurt a. M.: Suhrkamp.

Foucault, M. (2004): Geschichte der Gouvernementalität I. Sicherheit, Territorium, Bevölkerung. Frankfurt a. M.: Suhrkamp.

Gans, P.; Schmitz-Veltin, A.; West, C. (2009): Bevölkerungsgeographie. Braunschweig: Diercke Spezial.

Gans, P.; Kemper, F.-J. (2010): Die Bevölkerung und ihre Dynamik. In: Hänsgen, D.; Lentz, S.; Tzschaschel, S. (Hg.): Deutschlandatlas. Darmstadt: Wissenschaftliche Buchgesellschaft, 15–37.

Gould, S. J. (1988): Der falsch vermessene Mensch. Frankfurt a. M.: Suhrkamp.

Grohmann, H. (2009): Von der Volkszählung zum Registerzensus: Paradigmenwechsel in der deutschen amtlichen Statistik. In: Wirtschafts- und Sozialstatistisches Archiv 3, 3–23.

Hacking, I. (1990): The Taming of Chance. Cambridge: Cambridge University Press.

Hannah, M. G. (2000): Governmentality and the Mastery of Territory in Nineteenth-Century America. Cambridge: Cambridge University Press.

Hannah, M. G. (2010): Dark Territory in the Information Age: Learning from the West German Census Controversies of the 1980s. Farnham, Surrey: Ashgate.

Husa, K.; Wohlschlägel, H. (2009): Südostasien „ergraut". Demographischer Wandel und Alterung der Bevölkerung in Südostasien. In: Geographische Rundschau 10, 4–12.

Lesthaeghe, R. (2010): The Unfolding Story of the Second Demographic Transition. Research Report 10-696 (January 2010). Population Studies Center. University of Michigan, Institute for Social Research.

Levitan, K. (2011): A Cultural History of the British Census: Envisioning the Multitude in the Nineteenth Century. New York: Palgrave Macmillan.

Mau, S.; Zapf, W. (1998): Zwischen Schock und Anpassung. Ostdeutsche Familien im Übergang. In: Informationsdienst Soziale Indikatoren 20, 1–4.

Persson, L. O. (2003): Anpassungsstrategien für Regionen mit starkem Bevölkerungsrückgang – Gibt es solche Strategien in Schweden? In: Informationen zur Raumentwicklung 12, 719–723.

Poovey, M. (1995): Making a Social Body: British Cultural Formation, 1830–1864. Chicago: University of Chicago Press.

Porter, T. (1986): The Rise of Statistical Thinking 1820–1900. Princeton: Princeton University Press.

Sachweh, P. (2011): Wohlfahrtsstaatliche Generationensolidarität und demographischer Wandel. Szenarien, Befunde, Perspektiven. In: Bevölkerungsforschung Aktuell 5, 8–15.

Wehrhahn, R.; Sandner Le Gall, V. (2011): Bevölkerungsgeographie. Geowissen kompakt. Darmstadt: Wissenschaftliche Buchgesellschaft.

Anke Strüver # 10 Geschlecht und Sexualität

10.1 Einleitung

„Ich erinnere mich deutlich an ein Bild, das mich als Neun- oder Zehn-
jährige beeindruckt hat. Ich wohnte damals am Stadtrand von Manchester: Auf dem Weg in die Stadt überquerten wir das breite, flache
Tal des Mersey, und ich erinnere mich an feuchte, schlammige Felder,
die sich in einer kalten, nebligen Weite verloren. Und all das war in
Fußball- und Rugbyplätze aufgeteilt. An Samstagen war das ganze
riesige Gebiet übersät mit Hunderten von kleinen Leuten, die alle
einem Ball nachrannten. Diese gewaltige Fläche der Mersey-
Schwemmebene [war, A. S.] völlig den Knaben überlassen. Ich
besuchte diese Spielfelder nie – es schien, als ob ich keinen Zutritt
dazu hätte und sie zu einer anderen Welt gehörten" (Massey 1993,
109, gekürzt).

Die Kindheitserinnerungen der Geographin Doreen Massey an die
„andere Welt der Fußballplätze" in den 1950er-Jahren verweisen darauf, dass Jungen und Mädchen beim Spielen unterschiedliche Raum-
erfahrungen machen: Während Jungen wie beim Fußball oder Radfahren im Freien und „Raum greifend" agieren, ist der spielerische
Alltag von Mädchen stärker verhäuslicht und beansprucht bei körper-
orientierten Aktivitäten wie Gummitwist und Seilspringen oder Gerä-
teturnen weniger Platz (vgl. Wucherpfennig 2010). Zudem sind auf
dem Schulhof Ballspielplätze in der Regel großflächig und zugleich
zentral angelegt, wohingegen Turn- und Klettergeräte, an denen sich
die Mädchen im Durchschnitt viel häufiger betätigen, oftmals am
Rand platziert sind.

Doch worauf basieren diese ungleichen Raumangebote und -nut-
zungsweisen? Inwieweit sind „geschlechtstypische" Raumnutzungen
durch die materielle Raumphysiologie und/oder durch „typisch
männliche" bzw. „typisch weibliche" Bewegungsformen vorstruktu-
riert? Wie werden ungleiche Raumnutzungsmuster – auch jenseits
konkreter Angebote – produziert? Inwiefern sind geschlechtliche
Codierungen einzelner Orte und Plätze mit der räumlichen Nutzung
durch verschiedene Menschen – unterteilt in Jungen und Mädchen
bzw. Männer und Frauen – gleichzusetzen? Beinhaltet die Nutzung
eines Raumes durch Mädchen den Ausschluss von Jungen und anders-
herum? Und was unterscheidet eine sozialgeographische Perspektive,
die sozialräumliche Ungleichheiten basierend auf der Kategorie
Geschlecht untersucht, von einer, die sich auf die Konstruktion von

Geschlecht und von geschlechtlich codierten Raum- und Gesellschaftsstrukturen konzentriert?

Geschlechtlich differenzierte Nutzungen von Alltagsräumen sind das zentrale Thema der geographischen Geschlechterforschung seit den 1970er-Jahren. Hier fiel der Blick zunächst vor allem auf den Ausschluss von Frauen aus der gleichberechtigten Raumnutzung – durch konkrete oder subtile „Platzverweise". Die Konzentration auf den Ausschluss von Frauen ist dabei gleichermaßen programmatisch wie problematisch: Programmatisch ist sie, weil sie dem unreflektierten Androzentrismus und der daraus resultierenden „Geschlechtsblindheit" in Wissenschaft und Gesellschaft entgegenwirken soll. Androzentrismus beschreibt ein gesellschaftliches wie wissenschaftliches Leitbild, in dem das Männliche als Norm und das Weibliche als das von der Norm Abweichende fungiert. Er beinhaltet die Verallgemeinerung eines männlichen Blicks als *menschlichen* Blick und führt zur Universalisierung männlicher Erfahrungen als *allgemeine* Erfahrungen. Diese sind gleichwohl nicht geschlechtsneutral, sondern ignorieren weibliche Lebenszusammenhänge (vgl. Harding 1994; für die Geographie: Rose 1993; Fleischmann/Meyer-Hanschen 2005; Strüver 2005).

geschlechtlich differenzierte Nutzungen von Alltagsräumen

Die einseitige Konzentration auf Frauen ist aber auch problematisch: Sie führt erstens zu einer umgekehrten „Geschlechtsblindheit" und geht zweitens mit einer Essentialisierung und Homogenisierung aller Frauen, ihrer vermeintlich naturgegebenen Eigenschaften sowie ihrer geschlechtsspezifischen Erfahrungen einher. Bevor die Annahme der naturgegebenen Geschlechtlichkeit aufgelöst wird (Kapitel 3 und 4 dieses Beitrags), soll zunächst ein weiteres Beispiel aus der geographischen Geschlechterforschung, die stadtplanerische Funktionstrennung und die daran gebundenen „Platzanweisungen", erläutert werden.

10.2 Geschlechterverhältnisse als soziale und räumliche „Platzanweiser"

Ein wichtiger thematischer Schwerpunkt der Geschlechterforschung in der Geographie ist die mit der Industrialisierung entstandene Aufteilung der Produktions- und Reproduktionsarbeit nach Geschlechtern, das heißt die sozioökonomische und räumliche Trennung von „männlicher" Lohnarbeit und „weiblicher" Haushaltsarbeit. Neben der Kritik an der unbezahlten und unsichtbaren Arbeit im Haushalt im Allgemeinen wird die an die räumliche Aufteilung der Arbeitsplätze gebundene Unterscheidung von öffentlicher und privater Sphäre im Besonderen diskutiert. Diese Unterscheidung findet sich auch in städtischen Siedlungsstrukturen wieder: Mit den seit Mitte des letzten Jahrhunderts auf Funktionstrennungen basierenden Stadtentwicklungsprogrammen hat sich auch die räumliche Trennung der Grund-

räumliche Trennung der Grunddaseinsfunktionen

daseinsfunktionen vollzogen (vor allem von Wohnen, Arbeiten, Versorgen und Erholen). Diese stellt eine materialisierte Ausdrucksform der Gesellschaftsstruktur mit ihrem hierarchischen Geschlechterverhältnis dar und lässt sich als dessen städtebauliche Verräumlichung verstehen (vgl. Becker 2010; Frank 2010).

Bis weit in die 1970er-Jahre hinein war das Geschlechterverhältnis in Deutschland durch sogenannte Normalarbeitsbiografien bestimmt, die auf der Unterscheidung von unbefristeter männlicher Produktionsarbeit und unbezahlter weiblicher Reproduktionsarbeit sowie auf patriarchalen Familien- und Gesellschaftsstrukturen basierten. Der Kernfamilien-Haushalt (Vater, Mutter, Kind/-er) galt als Prototyp des Zusammenlebens, der im Kontext von Suburbanisierungsentwicklungen eine besonders prägnante räumliche Ausdrucksform fand. Durch die Suburbanisierung – in Einfamilienhaus- und Großwohnsiedlungen am Stadtrand – kam es zur Verdrängung der Hausfrauen und Mütter „an den Rand": Die Trennung städtischer Funktionen basierte auf und resultierte in der Trennung von Wohnen und Arbeiten; sie „beruhte auf einem Androzentrismus, denn sie unterstellte: wer wohnt, arbeitet nicht. Diese Nichtanerkennung von Reproduktionsarbeit als Arbeit liegt auch der berüchtigten Bezeichnung randstädtischer Großsiedlungen als ‚Schlafstädte' zugrunde" (Frank 2010, 29).

Als Zwischenfazit lässt sich an dieser Stelle festhalten, dass die Verräumlichung der Funktionstrennung auf der geschlechtshierarchischen Gesellschaftsstruktur und der an sie gebundenen Arbeitsteilung beruhte; Frauen und ihre Arbeit wurden nicht nur sozioökonomisch, sondern auch räumlich „an den Rand gedrängt". Durch die innerfamiliären sowie gesellschaftlich-normierten Geschlechterrollen wird Geschlecht zum sozialen und räumlichen „Platzanweiser".

10.3 Wechselwirkungen zwischen Raumstrukturen und Geschlechterverhältnissen

Auch wenn die Beziehungen zwischen Geschlechterverhältnissen und Stadtentwicklungsprozessen ein plakatives Beispiel für die Durchsetzung und Aufrechterhaltung bestimmter sozialer und räumlicher Ordnungen darstellen, so gibt es auch Kritik an solchen Studien, da sie sich einseitig auf Frauen bzw. deren Benachteiligung konzentrieren („umgekehrte Geschlechtsblindheit", siehe Einleitung). Sie seien als Dokumentation einer „weiblichen Defizitgeschichte" zu lesen, die die Geschlechterdifferenz als naturgegeben und unveränderbar sedimentierten. Ausgehend von dieser Kritik hat sich innerhalb der geographischen Geschlechterforschung um die Jahrtausendwende ein Perspektivenwechsel vollzogen: An die Stelle der Suche nach vermeintlich geschlechtstypischen Differenzen in den Raumnutzungen von Frauen und Männern ist eine Beschäftigung mit dem Wechselverhältnis zwischen Raum und Geschlecht, mit der gesellschaftlichen Co-

Co-Konstitution von geschlechtlich codierten Räumen und Subjektidentitäten

Konstitution von geschlechtlich codierten Räumen und Subjektidentitäten getreten. Dabei geht es nicht länger um die Feststellung, dass
Frauen und Männer unterschiedliche Raumausschnitte zugewiesen
bekommen, sondern um die Frage, inwiefern räumliche Strukturen
und Geschlechterkonstruktionen sich wechselseitig manifestieren
oder auch transformieren.

10.3.1 Geschlechtlich codierte Subjektidentitäten

Geschlechtszugehörigkeit, das heißt ein Mann oder eine Frau zu sein,
stellt im Alltagsleben eine selbstverständliche sowie eine das „Selbst
verständlich machende" soziale Differenzierung dar. Durch diese
Selbst-Verständlichkeit wiederum wird sie in ihrer vermeintlichen
Natürlichkeit (da biologisch eindeutig) und Exklusivität (da männlich
oder weiblich) eher selten hinterfragt. Diesem Alltagsverständnis sind
verschiedene Auffassungen von Geschlecht und Zweigeschlechtlich-
keit als soziale Konstruktionen gegenübergestellt.

Sex und Gender

„Man kommt nicht als Frau zur Welt, man wird es. Keine biologische, psychische oder ökonomische Bestimmung legt die Gestalt
fest, die der weibliche Mensch in der Gesellschaft annimmt" (de
Beauvoir 1992, 334).
Mit diesem viel zitierten Ausspruch hat Simone de Beauvoir
bereits 1949 die Natürlichkeit des Geschlechts infrage gestellt
und damit implizit die Grundlage für die später mithilfe engli-
scher Begriffe getroffene Unterscheidung von Sex (als das bei der
Geburt festgelegte biologische Geschlecht) und Gender (als
soziokulturell konstruierte Geschlechtsidentität) gelegt. Diese
Trennung geht auf die medizinische Beschäftigung mit der Nicht-
übereinstimmung von Sex und Gender bei Trans- und Intersexu-
ellen zurück. Die Unterscheidung widerlegt die vermeintliche
naturgegebene Übereinstimmung von Sex und Gender sowie die
Annahmen,
• dass die mit Gender bezeichnete Identität auf dem mit Sex
  benannten biologischen Geschlecht basiere,
• dass Frauen „von Natur aus" das *andere* Geschlecht seien und
• dass biologische Unterschiede zwischen Männern und Frauen
  automatisch gesellschaftlich bedeutsam sind bzw. auf einer
  „natürlichen Ordnung" beruhen.

Was die unterschiedlichen Konzeptionen zur sozialen Konstruktion
von Geschlecht eint, ist die Widerlegung einer vorsozialen und außer-
kulturellen „Natürlichkeit des Menschen". Im Anschluss daran kann
es auch nicht länger um „natürliche Geschlechtsunterschiede" oder
„geschlechtsspezifische Differenzen" gehen, sondern um eine De- und

Rekonstruktion von gesellschaftlichen Prozessen, die Ungleichheiten *durch* Geschlecht als Struktur- und Identitätskategorie definieren. Abgelehnt wird damit auch die Unterscheidung der Begriffe Sex und Gender, da sie sich als reproduzierter Natur-Kultur-Dualismus erweist. Stattdessen stellt die Frage nach dem Verhältnis von Natur (Sex) und Kultur (Gender) ein zentrales Abgrenzungskriterium für die verschiedenen Verständnisse der Konstruktion von Geschlecht dar. Diese Verständnisse gehen dabei in ihren Differenzen auf unterschiedliche gesellschafts- und wissenschaftstheoretische Positionen zurück, sie lassen sich gleichwohl auch produktiv miteinander kombinieren (siehe Kapitel 4.3) und werden nun kurz erläutert (vgl. Degele 2008; Wetterer 2010):

theoretische Positionen zur Konstruktion von Geschlecht

- Im klassischen Sozialkonstruktivismus werden vorrangig die Prozesse thematisiert, die vergeschlechtlichte Identitätskategorien und Subjektpositionen als sozial relevante Merkmale in der Interaktion, das heißt im Rahmen von Alltagswissen und -handeln, hervorbringen und verfestigen. Geschlecht ist dann nicht länger das, was Subjekte haben (ein Merkmal oder eine Eigenschaft), sondern das, was sie tun (*doing gender*). Dementsprechend steht die empirische Rekonstruktion der sozialen und kulturellen Genese von Identitätskategorien bzw. Geschlechtsidentität (Gender) im Fokus. Im daran gebundenen mikrosoziologischen Konzept des *doing identity and difference* (Fenstermaker/West 2001) steht die Frage „Wie werden Geschlechter hergestellt?" im Vordergrund, und die vermeintliche Natürlichkeit des Geschlechts erweist sich als soziokulturell konstruiert.

- Im stärker gesellschaftskritisch orientierten Konstruktivismus hingegen wird Geschlecht als Struktur-Kategorie verstanden, als Kategorie, die innerhalb patriarchal und kapitalistisch organisierter Gesellschaften zur Benachteiligung von Frauen führt. Der Begriff Patriarchat verweist dabei auf Strukturen, in denen Männer dominant sind und Frauen unterdrückt und ausgebeutet werden. In kapitalistischen Wirtschaftssystemen ist die vergeschlechtlichte Trennung in Reproduktions- und Produktionsarbeit ein Ausdruck davon. Soziale Ungleichheiten aufgrund patriarchaler Gesellschafts- bzw. Geschlechterstrukturen haben sich dabei so stark verfestigt, dass sie beispielsweise im Berufs- und Arbeitsleben weiterhin als „Platzanweiser" für bestimmte Berufs- und (Niedrig-)Lohngruppen wirkmächtig sind – trotz individualisierter Lebensstile und flexibilisierter Arbeitsstrukturen einerseits und institutionalisierten „Gleichstellungsmaßnahmen" andererseits.

- Der poststrukturalistische (De-)Konstruktivismus schließlich fragt vorrangig nach den Prozessen, die Geschlecht zu einem gesellschaftlichen Macht- und Ordnungsprinzip werden lassen. Im Mittelpunkt stehen damit normierende Bedeutungszuschreibungen, nicht so sehr in alltäglichen Interaktionen, sondern innerhalb wirkmächtiger Repräsentationssysteme. In dieser Theoriekonzeption gilt nicht nur Gender, sondern auch Sex als konstruiert, das heißt auch der vergeschlechtlichte („biologische") Körper ist nicht länger vorgängige, naturgegebene Basis, sondern Effekt sozialer Prozesse (siehe Kapitel 10.4.2).

10.3.2 Geschlechtlich codierte Räume

Wie bereits oben angedeutet dominierte in der Geschlechterforschung anfänglich eine „umgekehrte Geschlechtsblindheit", die es abzulösen galt, da sie – in der Fremd- wie in der Selbstwahrnehmung – auf der Gleichsetzung „Geschlechterforschung = Frauenforschung" basierte. Zudem ist das repressive Machtverständnis im Sinne patriarchaler Dominanzstrukturen einem anderen Verständnis gewichen, das Macht als komplexes, mehrdimensionales Verhältnis versteht und auch Veränderungsmöglichkeiten umfasst (siehe nachfolgende Ausführungen). In den Kontext dieses Wandels gehört auch das, in der Geographie bislang kaum beachtete, Konzept der „Hegemonialen Männlichkeit" (Connell 1999), das in konstruktivistischer Theorietradition eine soziokulturelle Norm(-ierung) von Männlichkeit beschreibt, an der sich Frauen wie auch Männer in ihren jeweiligen Abweichungen orientieren und sich – sozial wie räumlich – platzieren. Das bedeutet, dass die oben beschriebene geschlechtlich codierte Trennung von Arbeitsbereichen auch dazu führt, dass Männer auf Kinderspielplätzen weiterhin tendenziell als deplatziert oder als „gefährlich" gelten, weil ein Hausmann oder alleinerziehender Vater nicht der Norm(al)vorstellung entspricht.

Konzept der „Hegemonialen Männlichkeit"

Die Manifestationen von Geschlechter- und Raumkonstruktionen finden sich auf allen räumlichen Maßstabsebenen, und auf allen Ebenen sind sie durch gesellschaftliche Machtverhältnisse produziert (für Beispiele siehe Wastl-Walter 2010; Bauriedl et al. 2010a). Die Analyse von Raum- und Geschlechterkonstruktionen ist daher immer auch eine Analyse der gesellschaftlichen Machtverhältnisse. Doreen Massey hat mit ihrer Kritik an der isolierten Betrachtung von Raum abseits gesellschaftlicher Prozesse eine der Grundlagen für die heutzutage weitgehend akzeptierte Verknüpfung der gesellschaftlichen Produktion von Raum mit der Konstruktion von Gesellschaft gelegt. Sie betont, dass einerseits Raum durch gesellschaftliche Machtverhältnisse sowie soziale Praktiken produziert wird, und dass Raum ein veränderbares (Zwischen-)Ergebnis gesellschaftlicher Interaktionen darstellt. Andererseits ist aber auch das Gesellschaftliche räumlich konstruiert, das heißt, die räumliche Organisation von Gesellschaft ist relevant für ihr Funktionieren und verweist auf „die gleichzeitige Koexistenz sozialer Beziehungen auf allen räumlichen Maßstabsebenen" (Massey 2007, 127f.). Die räumliche Organisation von Gesellschaft und ihre Auswirkungen auf das Geschlechterverhältnis lassen sich wiederum an der Verräumlichung der Funktionstrennung ablesen, dazu gehört zum Beispiel die Platzierung von Frauen „an den

Verknüpfung der gesellschaftlichen Produktion von Raum mit der Konstruktion von Gesellschaft

Abb. 10.1
Wechselwirkungen zwi-
schen Raum- und
Gesellschaftsstrukturen
am Beispiel von
Geschlechterverhältnis-
sen (eigene Darstellung)

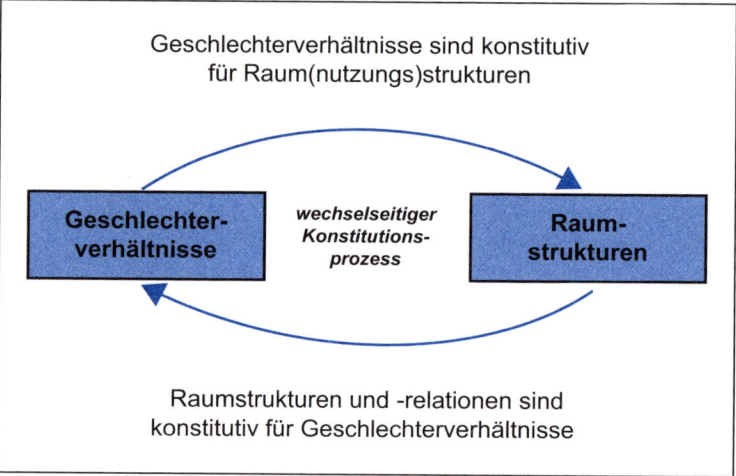

Stadtrand", aber auch die vermeintliche Deplaziertheit von Männern auf dem Spielplatz. Sie findet sich aber gleichermaßen in sogenannten „Frauen-Angsträumen", doch sind die Ursachen für Unsicherheitsgefühle und die Vermeidung von Angsträumen (z. B. unbeleuchtete Parkplätze oder Unterführungen) weder dem Raumausschnitt noch dem Frausein inhärent, sondern den Gesellschaftsstrukturen, die das Geschlechterverhältnis regulieren.

10.4   Perspektivenerweiterungen

Nachfolgend werden zunächst einige Perspektiven skizziert, die sich aus der Geschlechterforschung für kritisches wissenschaftliches Arbeiten im Allgemeinen ergeben haben. Anschließend wird in Fortführung der oben skizzierten poststrukturalistischen Variante des Sozialkonstruktivismus das Performativitätskonzept vorgestellt, das die Veränderbarkeit und Vielfalt von geschlechtlichen Codierungen und Platzierungen thematisiert. Auf dieser Basis wird schließlich eine dritte Erweiterung thematisiert, die Geschlechts- und Sexualitätskategorien intersektional konzipiert, sie dadurch multipliziert und zudem verschiedene analytische Schwerpunkte der Geschlechterforschung miteinander kombiniert.

10.4.1 Situiertes Wissen

Im Rahmen poststrukturalistischer Überlegungen hat insbesondere Judith Butler mit ihrem Werk „Das Unbehagen der Geschlechter" (im Original: Gender Trouble, 1991) Unruhe ausgelöst. Mithilfe wissenschaftssoziologischer Argumente kritisiert sie die Unterscheidung der

Bezeichnungen Sex und Gender, die die Natürlichkeit der Zweige-
schlechtlichkeit reproduziere und die körperliche Materialität des
Geschlechts als vermeintlich gesellschaftlich Vorgängiges ignoriere.
Butler legt mit Verweisen auf den Sozialphilosophen Michel Foucault
(1977) sowie die Wissenschaftssoziologinnen Sandra Harding (1994)
und Donna Haraway (1995) dar, dass sich die „wissenschaftlichen"
Verfahrensweisen zur Feststellung biologischer Tatsachen als „gesellschaftliche" Verfahren herausstellten, die durch Macht-Wissen-
Regime und Wahrheitsansprüche der (Natur-)Wissenschaften konsti-
tuiert sind. Dem gegenübergestellt ist Haraways Konzept des situier-   **Konzept des situierten**
ten Wissens als eine Form positionierter Objektivitäten, „bei denen   **Wissens**
Partialität und nicht Universalität die Bedingung dafür ist, rationale
Ansprüche auf Wissen vernehmbar anzumelden. Dies sind Ansprüche
auf Aussagen über das Leben von Menschen: entweder die Sicht von
einem Körper aus, der immer ein komplexer, widersprüchlicher,
strukturierender und strukturierter Körper ist, oder der einfache und
einfältige Blick von oben, von nirgendwo" (Haraway 1995, 89).

In der Geographie hat sich, initiiert durch die feministische Geographin Gillian Rose (1993), die Kritik am „Blick von nirgendwo"
auch jenseits der Geschlechterforschung etablieren können. „Der Versuch eines geschlechtsneutralen Blicks von Forschenden auf Landschaft, Orte etc. ist [...] eine hartnäckig betriebene Fiktion. Der Blick
der/des Forschenden [...] ist immer bereits durch gesellschaftlich hergestellte Bilder und Normen von Geschlechterverhältnissen geprägt,
die im Forschungsprozess reflektiert und offengelegt werden sollten"
(Bauriedl et al. 2010b, 10).

10.4.2 Performative Subjektidentitäten

Auf der Grundlage einer Subjektkonzeption, die Geschlechtsidentität
nicht als naturgegeben begreift, entwickelt Butler (1991; 1997; 1998)
ein Körperverständnis, das auch die Physis des Körpers als eine sozial
produzierte versteht: Subjekte verkörpern – im wahrsten Sinne des   **Subjekte verkörpern**
Wortes – soziale Kräfteverhältnisse. Sie stellen die materialisierte Ver-   **soziale Kräftever-**
körperung gesellschaftlich vermittelter Definitionen von Normalität   **hältnisse**
und Abweichung dar, sodass Subjekte Normen gleichzeitig inkorpo-
rieren und repräsentieren. Repräsentation wiederum verweist hier
nicht nur auf Darstellung, zum Beispiel von Männlichkeit, sondern
beinhaltet auch deren performativen Vollzug – die Praktizierung von
Männlichkeit.

Geschlecht ist dann nicht länger etwas rein Biologisches, dem die
Geschlechtsidentität zugeordnet ist, sondern eine soziokulturelle
Norm, die sich im Körper materialisiert. Der Prozess, durch den eine
körperliche Norm angenommen wird, ist ein Anrufungsprozess, der –
sofern er erfolgreich ist – durch die Verkörperung die Norm temporär
stabilisiert. So beinhaltet die Anrufung „Du wirst getauft auf den
Namen Ljudmila." weit mehr als die Zuweisung eines Vornamens. Sie

verleiht dem Kind einen bedeutenden Teil seiner Identität, denn es wird als Mädchen angerufen. Zudem wird es durch die dem Vornamen anhängenden Konnotationen gegebenenfalls entlang bestimmter sozialstruktureller oder ethnischer Kategorien positioniert.

Performativität

Butlers Performativitätskonzept ist eine Weiterführung von Austins Sprechakttheorie, deren Grundzüge er in dem Werk „How to do things with words" (1962, dt. 2002) darlegt: Austin versteht unter performativen Äußerungen solche, die als Handlung das vollziehen, was sie sprachlich ausdrücken und die durch ritualisiertes Wiederholen (Kopieren) von Sprechakten das Vollzogene materialisieren und naturalisieren (z. B. Rolle und Platz einer „Haus-Frau").

Sofern eine sprachliche Anrufung auch die Ausführung des Gesprochenen beinhaltet, beschreibt Performativität die Produktion sozialer Wirklichkeit im Vollzug und ist somit weniger ein sprachliches denn ein soziales Phänomen. Dabei sind es die alltäglich-routinisierten und „kopierten" Aufführungen, die gesellschaftliche Normen verfestigen. Zugleich verweist das Konzept der Performativität auch auf die Unmöglichkeit identischen Kopierens, sodass es zwangsläufig zu Veränderungen kommt und die gesellschaftlichen Bedeutungen und Platzierungen von „Frauen" variieren (vgl. Boeckler/Strüver 2011).

Subjekte sind das Ergebnis performativer Sprechakte. Verkörperte Subjekte erweisen sich als Ausdruck individualisierter Anrufungs- und Identifikationsprozesse innerhalb der herrschenden Gesellschaftsstrukturen; sie sind das Ergebnis performativer Sprechakte. „Angerufen" zu werden, gehört nach Butler zu den Bedingungen, durch die sich das Subjekt konstituiert und auf seinen Platz verwiesen wird – auch beispielsweise auf den bzw. weg vom Fußballplatz. Neben den eingangs zitierten Erinnerungen an die ausschließlich durch Jungen genutzten Fußballfelder in Manchester gilt dies zum Beispiel auch für den (institutionalisierten) Frauenfußball in Deutschland, der bis weit in die 1980er-Jahre als „unästhetisch" und „unweiblich" galt. Beide Bezeichnungen bzw. „Anrufungen" gehen u. a. auf Äußerungen des Deutschen Fußballbundes von 1955 zurück, die sich performativ vollzogen haben. Erst die Ausrichtung einer Weltmeisterschaft im eigenen Land im Jahr 2011 führte dazu, diese Äußerungen umzucodieren und Frauen auf dem Fußballfeld als gleichermaßen sportlich, weiblich und ästhetisch zu platzieren.

Die Widerlegung der vermeintlichen Natürlichkeit der biologischen Geschlechterdifferenz durch die Konzeption des verkörperten Subjekts als gesellschaftliche und wissenschaftliche Konstruktion schließt konsequenterweise auch die Sexualität mit ein. So hat Foucault in zwei Bänden zu „Sexualität und Wahrheit" (1977; 1986) die

Abb. 10.2
Fußgängerzonen im *gender trouble*: links: Mutter und Tochter – Frauen-Zone? (Innenstadt in Münster); Mitte: „Anrufung" des berockten Erwachsenen als „Papa" (Unitoilette in Kassel); rechts: Alleinerziehender, Familien-vater, Hausmann? (Tschechische Republik) (Fotos: A. Strüver v.l.n.r. 2012, 2012, 2004)

Konstruktionen von Körper, Sexualität und leiblichem Empfinden als Ausdruck spezifischer soziohistorischer Rahmenbedingungen analysiert. Nach Foucault umfasst Sexualität Gefühle, Begehren und Verhaltensformen, die nicht rein biologisch begründet werden können, sondern auch gesellschaftlich geprägt sind. Damit ist auch Sexualität ein Effekt gesellschaftlicher Regulierungs- und Normierungsformen. Dazu gehört insbesondere auch die Heterosexualität als Norm bzw. als Normalisierungs- und Anrufungsform, die individuelles Begehren, aber auch gesellschaftliche Institutionen und Räume produziert. In diesem Zusammenhang verweist der Begriff Heteronormativität (Butler 1991) auf die Naturalisierung von Heterosexualität und somit darauf, wie und wo unhinterfragt „Heterosexualität als normal" und „Homosexualität als normabweichend" manifestiert wird. Hier sei noch einmal auf den Fußball hingewiesen, der als Männersport eine heteronormativ organisierte Institution ist: Die Umarmungen der Spieler nach einem Torerfolg gelten im Kontext des heterosexuell codierten Männerfußballs als „normaler" Ausdruck von Freude, nicht von „abweichender" Sexualität.

Heteronormativität

10.4.3 Intersektionale Subjektidentitäten

Die existierende Vielfalt von Geschlechts- und Sexualitätskategorien macht die Berücksichtigung der Unterschiede und Hierarchien innerhalb der Gruppe der Frauen bzw. Männer unumgänglich und sensibilisiert für das Zusammenwirken verschiedenster Differenzkategorien in einer Person. Identität konstituiert sich intersektional, das heißt an der Schnittstelle („Kreuzung") multipler Formen sozialer Kategorisierungen und Diskriminierungen, also zum Beispiel durch die Zugehörigkeit zu bestimmten nationalen, soziokulturellen, religiösen Gemeinschaften oder Altersgruppen.

Identität konstituiert sich an der Schnittstelle sozialer Kategorisierungen.

Abb. 10.3
Matrix intersektionaler Identitäts- und Differenzkategorien auf unterschiedlichen Ebenen (eigene Darstellung)

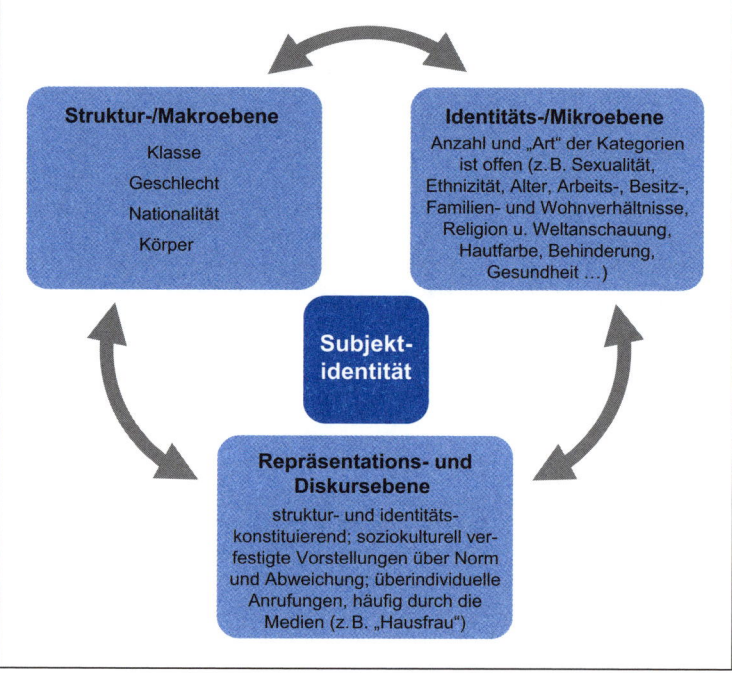

Intersektionalität

Intersektionalität bezieht sich auf die Interaktion unterschiedlicher Identitäts- und Differenzkategorien in einer Person. Das Konzept pluralisiert die Kategorie „Geschlecht", um die Machtverhältnisse zwischen Frauen bzw. zwischen Männern zu berücksichtigen. Seine Ursprünge liegen im US-amerikanischen *Black Feminism*, der forderte, die eindimensionale Betrachtung von sexistischen Diskriminierungserfahrungen um rassistische zu ergänzen. Gleichwohl geht es nicht um die Addition von Ungleichheitskategorien, sondern um ihre vielfältigen Interdependenzen.

Soziale Kategorien werden als hierarchisierende Unterscheidungsmerkmale und als ineinander verwobene Herrschaftsverhältnisse verstanden, die sich gegenseitig verstärken oder abschwächen können und prozessual in einer offenen Matrix miteinander verbunden sind. Diese Matrix umfasst geschlechtliche Codierungen in Verbindung mit weiteren Kategorisierungen (wie Klasse, Alter und Nationalität/Ethnizität), die gesellschaftliche Beziehungen auf allen räumlichen Maßstabsebenen hierarchisch strukturieren (siehe Abbildung 10.3).

Das Konzept der Intersektionalität hat sich in letzter Zeit zum neuen Leitbild der Geschlechterforschung entwickelt. Umstritten sind allerdings Art und Anzahl der das Geschlecht durchkreuzenden und daher zu berücksichtigenden Ungleichheitskategorien. Dabei geht es – in Analogie zu den verschiedenen konzeptionellen Zugängen zur Geschlechterkonstruktion (vgl. Kapitel 10.3.1) – um überindividuelle Strukturkategorien wie Nationalität und Klasse (Makroebene), um alltags- und oftmals körperbezogene soziokulturelle Identitätskonstruktionen wie Ethnizität, Sexualität oder Alter (Mikroebene) und um Normen, Diskurse und Repräsentationen von Männlichkeit und Weiblichkeit (Mesoebene), die sich über Anrufungspraktiken sowohl auf der Struktur- als auch auf der Identitätsebene konkretisieren (vgl. Winker/Degele 2009). Die Makroebene sozialstruktureller Ungleichheiten nimmt dabei die *Existenz* von Ungleichheiten zum Ausgangspunkt und fragt somit, welche Kategorien ungleichheitsrelevant sind (z. B. Staatsbürgerschaft). Die Mikroebene hingegen konzentriert sich auf die *Entstehung* von Ungleichheiten (z. B. entlang von Religionszugehörigkeit) und fragt, wie sie in alltäglichen Interaktionen hervorgebracht werden. Die Mesoebene wiederum fokussiert im Sinne des Performativitätskonzepts die Ebene der Repräsentationen und fragt, *warum* sich bestimmte Normen manifestieren und dadurch Abweichungen produzieren.

Ungleichheits-
kategorien

Schließlich ermöglicht die Einbeziehung des Räumlichen, die Perspektiven in der Intersektionalitätsforschung zu erweitern: So macht beispielsweise die Kartierung von Stadtraumnutzungen zur Erfassung interdependenter Ungleichheitskategorien in der Stadt Graz deutlich, dass der innerstädtische Aktionsradius von Personen sinkt, wenn sie keinen österreichischen Pass besitzen. Zugleich vergrößert sich der Aktionsradius, wenn es sich um ausländische Frauen handelt, in deren Haushalt Kinder leben – für Männer der gleichen Haushalte bleibt der Aktionsradius hingegen unverändert (vgl. Scambor/Zimmer 2012). Diese Ergebnisse ließen sich durch die explizite Einbeziehung weiterer Kategorien wie Religion, Alter oder Arbeitsmarktpartizipation sicherlich noch verfeinern.

10.5 Fazit

Vergeschlechtlichte (De-)Platzierungen sozialer wie räumlicher Art sind also nicht selbstverständlich, sondern machen vielmehr das Selbst – und damit auch machtgeladene Gesellschafts- sowie Raumstrukturen – verständlich. Genauso wie Geschlechtsidentitäten unterliegen auch Räume gesellschaftlichen Aushandlungsprozessen. Raumproduktionen und -nutzungsmuster sind nicht geschlechtsneutral, sondern von Herrschaftsverhältnissen durchzogen, die Platzierungen und Deplatzierungen entlang veränderbarer Geschlechternormen regulieren. Die Offenlegung der gesellschaftlichen Co-Konstitution von vergeschlechtlichten Subjekten und Räumen im Zusammenspiel von individualisierten Alltagspraktiken und gesellschaftlich-diskursiven Strukturen verdeutlicht, dass geschlechtliche Codierungen von Subjekten und Räumen anhaltend und aufeinander Bezug nehmend reproduziert werden. Gleichwohl sind geschlechtlich codierte Räume – und räumlich codierte Geschlechternormen – nicht gleichzusetzen mit geschlechtsspezifischer Nutzung bzw. geschlechtsspezifischem Ein- und Ausschluss, und schon gar nicht mit „naturgegebenen" Aneignungs- oder Platzverweisen.

Geschlechtliche Codierungen beinhalten zudem nicht nur die in ihrer Binarität und Natürlichkeit generell zu hinterfragende Unterscheidung in männlich oder weiblich, sondern auch die in das Geschlechterverhältnis eingeschriebenen Vorstellungen von Sexualität und Heteronormativität. Öffentliche (und oftmals auch private) Räume sind heterosexuell codiert und stabilisieren zugleich die heteronormativen Gesellschaftsstrukturen. Im Rahmen performativer Materialisierungen lassen sich räumliche und gesellschaftliche Strukturen aber durch subtile oder gezielte Verschiebungen im Vorgang des Zitierens und Kopierens auch öffnen und verändern. Die Verbreitung des jährlichen Christopher Street Days in vielen europäischen und nordamerikanischen Innenstädten stellt hierfür sicherlich das Paradebeispiel dar: Auch wenn ihre Festivalisierung als Entpolitisierung verstanden werden kann, haben die CSD-Paraden dazu beigetragen, dass die Anwesenheit von LGBT-Personen (*lesbian, gay, bisexual and transgender persons*) im öffentlichen Raum zunehmend als Normalität verstanden wird.

Literatur

Austin J. L. (2002): Zur Theorie der Sprechakte (How to do Things with Words 1962). 2. Aufl., Ditzingen: Reclam Verlag.

Bauriedl, S.; Schier, M.; Strüver, A. (Hg.) (2010a): Geschlechterverhältnisse, Raumstrukturen, Ortsbeziehungen. Erkundungen von Vielfalt und Differenz im Spatial Turn. Münster: Westfälisches Dampfboot.

Bauriedl, S.; Schier, M.; Strüver, A. (2010b): Räume sind nicht geschlechtsneutral: Perspektiven der geographischen Geschlechterforschung. In: Bauriedl, S.; Schier, M.; Strüver, A. (Hg.): Geschlechterverhältnisse, Raumstrukturen, Ortsbeziehungen. Erkundungen von Vielfalt und Differenz im Spatial Turn. Münster: Westfälisches Dampfboot, 10–25.

de Beauvoir, S. (1992): Das andere Geschlecht. Hamburg [1949]: Rowohlt.

Becker, R. (2010): Raum: Feministische Kritik an Stadt und Raum. In: Becker, R.; Kortendiek, B. (Hg.): Handbuch Frauen- und Geschlechterforschung. 3. Aufl., Wiesbaden: VS Verlag für Sozialwissenschaften, 806–819.

Boekler, M.; Strüver, A. (2011): Geographien des Performativen. In: Gebhardt, H.; Glaser, R.; Radtke, U.; Reuber, P. (Hg.): Geographie. 2. Aufl., Heidelberg: Spektrum Akademischer Verlag, 663–667.

Butler, J. (1991): Das Unbehagen der Geschlechter. Frankfurt a. M.: Suhrkamp.

Butler, J. (1997): Körper von Gewicht. Die diskursiven Grenzen des Geschlechts. Frankfurt a. M.: Suhrkamp.

Butler, J. (1998): Haß spricht. Zur Politik des Performativen. Berlin: Berlin Verlag.

Connell, R. W. (1999): Der gemachte Mann. Konstruktion und Krise von Männlichkeit. Opladen: Leske + Budrich.

Degele, N. (2008) Gender/Queer Studies. Paderborn: Fink.

Fenstermaker, S.; West, C. (2001): „Doing difference" revisited. Kölner Zeitschrift für Soziologie und Sozialpsychologie, Sonderheft Geschlechtersoziologie, 236–249.

Fleischmann, K.; Meyer-Hanschen, U. (2005): Stadt Land Gender. Einführung in Feministische Geographien. Königstein: Helmer.

Foucault, M. (1977): Der Wille zum Wissen. Sexualität und Wahrheit I. Frankfurt a. M.: Suhrkamp.

Foucault, M. (1986): Der Gebrauch der Lüste. Sexualität und Wahrheit II. Frankfurt a. M.: Suhrkamp.

Frank, S. (2010): Gentrifizierung und Suburbanisierung im Fokus der Urban Gender Studies. In: Bauriedl, S.; Schier, M.; Strüver, A. (Hg.): Geschlechterverhältnisse, Raumstrukturen, Ortsbeziehungen. Erkundungen von Vielfalt und Differenz im Spatial Turn. Münster: Westfälisches Dampfboot, 26–47.

Haraway, D. (1995): Die Neuerfindung der Natur. Primaten, Cyborgs und Frauen. Frankfurt a. M.: Campus.

Harding, S. (1994): Das Geschlecht des Wissens. Frankfurt a. M.: Campus.

Massey, D. (1993): Raum, Ort und Geschlecht. In: Bühler, E.; Meyer, H.; Reichert, D.; Scheller, A. (Hg.): Ortssuche. Zur Geographie der Geschlechterdifferenz. Zürich: eFeF-Verlag, 109–122.

Massey, D. (2007): Politik und Raum/Zeit. In: Belina, B.; Michel, B. (Hg.): Raumproduktionen. Münster: Westfälisches Dampfboot, 111–132.

Rose, G. (1993): Feminism & Geography. The Limits of Geographical Knowledge. Oxford: Polity Press.

Scambor, E.; Zimmer, F. (Hg.) (2012): Die intersektionelle Stadt. Bielefeld: transcript.

Strüver, A. (2005): Macht Körper Wissen Raum? Ansätze für eine Geographie der Differenzen. Beiträge zur Bevölkerungs- und Sozialgeographie, B1.9, Institut für Geographie und Regionalforschung der Universität Wien.

Wastl-Walter, D. (2010): Gender Geographien. Geschlecht und Raum als soziale Konstruktionen. Stuttgart: Steiner.

Wetterer, A. (2010): Konstruktion von Geschlecht. In: Becker, R.; Kortendiek, B. (Hg.): Handbuch Frauen- und Geschlechterforschung. 3. Aufl., Wiesbaden: VS Verlag für Sozialwissenschaften, 126–136.

Winker, G.; Degele, N. (2009): Intersektionalität. Zur Analyse sozialer Ungleichheiten. Bielefeld: transcript.

Wucherpfennig, C. (2010): Geschlechterkonstruktionen und öffentlicher Raum. In: Bauriedl, S.; Schier, M.; Strüver, A. (Hg.): Geschlechterverhältnisse, Raumstrukturen, Ortsbeziehungen. Erkundungen von Vielfalt und Differenz im Spatial Turn. Münster: Westfälisches Dampfboot 48–74.

11 Bildung und Wissen

Holger Jahnke

11.1 Einführung

Education for all (Bildung für alle) – lautet die zentrale Forderung der UNESCO, die sich auf das Grundrecht auf Bildung des Artikels 26 der Allgemeinen Erklärung der Menschenrechte bezieht. Bildung gilt als notwendige Voraussetzung zur Verwirklichung anderer Grundrechte, aber auch zur Teilhabe am kulturellen, sozialen und wirtschaftlichen Leben einer jeden Gesellschaft. Laut UNESCO-Weltbericht 2011 gibt es weltweit 796 Millionen Erwachsene, die nicht über grundlegende Schreib- und Lesekompetenzen verfügen. 17 Prozent der erwachsenen Bevölkerung werden somit als Analphabeten eingestuft, die überwiegende Mehrheit lebt in Süd- und Westasien sowie im subsaharischen Afrika. 67 Millionen Kinder weltweit besuchen keine Schule, sodass auch in Zukunft viele Menschen vor allem in den Ländern des Globalen Südens wegen Analphabetismus von der gesellschaftlichen Teilhabe ausgeschlossen sein werden (UNESCO 2011).

Auch in den Ländern des Globalen Nordens sind bildungspolitische Themen in das Zentrum gesellschafts- und wirtschaftspolitischer Debatten gerückt. Unter dem Titel *Education at a glance* (Bildung auf einen Blick) veröffentlicht die OECD jährlich einen Weltbericht zum Stand der Bildung und der Wissensproduktion in den Mitgliedsländern. Bildung und Wissen werden hier jedoch als Humankapital und als Angebotsware auf einem wachsenden internationalen Bildungsmarkt verstanden. Der analytische Blick der OECD-Berichte konzentriert sich auf die Wettbewerbsfähigkeit nationaler Bildungssysteme in der globalen Wissensökonomie sowie die komparative Effizienzmessung öffentlicher und privater Bildungsinstitutionen auf dem globalen Bildungsmarkt (OECD 2012a).

> Bildung und Wissen als Humankapital und Angebotsware

Die Unterschiedlichkeit der beiden hier vorgestellten Bildungsbegriffe repräsentiert einen paradigmatischen Wandel des Bildungsbegriffs selbst – Bildung wird zunächst als individuelle Voraussetzung für gesellschaftliche Teilnahme verstanden und nun zunehmend als Handelsgut auf einem globalen Angebots- und Nachfragemarkt betrachtet. Dieser Wandel geht mit der Transformation des Wissensbegriffs im Übergang von der industriellen zur postindustriellen Gesellschaft einher. In seinem Buch „Das postmoderne Wissen" diagnostizierte der Philosoph Jean-François Lyotard, dass „Wissen in derselben Zeit, in der die Gesellschaften in das sogenannte postindustrielle und die Kulturen in das sogenannte postmoderne Zeitalter eintreten, sein Statut wechselt" (Lyotard 1986, 19). Wissen werde fortan weniger als Bildung des Geistes, sondern vielmehr als ein ökonomisches Gut begriffen, das sich über seinen Tauschwert bestimmen lässt.

Der vorliegende Beitrag beschäftigt sich mit ausgewählten Aspekten des komplexen Verhältnisses von Bildung, Wissen und Raum, wobei im letzten Teil ein besonderer Schwerpunkt auf die aktuelle Transformation der deutschen Bildungslandschaften gelegt wird.

11.2 Bildung und Wissen: Begriffe, Ideale und Realitäten

Der deutschsprachige Begriff Bildung stellt im Vergleich mit anderen Sprachen eine Besonderheit dar und findet in Nachbarsprachen keine adäquate Übersetzung. Sein Ursprung wird dem mittelalterlichen Mystiker Meister Eckhart zugeschrieben, der im Verb „ein-bilden" die Verwirklichung des Menschen nach dem Bild Gottes (*imago Dei*) sah. Der Grundgedanke ist also die Selbstentfaltung der individuellen Anlagen eines Menschen. Diese erfolgt (nach Ansicht der humanistischen Bildungstheorien) durch die subjektive Aneignung der materiellen und immateriellen Wirklichkeit. Bildung beinhaltet somit die wechselseitige Erschließung von Ich und Welt (Klafki zit. in Ehrenspeck 2009, 160) und steht in einer engen Wechselbeziehung zum Wissen als der *capacity for action*, dem individuellen Handlungspotenzial (Stehr 1994).

Die Begriffe Bildung und Wissen haben durch ihre ubiquitäre Verwendung im öffentlichen Diskurs so weit an Kontur und Schärfe verloren, dass sie austauschbar erscheinen. Der deutsche Bildungsbegriff zeichnet sich jedoch dadurch aus, dass er sowohl prozessual als auch von seinem Ergebnis her zu fassen ist. Analytisch lässt er sich nach Lenzen (1997) in fünf Dimensionen betrachten (vgl. Ehrenspeck 2009, 159–163): Bildung als

Dimensionen des Bildungsbegriffs

- individueller Bestand (inkorporiertes Wissen als Ergebnis individueller Bildungsprozesse),
- individuelles Vermögen (Fähigkeiten und Kompetenzen, über die ein Individuum verfügt),
- individueller Prozess (der Vorgang der Aneignung von Wissen und Kompetenzen),
- individuelle Selbstüberschreitung und Höherbildung der Gattung (der teleologische Aspekt eines individuellen und kollektiven ethisch-gesellschaftlichen Fortschritts),
- Aktivität bildender Institutionen oder Personen (im Prozess der Weitergabe und Ermöglichung von Bildung durch Bildungs„institutionen" im weitesten Sinne).

Die unterschiedlichen Dimensionen des Bildungsbegriffs unterstreichen die zentrale Bedeutung von formalen, aber auch informalen Bildungsprozessen für die Positionierung und das Selbstverständnis von

Individuen und Kollektiven in ihren jeweiligen sozialen, geistig-kulturellen und natürlichen Wirklichkeiten. Die Wirklichkeitsverständnisse werden ihrerseits in postmodernen Wissensgesellschaften zunehmend durch wissenschaftliche Erkenntnisse geleitet.

Wissensgesellschaft

Der Begriff Wissensgesellschaft beschreibt die wachsende Bedeutung von Wissen für das Selbstverständnis sowie für die ökonomische und soziokulturelle Entwicklung postindustrieller Gesellschaften. Von den Theoretikern der Wissensgesellschaft wird Wissen als *theoretical knowledge* (Bell 1973, 26) bzw. als wissenschaftliches Wissen verstanden (Böhme/Stehr 1986, 19). Dieses bestimmt in zunehmendem Maße soziales Handeln und ersetzt andere Formen des Wissens, wie beispielsweise Erfahrungswissen oder religiöses Wissen. Somit zeichnet sich der Übergang in die Wissensgesellschaft nicht nur durch eine Zunahme von Wissen, sondern auch durch eine Verdrängung tradierter Wissensbestände durch wissenschaftlich legitimiertes Wissen aus. Die Wissensgesellschaft wird häufig in enger Verbindung mit der Expansion wissensbasierter Ökonomien und einem wachsenden Anteil der nichtmateriellen, symbolischen Produktion im Wertschöpfungsprozess gesehen (vgl. Jahnke 2005, 10–20).

In modernen Gesellschaften wird der Bildung, den Bildungsinstitutionen und Bildungsprozessen eine wichtige Rolle für soziale Kohäsion und gesellschaftliche sowie ökonomische Entwicklungsprozesse zugeschrieben. Mit den Bildungsinstitutionen moderner Nationalstaaten verbindet sich die Hoffnung auf Chancengleichheit für alle Gesellschaftsmitglieder. In einer Gesellschaft mit gleichen Bildungschancen kann jedes Individuum – unabhängig von sozialer Herkunft, Geschlecht, Migrationshintergrund oder regionaler Herkunft – seine Fähigkeiten und Begabungen entwickeln und hat die Möglichkeit, die eigene soziale Positionierung durch Leistung zu steuern. Bildungsgerechtigkeit sollte durch öffentliche Bildungseinrichtungen gewährleistet werden, die entsprechende institutionelle Rahmenbedingungen herstellen und somit geeignete Möglichkeiten für soziale Mobilität schaffen. Im Kontext von Migrationsgesellschaften werden Bildungsinstitutionen vor allem an ihrer gesellschaftlichen Integrationsfähigkeit gemessen. Gleiche Bildungserfolge von Menschen mit Migrationshintergrund werden als Erfolgsindikatoren für gesellschaftliche Integration herangezogen, umgekehrt gelten Misserfolge als Indikatoren einer möglichen Exklusion der Mitglieder bestimmter ethnischer Gruppen.

Bildungsgerechtigkeit

In Deutschland – wie in den meisten Nationalstaaten – bestehen weiterhin bedeutende Bildungsungleichheiten. Wie PISA-Studien und andere vergleichende Untersuchungen zeigen, ist der Erfolg im deutschen Bildungssystem nach wie vor von der sozialen Herkunft, dem sozialen Umfeld, der ethnisch-kulturellen Herkunft und dem Wohnstandort der Bildungsteilnehmer abhängig. Lediglich in Bezug auf Geschlechterdisparitäten bei Bildungsbeteiligung und -erfolg konnten – zumindest im bundesdeutschen Durchschnitt – seit den 1960er-Jahren messbare Fortschritte erzielt werden (Allmendinger et al. 2009). Ansonsten bestätigt auch der Bildungsbericht 2012, dass Bildungserfolg in hohem Maße vom Bildungsstand, vom soziökonomischen Status und von der ethnischen Herkunft des Elternhauses abhängig ist. Insbesondere Kinder und Jugendliche mit Migrationshintergrund können im deutschen Schulsystem ihre Potenziale nicht voll entfalten (Autorengruppe Bildungsberichterstattung 2012).

ungleiche Bildungschancen

Die französischen Bildungssoziologen Pierre Bourdieu und Jean-Claude Passeron (1964) haben mit Blick auf Frankreich schon in den 1960er-Jahren darauf hingewiesen, dass Bildungssysteme durch Selektions- und Differenzierungsmechanismen vor allem der Reproduktion sozialer Ungleichheiten dienen. Marxistische Theorien gehen davon aus, dass Bildungsinstitutionen nicht die Besten, sondern die (für die herrschende Klasse) Richtigen herausfiltern; die theoretisch vorhandenen, sozialen Aufstiegsmöglichkeiten haben in dieser Perspektive lediglich eine gesellschaftsstabilisierende Funktion, um den sozialen Frieden und den Machterhalt der herrschenden Klasse zu sichern.

Aus kultur- und sozialgeographischer Perspektive sind sozialräumliche Milieus ein zentraler Erklärungsfaktor für Bildungsungleichheiten. Empirisch bilden sich soziale Disparitäten häufig räumlich ab und reproduzieren sich als solche. Denn Bildungseinrichtungen und Bildungsverhalten sind gleichermaßen Ursache und Produkt sogenannter „Soziotope". Durch die sozialkulturelle „Einbettung" von Bildungseinrichtungen besteht die Gefahr einer permanenten Reproduktion des sozialen Milieus. Zudem beeinflussen Familie, Freundes- und Bekanntenkreis oder die Nachbarschaft unter anderem durch die Schulwahl die Bildungsmöglichkeiten der Kinder, was sich gerade in einem mehrgliedrigen und wenig durchlässigen Schulsystem nachhaltig auswirkt (Weishaupt 2009).

Eine weitere geographische Determinante des Schulwahlverhaltens kann die räumliche Distanz und damit die Erreichbarkeit bestimmter Einrichtungen sein. Die differenzierten Bildungsangebote in Verdichtungsräumen bieten Jugendlichen in der Regel bessere Bildungschancen als dies im ländlichen Raum der Fall ist. Auch wenn die Bildungsexpansion der 1970er-Jahre den Schulausbau im ländlichen Raum massiv befördert hat, kann auch heute noch ein langer Schulweg ein Entscheidungsgrund gegen die Wahl des Gymnasiums sein (Weishaupt 2009, 227).

Selbstverortung und Identitätsfindung als individueller Bildungsprozess

Humanistischen Bildungstheorien folgend, kann der Prozess der Selbstverortung und der Identitätsfindung als individueller Bildungsprozess verstanden werden. Für die Sozialisation in ein vorherrschendes kulturelles Deutungsschema zählen neben Familie und sozialem Umfeld auch Bildungsinstitutionen zu den zentralen Akteuren. In der jeweiligen Frühphase der Nationalstaaten hatten insbesondere Schulen die Aufgabe, die Kinder und Jugendlichen des jeweiligen Staatsterritoriums zu nationalen Bürgern der imaginären Nationsgemeinschaft zu machen. Diese kulturellen Identitätsbildungsprozesse wurden in den Bildungseinrichtungen zum Teil gewaltsam durchgesetzt. So wurde in Frankreich schon nach der Französischen Revolution der Gebrauch von „Minderheitensprachen", wie Okzitanisch oder Bretonisch, in den Schulen unter Strafe gestellt, um die Identifikation mit der jungen Nation zu stärken. Solche Politiken haben ein Konfliktpotenzial hinterlassen, das sich heute in Europa in einem kulturellen Wiedererstarken von nationalen Minderheiten und deren Sprachen zeigt.

Jenseits der Sprachpolitik in den Schulen ist es aber das Bildungssystem selbst, welches im Kontakt mit kulturellen Minderheiten an die Grenzen der Anpassung stößt. Denn Schule als Bildungsinstitution ist keinesfalls ein universalistisches Modell, sondern stets in einem bestimmten kulturellen Kontext entstanden und wirkt als Träger normativer bildungspolitischer Vorstellungen. So kann zum Beispiel die Schulbesuchspflicht von Mitgliedern ethnisch-kultureller Minderheiten als Bedrohung für die eigene kulturelle Identität wahrgenommen werden (vgl. Freytag 2003).

Schulen als Sozialisationsinstanzen

Auch in der deutschen Einwanderungsgesellschaft stellt sich die bildungspolitische Frage nach einem eigenen Beschulungsangebot für Mitglieder sprachlich-kultureller Minderheiten, aber auch von Zuwanderergruppen, um deren Identifikation mit der Institution Schule zu erleichtern. Schulen der dänischen Minderheit bestehen bereits seit 1920 in Schleswig-Holstein; auch sind die Schulen der ehemaligen Alliierten – französische, amerikanische und britische Schulen – Bestandteil der Bildungslandschaft in Deutschland. Demgegenüber ist die Diskussion um eigenständige Schulen weiterer Zuwanderergruppen und anerkannter nationaler Minderheiten noch offen (Gogolin et al. 2001).

11.3 Bildung und Wissen in räumlicher Perspektive

Ein zentrales Anliegen bildungsgeographischer Forschung ist die Analyse räumlicher Disparitäten von Bildungseinrichtungen, Bildungsverhalten und Bildungserfolg auf unterschiedlichen Maßstabsebenen – angefangen von der individuellen bis zur lokalen, regionalen, nationalen oder internationalen Ebene. Insbesondere die frühen Arbeiten der planungs- und anwendungsorientierten deutschsprachigen Bildungsgeographie hoben Bildung als zentralen Bereich der öffentlichen Daseinsvorsorge hervor und richteten einen raumwissenschaftlichen Blick auf die regionale Bildungsausstattung und die Erreichbarkeit von Bildungseinrichtungen. Im Rahmen des sozialstaatlichen

regionale Bildungsausstattung und Erreichbarkeit von Bildungseinrichtungen

Anspruchs auf Gleichwertigkeit der Lebensbedingungen im gesamten westdeutschen Bundesgebiet waren die 1960er- und 1970er-Jahre durch Aktivitäten zur räumlichen Planung von Bildungseinrichtungen als soziale Infrastruktureinrichtungen geprägt (Meusburger 1998; Weishaupt 2009).

Bildungsniveau

Die Erfassung des Bildungsniveaus ist in der quantitativ-empirischen Bildungsgeographie ein Schlüsselindikator zur Messung der Bildungsentwicklung von Ländern und Regionen. In der Praxis richten sich entsprechende Maßzahlen auf die von Individuen erworbenen Bildungszertifikate und somit auf die institutionell erreichten, formalen Bildungsabschlüsse und weniger auf die vorhandenen Wissensbestände oder Kompetenzen, wie sie etwa in den PISA-Studien erhoben werden. In internationalen Statistiken wurde die ISCED (International Standard Classification of Education) als Standard eingeführt, um die Vergleichbarkeit der Bildungsteilnahme der Bevölkerung in unterschiedlichen Ländern zu ermöglichen.

Diesen Bemühungen zum Trotz lassen sich bis heute räumliche Disparitäten nicht nur hinsichtlich der Verteilung von Bildungseinrichtungen, sondern auch in Bezug auf das Bildungsniveau der Bevölkerung als Charakteristikum der deutschen wie auch der internationalen Bildungslandschaft erkennen. Ein wichtiger Indikator für Bildungsbeteiligung und den späteren Bildungserfolg ist gerade in Deutschland die

Übertrittsquote

Übertrittsquote beim Wechsel von der Grundschule in die verschiedenen Zweige des gegliederten Sekundarschulwesens (vgl. Abbildung 11.1).

Noch stärkere Disparitäten lassen sich bisweilen innerhalb einzelner Großstädte erkennen. So variierte die Übergangsquote auf das Gymnasium zwischen den Grundschulen in Freiburg im Breisgau im Jahr 2009/10 zwischen 20 Prozent und 95,2 Prozent, was als Ausdruck der sozialräumlichen Struktur der Stadtteile verstanden werden kann (Stadt Freiburg 2010, 67). Ähnliche Muster lassen sich auch in peripheren Regionen beobachten, in denen die Empfehlung für eine weiterführende Schule am Ende der Grundschule häufig vom ortsansässigen Angebot beeinflusst wird.

Auf der Ebene der Bildungserfolge, gemessen an den erworbenen Kompetenzen, zeigen sich für die Bundesrepublik Deutschland weitgehend persistente räumliche Muster. Betrachtet man die Ergebnisse der PISA-Studie, weist der Bildungserfolg von Schülerinnen und Schülern erhebliche Unterschiede zwischen den einzelnen Bundesländern auf, sodass das Ziel der Chancengleichheit noch nicht verwirklicht zu sein scheint.

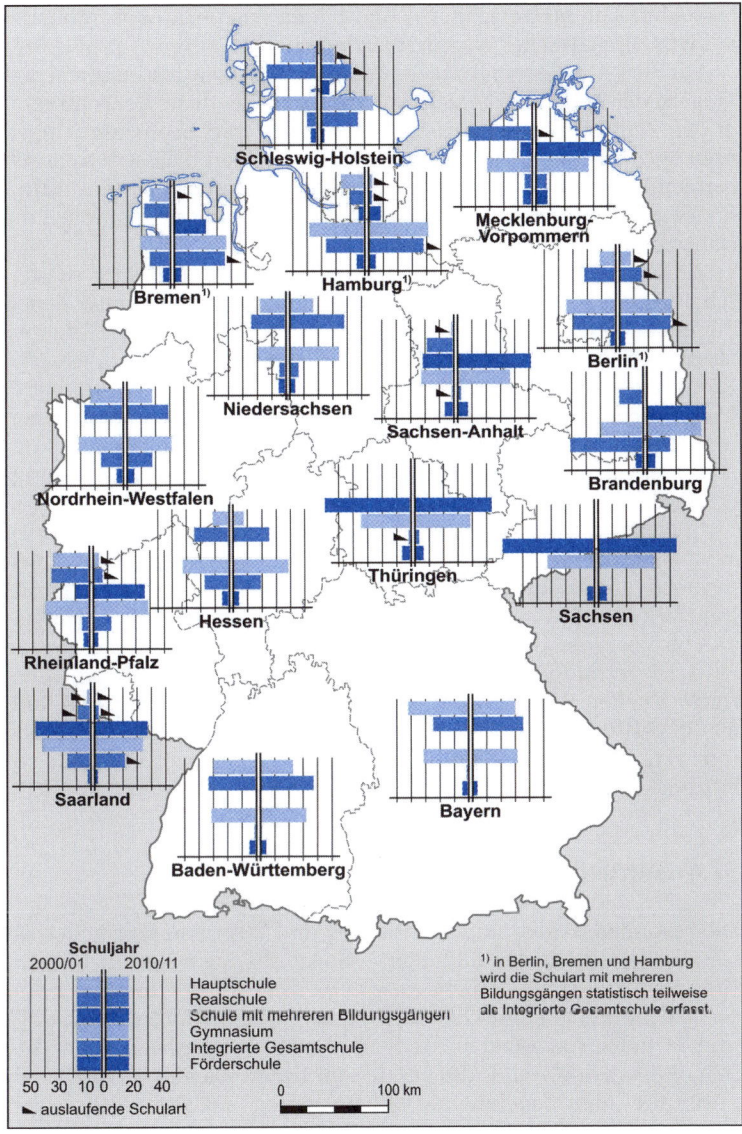

Abb. 11.1
Verteilung der Schüle-
rinnen und Schüler auf
die Schularten im
Sekundarbereich I (Jg.
5–10)* 2000/01 und
2010/11 nach Ländern
(in %)
* Jahrgangsstufe 7–10 für
Berlin, Brandenburg und
Mecklenburg-Vorpom-
mern
(Quelle: nach Autoren-
gruppe Bildungsbericht-
erstattung 2012, 69 auf
Datengrundlage der Sta-
tistischen Ämter des
Bundes und der Länder
und der Schulstatistik)

Während bildungsbezogene Daten von Individuen und Bildungseinrichtungen fortlaufend statistisch dokumentiert und analysiert
werden, sind die Instrumente zur Quantifizierung von Wissen ver-
gleichsweise wenig ausgereift. Dies hängt damit zusammen, dass die
Messbarkeit von Wissen sowie das Verhältnis von Wissen und Raum

besonders komplex erscheinen und häufig – explizit oder implizit – auf wissenschaftliches Wissen reduziert werden.

Mit Blick auf die räumliche Verteilung von Wissensinstitutionen und Trägern des Wissens lässt sich empirisch eine deutliche Konzentration in den Zentren beobachten, die sich mit der starken wechselseitigen Abhängigkeit von „Wissen" und „Macht" erklären lässt. Historisch betrachtet haben sich Machtsysteme immer wieder auf Wissensinstitutionen gestützt und umgekehrt suchten auch Wissensinstitutionen die Nähe zur Macht (Meusburger 2008).

Wissen und Raum
Zudem gibt es eine enge Wechselbeziehung zwischen wissenschaftlichem Wissen und den räumlichen Bedingungen, unter denen dieses entstanden ist. Die Vorstellung, dass wissenschaftliche Erkenntnis objektiv sei und einen universalen – und damit „unräumlichen" – Gültigkeitsanspruch erheben könne, ist aus Sicht der *geography of science* nicht haltbar. Vielmehr entsteht neues Wissen immer in einem bestimmten sozialen, kulturellen, politischen und räumlichen Kontext, der als konstituierendes Merkmal das Wissen selbst prägt (Livingstone 2003).

In wettbewerbsorientierten, wissen(schaft)sbasierten Ökonomien stellt sich die Frage nach den räumlichen Bedingungen, die sich begünstigend auf die Produktion und Kreation von neuem Wissen als Innovation und damit als komparativer Standortvorteil auswirken, und ob bzw. wie sich „kreative Milieus" generieren lassen. Diese Frage wird sich vermutlich nicht endgültig beantworten lassen, da die Generierung neuen Wissens zwar möglicherweise durch bestimmte Milieus begünstigt wird, darüber hinaus kreative Prozesse aber durch Interaktion von Individuen in Netzwerken entstehen, die nicht auf einzelne Lokalitäten begrenzt sind (Jöns 2007).

11.4 Aktuelle Trends der Bildungsentwicklung

Die besondere Bedeutung von Bildung und Wissen in postmodernen Gesellschaften hat das Bildungswesen in das Zentrum der öffentlichen Wahrnehmung gerückt. Dies zeigt sich in der Präsenz von Bildungsdebatten in politischen Wahlkämpfen, in Institutionenrankings und in einer wachsenden Medienpräsenz bildungsbezogener Themen. Allgemeine Trends des gesellschaftlichen Wandels – die Ökonomisierung und zunehmende Privatisierung sozialstaatlicher Versorgungsfunktionen, der demographische Wandel und wachsende globale Verflechtungen – schlagen sich in einer schleichenden **Restrukturierung des Bildungswesens** Restrukturierung des Bildungswesens nieder, deren Grundtendenzen im Folgenden kurz skizziert werden.

Eine erste Entwicklung ist die wachsende Ökonomisierung des Bildungswesens, die von Kritikern als „Neoliberalisierung" oder „neoliberale Restrukturierung" bezeichnet wird. Dahinter verbergen sich die beobachtbare Privatisierung sowie ein Trend zur Steuerung und

Evaluierung von Bildungsinstitutionen nach unternehmerischen Prinzipien der Effizienz sowie ihre Messung anhand von Input- und Outputvariablen. Diese Entwicklung erfasst nicht nur die tertiäre Bildung, sondern zunehmend auch den Schulbereich (vgl. Taylor 2002).

Damit geht die Neudefinition von Schülerinnen, Schülern und Studierenden als Kunden einher, deren Wünsche und Ansprüche es in Bildungsinstitutionen umzusetzen gilt. Bildungsabschlüsse werden als „Ware" nach ihrem Marktwert taxiert, der sich am später zu erwartenden Einkommen der Absolventen orientiert. In der Logik dieses *new education market* werden Schulgelder und Studiengebühren als Humankapitalinvestitionen nach der zu erwartenden Rendite getätigt (vgl. Taylor 2002).

Wenngleich Bildung in Deutschland bis heute als staatliche Fürsorgefunktion erachtet wird und Studiengebühren nach dem angelsächsischen Modell bislang nicht mehrheitsfähig erscheinen, so lassen sich auch hier deutliche Trends zu einer Privatisierung der Bildungsversorgung erkennen. Die Zahl der allgemeinbildenden Schulen in freier Trägerschaft hat in Deutschland zwischen 1998 und 2010 von 2 206 auf 3 373 um mehr als 50 Prozent zugenommen, während im gleichen Zeitraum die Zahl der öffentlichen allgemeinbildenden Schulen einen deutlichen Rückgang um 9 008 auf 31 113 verzeichnete (vgl. Autorengruppe Bildungsberichterstattung 2012, 31). **Privatisierung der Bildungsversorgung**

Eine weitere wesentliche Veränderung des Bildungswesens ist die wachsende internationale Mobilität von Studierenden und die Internationalisierung von Hochschulen, sodass bereits von einer globalisierten Hochschullandschaft gesprochen werden kann. Allein im Jahr 2010 studierten weltweit über 4,1 Millionen Studierende außerhalb ihres Heimatlandes, was nahezu einer Verdopplung seit 2000 entspricht (OECD 2012a, 374). Die Hauptzielländer sind die USA, Großbritannien und Australien, wohingegen die wichtigsten Herkunftsländer internationaler Studierender China, Indien und Korea sind (OECD 2012b, 38). Die Mobilität der Studierenden zieht häufig einen Verbleib im Studienland nach sich und birgt somit die Gefahr eines *brain drain*, insbesondere aus den Ländern des Globalen Südens. **globalisierte Hochschullandschaft**

Brain drain

Brain drain bezeichnet die selektive Abwanderung von Hochqualifizierten aus einem definierten Raum. Der Begriff impliziert, dass die Abwanderung dieser Personen endgültig ist und zudem einen Mangel eben dieser Qualifikation im Herkunftsgebiet der Wanderung hervorruft. In Weiterentwicklung der *brain drain*-Forschung wurden in den letzten Jahrzehnten weitere Konzepte entwickelt, die den veränderten internationalen und interregionalen Migrations- und Mobilitätsmustern von Hochqualifizierten Rechnung tragen. Als Spiegelbegriff zu *brain drain* wird mit Blick auf die Zuwanderungsländer oder -regionen von *brain gain* gesprochen, solange die Qualifikationen auf dem Arbeitsmarkt des Zielgebietes zum Tragen kommen. Finden hingegen die betroffenen Personen auf dem Arbeitsmarkt des Zielgebietes keine qualifikationsadäquate Beschäftigung, spricht man von einem *brain waste*, bei einer zirkulären Mobilität von *brain circulation*.

Aufseiten der Hochschulinstitutionen ist eine stärkere Ausrichtung auf eine globale Studierendenschaft zu beobachten. Als *education hubs* bezeichnet man Hochschulstandorte, die Lehrende und Studierende aus unterschiedlichen Teilen der Welt zusammenführen. Es handelt sich dabei um Kreuzungspunkte, die der Generierung von Studiengebühren, der Ausbildung der eigenen Bevölkerung oder dem systematischen Aufbau einer wissensbasierten Volkswirtschaft dienen. *Education hubs* finden sich beispielsweise in Katar (Education City), den Vereinigten Arabischen Emiraten (z. B. Dubai International Academic City) oder Singapur (Global Schoolhouse). Dahinter steht das Prinzip des *branch campus*, auf dem internationale Universitäten Außenstellen eröffnen, um vor Ort Lehre anzubieten oder teilweise auch Forschung aufzubauen. Dieser Trend zur Filialisierung von Hochschulen entspricht dem neuen Selbstverständnis von Hochschulen als Unternehmen auf dem globalen Bildungsmarkt (Knight 2011). Der skizzierte Wandel der Universitäten vom Ort der wissenschaftlichen Forschung und der Wissensvermittlung zum gewinnorientiert arbeitenden, global agierenden Unternehmen hat das Selbst- und Fremdverständnis der Institution und damit auch ihre Räumlichkeit grundlegend verändert. Während historisch gewachsene Universitäten – wie Cambridge, Oxford, Heidelberg oder Tübingen – noch heute das Gesicht der jeweiligen Universitätsstädte prägen, zeigen sich *education hubs* zunächst eher als gesichtslose Bildungs- und Wissenszentren, deren Renommée sich stärker aus der Präsenz anderer Hochschulen ergibt.

Als gegenläufige Entwicklung zur wachsenden globalen Verflechtung von Hochschulinstitutionen lässt sich gleichzeitig eine stärkere regionale Verankerung und Vernetzung mit Institutionen und Unternehmen vor Ort beobachten. In Deutschland ist die zunehmende Verlagerung von Entscheidungsbefugnissen von der Länderebene zu den Institutionen Grundlage dieser Entwicklungen. Hochschulleitungen nutzen diese neuen Handlungsspielräume immer wieder durch verstärkte Kooperationen mit Akteuren im lokalen oder regionalen Umfeld. Dadurch werden Profilbildungen ermöglicht, die den naturräumlichen, sozialen oder regionalwirtschaftlichen Kontexten des Standorts Rechnung tragen.

Im Schul- und Vorschulbereich ist eine vergleichbare Entwicklung bei der Gestaltung von Bildungslandschaften zu beobachten. Gerade

Abb. 11.2
Dubai International
Academic City (2012),
ein Anziehungspunkt in
der internationalen
Hochschullandschaft
(Quelle: http://www.
diacedu.ae/media-cen-
ter/photogallery, mit
freundlicher Genehmi-
gung)

in ländlichen Räumen suchen Bildungseinrichtungen nach neuen Formen der Kooperation mit anderen Kultur-, Bildungs- und Ausbil-
dungsträgern, um auf diese Weise Synergien zu erzeugen und bestehende Schulstandorte zu erhalten (Bleckmann/Schmidt 2012). Denn
als Folge des demographischen Wandels und der damit verbundenen
sinkenden Schülerzahlen sind immer mehr Schulstandorte von der
Schließung bedroht. In den ostdeutschen Flächenländern ist die Zahl
der allgemeinbildenden Schulen zwischen 1998 und 2010 bereits um
39 Prozent zurückgegangen (Autorengruppe Bildungsberichterstattung 2012, 6). Auch in den alten Bundesländern stehen aktuell viele
Landkreise vor der Herausforderung, Schulstandorte aufzugeben und
zusammenzuschließen oder sie als Klein- bzw. Kleinstschulen zu
erhalten.

Die wachsende Bildungssensitivität von Eltern in postmodernen
Wissensgesellschaften hat dazu geführt, dass insbesondere in urbanen Kontexten die Wohnstandortwahl immer stärker durch das lokale
Schulangebot beeinflusst wird. Schulen – oder deren Wahrnehmung **Schulen und sozial-**
– können somit indirekt Prozesse der sozialräumlichen Segregation **räumliche Segregation**
beeinflussen. Dabei werden zwei nachfolgend beschriebene Dynami-
ken wirksam, die dazu führen können, dass sich regionale Disparitäten im Bildungsangebot und im Bildungserfolg wechselseitig bedin-
gen und in dynamischen Prozessen verstärken.

In einem System fester Schulbezirke, in denen Schüler und Schülerinnen aufgrund ihrer Wohnadresse einer bestimmten Grundschule
oder auch weiterführenden Schule zugeordnet werden, kann sich das
Image oder die Qualität schulischer Institutionen selektiv auf das
Wohnstandortverhalten junger Familien auswirken und Prozesse
sozialer Wohnsegregation (z. B. Gentrifizierung) beschleunigen.
Denn gerade das Grundschulangebot spielt bei der Wohnstandort-

wahl junger, insbesondere bildungsaffiner Eltern eine wichtige Rolle (Noreisch 2007).

Die Festlegung von Schulbezirken provoziert vor allem bei Mittelschichteltern Ausweichstrategien, die – gerade in Zeiten von Schulvergleichen und rückläufigen Schülerzahlen – an Bedeutung gewinnen. Die Ummeldung des eigenen Kindes zu Verwandten, die in dem erwünschten Schulbezirk wohnen, oder das Angebot sehr spezifischer Schulprofile, die nur an einem Standort angeboten werden, schaffen verdeckte Möglichkeiten einer „freien" Schulwahl, ohne den tatsächlichen Wohnstandort zu verändern.

Daher haben einige Bundesländer, wie beispielsweise Nordrhein-Westfalen oder Schleswig-Holstein, eine Politik des freien Elternwahlrechts eingeführt. Dies kann einerseits die angestrebten größeren Bildungsanstrengungen in den Institutionen fördern, aber andererseits auch zu einem Werben um die Erfolg versprechenderen Schülerinnen und Schüler führen. Somit besteht die Gefahr einer wachsenden Schulsegregation und damit der Verstärkung bestehender Ungleichheiten des Bildungszugangs und der Bildungschancen (Sachverständigenrat deutscher Stiftungen für Integration und Migration 2012).

11.5 Fazit

Die Begriffe „Bildung" und „Wissen" durchziehen inzwischen wie ein roter Faden politische und öffentliche Debatten um einen kulturellen und gesellschaftlichen Wandel in vielen Ländern der Welt. Aus Sicht der Geographie sind verschiedene, zum Teil gegenläufige Entwicklungen auf den einzelnen Maßstabsebenen beobachtbar. Denn während sich die Bemühungen von UNESCO, NGOs und einigen Nationalregierungen in Staaten des Globalen Südens auf den Zugang aller Menschen zu öffentlichen Bildungseinrichtungen richten, so entstehen durch die Vermarktung und Privatisierung von Bildung neue regionale Disparitäten sowie neue Mechanismen der Exklusion, die sowohl das Grundrecht auf Bildung als auch die Grundprinzipien von Chancengleichheit und Bildungsgerechtigkeit infrage stellen.

Für das Verständnis der dahinter stehenden Wirkungsmechanismen können quantitative Analysen von räumlich aggregierten Bildungsdaten und qualitative Fallstudien bestehender und neu entstehender Regionen und Orte der Bildung und des Wissens einen wichtigen Beitrag leisten. Denn auch wenn bildungspolitische Leitlinien auf nationaler oder regionaler Ebene angelegt sind, so sind es schließlich die damit verbundenen lokalen Praktiken, die die Veränderungen der Bildungslandschaften und damit die Lebensbedingungen der Menschen vor Ort prägen.

Literatur

Allmendinger, J.; Ebner, C.; Nikolai, R. (2009): Soziologische Bildungsforschung. In: Tippelt, R.; Schmidt, B. (Hg.): Handbuch Bildungsforschung. 2. Aufl., Wiesbaden: VS Verlag für Sozialwissenschaften, 47–70.

Autorengruppe Bildungsberichterstattung (Hg.) (2012): Bildung in Deutschland 2012. Ein indikatorengestützter Bericht mit einer Analyse zur kulturellen Bildung im Lebenslauf. Bielefeld: W. Bertelsmann Verlag.

Bell, D. (1973): The coming of post-industrial society: A venture in social forecasting. New York: Basic Books.

Bleckmann, P.; Schmidt, V. (Hg.) (2012): Bildungslandschaften. Mehr Chancen für alle. Wiesbaden: VS Verlag für Sozialwissenschaften.

Böhme, G.; Stehr, N. (1986): The Knowledge Society. The Growing Impact of Scientific Knowledge on Social Relations. Dordrecht: Reidel.

Bourdieu, P.; Passeron, J.-C. (1971): Die Illusion der Chancengleichheit. Untersuchungen zur Soziologie des Bildungswesens am Beispiel Frankreichs. Stuttgart: Klett.

Ehrenspeck, Y. (2009): Philosophische Bildungsforschung – Bildungstheorie. In: Tippelt, R.; Schmidt, B. (Hg.): Handbuch Bildungsforschung. 2. Aufl., Wiesbaden: VS Verlag für Sozialwissenschaften, 155–169.

Freytag, T. (2003): Bildungswesen, Bildungsverhalten und kulturelle Identität. Ursachen für das unterdurchschnittliche Ausbildungsniveau der hispanischen Bevölkerung in New Mexico. Heidelberger Geographische Arbeiten 118.

Gogolin, I.; Neumann, U.; Reuter, L. (Hg.) (2001): Schulbildung für Kinder aus Minderheiten in Deutschland 1989–1999. Schulrecht, Schulorganisation, curriculare Fragen, sprachliche Bildung. Münster: Waxmann.

Jahnke, H. (2005): Der italienische Mezzogiorno auf dem Weg in die europäische Wissensgesellschaft. Eine Untersuchung der Erwerbssituation und der regionalen Mobilität junger Akademiker am Beispiel Siziliens. Berliner Geographische Arbeiten 101.

Jöns, H. (2007): Transnational mobility and the spaces of knowledge production: A comparison of global patterns, motivations and collaborations in different academic fields. In: Social Geography 2 (2), 97–114.

Knight, J. (2011): Education Hubs: A Fad, a Brand, an Innovation? In: Journal of Studies in International Education 15 (3), 221–240.

Lenzen, D. (1997): Lösen die Begriffe Selbstorganisation, Autopoiesis und Emergenz den Bildungbegriff ab? Niklas Luhmann zum 70. Geburtstag. In: Zeitschrift für Pädagogik 43, 949–968.

Livingstone, D. N. (2003): Putting Science in its Place: Geographies of Scientific Knowledge. Chicago: University of Chicago Press.

Lyotard, J.-F. (1986): Das postmoderne Wissen. Ein Bericht. 3. Aufl., Wien: Passagen-Verlag.

Meusburger, P. (1998): Bildungsgeographie: Wissen und Ausbildung in der räumlichen Dimension. Heidelberg: Spektrum Akademischer Verlag.

Meusburger, P. (2008): The nexus between knowledge and space. In: Meusburger, P.; Welker, M.; Wunder, E. (Hg.): Clashes of Knowledge. Orthodoxies and heterodoxies in science and religion. Knowledge and Space vol. 1, Dordrecht: Springer, 35–90.

Noreisch, K. (2007): Choice as Rule, Exception and Coincidence. In: Urban Studies 44, 1307–1328.

OECD (Hg.) (2012a): Education at a glance. Paris: OECD.

OECD (Hg.) (2012b): International Migration Outlook 2012. Paris: OECD.

Sachverständigenrat deutscher Stiftungen für Integration und Migration (Hg.) (2012): Segregation an Grundschulen: Der Einfluss der elterlichen Schulwahl. Berlin.

Stadt Freiburg (Hg.) (2010): Bildung in Freiburg 2010: 2. Bildungsbericht der Stadt Freiburg im Breisgau. Freiburg im Br.

Stehr, N. (1994): Knowledge Societies. London: SAGE.

Taylor, C. (2002): Geography of the „New" Education Market. Secondary school choice in England and Wales. Aldershot: Ashgate.

UNESCO (2011): Education for All: Global Monitoring Report 2011. The hidden crisis: Armed conflict and education. Paris: Unesco publishing.

Weishaupt, H. (2009): Bildung und Region. In: Tippelt, R.; Schmidt, B. (Hg.): Handbuch Bildungsforschung. 2. Aufl., Wiesbaden: VS Verlag für Sozialwissenschaften, 217–231.

12 Urbanität und Ruralität

Ilse Helbrecht

„God made the country, man made the town"
(William Cowpe, zitiert nach Bunce 1994, 1).

12.1 Einleitung: New York, New York!

Im Februar 2012: Mehr als achttausend Geographinnen und Geographen treffen sich in New York zum „amerikanischen Geographentag". Während der Konferenz branden in den Kaffeepausen immer wieder Gespräche über den Tagungsort auf. Schon beim Klang der beiden Worte verziehen alle, mit denen ich spreche, entzückt die Gesichter. Ob Kolleginnen aus London, Sydney, Zürich oder Buenos Aires – mir begegnet niemand, der New York City nicht als hochgradig urban und damit auch attraktiv empfindet. Warum ist das so? Was macht die Anziehungskraft dieser Metropole aus? Sind es die mit Patina versehenen, imposanten Wolkenkratzer, ist es das Treiben der Menschen auf den großzügigen Avenues oder das Flair der Shops, Bars, Restaurants und Galerien in Rufweite des Hudson River – was macht die urbane Mischung aus?

Während Geographen und Geographinnen privat ganz entspannt durch die Hochhausschluchten von Manhattan schlendern können, um wahlweise die Lichter des Times Square, das Nachbarschaftsfeeling der Lower Eastside oder den Rhythmus der Wall Street zu genießen, so ist der berufliche Auftrag der Humangeographie im Nachdenken über Stadt und Urbanität ein anderer: es gilt zu verstehen, zu erklären, zu reflektieren: Was ist eigentlich für die Stadtforschung Urbanität? Wie hängt dieser Begriff mit seinem Gegenpol, der Ruralität (Ländlichkeit), zusammen, und gibt es überhaupt einen Zusammenhang? Werden uns am Ende die Begriffe von Urbanität und Ruralität tatsächlich helfen, die Faszination von New York besser verstehen zu können?

12.2 Begriff und Gegenbegriff – aus der Zweiheit das Eine erkennen

Der Mensch ist ein „Unterschiedswesen" (Simmel 2006, 9). Dies behauptet der Philosoph und Soziologe Georg Simmel in seinem bahnbrechenden Aufsatz aus dem Jahr 1903 über „Die Großstädte

Abb. 12.1
Blick vom Central Park
nach Midtown Manhattan, New York (Foto: I.
Helbrecht 2012)

und das Geistesleben". Mit dem Begriff „Unterschiedswesen" deutet der in Berlin lehrende Hochschullehrer an, dass menschliche Erkenntnis stets daran geknüpft ist, Unterschiede festzustellen und Differenzen zu markieren. Um überhaupt etwas zu erkennen, um also auch nur *eine* Sache zu begreifen, muss ein Gegenbild konstruiert werden. So wird auch im Falle der Stadtforschung der Begriff der Urbanität von Beginn an in Abgrenzung zur Ruralität ausgeführt. Georg Simmel ist einer der frühen Theoretiker von Urbanität. Auch er begreift die „Großstadt" im Kontrast zur „Kleinstadt" und zum „Landleben": „Indem die Großstadt gerade diese psychologischen Bedingungen schafft – mit jedem Gang über die Straße, mit dem Tempo und den Mannigfaltigkeiten des wirtschaftlichen, beruflichen, gesellschaftlichen Lebens – , stiftet sie schon in den sinnlichen Fundamenten, in dem Bewußtseinsquantum, das sie uns wegen unserer Organisation als Unterschiedswesen abfordert, einen tiefen Gegensatz gegen die Kleinstadt und das Landleben, mit dem langsameren, gewohnteren, gleichmäßiger fließenden Rhythmus ihres sinnlich-geistigen Lebensbildes" (Simmel 2006, 9f.).

Verhältnis von Begriff und Gegenbegriff

Das besondere an der Funktionsweise des Verhältnisses von Begriff und Gegenbegriff im Falle von Urbanität und Ruralität ist (wie im übrigen auch bei den Dualismen von Kultur und Natur, Mann und Frau, Gut und Böse, Leben und Sterben), dass die beiden Pole nicht gleichgewichtig sind, sondern in einem asymmetrischen Verhältnis existieren. Es ist der Begriff der Urbanität, der durch seine Fassung den Gegenbegriff, die Ländlichkeit, konstruiert. Ein treffendes Beispiel dafür findet man in der bundesdeutschen Raumordnung, in der der ländliche Raum nur durch die Abwesenheit von Stadt definiert ist (vgl. Bundesinstitut für Bau-, Stadt- und Raumforschung 2011): Als ländlicher Raum gelten in Deutschland alle außerhalb von Verdichtungsräumen liegenden Gebiete – dies ist eine klassische Negativdefinition, die ländlichen Raum dort lokalisiert, wo Stadt nicht ist.

Auch in den Diskursen um Ruralität wird der allgegenwärtige Bezug zur Urbanität als dominantem Gegenmodell thematisiert. Paul Cloke (2006, 18) weist zudem im Handbook of Rural Studies darauf hin, dass der Begriff des ländlichen Raums im Vergleich zum städtischen Gegenüber eher offen und stärker umstritten ist. Im nächsten gedanklichen Schritt gilt es daher, zu betrachten, anhand welcher Kriterien die Forschung Stadt von Land, Urbanität von Ruralität unterscheidet – und welche Machtbeziehungen in der wechselseitigen Konstitution der Begriffe jeweils enthalten sind.

12.3 Urbanität: Definitionen und Merkmale

12.3.1 Stadt und Gesellschaft

Simmel (2006) hat mit seinem Essay über „Die Großstädte und das Geistesleben" das Fundament für eine theoretische Betrachtung des Urbanitätsbegriffes gelegt (Lindner 2004). In diesem Aufsatz reflektiert Simmel einen Grundzug des Lebens in modernen Gesellschaften: den „Anspruch des Individuums" auf „Selbstständigkeit und Eigenart des Daseins" in einer modernisierten, technisierten Massengesellschaft (Simmel 2006, 7). Während sich die Gesellschaft in einem stetigen Wandel befindet, der durch den Wettbewerb, das Leistungsprinzip und den Konkurrenzkampf angetrieben wird, sind die Menschen in ihrem seelischen und persönlichen Leben gefordert, Schritt zu halten und zugleich souverän zu bleiben. Dieses allgemeine Charakeristikum des Lebens in der modernen Gesellschaft sieht Simmel kondensiert in der Betrachtung der mentalen Verhältnisse und Gemützzustände in Großstädten. Die Herausforderung des Individuums, im (Gegen-)Strom der Masse Subjekt zu bleiben, wird für Simmel durch das Straßenleben der modernen Großstadt versinnbildlicht. Hier ist der Einzelne auf den engen Bürgersteigen, auf den weiträumigen Plätzen, in Bahnhöfen, Straßenbahnen usw. einem Gewirr an Situationen und Begegnungen mit Fremden ausgesetzt. Die städtische Lebensumwelt fordert den Wahrnehmungsapparat des Einzelnen heraus und fördert zugleich die individuelle Freiheit und Extravaganz. Als Schutzmechanismus gegen die überbordenden Sinneseindrücke entwickle der Großstädter eine bestimmte Haltung: eine intellektualistische Blasé-Attitude. Verstandesgemäß, nüchtern und distanziert steuert das Individuum damit seinen Weg durch die anonyme Moderne. Deshalb gebe es einen „Typus des Großstädters" (Simmel 2006, 11), dessen urbanes Verhalten sich an der Oberfläche des Kontakts vor allem in der „Blasiertheit" äußert. Unterhalb der Oberfläche, auf der Innenseite der Persönlichkeit und der seelischen Entwicklung, treibt die Großstadt hingegen Prozesse der Individualisie-

Großstadt als mentale Herausforderung

rung voran. Durch die Urbanität werde „die individuelle Unabhängigkeit und die Ausbildung persönlicher Sonderart" (Simmel 2006, 42) gestärkt.

Der Soziologe David Frisby (1985) hat Simmel einen der ersten Soziologen der Moderne genannt, weil dieser grundlegende gesellschaftliche Phänomene der Moderne treffend als städtische charakterisierte und so die Großstädte exemplarisch als Orte moderner Verhältnisse ansah. Es ist also von Beginn an – seit den Arbeiten Georg Simmels – die wechselseitige Durchdringung von Stadt- und Gesellschaftsentwicklung, die die Debatten um den Urbanitätsbegriff prägt. Bis heute wird in der Stadtforschung die Auffassung vertreten, dass eine Analyse urbaner Verhältnisse nur als Analyse moderner Verhältnisse, also mit einem gesellschaftstheoretisch informierten Blick auf Urbanität und Stadt, möglich ist (Roy 2009).

Großstädte als Orte moderner Verhältnisse

12.3.2 Stadt und Verhalten

In den 1920er-Jahren hat die Chicagoer Schule Simmels Impulse aufgenommen und die Frage nach einem spezifisch urbanen Verhalten weitergehend untersucht. Einen bedeutenden Impuls lieferte der im Hunsrück geborene und später in Chicago lehrende Soziologe Louis Wirth (1938) mit seinem Artikel *Urbanism as a Way of Life* (Urbanität als Lebensform). Er unterscheidet darin zwischen der Verstädterung als einem rein quantitativen Prozess des Anwachsens der Stadtbevölkerung und den Qualitäten der Urbanisierung als Ausbreitung spezifisch städtischer Lebensformen. Dabei geht er davon aus, dass man idealtypisch zwischen einem Gemeinschaftsleben in städtisch-industrieller Form einerseits und einem ländlichen, volkstümlich orientierten Lebensstil andererseits unterscheiden kann. Da aber sowohl Menschen mit städtischer Herkunft auf dem Land leben als auch Dorfbe-

Verstädterung und Urbanisierung

wohner in die Stadt wandern, sei keine strenge räumliche Trennung von städtischen und ländlichen Lebensstilen vorfindbar (Wirth 1938, 3). Es gebe zwar Urbanität als spezifischen *way of life*, jedoch nicht nur in Städten. Diese vermeintliche Paradoxie gehört zu den weitsichtigen Argumenten von Louis Wirth. Er erkennt, dass es keine Isomorphie, also keine Deckungsgleichheit von Raum und Kultur oder Gebiet und Lebensstil, gibt. Nur weil Menschen an einem bestimmten Ort – eben in der Stadt oder auf dem Land – leben, müssen sie nicht alle die gleichen städtischen oder ländlichen Werte und Lebensstile teilen. Damit formuliert Wirth als Erster das bis heute weitverbreitete Argument, wonach Urbanität nicht mehr an die Stadt als abgrenzbare Siedlungseinheit gebunden ist (siehe zum Beispiel Häussermann/Siebel 1987 oder Amin/Thrift 2002, 1). Urbanität als Lebensweise greift in modernen Gesellschaften weit über die Städte hinaus. Dennoch sind es die Städte, so behaupten Louis Wirth und viele andere, die als Innovationszentren urbaner Lebensstile wirken und von denen ausgehend sich Urbanität verbreitet.

Was aber ist Urbanität – als idealtypischer Gegenpol zu Ländlichkeit – nun für Wirth? Städte sind aus soziologischer Sicht durch drei Charakteristika definiert: Größe, Dichte, Heterogenität (Wirth 1938, 8ff). Diese drei Faktoren werden auch als sozialökologische Faktoren bezeichnet, weil hiermit Umweltbedingungen identifiziert werden, die das soziale Verhalten prägen (sollen). Jeder dieser sozialökologischen Faktoren hat je eigene Effekte und kreiert in Wechselwirkung mit den jeweils anderen beiden zusammen die urbane Lebensform. Die Größe der Stadt erfordere formalisierte Kontrollformen und erodiere persönliche Verbindungen, wie sie auf dem Land noch lebbar seien. Die Dichte des Siedlungsgebiets Stadt verstärke die Differenzierung, Spezialisierung und Komplexität der sozialen Organisation. Zugleich erhöhe sich hierdurch die soziale Distanz. Die Heterogenität der Bevölkerungszusammensetzung in der Stadt verstärke die Unsicherheit im Umgang miteinander, zugleich aber auch die Fluidität und Veränderungsbereitschaft (Wirth 1938, 11ff.). Insgesamt seien städtische Sozialformen durch oberflächliche, unpersönliche, segmentierte, utilitaristische und vorübergehende Sozialkontakte gekennzeichnet. Ähnlich wie bei Simmel wird die „Blasiertheit" im Umgang beklagt. Zugleich verweist Wirth darauf, wie ausgesprochen nützlich diese spezifischen Werte und Lebensformen für die Einbindung der Individuen in die kapitalistische Wirtschaftsweise sind. Die Stadt entpersonalisiert das Sozialleben und bereitet den Einzelnen auf ein distanziertes, nüchternes Erwerbsleben vor. Sie fördert zugleich Kosmopolitismus, Offenheit und soziale Mobilität der Bewohner (ebd., 16ff). Urbanität (*urbanism*) als Lebensweise findet in den Städten ihren privilegierten Ort, weil die sozialökologischen Bedingungen der Stadt (Größe, Dichte, Heterogenität) sie provozieren und produzieren.

Größe, Dichte, Heterogenität

Urbanität als Lebensweise

Genau an dieser Stelle, bei der Produktion von sozialen Lebenswei-
sen (Urbanität) durch räumliche Verhältnisse (Größe und Dichte der
Stadt), setzt in der Folge eine Kritik an. Herbert J. Gans, ebenfalls in
Deutschland geborener amerikanischer Soziologe, bezeichnet Wirths
Position zur Entwicklung von Urbanität als deterministisch. Gans
(1962) akzeptiert die sozialökologischen Faktoren (Größe, Dichte,
Heterogenität) nicht als ursächlich verantwortlich für spezifisches
Sozialverhalten in der Stadt. Auch sieht er die Entfremdung in der
Stadt durch unpersönliche Sozialkontakte nicht wie Wirth als gege-
ben, sondern vermutet vielmehr lebendige, kleinteilige soziale Welten
in der Stadt (Gans 1962, 629). Gans negiert den Umwelteinfluss und
macht stattdessen soziale Faktoren (Klasse, Ethnie etc.) für das Verhalten von Menschen in der Stadt verantwortlich.

Der Beitrag von Gans markiert eine weitere Wende in der Deutung
und Konzeption von Urbanität. Er ist der erste Soziologe, der radikal
infrage stellt, ob es überhaupt Sinn macht, von der Stadt als einem
eigenständigen gesellschaftswissenschaftlichen Untersuchungsobjekt
zu sprechen: „But if ways of life do not coincide with settlement types,
and if these ways are functions of class and life-cycle stage rather than
of the ecological attributes of the settlement, a sociological definition
of the city cannot be formulated" (Gans 1962, 643). Wenn es allerdings die Stadt nicht als sinnvolle sozialwissenschaftliche Betrach-
tungseinheit gibt, kann es konsequenterweise auch keinen spezifischen urbanen Lebensstil geben. Wirth und Gans vollziehen also
nacheinander eine doppelte Wende in der Stadtforschung: Wirth
sieht Urbanität nicht mehr an die Stadt gebunden, sondern als eine
über sie hinausgehende Lebensform moderner Gesellschaften. Gans
negiert prinzipiell die Differenz von Stadt und Nicht-Stadt und hält
die Unterscheidung von Stadt und Land in Bezug auf Lebensformen
für nicht haltbar.

*Stadt als gesellschafts-
wisenschaftliches
Untersuchungsobjekt*

12.4 Ruralität: Definitionen und Merkmale

Das Verständnis von Ruralität und die Lebenswirklichkeiten in ländlichen Räumen haben sich seit der Industrialisierung rasant verändert
(Henkel 2011). Interessanterweise ist Ruraliät bzw. Ländlichkeit ein
im Alltagsleben vielfach verwendeter Terminus, der wirkmächtige Bilder von oftmals nostalgisch-romantischen Werten und Lebensformen
hervorruft. Vor diesem Hintergrund hat sich die Wissenschaft schwer-
getan, eine vernünftige theoretische Fundierung des Begriffes Ruralität zu leisten (Cloke 2006, 18). Während die Urbanitätsdiskussionen
von Beginn an nach theoretischen Begründungen für die Herausbildung einer – wie auch immer definierten – Urbanität gesucht haben,
lieferten frühe Debatten zur Ländlichkeit vor allem beschreibende
Narrationen. In deutschen Dorfstudien der 1950/60er-Jahre oder in
den in Großbritannien intensiv betriebenen *Rural Studies* werden

Rural Studies

„ländliche Gemeinschaften anhand der spezifischen sozialen Struktur ihrer BewohnerInnen" (Wiesinger/Machold 2001, 4f.) charakterisiert. Bei diesen deskriptiv-funktionalen Ansätzen wird landwirtschaftlicher Bezug häufig mit Ländlichkeit verwechselt (Cloke 2006, 20), das heißt, Ländlichkeit wird oft auf Landwirtschaft (z. B. gemessen am Anteil der Beschäftigten im Primären Sektor) reduziert.

Counterurbanisierung (counterurbanization)

Mit dem Begriff Counterurbanisierung wird die Abwanderung städtischer Bevölkerung in ländliche Gebiete beschrieben. Dabei kommt es zu einer teilweisen (und zeitweiligen) Umkehrung lang anhaltender Konzentrationsprozesse (Verstädterung). Ursachen dafür werden im Strukturwandel der städtischen Ökonomie (Deindustrialisierung), in der verbesserten Zugänglichkeit ländlicher Räume und in veränderten Einstellungen (Renaissance der Ländlichkeit) gesehen. Counterurbanisierung wurde vor allem in Nordamerika und Europa seit den 1980er-Jahren diskutiert. Es ist interessant, dass der Begriff *counterurbanization* (die direkte Übersetzung lautet: „Gegenurbanisierung") verwendet wird, um eine Wanderung in ländliche Gebiete zu beschreiben. Semantisch zeigt sich darin, dass das Ländliche auch in der Regionalforschung offenbar vielfach nur in Bezug zum Städtischen gedacht wird.

Die europäische und nordamerikanische Counterurbanisation der 1980er- und 1990er-Jahre, also der verbreitete Zuzug ehemals städtischer Bevölkerung in entlegene, oftmals landschaftlich attraktive Gebiete, hat dieser deskriptiven Indikatorenforschung ein Ende bereitet (Dünckmann 2010, 286). Die Ruralitätsforschung musste einsehen, was Louis Wirth und Herbert Gans bereits viel früher erkannten: dass ländliche Räume keine einheitlich ländliche Lebensweise generieren. Der Wohnsitz einer Person gibt keine Auskunft über deren Werthaltung und soziale Lebensform. Dies hat eine Reihe von empirischen Studien sowohl im nordamerikanischen als auch im europäischen Kontext gezeigt (Miller/Lulof 1980; Dirksmeier 2009). Demnach gibt es als städtisch bezeichnete Verhaltensweisen sowohl im ländlichen Raum wie auch umgekehrt. Vor allem aber sind die beiden idealtypisch unterschiedenen Pole von Stadt und Land empirisch kaum mehr auffindbar (Pahl 1966, 299). Auch dieser schon bei Louis Wirth 1938 artikulierte Gedanke, wonach in industrialisierten Gesellschaften eher ein Stadt-Land-Kontinuum als eine Stadt-Land-Dichotomie zu erwarten ist, findet heute weitgehend Akzeptanz. Die wechselseitige Durchdringung ehemals als städtisch und ländlich gedachter Lebensweisen wird als Urbanisierung des ländlichen Raumes bzw. Ruralisierung der Stadt beschrieben (vgl. Redepenning 2009 und Dünckmann 2010).

ländliche Lebensweise

Abb. 12.3
Ländlichkeit in der Stadt: Dorfanger von Alt-Müggelheim, Berlin (Foto: I. Helbrecht 2012)

Abb. 12.4
Ländlichkeit in der
Stadt: Autobüchereibus
statt Stadtbibliothek,
Berlin (Foto: I. Helbrecht
2012)

Die Einsicht in die wechselseitige Durchdringung städtischer und ländlicher Lebenswelten eröffnet vollkommen neue Fragestellungen für die Forschung. So wird beispielsweise mit dem Konzept der Stadtregion (*city-region*) vorwiegend im europäischen Kontext versucht, ehedem getrennte Raumeinheiten „zusammenzudenken". In Nordamerika dient der Begriff der *exurbia* als hybride Raumkategorie zur Beschreibung von Gemeinden im ländlichen Raum, die durch Wanderungen aus den Städten beeinflusst sind. Von französischen Geographinnen und Geographen wird die *urbanité rurale* als konzeptionelles Denkangebot zur Benennung neuer Hybride ins Feld geführt (Woods 2009, 853). Und auch thematisch begibt sich die neuere Ländlichkeitsforschung zunehmend auf die Suche nach anderen Geographien des Ländlichen, in denen ebenso „unkonventionelle" Lebensweisen vorkommen, wie sie bisher oftmals nur als Subkulturen in der Stadt beschrieben wurden. Damit können zum Beispiel Lebensweisen gemeint sein, die in ethnischer, sexueller oder religiöser Hinsicht vom Gewohnten bzw. Bekannten abweichen (Smith/Holt 2005; Holloway 2007; Redepenning 2009).

wechselseitige Durchdringung städtischer und ländlicher Lebenswelten

Autoren wie John Urry lehnen den Begriff Ruralität aus vielfachen Gründen gänzlich ab (Pratt 1996, 69). Andere plädieren für die Untersuchung der Bedeutungsvielfalt des Begriffs. Im Rahmen einer sozialkonstruktivistischen Position gibt es „die Ruralität" nicht per se, sondern lediglich Konstrukte von Ländlichkeit. Wissenschaft beansprucht gemäß dieser Einstellung keinen Zugriff auf die Wirklichkeit selbst, sondern sucht einen Zugang zu Repräsentationen der Wirklichkeit in Form von Erzählungen, Diskursen, Bildern oder Handlungen. Auch Ruralität wird demzufolge durch Diskurse, Akteure, Siedlungsweisen (Materialitäten) und Performanzen hergestellt: „Though we may not be able to point to a ‚true' rurality, it may be possible to identify certain discourses about rurality that serve to enable and support the reproduction of particular uneven social relations, economic distributions and social stratifications" (Pratt 1996, 70; siehe auch Phillips/Fish/ Agg 2001; Eriksson 2010; Woods 2010, 843).

Tatsächlich muss also – neben der Auflösung der Polarität von Urbanität und Ruralität durch ein Stadt-Land-Kontinuum – noch sehr viel grundlegender die Verwendung der Begriffe kritisiert werden. Keith H. Halfacree (1993) hat hierzu in der Debatte um Ländlichkeit einen Schlüsseltext verfasst. Darin zeigt er, dass jeder Versuch, eine spezifisch ländliche oder spezifisch städtische Lebensweise abzuleiten, an einem verkürzten Raumverständnis bzw. an einer mechanistischen Vorstellung des Verhältnisses von Gesellschaft und Raum leidet. Erstens wird die räumliche Umwelt, ob Stadt oder Land, als verursachender Faktor gesehen. Damit ist ein verdeckter Umwelt- bzw. Raumdeterminismus am Werk. Zweitens wird indirekt unterstellt, dass räumliche Umwelten etwas Gegebenes seien. Die Umwelt wird betrachtet als etwas, das fraglos gegeben ist und nicht als etwas, das gesellschaftlich produziert wird. Dem widersprechen aber Erkennt-

Stadt-Land-Kontinuum

nisse aus intensiven Debatten seit den 1980er-Jahren, in denen immer wieder überzeugend argumentiert wurde, dass Raum produziert wird und selbst zur Produktion gesellschaftlicher Verhältnisse und anderer Räume beiträgt (Massey 2005).

12.5   Neue Urbanität und Öffentlichkeit

In der gegenwärtigen kapitalistischen Gesellschaft ist davon auszugehen, dass Differenzierungen zunehmen und Komplexität – auch in räumlicher Hinsicht – wächst. Es werden permanent neue Unterschiede sowohl innerhalb städtischer und ruraler Lagen wie auch im Wechselverhältnis von beiden produziert. Begriffe wie Stadtregion, *exurbia*, *edge city* oder *postsuburbia* deuten dies an. Daneben wird gerade von planungspolitischer Seite, also aus Sicht von Städtebau und Regionalentwicklung, ein *New Urbanism* ebenso wie ein *New Ruralism* diskutiert (Kraus 2006). Hiermit verbinden sich vor allem in Nordamerika Vorstellungen von einer nachhaltigen Raumentwicklung, die auf praktische Probleme der Energieeffizienz, des Flächenverbrauchs und der Mobilitätsreduktion Antworten bieten sollen. Diese planungspolitischen Diskurse sind aber kaum theoriegesteuert, sondern rein anwendungsorientiert. Dementsprechend werden sie innerhalb der Raumwissenschaften kritisch reflektiert (Falconer Al-Hindi/Till 2001; Smith 2002; Day 2003).

Parallel zu der wissenschaftlichen Kritik am planungsorientierten Doppel von *New Urbanism* und *New Ruralism* gibt es in der Stadtforschung eine Debatte über den politischen Gehalt des Begriffes der Urbanität (ähnlich intensive Debatten über den Begriff der Ruralität existieren nicht). Die britische Geographin Gil Valentine hat 2008 einen viel beachteten Aufsatz publiziert, in dem sie beschreibt, wie Städte erneut in den Mittelpunkt der Betrachtung rücken. Durch die rasante Zunahme von transnationalen Migrationsströmen sind die meisten städtischen Siedlungsräume in der nördlichen wie auch der südlichen Hemisphäre von einer wachsenden Vielfalt ethnischer, kultureller und religiöser Bevölkerungsgruppen geprägt. Hier kann den Städten als Orte der Integration eine zentrale Rolle zukommen: „the city of the twenty-first century is being reimagined as a site of connection" (Valentine 2008, 324). Gerade Einwanderungsländer sind auf funktionierende Stadträume angewiesen, die einen Beitrag zur Integration der Neuankömmlinge in die Arbeits- und Wohnungsmärkte ebenso wie die sozialen Lebenswelten leisten. Valentine (2008) spricht von einer *geography of encounter*, die jüngst auch in der deutschsprachigen Humangeographie als „Geographie der Begegnung" diskutiert wird (Dirksmeier et al. 2011). Hierbei steht die Frage im Mittelpunkt, welche Begegnungsqualitäten in den öffentlichen Räumen der Städte – auf Plätzen, Boulevards oder in Straßencafés – zu beobachten sind, und welchen Beitrag die öffentlichen Räume

nachhaltige Raumentwicklung

Städte als Orte der Integration

in Städten für die Integration von Fremden in die Gesellschaft leisten können.

Öffentlichkeit und Privatheit

Hans-Paul Bahrdt erläutert in seinem Klassiker „Die Moderne Großstadt" (2006), dass Urbanität dort entsteht, wo sich eine Polarität zwischen Öffentlichkeit und Privatheit herausbildet. Im Dorf gibt es weder die Anonymität der Öffentlichkeit (hier kennt jeder jeden), noch eine Privatheit, in der man vollends unbeobachtet ist. Einzig der Siedlungsraum Stadt lässt die starke Ausdifferenzierung der beiden Sphären zu. Nur hier bilden sich einerseits öffentliche Räume (Straßen, Plätze, U-Bahn-Stationen usw.), in denen die Stadtbewohner zumeist unerkannt bleiben und sich als Fremde unter Fremden begegnen. Anderseits entstehen auch nur in der Stadt private Räume, in denen (fast) jeder Haushalt eine eigene Wohnung beansprucht, in der man als Single, Paar, Wohngemeinschaft oder Familie lebt und damit Intimität ermöglicht wird. Je größer sich in einer Stadt die Polarität zwischen diesen beiden Sphären herausbildet, umso urbaner ist diese nach Bahrdt.

Die Frage nach der politischen Bedeutung von Urbanität für die gesellschaftliche Entwicklung hat eine lange Tradition (vgl. Salin 1960, Siebel 1994 und Bahrdt 2006). Sie ist aber durch den wachsenden Pluralismus der Gesellschaft heute wieder aktuell geworden (Lees 2004; Helbrecht 2009). Der politische und normative Gehalt von Urbanität wird dabei häufig mit den Qualitäten öffentlicher Räume verbunden – einem Phänomen, das auch schon Georg Simmel als Besonderheit großstädtischen Straßenlebens im Auge hatte.

政 **politische Bedeutung von Urbanität**

Inwieweit bei diesen Betrachtungen von Öffentlichkeit und öffentlichen Räumen in Städten jedoch westliche Diskurse noch zu sehr dominieren, die sich oftmals allein am Idealbild der europäischen Stadt orientieren, ist eine intensiv diskutierte Frage. In der internationalen Stadtforschung werden die Stimmen lauter, die eine Hinwendung zu einem Verständnis von Urbanität fordern, das sich nicht allein an Erfahrungen des Straßenlebens in New York, Tokio, Berlin oder London orientiert (Roy 2009; Roy/Ong 2011). Verstärkt wird die Einbeziehung der südlichen Hemisphäre in eine Theoriebildung gefordert, die auch auf afrikanischen, lateinamerikanischen oder asiatischen Erfahrungen basiert. Wie sähe also ein (vielleicht auch politisch tragfähiger) Urbanitätsbegriff aus, der sich aus Erfahrungen in Lagos (Nigeria) oder Hyderabad (Indien) speist (Simone 2010; Ong 2011)? Und wie könnten wir entsprechend auch unsere europäisch-amerikanisch geprägten Denkweisen von Ruralität ändern, wenn wir Erfahrungen des Globalen Südens miteinbeziehen (Korf/Oughton 2006)? Diese und ähnliche Fragen werden die Theorieentwicklung

Einbeziehung der südlichen Hemisphäre

und die empirische Forschung zur Urbanität in der Zukunft klären müssen.

12.6 Fazit

In den letzten 100 Jahren hat sich das Verständnis von Urbanität und Ruralität grundlegend gewandelt – ebenso wie die ökonomischen, sozialen, politischen und kulturellen Verhältnisse in ländlichen, städtischen oder zwischenstädtischen und extraurbanen Gebieten. Die Frage der Abgrenzung von ländlichen und städtischen Räumen verweist letztlich auf eine Grundfrage der Humangeographie: Ist eine Isomorphie von Raum und Gesellschaft denkbar? In einer sozial- und kulturwissenschaftlich fundierten Humangeographie fällt es zunehmend schwer, anhand von Raumeinheiten (ländlicher Raum, Stadt) auch gesellschaftliche Verhältnisse identifizieren zu wollen. Räume werden gesellschaftlich produziert und tragen wiederum zur Konstruktion von Gesellschaft bei (Lefebvre 1991). Die komplexen gesellschaftlichen Konstruktionsprozesse von Räumen verbieten es, räumliche Grenzen als scharfe Trennlinien für unterschiedliche soziale Verhältnisse zu vermuten.

Empirisch bleibt die Frage nach städtischen und ländlichen (wie auch hybriden) Verhältnissen nach wie vor spannend und gerade in Zeiten postindustrieller oder postmoderner Raumentwicklungen auch weiterhin offen. Aber sie lässt sich nicht einfach mit der Unterschiedlichkeit zweier Raumeinheiten beantworten. Ruralität wird deshalb nur noch selten als eine unhinterfragt gegebene Basiskategorie der humangeographischen Forschung gesehen. Dies hat unter anderem mit der eingangs angesprochenen Asymmetrie der Begriffe Urbanität und Ruralität zu tun, die sich in mindestens drei Dimensionen zeigt. Erstens sind es das Tempo, die Schnelllebigkeit und die Innovationskraft von Urbanitätsdiskursen, die diesen oft hegemonialen Status gegenüber dem Bedeutungssystem Ruralität verleihen. Zweitens scheint es seit der Antike zumindest im europäischen Kontext eine ethische und politische Überlegenheit von Urbanität als Wert gegenüber der Ländlichkeit zu geben. Dem Bedeutungssystem Urbanität werden emanzipatorische Kräfte zugeschrieben. Drittens verweist die Verwendung des Begriffes Urbanität in der populären Kultur darauf, dass das Verständnis, eine durch und durch verstädterte Räumlichkeit erreicht zu haben, tief in den Selbstbeschreibungen der Gesellschaft verankert ist. Diese Räumlichkeit zu analysieren und dabei die Verwendung urbaner und ruraler Motive hinsichtlich ihrer Konstitution und Wirkmacht zu untersuchen, bleibt eine herausfordernde und lohnende Aufgabe der Humangeographie. Ein Spaziergang durch New York ist hierfür ein guter Auftakt.

Asymmetrie der Begriffe Urbanität und Ruralität

Literatur

Amin, A.; Thrift, N. (2002): Cities: Reimagining The Urban. Oxford/ Cambridge: Polity Press.

Bahrdt, H.-P. (2006 [1961]): Herlyn, U. (Hg.): Die moderne Großstadt. Soziologische Überlegungen zum Städtebau. 2. Aufl., Wiesbaden: VS Verlag für Sozialwissenschaften.

Bunce, M. (1994): The Countryside Ideal. London: Routledge.

Bundesinstitut für Bau-, Stadt- und Raumforschung (Hg.), (BOIR): Raumordnungsbericht 2011. Bonn: Bundesamt für Bauwesen und Raumordnung.

Cloke, P. (2006): Conceptualizing Rurality. In: Cloke, P.; Marsden, T.; Mooney, P. H. (Eds.): Handbook of Rural Studies. London/Thousand Oaks/New Delhi: SAGE, 18–28.

Day, K. (2003): New Urbanism and the Challenges of Designing for Diversity. In: Journal of Planning Education and Research 23, 83–95.

Dirksmeier, P.; Helbrecht, I. ; Mackrodt, U. (2011): Geographien der Begegnung. In: Geographische Zeitschrift 99 (2/3), 84–103.

Dirksmeier, P. (2009): Urbanität als Habitus. Zur Sozialgeographie städtischen Lebens auf dem Land. Bielefeld: transcript.

Dünckmann, F. (2010): The Village in the Mind: Applying Q-Methodology to Re-Constructing Constructions of Rurality. In: Journal of Rural Studies 26, 284–295.

Eriksson, M. (2010): „People in Stockholm are smarter than countryside folks" – Reproduing urban and rural imaginaries in film and life. In: Journal of Rural Studies 26, 95–104.

Falconer Al-Hindi, K.; Till, K. E. (2001): (Re)Placing the New Urbanism Debates: Toward an Interdisciplinary Research Agenda. In: Urban Geography 22 (3), 189–201.

Frisby, D. (1985): Georg Simmel: First Sociologist of Modernity. In: Theory, Culture & Society 2 (3), 49–67.

Gans, H. J. (1962): Urbanism and Suburbanism as Ways of Life: A Re-Evaluation of Definitions. In: Rose, A. M. (Hg.): Human Behavior and Social Process. Boston: Houghton Alifflin Company, 625–648.

Halfacree, K. H. (1993): Locality and Social Representation: Space, Discourse and Alternative Definitions of the Rural. In: Journal of Rural Studies 9 (1), 23–37.

Häußermann, H., Siebel, W. (1987): Neue Urbanität. Frankfurt a. M.: Suhrkamp.

Helbrecht, I. (2009): „Stadt der Enklaven" – Neue Herausforderungen der Städte in der globalen Wissensgesellschaft. In: Neues Archiv für Niedersachsen. Zeitschrift für Stadt-, Regional- und Landesentwicklung 2, 2–17.

Henkel, G. (2011): Das Dorf: Landleben in Deutschland – gestern und heute. Stuttgart: Theiss.

Holloway, S. L. (2007): Burning issues: Whiteness, Rurality and the Politics of Difference. In: Geoforum 38 (7), 7–20.

Korf, B.; Oughton, E. (2006): Rethinking the European countryside – can we learn from the South? In: Journal of Rural Studies 22, 278–289.

Kraus, S. (2006): A Call for New Ruralism. http://www.farmlandinfo. org/documents/37270/new-ruralism.pdf (08.02.2012).

Lees, L. (Hg.) (2004): The Emancipatory City? Paradoxes and Possibilties. London: SAGE.

Lefebvre, H. (1991): The Production of Space. Oxford: Basil Blackwell.

Lindner, R. (2004): „Die Großstädte und das Geistesleben". Hundert Jahre danach. In: Siebel, W. (Hg.): Die europäische Stadt. Frankfurt a. M.: Suhrkamp, 168–178.

Massey, D. B. (2005): For Space. London: SAGE

Miller, M. K.; Lulof, A. E. (1980): Who is rural? A Typological Approach to the Examination of Rurality. Revision of a paper presented at the Annual Meetings of the Rural Sociological Society, August 1980. Ithaca, NY.

Ong, A. (2011): Introduction. Worlding Cities, or the Art of Being Global. In: Roy, A.; Ong, A. (Hg.): Worlding Cities: Aisan Experiments and the Art of Being Global. West Sussex: Blackwell Publishing Limited, 1–26.

Pahl, R. E. (1966): The Rural-Urban Continuum. In: Sociologia Ruralis 3 (3), 299–329.

Phillips, M.; Fish, R.; Agg, J. (2001): Putting together ruralities: towards a symbolic analysis of rurality in the British mass media. In: Journal of Rural Studies 17, 1–27.

Pratt, A. C. (1996): Discourses on Rurality: Loose Talk or Social Struggle? In: Journal of Rural Studies 12 (1), 69–78.

Redepenning, M. (2009): Die Komplexität des Landes – neue Bedeutungen des Ländlichen im Zuge der Counterurbanisierung. In: Zeitschrift für Agrargeschichte und Agrarsoziologie 57 (2), 46–56.

Roy, A. (2009): The 21st-Century Metropolis: New Geographies of Theory. In: Regional Studies 43 (6), 819–830.

Roy, A.; Ong, A. (2011) (Hg.): Worlding Cities: Aisan Experiments and the Art of Being Global. West Sussex: Blackwell Publishing Limited.

Salin, E. (1960): Urbanität. In: Erneuerung unserer Städte: Vorträge, Aussprachen und Ergebnisse der 11. Hauptversammlung des Deutschen Städtetages, Augsburg. Neue Schriften des Deutschen Städtetags 6, Stuttgart: Kohlhammer, 9–34.

Siebel, W. (1994): Was macht eine Stadt urban? Oldenburger Universitätsreden 61. Oldenburg: BIS Verlag.

Simmel, G. (2006 [1903]): Die Großstädte und das Geistesleben. Frankfurt a. M.: Suhrkamp.

Smith, N. (2002): New Globalism, New Urbanism: Gentrification as Global Urban Strategy. In: Antipode 34 (3), 427–450.

Smith, D. P.; Holt, L. (2005): „Lesbian migrants in the gentrified valley" and „other" geographies of rural gentrification. In: Journal of Rural Studies 21, 313–322.

Simone, A. (2010): A Town on Its Knees? Economic Experimentations with Postcolonial Urban Politics in Africa and Southeast Asia. In: Theory, Culture & Society 27 (7/8), 130–154.

Valentine, G. (2008): Living with Difference: Reflections on Geographies of Encounter. In: Progress in Human Geography 32 (3), 323–337.

Wiesinger, G.; Machold, I. (2001): Dörfliche Gemeinschaften und soziale Integration. Soziale Integration/Ausgrenzung in Sozialsystemen peripherer ländlicher Regionen. Wien: Bundesanstalt für Bergbauernfragen.

Wirth, L. (1938): Urbanism as a Way of Life. In: American Journal of Sociology 44 (1), 1–24.

Woods, M. (2009): Rural Geography: Blurring Boundaries and Making Connections. In: Progress in Human Geography 33 (6), 849–858.

Woods, M. (2010): Performing Rurality and Practising Rural Geography. In: Progress in Human Geography 34 (6), 835–846.

Paul Reuber **13   Territorien und Grenzen**

13.1   Einleitung: Die territoriale Organisation der Gesellschaft

Als am 9. November 1989 in Berlin Zehntausende von Staatsbürgerinnen und Staatsbürgern der Deutschen Demokratischen Republik die Berliner Mauer stürmten, schien die Geschichte für eine schwerelose Sekunde den Atem anzuhalten. Was hier passierte, war aus der Sicht der ersten deutschen Nachkriegsgeneration beiderseits des Eisernen Vorhanges ein Ding der Unmöglichkeit. Dass Menschen auf *dieser* Mauer tanzen? An *dieser* Grenze? Undenkbar! Diese Mauer war nicht nur ein Symbol der deutschen Teilung nach dem Zweiten Weltkrieg, sie war nicht nur ein Symbol für die konflikthaften gesellschaftspolitischen Umstände in der Zeit des Kalten Krieges, sie war – martialisch aufgerüstet und gesichert – im Alltag der Menschen eine nahezu unüberwindliche Barriere. Wer die Grenze von Osten nach Westen unerlaubt überqueren wollte, um von einem ins andere Staatsterritorium zu gelangen, begab sich in höchste Gefahr. Viele Menschen wurden verhaftet, manche sogar erschossen beim Versuch des „illegalen" Grenzübertritts. Und auch der Weg von Westen nach Osten war nicht einfach möglich, sondern mit vielfältigen Regulierungen und Restriktionen verbunden, die den Zugriff auf den eigenen Körper einschlossen.

Dass eine solche Grenze ungeachtet ihrer festungsartigen Materialität quasi „über Nacht" fast im Nichts verschwinden konnte, führt uns vor Augen, dass Territorialstaaten und ihre Grenzen – obwohl sie uns im Alltag vielfach als unverrückbar und unauflöslich erscheinen – vom Prinzip her nichts anderes sind als gesellschaftliche Konstruktionen. Territoriale Formen und Grenzen von Nationalstaaten sind weder natürlich feststehende noch ewig überdauernde Größen, sondern sie können unter transformativen gesellschaftspolitischen Rahmenbedingungen zur Disposition stehen. Dass Territorien oder Grenzen für die Zeit ihres Bestehens gleichwohl ausgesprochen machtvoll sein können, beweist nicht nur das für die deutsche Geschichte eindrucksvolle Beispiel der Berliner Mauer. Ob zwischen Nord- und Südkorea, zwischen Israel und Palästina oder zwischen den USA und Mexiko – die verstärkte Abschottung von Territorien und die Sicherung von Grenzen sind ein konstitutiver Teil gesellschaftlicher Exklusionspraktiken. Immer wieder werden erbitterte Kriege um territoriale Kontrolle geführt, müssen Menschen bei Konflikten um und an Grenzen sterben.

Die Beispiele werfen ein erstes Schlaglicht auf die gesellschaftliche Bedeutung von Territorien und Grenzen. Aber auch jenseits solcher vordergründigen Konfliktlagen strukturieren diese den Alltag und die Routinen der Menschen auf vielfältige, machtvolle und teils subtile Weise. Unzählige Institutionen und Praktiken existieren nur, weil es die gesellschaftliche Logik territorialer Gliederung und Grenzziehung gibt. Das gilt für das Einwohnermeldewesen und die staatlichen Finanzämter, für Regierungen und Ministerien, für Schulbehörden und Armeen. Es gilt für bundesdeutsche Fußball- und Rennsportprofis, die ihren Wohnsitz in Monaco haben, um die territorialen Differenzen der Steuergesetzgebung auszunutzen. Es gilt für transnationale Unternehmensnetzwerke, die länderspezifische Lohnkostenvorteile oder unterschiedliche Umweltstandards zur Auslagerung entsprechender Produktionszweige nutzen. Es gilt schließlich für die Grenzpolizei genauso wie für Schmugglerringe und Schleuserbanden, die Migrantinnen und Migranten „illegal" über territoriale Grenzen bringen.

Konzeptionell gesehen sind Territorien Formen gesellschaftlicher Differenzbildung, die sich über Raumkonstruktionen vollziehen, deshalb bilden sie ein spannendes Forschungsfeld für die Geographie. Sie tauchen als Untersuchungsgegenstand sowohl in der Politischen Geographie als auch in der Wirtschafts-, Sozial- und Bevölkerungsgeographie auf, weil in all diesen Segmenten des Gesellschaftlichen die Auswirkungen einer solchen Konstruktionsweise die Praktiken der Menschen sowie deren Alltag mitbestimmen. Wenn das Phänomen nachfolgend etwas stärker aus der Sicht der Politischen Geographie ausgeleuchtet wird, liegt das daran, dass sich die grundlegenden Formen der Konstruktion von Territorien und Grenzen am ehesten als Phänomene verstehen lassen, die nicht nur selbst gesellschaftliche Machtbeziehungen regeln, sondern bei deren Aushandlung gesellschaftliche Macht- und Konfliktstrukturen eine besondere Bedeutung erlangen (vgl. dazu auch Reuber 2012). Vor diesem Hintergrund verwundert es nicht, dass beispielsweise Agnew et al. (2003, V) die Begriffe *territory* und *boundaries* neben *scale* und *place* als Kernbegriffe der Politischen Geographie identifizieren und sie mit dem aus ihrer Sicht ebenfalls zentralen Begriff *power* in Verbindung bringen. Sie betonen damit explizit die zentrale Rolle, die Territorien und Grenzen für die Konstitution und die Strukturierung von Gesellschaften zukommen. Sie machen deutlich, wie stark diese im weiteren Sinne des Wortes politisch, machtgeladen und nicht selten hart umkämpft sind. An Territorien und Grenzen wird brennglasartig deutlich, wie Raum und Räumlichkeit im Kontext des Gesellschaftlichen konstruiert und praktisch relevant werden können. Es zeigt sich aber auch, wie mit ihrer Hilfe das Eigene und das Fremde im gesellschaftlichen Kontext politisch hergestellt und die Verfügungsräume gesellschaftlicher Macht sowie die dazwischen liegende Grenzen geschaffen werden (vgl. Abbildung 13.1).

gesellschaftliche Machtbeziehungen

Abb. 13.1
Häuserruinen an einer ehemaligen Frontlinie in Mostar (Foto: P. Reuber 2006).
Gesellschaftliche Konflikte werden häufig dann besonders vehement und blutig,
wenn sie eine territoriale Dimension erhalten, das heißt, wenn die Konfliktparteien
versuchen, die sozialen Differenzen in einen Kampf um die Kontrolle unterschiedlicher Territorien zu transformieren. Ein eindrucksvolles Zeugnis aus der jüngeren
Geschichte sind die Bürgerkriege im zerfallenden Jugoslawien nach dem Ende des
Kalten Krieges. Lebten vorher die unterschiedlichen Gruppen im „Vielvölkerstaat"
unter der einigenden Hand von Tito in einer zumeist friedlichen Koexistenz, auf
regionaler und lokaler Ebene nicht selten auch in gemischten Nachbarschaften, so
polarisierten sich die Unterschiede in Form von ethnisch-religiösen Nationalismen
in den 1990er-Jahren. Sie gipfelten in einem Bürgerkrieg, in dem die Konfliktparteien versuchten, ethnisch „gesäuberte" Territorien zu schaffen. Die blutigen
Kämpfe und Gräueltaten dieser Auseinandersetzungen haben tiefe, an vielen Stellen auch materiell sichtbare Spuren hinterlassen, zu denen heute bis ins neue Jahr-
tausend hinein nicht nur die unzähligen verminten Gebiete in der Region zählen,
sondern auch die Narben in den Strukturen der Städte. Das Foto zeigt zerschossene
Häuser an der ehemaligen *green line* in Mostar, der im Bürgerkrieg umkämpften
Frontlinie zwischen den kroatischen und bosniakischen Milizen.

Mit entsprechenden Fragestellungen beschäftigen sich unterschiedliche Ansätze der Politischen Geographie – von polit-ökonomischen über handlungsorientierte bis hin zu poststrukturalistischen
Konzeptionen (siehe dazu die Kompaktinformation zur Politischen

Geographie). Trotz ihrer teilweise spezifischen theoretischen Positionierungen und Herangehensweisen verbindet sie alle eine Grundhaltung, die in der Humangeographie heute als konstruktivistisch verstanden wird: „Nicht ‚was Raum ist' oder sein ‚Wesen' sind von Interesse, sondern die spezifische Rolle, die Räumlichkeit in sozialen Prozessen gegebenenfalls spielt" (Belina/Michel 2007b, 8). Aus einer solchen Sicht zeichnet sich das Territorium als raumbezogene Form gesellschaftlicher Strukturierung durch eine Reihe von Besonderheiten aus. Dazu gehört zunächst, dass es mit einer deutlichen Institutionalisierung sowie einer recht klar bestimmbaren räumlichen Ausdehnung und Form verbunden ist. In diesem Sinne versteht man unter einem (politischen) Territorium eine räumliche Einheit, die eine bestimmte Ausdehnung hat, durch eine Grenze gegenüber einem benachbarten Territorium abgegrenzt wird und durch spezifische Formen des Regierens gekennzeichnet ist.

Darüber hinaus handelt es sich beim Territorium um ein sehr machtvolles und politisch relevantes Element gesellschaftlicher Differenzierung, denn obwohl es „nur eines von vielen konstitutiven Elementen der ungleichen räumlichen Entwicklung darstellt, wurde es meist als die wesentliche sozial-räumliche Form behandelt, in deren Rahmen geographische Ungleichheit verstanden und ihr begegnet werden kann" (Brenner 2008, 68). Hinzu kommt, dass sich einmal etablierte Territorialisierungen und Grenzziehungen – von der individuellen Eigentumsparzelle bis zur internationalen Schengen-Grenze – oft als sehr persistent, schwer veränderlich und damit außerordentlich wirkungsvoll erweisen. Dies gilt umso mehr, als sie häufig divergierende gesellschaftliche Rahmenbedingungen in den dabei entstehenden „Raum-Containern" bereitstellen (z. B. je nach Maßstabsebene in der Form von unterschiedlichen politischen Systemen, Steuerhebesätzen, rechtlichen Rahmenbedingungen, Sozialhilfe-Praktiken, Umgangsformen mit Obdachlosen, Wirtschafts- und Arbeitsmarktpolitiken etc.). Entsprechend erscheinen sie uns heute im Alltag als gesellschaftliches Organisationsprinzip so „real" und „sedimentiert", dass wir uns kaum vorstellen können, dass Gesellschaft auch anders organisiert sein könnte, zum Beispiel in Form von sozialen Netzwerken, in denen Zugehörigkeit und Herrschaft nicht primär räumlich definiert sind.

Auf der Grundlage dieser einleitenden Überlegungen sollen im Folgenden zwei für die Thematik der Territorien und Grenzen zentrale Fragen diskutiert werden: Welche gesellschaftlichen Logiken und Machteffekte sind bei der Konstruktion von Territorien am Werk? Welche Funktion kommt dabei dem Phänomen der Grenze zu und welche politisch-geographischen Forschungsfragen leiten sich daraus ab?

> **Territorium als machtvolles Element gesellschaftlicher Differenzierung**

Politische Geographie

In der Politischen Geographie geht es um das Spannungsfeld von Gesellschaft, Raum und Macht, wobei die Forschungen eine breite Palette von Themen mit unterschiedlichen Dimensionen und Reichweiten adressieren (Reuber 2012, 21–34). In der jüngeren Zeit haben sich im deutschsprachigen Raum vor allem drei theoriegeleitete Forschungsperspektiven herausgebildet (ebd.), die auch bei empirischen Fallanalysen Verwendung finden:

- Die polit-ökonomischen Ansätze der Radical Geography und die Kritische Geographie konzentrieren sich als politisch ausgerichtete Geographie – mit „kleinem p" – auf die Analyse und Veränderung gesellschaftlicher Ungleichheitsverhältnisse (z. B. Harvey 1985/1990; Lefebvre 1978/2003; Belina/Michel 2007a)
- Die konflikt- und handlungsorientierten Ansätze der Politischen Geographie konzentrieren sich auf die Rolle von Akteuren im Kontext von Auseinandersetzungen um Macht und Raum in den sich neu formierenden, lokal-globalen Konfliktfeldern des 21. Jahrhunderts (z. B. Oßenbrügge 1983; Reuber 1999).
- Ansätze der poststrukturalistischen Politischen Geographie (z. B. Dikec 2005; Mattissek 2005 und 2008; Glasze 2007; Füller/Marquardt 2009; Elden 2010) legen den Schwerpunkt ihrer Betrachtung auf eine diskurstheoretische Analyse von Konflikten um Raum und Macht. In einem hybriden Ansatz zwischen akteurszentrierten und diskursorientierten Ansätzen findet sich das Forschungsprogramm der *critical geopolitics*, die die Entstehung und Rolle geopolitischer Repräsentationen auf internationaler/globaler Ebene analysieren (vgl. Kompaktinformation zu *critical geopolitics*).

13.2   Elemente und Effekte der gesellschaftlichen Konstruktion von Territorien

In der Konstruktion von Territorien drücken sich – wie oben bereits angesprochen – gesellschaftliche Machtverhältnisse auf prägnante und wirkungsvolle Art und Weise aus. Konkret basiert die territoriale Konstruktionslogik auf der Unterscheidung zwischen „den einen" und „den anderen", wobei sich die Zugehörigkeit an einer räumlich symbolisierten Konstruktion orientiert. Damit kann die Bildung von Territorien als eine Spezialform gesellschaftlicher Differenzbildung angesehen werden, deren Besonderheit darin besteht, Menschen anhand ihrer Verortung in räumlichen Territorien zu unterscheiden. In der angelsächsischen Diskussion werden die verschiedenen Aspekte die-

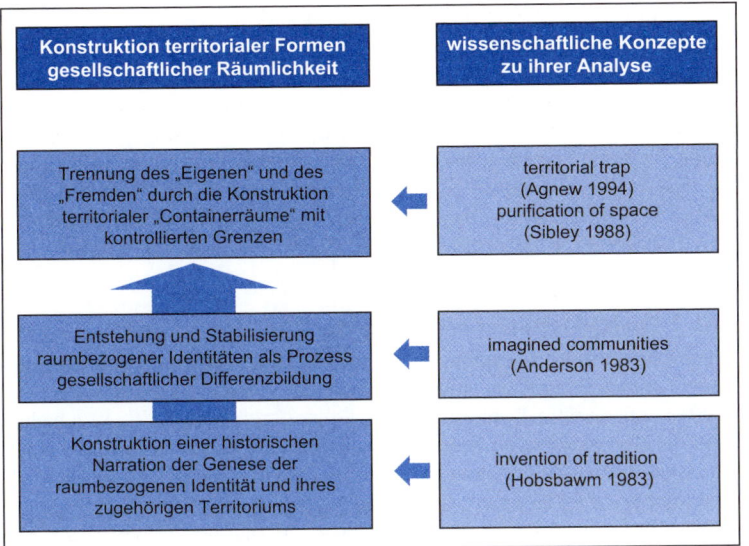

ses Prozesses mit den Schlagworten *imagined communities, purification of space, territorial trap* und *invention of tradition* beschrieben. Im
Folgenden soll ein kurzer Blick in die hinter diesen Stichworten stehenden Debatten geworfen und gefragt werden, was diese für das
Verstehen der territorialen Organisationsweise von Gesellschaftlich-
keit leisten können.

13.2.1 Purification of space – imagined communities

Die Konstruktion von Territorien führt zu einer Vorstellung von vermeintlich homogenen sozialen Kollektiven (z. B. „wir Deutschen"). Die
damit verbundene soziale Homogenisierung des Raumes vermag nicht
nur Organisationseinheiten, sondern häufig auch Identitätsklammern
zu schaffen, die vorhandene, oft erhebliche Differenzen und Spannungen innerhalb einer Gesellschaft (z. B. ökonomische Gegensätze, Klas-
sengegensätze, Geschlechterunterschiede) überdecken können. Dieses Phänomen bezeichnet der Geograph David Sibley (1988) als eine
purification of space, in der die territoriale Klammer eine Art „Bereini-
gung sozialer Unterschiede" bewirkt, die eine gewisse Einheitlichkeit
des zugehörigen sozialen Kollektivs suggeriert. Wenn es beispielsweise
in der Zeitung heißt: „Die Deutschen sind ein sparsames und gründli-
ches Volk", dann wird hier über die Klammer der nationalen Zugehörigkeit den Deutschen eine kollektive Eigenschaft zugesprochen, die in
vielen alltäglichen Einzelfällen ganz und gar nicht vorhanden ist.
Wenn in den Nachrichten zu hören ist, dass „die Amerikaner in den
Irak einmarschiert sind", dann sind weder alle amerikanischen Bürge-

**soziale Homogeni-
sierung des Raumes**

rinnen und Bürger einmarschiert noch alle dafür gewesen. Und doch werden in unserer territorial organisierten Gesellschaft bei internationalen Konflikten Vorstellungen von gesellschaftlich homogenen Staaten (re-)produziert und politisch wirksam. Damit dies von den Menschen mitgetragen wird, ist es notwendig, dass sie sich mit den territorialen Einheiten der Nationalstaaten identifizieren. In dieser Hinsicht hat der Politikwissenschaftler Benedict Anderson (1983) die nationalstaatlich verfassten Gesellschaften als *imagined communities*, also vorgestellte Gemeinschaften, bezeichnet (1983).

13.2.2 Territorial trap – invention of tradition

Die nach innen homogenisierende und nach außen abgrenzende Wirkung raumbezogener Identitätskonstruktionen arbeitet Agnew (1994) mit seinem Konzept der *territorial trap* heraus. Er macht am Beispiel der nationalen Identität deutlich, wie machtvoll auf Territorien basierende Identitätskonzepte sind, die mit raumbezogenen Konstruktionen des Eigenen und des Fremden arbeiten. Diese Form gesellschaftlicher Differenzbildung ist so allgegenwärtig, dass sie kaum noch hinterfragt wird. Gerade deswegen kann sie – wie politisch-geographische Untersuchungen zeigen – so machtvoll werden: Die *territorial trap* durchzieht, beispielsweise als „banaler" Nationalismus, nicht nur unsere alltägliche Kommunikation (Billig 1995), sie bestimmt auch (geo-)politische Diskussionen und politische Prakti-

klassische Geopolitik in der territoralen Falle

ken. Die gesamte Argumentationsweise der klassischen Geopolitik folgt dem Schema der *territorial trap* und ihre Logik funktioniert in den *inter*-nationalen (sic) Beziehungen bis heute. Wenn die USA mit „verbündeten Staaten" gegen Afghanistan oder den Irak in den Krieg ziehen, wird das gesamte Territorium und die gesamte dort lebende Bevölkerung zum möglichen Ziel von Angriffen, obwohl es eigentlich um die Verfolgung einzelner Terroristen oder Despoten geht. Diese Art der Geopolitik blendet die innere Vielfalt der territorialen Raum-Container aus; sie macht im vorliegenden Falle – etwas überspitzt formuliert – aus jedem friedlichen Arzt oder Ziegenhirten in Afghanistan bzw. im Irak automatisch einen Teil des bedrohlich Anderen, sie spricht aufgrund der territorialen Zugehörigkeit einen impliziten Generalverdacht gegen Menschen aus (vgl. demgegenüber den Ansatz der *critical geopolitics*, siehe Kompaktinformation dazu). Als im Streit um die Mohammed-Karikaturen 2005 „arabische" Nationen zum Boykott „dänischer" Produkte aufriefen, haben sie dieselbe Territorialisierung des Eigenen und des Fremden betrieben. Aber man muss gar nicht in andere Regionen schauen: Der deutsche Nationalsozialismus hat wie kaum ein Gewaltregime in der jüngeren Geschichte mit der Verklammerung von „Volk und Raum" gezeigt, zu welchem Unheil territorial basierte Identitätskonstruktionen führen können.

Dass raumbezogene Identitätskonstruktionen so wirkungsvoll sind, liegt auch daran, dass sie sich auf eine „Große Erzählung" ihres geschichtlichen Gewordenseins stützen können, die in kollektiven Diskursen und Praktiken verankert ist und von gesellschaftlichen Institutionen (z. B. Geschichtswissenschaften, Geschichts- und Erdkundeunterricht in Schulen) machtvoll reproduziert wird. Wie Hobsbawm (1983) deutlich gemacht hat, handelt es sich dabei aber nicht um eine Sammlung historischer „Fakten", die die Identität einer bereits vor der Erzählung bestehenden regionalen Gemeinschaft mit vermeintlichen Wahrheiten begründet. Es handelt sich vielmehr um eine – mithilfe kollektiver Mythen, Erzählungen und Geschichtsschreibungen – ex post legitimierte Konstruktion, verbunden mit „Praktiken [...] ritueller oder symbolischer Natur, mit denen sichere Werte und Verhaltensnormen eingeprägt werden sollen, was automatisch eine Kontinuität mit einer passenden historischen Vergangenheit bedeutet" (Hobsbawm/Ranger 1983, 1, zit. n. Hall 1994, 203). Hobsbawm und Ranger bezeichnen den Vorgang, in dessen Verlauf sich bestehende Gemeinschaften durch und in Geschichtsschreibungen immer wieder neu erfinden, als eine *invention of tradition* (ebd.).

Identität einer Gemeinschaft

Critical Geopolitics

Critical geopolitics (synonym: kritische Geopolitik) untersuchen, wie im politischen Alltag, in der Wissenschaft und in den Medien mithilfe von Sprache, Karten und Bildern geopolitische Ordnungsvorstellungen geschaffen werden, die im Falle konkreter politischer Konflikte und Auseinandersetzungen das Denken und Handeln der beteiligten Akteure ebenso beeinflussen wie die Rezeption und Beurteilung der Ereignisse in der Bevölkerung (Ó Tuathail 1996; Lossau 2001 und 2002; Wolkersdorfer 2001a und 2001b; Redepenning 2006). Solche machtvollen räumlichen Ordnungsvorstellungen werden als *geographical imaginations* (Gregory 1994) oder als geopolitische Leit- bzw. Weltbilder (Reuber/Wolkersdorfer 2003; 2004) bezeichnet. Sie wissenschaftlich zu untersuchen, bedeutet vor allem, ihren konstruierten Charakter sichtbar zu machen und ihre Rolle im Kontext politischer Praktiken, Krisen, Konflikte und Kriege zu beleuchten (zur Kritik des Ansatzes vgl. auch Müller/Reuber 2008).

13.3 Grenzen und Grenzforschung

Die räumliche Grenze ist – wie zuvor bereits angedeutet – das Janusgesicht des Territoriums, denn spätestens seit der Moderne ist die Bildung von Territorien untrennbar mit Grenzen und Grenzziehungsprozessen verknüpft (vgl. Elden 2010; 2011). Ohne Grenzen gäbe es keine Territorien, denn Grenzen sind die Linien, entlang derer sich Territorien bilden. An kaum einer Stelle treten die Machtwirkungen gesellschaftlicher Differenzierung so eindrucksvoll hervor wie hier: „The urge to emphasise a difference [...] refers to the general process of identification, which is always a process of distinction, of marking and making borders" (Strüver 2004, 8).

Wie umkämpft Grenzen sein können, zeigen unzählige Beispiele aus der Geschichte. Bereits im Zeitalter des Kolonialismus waren Grenzziehungen als Formen der Aneignung und (Fremd-)Herrschaft mitverantwortlich für viele der damaligen Auseinandersetzungen. Bis heute sind sie zum Beispiel in Afrika ebenso wie in Teilen Zentral-, Süd- oder Südostasiens Gegenstand von Kriegen und Bürgerkriegen. Die Grenzen der sich immer stärker abschottenden „Festung Europa" oder der Vereinigten Staaten von Amerika bestimmen den Alltag derer, die sie überwinden möchten. In Ost- und Südosteuropa erschütterten die Verwerfungen nach dem Ende des Kalten Krieges traditionelle Grenzverläufe und -ordnungen. In den 1990er-Jahren brachten sie den Krieg bis unmittelbar vor die Tore der EU, die sich gleichzeitig mit Osterweiterung und Schengen-Prozess eine machtvolle Neuordnung ihrer inneren und äußeren Grenzverhältnisse bescherte. Es ist gerade die Umkämpftheit von Grenzen, die auf die Kontingenz der in ihr repräsentierten Territorien verweist. Deswegen ist die Untersuchung von Grenzziehungsprozessen besonders geeignet, das Werden von Territorien und die Konflikte, die dabei ausgetragen werden, zu analysieren (Newman/Paasi 1998; van Houtum 1999).

Auf dieses Forschungsfeld haben sich die international und interdisziplinär angelegten *border studies* spezialisiert (Kolossov 2005; Paasi 2003; van Houtum 2005). Schon seit Ende der 1980er-Jahre zeigen die daraus resultierenden Arbeiten, dass Grenzen vor allem als gesellschaftliche Konstruktionen angesehen werden müssen, als Formen sozialer und politischer Ordnungen, als strukturierende Elemente raumbezogener gesellschaftlicher Differenzierungsprozesse, die sich in politischen und sozialen Praktiken manifestieren (vgl. Strüver 2004, 5; Paasi 2003). Entsprechend gelten Grenzen als Elemente gesellschaftlicher Räumlichkeit, die in ihrem Verlauf und in ihrer Ausgestaltung situiert und historisch wandelbar sind: „Boundaries are not, as traditional political geography took them to be, timeless, neutral lines and absolute limits of sovereignty, [...] boundaries are part of the ways by which people try to make sense of the world. [...] Boundaries not only divide but also define and regulate social action" (Paasi 2003, 467). Diese konzeptionelle Verschiebung führte von der primär auf institutionelle Phänomene gerichteten Form der Analyse zur stärkeren Einbeziehung von Aspekten wie Repräsentationen und gesellschaftliche Praktiken sowie – damit einhergehend – von der primär auf politische Fragen orientierten Perspektive zu einer stärkeren Integration der Alltagsperspektive. Konkrete inhaltliche Beispiele beziehen sich dabei zumeist auf internationale Grenzen. Von der inhaltlichen Fokussierung her lassen sich im Verlauf der letzten beiden Dekaden drei unterschiedliche Schwerpunkte identifizieren (Paasi 2003,

Grenzen als Formen sozialer und politischer Ordnungen

verändert), die bei durchaus starken inhaltlichen Überschneidungen jeweils spezifische Teilphänomene in den Blick nehmen.

13.3.1 Forschungen über Entgrenzungs- und Reterritorialisierungsprozesse

Nach dem Ende des Kalten Krieges entwickelte sich eine Perspektive, die sich – auf der Grundlage politik- und konfliktwissenschaftlicher Ansätze – mit der Untersuchung der Bedeutung von Grenzen im Spannungsfeld zwischen ökonomischer Transnationalisierung und nationalstaatlich organisierter Steuerung beschäftigte (d. h. mit der veränderten Bedeutung von (nationalstaatlichen) Grenzen in einer sich globalisierenden Welt). In diesen Kontext gehört auch die Debatte um Reterritorialisierung und neue Grenzkonflikte der mittleren und späteren 1990er-Jahre (z. B. im Kontext nationalistisch unterlegter Auseinandersetzungen in Osteuropa, in der ehemaligen Sowjetunion oder auf dem Balkan).

13.3.2 Forschungen über Grenzen und Grenzrepräsentationen

Spätestens ab Mitte der 1990er-Jahre entwickelte sich im Umfeld der *border studies* ein zusätzlicher Schwerpunkt im Bereich zeichen- und diskursorientierter Analysen von Grenzen „als soziale und politische Ordnungen" (Reuber 2006). Territorien und Grenzen werden in diesem Kontext als Ausdruck gesellschaftlicher Machtverhältnisse gedeutet. Newman und Paasi (1998, 201) konstatieren: „The study of narratives and discourse is central to an understanding of all types of boundaries, particularly state boundaries. These narratives range from foreign policy discourses, geographical text and literature (including maps), to the many dimensions of formal and informal socialization which affect the creation of sociospatial identities, especially the notions of ‚us' and the ‚other', exclusive and inclusive spaces and territories". Im Zentrum empirischer Analysen stehen hier *border narratives* in Politik und politischer Kultur, in Medien und Schule (z. B. Geschichte, Erdkunde), in Wissenschaft, Populärkultur und Alltag. Hinzu treten Analysen der Geschichte bzw. der Genealogie von Territorien (Elden 2010; 2011) und Grenzen.

13.3.3 Forschungen über Praktiken an Grenzen und im Grenzland

Mittlerweile ist im Zuge des *performative turn* auch die Bedeutung von Grenzen für gesellschaftliche Praktiken stärker in den Fokus empirischer Arbeiten getreten. Bei der Analyse entsprechender Konflikte auf global-internationaler Ebene geht es um Formen der Grenzziehung sowie um selektive In- und Exklusionspraktiken an Grenzen im Zusammenhang internationaler Migration, deren Brisanz in vielen Kontexten so deutlich zutage tritt, dass sie „eine politisch-geographische Sicht für die Migrationsforschung" (Geiger 2011, 78ff.) nahelegt. Die Grenz- und Grenzlandforschung (*borderland approaches*, Kaplan/ Häkli 2002) konzentriert sich auf Mikropraktiken im Falle konkreter Grenzen und Grenzregime. Auch hier finden sich durchaus stärker repräsentationsorientierte Studien, die zum Beispiel im Sinne einer *iconography of boundaries* (Newman/Paasi 1998, 196) die Erscheinungsformen der Grenze als Repräsentation gesellschaftlicher Macht analysieren. Der Trend geht aber derzeit in die Richtung von Projekten, die sich auf die Analyse der Praktiken im Umfeld von Grenze und Grenzregion konzentrieren (z. B. Belina/Miggelbrink 2010; Doevenspeck 2011).

13.4   Ausblick: Zwischen Territorien und Netzwerken?

In den letzten Jahrzehnten wurde die traditionelle Verkoppelung von politischer Macht mit den raumbezogenen Phänomenen von Territorien und Grenzen durch stärker netzwerkartig verfasste Strukturen herausgefordert. In der globalen Netzwerkgesellschaft ist die politische Macht längst nicht mehr so dominant wie früher in den Händen der nationalstaatlichen Institutionen konzentriert; die politischen Gestaltungsansprüche transnationaler Unternehmen, Banken und Börsen haben im Multiakteurs-Konzert der *global governance* ebenso zugenommen wie diejenigen transnationaler Hilfs- und Umweltorganisationen. Die weltweite Neuordnung der politischen Kräfteverhältnisse nach dem Ende des Kalten Krieges beschleunigt diese Entwicklung. Terroristische Netzwerke und transnational agierende „Raubtierkapitalisten" (Balkhausen 2007) sind aktuelle Beispiele für Organisationsformen der

Herausforderungen der internationalen Geopolitik

Macht, die die territoriale Ordnung der internationalen Geopolitik in ihrer Grundarchitektur herausfordern. Konzeptionell gesehen weisen sie bei aller Unterschiedlichkeit darauf hin, dass die territorial organisierten „Container-Räume" gesellschaftlicher Ordnung, die Nationalstaaten, heute auf vielfältige Weise perforiert werden.

Vor diesem Hintergrund sehen eine Reihe von Autoren (z. B. Castells 2001) bereits das Ende des nationalen Zeitalters heraufziehen; in jedem Falle diagnostizieren sie einen erheblichen Verlust des Einflusses der nationalstaatlichen Institutionen. In der Tat machen die beschriebenen Veränderungen deutlich, dass die derzeit relativ hegemoniale und stabil erscheinende Verbindung zwischen Territorium und politischer Macht keinesfalls als allzeit gültige, überhistorische Voraussetzung der gesellschaftlichen Strukturierung von Herrschaft angesehen werden kann. Gleichwohl scheint sich im Augenblick keine zielgerichtete Entwicklung vom stärker territorial organisierten *space of places* hin zum *space of flows* (Castells 2001) zu vollziehen. Die Frage ist eher, ob sich zwischen territorial basierten und netzwerkbasierten Formen ein neues Machtgleichgewicht einpendeln wird und welche Praktiken von In- und Exklusion damit einhergehen werden.

Literatur

Agnew, J. (1994): The territorial trap: The geographical assumptions of international relations theory. In: Review of International Political Economy 1 (1), 53–80.

Agnew, J.; Mitchell, K.; Toal, G. (Hg.) (2003): A companion to political geography. Blackwell companions to geography 3, Malden: Blackwell.

Anderson, B. (1983): Imagined communities. Reflections on the origin and spread of nationalism. London: Verso.

Balkhausen, D. (2007): Raubtierkapitalismus: Wie Superspekulanten, Finanzjongleure und Firmenjäger eine Weltfinanzkrise provozieren. Köln: Fackelträger-Verlag.

Belina, B.; Michel, B. (2007a) (Hg.): Raumproduktionen. Beiträge der Radical Geography. Eine Zwischenbilanz. Münster: Westfälisches Dampfboot.

Belina, B.; Michel, B. (2007b): Raumproduktionen. Zu diesem Band. In: Belina, B.; Michel, B. (Hg.): Raumproduktionen. Beiträge der Radical Geography. Eine Zwischenbilanz. Münster: Westfälisches Dampfboot, 7–34.

Belina, B.; Miggelbrink, J. (Hg.) (2010): Hier so, dort anders. Raumbezogene Vergleiche in der Wissenschaft und anderswo. Münster: Westfälisches Dampfboot.

Billig, M. (1995): Banal nationalism. London: SAGE.

Brenner, N. (2008): Tausend Blätter. Bemerkungen zu den Geographien ungleicher räumlicher Entwicklung. In: Wissen, M.; Röttger, B.; Heeg, S. (Hg.): Politics of Scale. Räume der Globalisierung und Perspektiven emanzipatorischer Politik. Münster: Westfälisches Dampfboot, 57–84.

Castells, M. (2001): Der Aufstieg der Netzwerkgesellschaft. Opladen: Leske + Budrich.

Dikec, M. (2005): Space, Politics and the Political. In: Environment and Planning D: Society and Space 23, 171–188.

Doevenspeck, M. (2011): Constructing the border from below: Narratives from the Congolese-Rwandan state boundary. In: Political Geography 30 (3), 129–142.

Elden, S. (2010): Land, terrain, territory. In: Progress in Human Geography 34 (6), 799–817.

Elden, S. (2011): Territory Part I. In: Agnew, J. A.; Duncan, J. S. (Hg.): The Wiley-Blackwell Companion to Human Geography. Oxford: Wiley Blackwell, 260–270.

Füller, H.; Marquardt, N. (2009): Gouvernementalität in der humangeographischen Diskursforschung. In: Glasze, G.; Mattissek, A. (Hg.): Handbuch Diskurs und Raum. Theorien und Methoden für die Humangeographie sowie die sozial- und kulturwissenschaftliche Raumforschung. Bielefeld: transcript, 83–106.

Geiger, M. (2011): Europäische Migrationspolitik und Raumproduktion. Internationale Regierungsorganisationen im Management von Migration in Albanien, Bosnien-Herzegowina und der Ukraine. Baden-Baden: Nomos.

Glasze, G. (2007): Diskurs, Hegemonie, Raum. Die Konstitution der Frankophonie als „internationale Gemeinschaft" und „geokultureller Raum". Unveröffentlichte Habilitationsschrift, Mainz.

Gregory, D. (1994): Geographical imaginations. Cambridge, Oxford: Blackwell.

Hall, S. (1994): Die Frage der kulturellen Identität. In: Hall, S. (Hg.): Rassismus und kulturelle Identität. Hamburg, 180–222.

Harvey, D. (1985; 1990): The geopolitics of capitalism. In: Gregory, D.; Urry, J. (Hg.): Social Relations and Spatial Structures (Critical human geography). London: Macmillan, 128–163.

Hobsbawm, E. J. (1983): Introduction. In: Hobsbawm, E. J.; Ranger, T. O. (Hg.): The invention of tradition. Cambridge: Cambridge University Press, 1–14.

Hobsbawm, E. J.; Ranger, T. O. (Hg.) (1983): The invention of tradition. Cambridge: Cambridge University Press.

Houtum, H. van (2005): The Geopolitics of Borders and Boundaries. In: Geopolitics 10 (4), 672–679.

Kaplan, D. H.; Häkli, J. (Hg.) (2002): Boundaries and place: European borderlands in geographical context. Lanham: Rowman & Littlefield.

Kolossov, V. (2005): Border Studies: Changing Perspectives and Theoretical Approaches. In: Geopolitics 10 (4), 606–632.

Lefebvre, H. (1978; 2003): Space and the State. In: Brenner, N.; Jessop, B.; Jones, M.; Macleod, G. (Hg.): State/Space. A Reader. Malden: Blackwell, 84–100.

Lossau, J. (2001): Anderes Denken in der Politischen Geographie: Der Ansatz der Critical Geopolitics. In: Reuber, P.; Wolkersdorfer, G. (Hg.): Politische Geographie. Handlungsorientierte Ansätze und Critical Geopolitics. Heidelberger Geographische Arbeiten 112, 57–76.

Lossau, J. (2002) Die Politik der Verortung. Eine postkoloniale Reise zu einer „anderen" Geographie der Welt. Bielefeld: transcript.

Mattissek, A. (2005): Diskursive Konstitution von Sicherheit im öffentlichen Raum am Beispiel Frankfurt am Main. In: Glasze, G.; Pütz, R.; Rolfes, M. (Hg.): Diskurs – Stadt – Kriminalität. Städtische (Un-)Sicherheiten aus der Perspektive von Stadtforschung und kritischer Kriminalgeographie. Bielefeld: transcript, 105–136.

Mattissek, A. (2008): Die neoliberale Stadt. Diskursive Repräsentationen im Stadtmarketing deutscher Großstädte. Bielefeld: transcript.

Müller, M.; Reuber, P. (2008): Empirical Verve, Conceptual Doubts: Looking from the Outside in at Critical Geopolitics. In: Geopolitics 13, 458–472.

Newman, D.; Paasi, A. (1998): Fences and neighbours in the postmodern world: boundary narratives in political geography. In: Progress in Human Geography 22 (2), 186–207.

Oßenbrügge, J. (1983): Politische Geographie als räumliche Konfliktforschung. Konzepte zur Analyse der politischen und sozialen Organisation des Raumes auf der Grundlage anglo-amerikanischer Forschungsansätze. Hamburg: Hamburger Geographische Studien 40, Universität Hamburg.

Ó Tuathail, G. (1996): Critical geopolitics. The politics of writing global space. London: Routledge.

Paasi, A. (2003): Region and place: regional identity in question. In: Progress in Human Geography 28 (4), 475–485.

Redepenning, M. (2006): Wozu Raum? Systemtheorie, critical geopolitics und raumbezogene Semantiken. Beiträge zur Regionalen Geographie Europas 62, Leipzig: Leibniz-Institut für Länderkunde.

Reuber, P. (1999): Raumbezogene politische Konflikte. Geographische Konfliktforschung am Beispiel von Gemeindegebietsreformen. Erdkundliches Wissen 131. Stuttgart: Steiner.

Reuber, P. (2006): Die Grenzen Europas als soziale und politische Ordnungen. In: Kulke, E.; Monheim, H.; Wittmann, P. (Hg.): GrenzWerte. Tagungsbericht und wissenschaftliche Abhandlungen. 55. Deutscher Geographentag Trier 2005. Berlin/Leipzig/Trier: DGfG, 23–32.

Reuber, P. (2012): Politische Geographie. Paderborn: Schöningh.

Reuber, P.; Wolkersdorfer, G. (2003): Geopolitische Leitbilder und die Neuordnung der globalen Machtverhältnisse. In: Gebhardt, H.; Reuber, P.; Wolkersdorfer, G. (Hg.): Kulturgeographie. Aktuelle Ansätze und Entwicklungen. Heidelberg: Spektrum Akademischer Verlag, 47–66.

Reuber, P.; Wolkersdorfer, G. (2004): Auf der Suche nach der Weltordnung? Geopolitische Leitbilder und ihre Rolle in den Krisen und Konflikten des neuen Jahrtausends. In: Petermanns Geographische Mitteilungen 148 (2), 12–19.

Sibley, D. (1988): Survey 13: Purification of space. In: Environment and Planning D 6 (4), 409–421.

Strüver, A. (2004): Everyone Creates One's Own Borders: The Dutch-German Borderland as Representation. In: Geopolitics 9 (3), 627–648.

Houtum, H. van (1999): Borders, Border regions, and Interaction. WeltTrends. In: Zeitschrift für internationale Politik und vergleichende Studien 22, 215–216.

Wolkersdorfer, G. (2001a): Politische Geographie und Geopolitik zwischen Moderne und Postmoderne. Heidelberger Geographische Arbeiten 111.

Wolkersdorfer, G. (2001b): Politische Geographie und Geopolitik: zwei Seiten derselben Medaille? In: Reuber, P.; Wolkersdorfer, G. (Hg.): Politische Geographie. Handlungsorientierte Ansätze und Critical Geopolitics. Heidelberger Geographische Arbeiten 112, 33–56.

Praktiken

Annika Mattissek
und Achim Prossek

14 Regieren und Planen

14.1 Einleitung

Die Art und Weise, wie Städte und generell Räume geplant und gestaltet werden, hängt stark vom jeweiligen gesellschaftlichen Kontext ab. Oft wird uns gar nicht bewusst, wie sehr wir in unserem Alltag – unserer Art, sich in der Stadt zu bewegen – den vorgeprägten Pfaden planerischer Entscheidungen folgen. Diese beeinflussen, ob wir zum Shopping in die Innenstadt gehen, um dort durch die Fußgängerzone zu flanieren, oder ob wir mit dem Auto zum nächsten Einkaufszentrum „auf der grünen Wiese" fahren.

Solche materiellen Anordnungen sind – zumindest im europäischen Kontext – zu einem erheblichen Teil das Ergebnis von raumplanerischen Entscheidungen, die sich in Landnutzungszonierungen, Raumordnungsplänen oder dem gezielten Ausbau bestimmter Infrastrukturen ausdrücken. Diese Strukturen prägen unser Verhalten, sind dabei aber natürlich nicht deterministisch – niemand hindert uns, zu Fuß zu einem Einkaufszentrum zu gehen, dessen Lage und infrastrukturelle Anbindung für den motorisierten Individualverkehr ausgelegt sind. Gleichwohl haben Straßenführungen und -gestaltungen erhebliche Auswirkungen auf unsere Mobilitätsentscheidungen. Jeder, der einmal versucht hat, in einer typisch autogerechten Kleinstadt des mittleren Westens in den USA zu Fuß seine Lebensmitteleinkäufe zu tätigen und sich dabei als einziger Fußgänger weit und breit, ohne Fußwege geschweige denn Fußgängerampeln, auf großen Kreuzungen wiedergefunden hat, der weiß, dass die materielle Gestaltung von Umwelt durchaus Auswirkungen auf individuelle Entscheidungen hat.

Gleichwohl geht es bei solchen alltäglichen Praktiken keineswegs nur um Fragen der Machbarkeit. Vielmehr unterliegen sowohl unser alltägliches Verhalten als auch planerische Entscheidungen gesellschaftlich konstruierten Normen und Werten, sogenannten „Rationalitäten" des Handelns. Diese entscheiden darüber, ob wir es „cool" oder „uncool" finden, mit dem Fahrrad zur Arbeit zu fahren, oder ob der Gebrauch eines SUV (*sport utility vehicle*) eher als Statussymbol oder als Umweltsünde angesehen wird. Insgesamt werden unsere Handlungen und Alltagspraktiken also sowohl von Fragen der Machbarkeit (Erreichbarkeit von Orten, Ermöglichung kontra Verhinderung von Mobilität) als auch durch institutionelle Gegebenheiten (Verbote/Gebote) sowie durch Fragen der normativen Bewertung strukturiert.

Rationalitäten des
Handelns

Dieser Beitrag skizziert in einem ersten Schritt das Konzept der „Regierung" im Anschluss an Foucault. Dieses ermöglicht es, räumliche Praktiken als Ergebnis von unterschiedlichen Steuerungsprozessen zu konzeptualisieren, die sowohl durch räumliche Anordnungen, Vorgaben und Gesetze wie auch durch verinnerlichte Ideen und Vorstellungen bestimmt werden. In einem zweiten Schritt wird aufgezeigt, wie Planung vor diesem Hintergrund als ein Spezialfall räumlichen Regierens verstanden werden kann. In einem dritten Schritt wird die konkrete Umsetzung von Planung anhand des deutschen Planungssystems dargestellt und erläutert.

14.2 Raumbezogenes Regieren zwischen Fremd- und Selbststeuerung

Das Konzept des Regierens oder der Gouvernementalität von Michel Foucault untersucht Mechanismen der Steuerung und Lenkung von Individuen durch unterschiedliche Formen der Fremd- und Selbstführung. Diese beinhalten die Gestaltung der materiellen Umwelt durch planerische Entscheidungen ebenso wie die Frage, wie sich Individuen tatsächlich in der gebauten Umwelt bewegen und in ihr agieren. Damit unterscheidet sich Foucaults Verwendung des Begriffs „Regierung" deutlich vom alltagssprachlichen Gebrauch sowie von der Mehrzahl politikwissenschaftlicher Verwendungsweisen: Hierbei bezeichnet „Regierung" in der Regel die Regierung eines Staates oder Landes. In dieser Lesart spricht Regierung entweder einen qua institutioneller Stellung klar bestimmbaren Personenkreis (die Angehörigen der Regierung) oder eine ganz spezifische Form der Machtausübung an, nämlich die vom Staat auf das einzelne Individuum (top-down) mittels staatlicher Institutionen. Foucaults Konzept der Regierung ist hingegen sehr viel weiter gefasst. Ihm geht es darum, die unterschiedlichen, auch jenseits staatlicher Eingriffe und Interventionen wirkenden Formen der Steuerung von Individuen und die zwischen ihnen herrschenden Machtverhältnisse zu erfassen. Entsprechend definiert Foucault „Regierung" als „die Gesamtheit der Institutionen und Praktiken, mittels derer man Menschen lenkt, von der Verwaltung bis zur Erziehung" (Foucault 1996, 118).

Gouvernementalität

Macht ist nach dieser Sichtweise sehr viel allgemeiner gefasst und kann auf unterschiedliche Arten ausgeübt werden. Sie ist nichts, was einzelne Individuen „besitzen" (z. B. die Bundeskanzlerin oder der Papst), sondern bezeichnet alle Formen der Steuerung, mit denen Individuen zu einem bestimmten Handeln gebracht werden. Foucault differenziert innerhalb seines Machtkonzepts zwischen Formen der Fremdsteuerung (disziplinierende Macht) und Formen der Selbststeuerung (gouvernementale Macht). Fremdsteuerung oder disziplinierende Regierungsformen liegen dann vor, wenn Individuen durch die Anwendung von Gesetzen, Zwang oder Gewalt zu einem bestimm-

Fremdsteuerung und Selbststeuerung

ten Handeln gebracht werden. Dies können beispielsweise staatliche Verordnungen sein (Schulpflicht, Residenzpflicht für Arbeitslose/ Asylsuchende), räumliche staatliche Arrangements (z. B. Grenzzäune, Bebauungspläne), aber auch Betretungsverbote für unerwünschte Personen wie Obdachlose in (privaten) Einkaufszentren bzw. Shoppingmalls oder Hausordnungen von privaten Unternehmen und Dienstleistern.

Macht

Macht wird in den Kultur- und Sozialwissenschaften auf sehr unterschiedliche Art und Weise definiert. Machtbegriffe lassen sich zum Beispiel danach unterscheiden, wo die Quelle der Macht jeweils verortet ist. Struktur- und staatszentrierte Ansätze, wie zum Beispiel der Marxismus, gehen davon aus, dass gesellschaftliche Machtbeziehungen – insbesondere die unterschiedliche Anteilhabe an kapitalistischen Produktionsmitteln – in staatlichen Strukturen kondensieren und durch staatliche Institutionen und Strukturen individuelles Handeln steuern. Individualistische Theorien, wie zum Beispiel die handlungsorientierte Sozialgeographie von Benno Werlen (in Anlehnung an den methodologischen Individualismus von Max Weber, einem Klassiker der Soziologie, und die Strukturationstheorie des Soziologen Anthony Giddens), sehen Macht mit Individuen und deren Handlungspotenzialen verknüpft. Letztere sind sowohl durch gesellschaftliche Strukturen als auch durch individuelle Ressourcen und Potenziale bedingt. Der Machtbegriff von Michel Foucault wiederum grenzt sich von solchen zwischen Struktur und individuellem Akteur changierenden Verständnissen wie folgt ab: er beschreibt Macht allgemein als Kräfteverhältnis, in dem Individuen zu bestimmten Handlungen angeleitet und ermächtigt werden. Dieses Kräfteverhältnis hat keinen Ursprung im Staat oder bei einzelnen mächtigen Akteuren, sondern ist durch gesellschaftliche Wissensordnungen, Normen und Technologien bestimmt.

---

gouvernementale Formen der Machtausübung

Gouvernementale Formen der Machtausübung hingegen zeichnen sich Foucault zufolge gerade nicht durch die Ausübung von Zwang oder Gewalt aus, sondern wirken sehr viel subtiler: Indem Individuen bestimmte Normen, Handlungsweisen und Wertvorstellungen als „richtig" verinnerlichen, führen bzw. „regieren" sie sich gewissermaßen selbst, indem sie sich in der als angemessen und richtig empfundenen Art und Weise verhalten. Dieses Phänomen bezeichnet Foucault auch als „Regieren aus der Distanz". Dabei sind Vorstellungen über angemessenes Verhalten in einzelnen räumlichen Kontexten (z. B. in einer Diskothek in Deutschland oder einem buddhistischen Tempel in Laos) sehr verschieden, ebenso verändern sie sich über die Zeit und können auch zwischen sozialen Gruppen variieren (z. B. im öffentlichen Raum zwischen jugendlichen Skateboardern, Ladenbesitzern und Rentnern, die sich von den Praktiken der Jugendlichen gestört fühlen). Räume sind demzufolge auf unterschiedliche Arten mit Macht verknüpft: zum einen dadurch, dass für bestimmte Räume spezifische Verbote und Regeln gelten, zum anderen durch das gesellschaftlich vermittelte Wissen darum, welches Verhalten hier jeweils angemessen oder unangemessen ist.

Raumbezogenes Handeln von Menschen kann demnach als Ergebnis unterschiedlicher, sich gegenseitig ergänzender und ineinander greifender Regierungspraktiken verstanden werden: Es beruht auf den ermöglichenden und einschränkenden räumlichen Rahmenbedingungen, das heißt auf der Anordnung und Erreichbarkeit von Gebäuden, Infrastruktur oder Freiflächen ebenso wie auf den institutionellen Regelungen, in die das Alltagshandeln eingebettet ist (Verkehrsregeln, Gesetze). Daneben werden Handlungen aber auch auf „weichere" Art und Weise, durch gesellschaftlich vermittelte Vorstellungen von erstrebenswerten Zielen und richtigem Handeln, geleitet. Entsprechend vielschichtig sind auch die Machteffekte, die sich aus diesen unterschiedlichen Regierungsweisen ergeben: Macht ist sowohl produktiv (indem sie zu bestimmten Handlungen anleitet) als auch repressiv (indem sie andere verhindert). Sie wird durch dominante Meinungen innerhalb sozialer Bezugsgruppen (*peer groups*) ebenso ausgeübt wie durch staatliche Institutionen und die materiellen Rahmenbedingungen menschlichen Handelns.

Eine zentrale Rolle im Foucaultschen Konzept von Regierung spielen kontextspezifische Wissensordnungen und deren Verzahnung mit Praktiken und Macht: Wissensordnungen („Rationalitäten") sind sowohl für die Gestaltung der physischen Umwelt – indem sie bestimmte Zielvorstellungen und Technologien zur Erreichung dieser Ziele vorgeben – als auch für die tatsächlichen Formen des Umgang von Menschen mit diesen räumlichen Rahmenbedingungen maßgeblich. Sowohl die jeweils vorherrschenden Rationalitäten als auch die daraus resultierenden Gestaltungsweisen der materiellen Umwelt ändern sich über die Zeit. Foucault stellt die These auf, dass sich in vielen (westlichen) modernen Gesellschaften ein Entwicklungstrend ausmachen lässt: Regierung wird zunehmend „gouvernementaler" und tendenziell weniger „disziplinierend", das heißt, Macht wird immer weniger durch Zwang und Fremdsteuerung ausgeübt als durch die Anleitung zu richtig und notwendig empfundenem Handeln (Selbststeuerung). Ausdruck dieses allgemeinen Trends ist etwa die Zunahme von Ratgeberliteratur, die Individuen dazu anleiten soll, sich selbst zu wirtschaftlich erfolgreichen, belastbaren, teamfähigen und attraktiven Individuen zu „optimieren" (Bröckling 2007).

Im Bereich der Planung stellt die Zunahme von Governance-Phänomenen ein Beispiel für den Trend zu stärker gouvernementalen Formen der Regierung dar. Dies lässt sich daran festmachen, dass hier politische Entscheidungsprozesse zunehmend der Selbstregulierung

Margin notes:

raumbezogenes Handeln

Wissensordnungen

Selbstregulierung durch nicht formal-politische Gremien

durch nicht formal-politische Gremien übertragen werden. Governance bezeichnet solche Formen der politischen Steuerung, bei denen nicht der Staat top-down Entscheidungen trifft, sondern bei denen eine Vielzahl oft sehr unterschiedlicher Akteure, sowohl aus der Wirtschaft wie auch der Zivilgesellschaft, in Entscheidungsprozesse eingebunden ist (z. B. im Rahmen von Public Private Partnerships, Runden Tischen oder Audits). Raumplanerische Entscheidungen werden damit verstärkt zum Gegenstand kollektiver Formen der Problemlösung, bei denen sich die Grenzen zwischen Markt, Staat und Gesellschaft, welche lange Zeit maßgeblich für die Analyse von Planungsentscheidungen waren, zunehmend auflösen (Gualini 2010, 60). Entsprechend verschieben sich die bedeutsamen Einflussfaktoren tendenziell von institutionellen Strukturen und politischen Regimen hin zu Entscheidungsfindungsprozessen von (nicht-staatlichen) Akteuren und Netzwerken. Auf den ersten Blick lassen diese Governance-Phänomene auf eine Abnahme des staatlichen Zwangs und eine Stärkung individueller und kollektiver Wahlmöglichkeiten (und damit auf eine Demokratisierung von Entscheidungsprozessen) schließen. In der Praxis zeigt sich jedoch, dass sich die so organisierten Aushandlungsprozesse – aufgrund ihrer Einbettung in marktwirtschaftliche Begründungslogiken und Rationalitäten – häufig durch Voreinstellungen in Bezug auf die zugrunde liegenden Zielvorstellungen und Normen auszeichnen (Gualini 2010). Entsprechend stehen die zentrale Zielsetzung des wirtschaftlichen Erfolgs und das Vorhandensein ökonomischer Zwänge oftmals nicht zur Debatte und überlagern damit andere Ziele wie beispielsweise Belange des Umweltschutzes oder des sozialen Ausgleichs.

Auflösung der Grenzen zwischen Markt, Staat und Gesellschaft

Governance

Mit Governance wird eine Struktur politischer Steuerung bezeichnet, die nicht nur staatliche Verfahren und Instrumente beinhaltet, sondern sich auf ein Netzwerk von Akteuren aus dem öffentlichen wie privaten Bereich, aus Staat, Wirtschaft und Gesellschaft stützt. Der Staat entscheidet also nicht mehr wie früher allein über gesellschaftliche und räumliche Fragen, sondern strukturiert und organisiert Aushandlungsprozesse mit verschiedenen Akteursgruppen. Der Anspruch ist, damit den grundlegend veränderten gesellschaftlichen Rahmenbedingungen gerechter zu werden. Hierbei haben informelle Instrumente (Runde Tische, Anhörungen) ebenso wie Koordination und Konsensorientierung einen hohen Stellenwert. Die wissenschaftliche Untersuchung von Governance fragt zum Beispiel danach, wie Kommunikationsprozesse organisiert sind, welche Akteure an Aushandlungen beteiligt oder von ihnen ausgeschlossen sind und welche Handlungsmotive ihrem Handeln zugrunde liegen.

Diese Beobachtung verdeutlicht, welche zentrale Rolle die Wissens-ordnungen und Rationalitäten spielen, die den Regierungspraktiken im Allgemeinen und der Raumplanung im Besonderen zugrunde liegen. Letztere beruhen auf der Anwendung spezifischer Erhebungs- und Wissenstechniken (z. B. Statistiken, Messungen), die eine Problematisierung gesellschaftlicher Phänomene (z. B. soziale Disparitäten, ungleiches Wachstum) ermöglichen. Umgekehrt werden aber auch die Erhebungs- und Wissenstechniken durch bestimmte Problemwahrnehmungen erst angeleitet und die so beschriebenen gesellschaftlichen Phänomene damit zum möglichen Gegenstand planerischer Interventionen (Osborne/Rose 1999, 741). Wie grundlegend sich solche Rationalitäten verändern können, zeigen beispielsweise die Veränderungen von Paradigmen der Raumplanung: Diese harmonieren mit den jeweils dominierenden gesellschaftlichen „Großerzählungen" und spiegeln damit auch jeweils den herrschenden Zeitgeist wider. So kann eine Analyse der sprachlichen Legitimierung und Begründung raumplanerischer Interventionen anhand von Raumordnungsberichten zeigen, dass Raumplanung in Deutschland in den 1960er-Jahren noch maßgeblich durch Ideen des großräumigen Ausgleichs und der Etablierung gleicher Lebensverhältnisse geprägt war. Seit den 1990er-Jahren spielen hingegen Wettbewerbsorientierung und die Frage, wie sich Städte und Regionen in der Konkurrenz um Arbeitsplätze, Investitionen und Bewohner („regionalisierte endogene Entwicklungspolitik") fit machen können, eine zentrale Rolle (Mießner 2010).

Paradigmen der Raumplanung

14.3 Planen als Spezialfall raumbezogenen Regierens

Mithilfe des Konzepts des Regierens von Foucault können Praktiken der Raumplanung also als Ergebnis und Ausdruck bestimmter Sichtweisen auf gesellschaftliche Phänomene und deren Symbolisierungen verstanden werden (Huxley 2006, 772). Gesellschaftliche oder raumplanerische Problemlagen und Herausforderungen, wie die Segregation sozialer und ethnischer Gruppen in Städten, Flächenverbrauch oder die Belastung durch Lärm und Abgase, sind demzufolge nicht *objektiv* problematisch, sondern nur dann, wenn sie im Rahmen gesellschaftlicher Debatten *als problematisch repräsentiert* werden. Entsprechend wird die Frage, ob Segregation gut, schlecht oder überhaupt ein relevanter Faktor der Stadtentwicklung ist, kontextspezifisch durchaus unterschiedlich beantwortet (vgl. den Beitrag zur Fragmentierung in diesem Band). Ebenso spielt der Schutz der natürlichen Umwelt, der in Deutschland relativ klar als wichtiges Planungsziel etabliert ist, in vielen anderen Ländern als Priorität staatlicher Interventionen kaum eine Rolle. Planung ist folglich kein neutraler, sondern ein zutiefst normativer Prozess: Er beschäftigt sich mit der Imagination und dem Entwurf zukünftiger gesellschaftlicher Prakti-

Planung ist ein normativer Prozess.

ken und Verhältnisse mit dem Ziel, die Lebensverhältnisse der gegenwärtigen und zukünftigen Bevölkerung zu verbessern und zu steuern (vgl. Healey 2008; Hillier 2010) – welche zukünftigen Lebensverhältnisse dabei jeweils als wünschenswert gelten, hängt jedoch maßgeblich von den Wertvorstellungen der jeweiligen Gesellschaft ab.

Raumplanung (wie sie vor allem im europäischen Kontext verankert ist) stellt damit gewissermaßen einen Spezialfall von Regierung im Sinne Foucaults dar: Ähnlich wie die Regierungspraktiken im Allgemeinen ist Planung untrennbar mit bestimmten Wissensordnungen und Wertvorstellungen verknüpft, die sich beispielsweise in der Formulierung planungsrelevanter gesellschaftlicher Ziele und Problemlagen manifestieren. Solche Ziele umfassen in Deutschland etwa soziale Gerechtigkeit, Umweltschutz und die Reduktion des Flächenverbrauchs vornehmlich durch Verkehr und Siedlung. Vor dem Hintergrund dieser Meta-Ziele werden dann konkrete Problemfelder für planerische Interventionen formuliert. Zu diesen gehören die Herausforderung, den Flächenverbrauch zu senken („30-ha-Ziel", vgl. BBSR 2012; IÖR 2012) ebenso wie die Eindämmung des kontinuierlichen Wachsens der Einzelhandelsfläche und Ansätze, die der Zunahme räumlicher Disparitäten und sozialer Segregation in den Städten entgegenwirken. Zudem gilt es, potenziell konfliktträchtige raumordnerische Interventionen, wie die Realisierung von (Infrastruktur-)Großprojekten, in sozialverträglicher Art und Weise zu moderieren. Eine besondere Herausforderung bei der Umsetzung dieser Ziele stellt der Umstand dar, dass diese in Rationalitäten eingebettet sind, die maßgeblich an Ideen des Wettbewerbs und der ökonomischen Konkurrenz ausgerichtet sind. Dazu zählen etwa der Wettstreit der Städte um Bevölkerung, Wirtschaft und Steuereinnahmen sowie das damit einhergehende verstärkt unternehmerische Verständnis von Stadt, das oftmals zur Privatisierung ehemals öffentlicher Leistungen und Güter führt. Letztere birgt die Gefahr steigender Kosten für Bürgerinnen und Bürger sowie den Abschied von der flächendeckenden Versorgung, da private Anbieter sich auf lukrative Regionen (z. B. Großstädte) konzentrieren. Die allgemeine Daseinsvorsorge ist dadurch gefährdet und das Sozialstaatsprinzip gerät in Gefahr, unterminiert zu werden. Das im Grundgesetz verankerte Ziel der Herstellung gleichwertiger Lebensverhältnisse in allen Teilregionen des Landes lässt sich immer schwerer erreichen.

Zur Umsetzung dieser Ziele und zur Lösung der gesellschaftlich definierten raumordnerischen Herausforderungen setzt die Planung spezifische Techniken der Anordnung und Steuerung von Entitäten (Häuser, Straßen), Stoffflüssen (Verkehr, Abwasser) und Menschen im Raum ein. Foucault stellt diese Überlegungen (vgl. seine Vorlesungen, insbesondere am 11.1.1978) beispielhaft anhand von Stadtplanung in Europa im 16. und 17. Jahrhundert an. Er zeigt hier auf, wie Architektur und Städtebau als Mittel verstanden werden können, mit denen bestimmte Praktiken (z. B. Zirkulation von Waren und Men-

planungsrelevante gesellschaftliche Ziele und Problemlagen

Techniken der Anordnung und Steuerung

schen), Kontrollmechanismen und die Regulierung gesellschaftlicher Zustände (z. B. Senkung von Krankheitsraten durch Verbesserung der hygienischen Verhältnisse) realisiert werden (Foucault 2006).

Im Folgenden wird verdeutlicht, wie Planung in Deutschland organisiert ist und funktioniert. Anhand einiger zentraler Aspekte – den Zuständigkeiten und Entscheidungskompetenzen in Planungsprozessen, der institutionellen Organisation sowie den aktuellen Themen und Herausforderungen – wird aufgezeigt, wie Planung als Teil der gesellschaftlichen Steuerung räumlicher Praktiken wirksam wird.

14.4 Grundzüge der Raumplanung in Deutschland

Politische Macht wird in Planungsprozessen durch die Zuschreibung von Entscheidungskompetenzen auf unterschiedlichen territorialen Ebenen (und durch die Etablierung neuer territorialer Einheiten) immer wieder neu verteilt: So erreicht der planungsbezogene Einfluss der Europäischen Union heute auch die städtische Ebene (z. B. Feinstaubverordnung) und zahlreiche Städte müssen sich in institutionell ganz unterschiedlich organisierte Formen der Regionalisierung einfügen (z. B. Metropolregionen, Regionalverbände). Dies alles wird von den Entwicklungen in der Wirtschaft und auf Finanzmärkten, von den großen demographischen Trends des Bevölkerungsrückgangs, der Alterung und Diversifizierung der Gesellschaft sowie der Ausdifferenzierung von Lebensstilen, Milieus und politischen Lagern beeinflusst. Entsprechend besteht eine wachsende Diskrepanz zwischen sich rasch wandelnden gesellschaftlichen Rahmenbedingungen und oft recht starren, an feste territoriale Einheiten (Nationalstaat, EU, Städte) gebundene Planungsrichtlinien (Ziele, Grundsätze und Erfordernisse).

14.4.1 Institutionelle Rahmenbedingungen: Das deutsche Planungssystem

Planung erfolgt in Deutschland, rechtlich legitimiert und gegliedert, in einem Mehrebenensystem, das dem föderalen Staatsaufbau entspricht. Dieser ist das Ergebnis historischer und politischer Prozesse; weder die Ordnung noch ihre räumliche Ausprägung sind dauerhaft festgeschrieben. Sie werden im Gegenteil immer wieder neu verhandelt, sind also spezifischen Interessen unterworfen, etwa wenn die EU-Politik die Bedeutung einer bestimmten Ebene stärkt oder wenn über die Zahl und den Zuschnitt der Bundesländer debattiert wird. Im Mehrebenensystem bilden Gemeinden, Länder und der Staat die Planungsebenen, die sich – ebenfalls gesetzlich verpflichtend – wechselseitig beeinflussen (siehe Abbildung 14.1). Der Bund stellt Grundsätze und Leitbilder auf, die Länder konkretisieren diese – bezogen auf ihr Territorium – und die Gemeinden sind die eigentlichen Planungsträger.

Mehrebenensystem der Planung

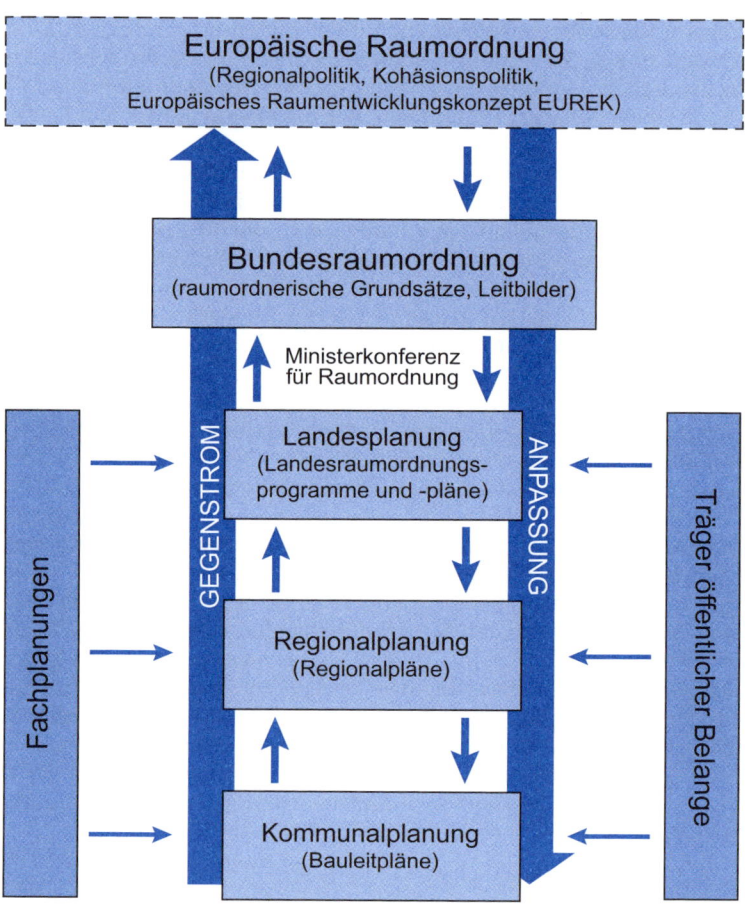

Abb. 14.1
Das System der Raumplanung in Deutschland (Quelle: Bundesamt für Bauwesen und Raumordnung 2005, 219, ergänzt)

Die Beziehungen zwischen den Ebenen sind trotzdem nicht rein top-down: Die Teilraumentwicklung muss sich in die Ziele des Gesamtraumes einordnen, und dieser muss die teilräumlichen Gegebenheiten und Erfordernisse berücksichtigen. Diese Vernetzungen und Abhängigkeiten werden unter dem Begriff des Gegenstromprinzips als Systemcharakteristikum benannt. Das System der Planung zielt also darauf ab, allen Ebenen zu ihrem Recht zu verhelfen und auf allen Ebenen die Realisierung der Ziele, Grundsätze und Leitbilder sicherzustellen (§ 1/2 ROG). Die jeweils zugrunde liegenden Rationalitäten werden im politisch-planerischen Alltagsgeschäft im Allgemeinen kaum hinterfragt. Sie wandeln sich aber mit der Zeit. So ist die Sensibilität für kritische Begriffe gewachsen: Ende der 1950er-Jahre konnte die Beseitigung von „Unordnung im Raum" noch mit großer Zustimmung als Ziel westdeutscher Raumordnung formuliert werden

Gegenstromprinzip

(Leendertz 2008, 307ff.). Heute beurteilen Planer diese Ziele, aber auch die grundsätzlichen Möglichkeiten der Planung weitaus kritischer (vgl. Blotevogel/Schelhaas 2011).

Parallel zu den Planungsebenen arbeiten die Fachressorts und Fachplanungen mit jeweils eigenen Logiken und Rationalitäten an spezifischen sektoralen Fragen wie Verkehr oder Energie, sie müssen sich daher mit den Planungsebenen abstimmen. Fachplanungen und Gesamtplanungen befinden sich oft in einer Konkurrenzsituation, wobei verschiedenen Fachplanungen eigene Gesetze zugrunde liegen (z. B. Verkehr, Wasser, Energie, Abfall), weshalb sie als „starke Fachplanungen" bezeichnet werden.

Fachressorts und Fachplanungen

14.4.2 Bürgerbeteiligung und Partizipation

Die „Abwägung aller Belange" ist eine Kernaufgabe der Raumplanung, die – kaum verwunderlich – prozessual langwierig und aufwendig ist. Die Öffentlichkeit wird in Form sogenannter „Träger öffentlicher Belange" auf Landes- und Regionsebene in die Aufstellung von Raumordnungsplänen und Programmen (das sind Instrumente der Planung, die unter anderem Nutzungen und Gebietsstrukturen festlegen) integriert. Diese Arbeitsweise ist die Folge einer nicht-homogenen und arbeitsteiligen Gesellschaft, in der unterschiedliche und gegensätzliche Anforderungen an den Raum und damit an den Planungsprozess gestellt werden. Raumplanung wägt Einzelinteressen gegeneinander und zugunsten der Gesamtgesellschaft ab, sie basiert auf einer grundsätzlichen Gemeinwohlorientierung.

Raumplanung basiert auf einer grundsätzlichen Gemeinwohlorientierung.

Unter dem Blickwinkel der Gouvernementalität muss diese Einschätzung allerdings als sehr idealistisch bewertet werden, weil dieser Zustand in einem immer machtbestimmten, von unterschiedlichen Interessen geprägten System kaum erreicht werden kann und gerade im Abwägungsprozess Wissen und Macht einzelner Akteure eine große Rolle spielen. Eine durch Foucault geschulte Kritik müsste daher fragen, wer etwa „öffentliche Belange" oder „Gemeinwohl" postuliert und von welchen Interessen er dabei geleitet ist. Dass dies alles andere als selbstverständlich ist, zeigt sich daran, das Flyvberg und Richardson (2002) diesen Aspekt als „dark side of planning theory" bezeichnen.

Allerdings kann für die letzten Jahre ein zunehmend kritischer Blick diagnostiziert werden: Kaum ein Thema wurde in dieser Zeit kontroverser diskutiert als das der Bürgerbeteiligung (ARL 2012; Selle 2012). Vor allem an großen Infrastrukturvorhaben entzünden sich oftmals jahrelang andauernde Konflikte: Der Bau von Autobahnen (A 100 in Berlin), Flughäfen (Berlin-Brandenburg), Bahnhöfen (Stuttgart) oder Kraftwerken (Datteln 4), aber auch der Stadtumbau durch festivalisierte Formate (Olympische Spiele, Fußball Weltmeisterschaften etc.) stehen exemplarisch für die Konfliktträchtigkeit von Planungsentscheidungen.

Konfliktträchtigkeit von Planungsentscheidungen

Abb. 14.2
Proteste gegen
Stuttgart 21 (Foto:
B. Mächtle 2011)

Einschränkungen
bei den Einflussmög-
lichkeiten

Dabei sind die unterschiedlichen Interessen und Wünsche an sich nicht das Problem; sie sind normal für plurale und komplexe Gesellschaften. Auch unter Fachleuten ist jedoch die Wirksamkeit der bisherigen Einflussmöglichkeiten in raumbedeutsamen Verfahren aus mindestens drei Gründen umstritten: Erstens ist oftmals der Einfluss der Beteiligung nicht klar benannt oder zu stark begrenzt. So kann oft nur über das „Wie", nicht aber über das „Ob" oder „Wo" planerischer Interventionen mitentschieden werden. Diese Einengung der Entscheidungsmöglichkeiten lässt sich als Ausdruck politischer Rationalitäten deuten, in denen Projekte, Entwicklungen oder Praktiken (z. B. die Ausrichtung von Raumplanung an ökonomischen „Notwendigkeiten") nicht mehr grundlegend hinterfragt und diskutiert werden (Rancière 2004). Vielmehr rückt das „Management" von Planung in den Vordergrund, wobei oft Akteure abseits (parteien-)politischer Willensbildung tonangebend und damit planungsbestimmend sind. Zweitens befindet sich Bürgerbeteiligung in dem Dilemma, innerhalb des Planungsprozesses sehr früh anzusetzen – nämlich dann, wenn die Kenntnis vom Vorhaben noch nicht weit verbreitet und vor allem der Grad der Betroffenheit noch gering ist. Sind die Bagger in Sicht, wächst der Wunsch nach Einfluss oder Widerstand; dann gibt es aber keine rechtliche Handhabe mehr dafür. Drittens sind nur unmittelbare Anwohner zu Einwänden berechtigt, was bei Vorhaben von überörtlicher Relevanz eine große Zahl Betroffener ausschließt.

Wunsch zivilgesell-
schaftlicher Akteure
nach umfassender
Beteiligung

Das ungleiche Machtverhältnis, das aus den rechtlichen Regelungen resultiert, wird sich auch im günstigsten Fall nicht vollständig auflösen lassen: Denn Planung benötigt Verbindlichkeit. Das ist nicht nur für den Vorhabenträger, sondern für alle Beteiligten erstrebenswert. Der Wunsch zivilgesellschaftlicher Akteure nach umfassender, wirkmächtiger Beteiligung wird bis auf Weiteres nur eingeschränkt realisierbar sein: Angehört zu werden, heißt eben nicht, auch entscheiden zu dürfen. Auch eine intensivere Beteiligung der Öffentlichkeit in bewährten oder neuen Verfahren stellt keine gleichberechtigte Situation her. Selbst Informationsveranstaltungen sind kaum neutral: Auf Kommunikation und Kooperation ausgelegtes Handeln ist letztlich Teil des hierarchisch organisierten Planungsprozesses, was einen inhärenten Konflikt darstellt.

Der Unmut über die derzeitigen Planungsprozesse verweist letztlich wohl auf etwas anderes: Die Ziele und die vorgeblichen Interessen der Vorhabenträger und Beteiligten werden nicht geteilt bzw. angezweifelt und das System der repräsentativen Demokratie, wie es sich im Planungsverfahren niederschlägt, wird als nicht zur Zufriedenheit funktionierend wahrgenommen. Dabei ist auch die Kritik nicht eindeutig: Die Öffentlichkeit fordert einerseits mehr Mitsprache- und Entscheidungsmöglichkeiten, kritisiert andererseits aber auch die lange Dauer und hohe Komplexität (und die damit verbundenen hohen Kosten) von Vorhaben.

14.5 Fazit

Wie die Ausführungen gezeigt haben, ist es Aufgabe der Planung, raumbezogene technische Mittel (Zonierung, Entwicklungsmanagement) für die Realisierung gesellschaftlich definierter Ziele bereitzustellen (Hillier 2010, 14). Diese sind untrennbar mit gesellschaftlichen Wissens- und Werteordnungen, sogenannten Rationalitäten verknüpft, die festlegen, welche (räumlichen) Phänomene jeweils als wünschenswert bzw. problematisch angesehen werden. Indem Planung das Verhalten von Menschen im Raum gemäß spezifischer Zielvorgaben auf unterschiedliche Art und Weise steuert, kann sie als Form der Regierung im Sinne Foucaults interpretiert werden. Im Gegensatz zu anderen Regierungstechnologien ist das Besondere an Raumplanungspraktiken, dass diese ganz explizit über räumliche Anordnungen und Gestaltungen versuchen, bestimmte gesellschaftliche und soziale Ziele zu erreichen. Mit anderen Worten: Raumplanung (sowohl Stadt- als auch Regionalplanung) verfolgt – mit Blick auf zukünftige, als wünschenswert oder notwendig erachtete gesellschaftliche Verhältnisse – das Ziel, die räumliche Verteilung von Menschen bzw. nicht-menschlichen Entitäten (Straßen, Gewerbegebiete, Abwasserleitungen) und damit Landnutzungspraktiken im Raum zu steuern.

Literatur

ARL Akademie für Raumforschung und Landesplanung (2012): Dokumentation ARL-Kongress 2012: Infrastrukturgroßprojekte: Akzeptanz durch Raumplanung. http://arl-net.de/content/arl-kongress-2012-programm (letzter Abruf: 20.12.2012).

BBSR Bundesinstitut für Bau-, Stadt- und Raumforschung im Bundesamt für Bauwesen und Raumordnung (BBR) (Hg.) (2012): 30-ha-Ziel realisiert. Konsequenzen des Szenarios Flächenverbrauchsreduktion auf 30 ha im Jahr 2020 für die Siedlungsentwicklung. Forschungen 148, Bonn.

Bundesamt für Bauwesen und Raumordnung (Hg.) (2005): Raumordnungsbericht 2005, Bonn.

Blotevogel, H. H.; Schelhaas, B. (2011): Geschichte der Raumordnung. In: Akademie für Raumforschung und Landesplanung (Hg.): Grundriss der Raumordnung und Raumentwicklung. Hannover, 75–201.

Bröckling, U. (2007): Das unternehmerische Selbst. Soziologie einer Subjektivierungsform. Frankfurt a. M.: Suhrkamp.

Flyvberg, B.; Richardson, T. (2002): Planning and Foucault. In Search of the Dark Side of Planning Theory. In: Allmendinger, P.; Tewdwr-Jones, M. (Hg.): Planning Futures: New Directions for Planning Theory. London/New York: Routledge, 44–62.

Foucault, M. (1996): Der Mensch ist ein Erfahrungstier. Gespräch mit Ducio Trombadori. Frankfurt a. M.: Suhrkamp.

Foucault, M. (2006): Sicherheit, Territorium, Bevölkerung. Geschichte der Gouvernementalität I. Frankfurt a. M.: Suhrkamp.

Gualini, E. (2010): Governance, Space and Politics: Exploring the Governmentality of Planning. In: Hillier, J.; Healey, P. (Hg.): The Ashgate Research Companion to Planning Theory. Conceptual Challenges for Spatial Planning. Farnham/Burlington: Ashgate, 57–85.

Healey, P. (2008): Making choices that matter: the practical art of situated strategic judgement in spatial strategy-making. In: Van den Broeck, J.; Moulaert, F.; Oosterlynck, S. (Hg.): Empowering the Planning Fields: Ethics, Creativity and Action. Leuven: Acco, 23–41.

Hillier, J. (2010): Introduction. In: Hillier, J.; Healey, P. (Hg.): The Ashgate Research Companion to Planning Theory. Conceptual Challenges for Spatial Planning. Farnham/Burlington: Ashgate, 1–34.

Huxley, M. (2006): Spatial rationalities: order, environment, evolution and government. In: Social & Cultural Geography 7 (5), 771–787.

IÖR Leibniz-Institut für ökologische Raumentwicklung (2012): Monitor der Siedlungs- und Freiraumentwicklung. www.ioer-monitor.de (letzter Abruf: 20.12.2012).

Leendertz, A. (2008): Ordnung schaffen. Deutsche Raumplanung im 20. Jahrhundert. Göttingen: Wallstein.

Mießner, M. (2010): Die (Re)Produktion regionaler Disparitäten. Der staatliche Umgang mit räumlich ungleicher Entwicklung am Beispiel der Raumordnungsberichte der BRD. Göttingen, unveröffentlichte Diplomarbeit.

Osborne, T.; Rose, N. (1999): Governing cities: notes on the spatialisa-
tion of virtue. In: Environment and Planning D: Society and Space 17,
737–760.

Rancière, J. (2004): Introducing Disagreement. In: Angelaki: Journal of
the Theoretical Humanities 9 (3), 3–9.

Selle, K. (2012): Abschied von der „Bürgerbeteiligung". Geschichte
vom Wandel eines alten Bildes. In: Planung neu denken/pnd online,
Heft 2. www.planung-neu-denken.de/content/view/243/41 (letzter
Abruf: 20.12.2012).

Sandra Petermann ## 15   Erinnern und Gedenken

15.1   Einleitung

Auf welchen Dachböden, in welchen Kellern oder Schränken sind sie
nicht zu finden: kleine oder große Schachteln gefüllt mit Gegenständen aus vergangenen Tagen, mit einer Haarlocke aus der Kindheit,
mit Briefen und Fotos von Menschen und Momenten? Auch wenn sie
lange unbeachtet bleiben, werden die Schatztruhen persönlicher
Erinnerungen ab und zu herausgeholt und helfen dem Betrachter
dabei, eine Zeitreise anzutreten und sich seiner selbst durch die
eigene Vergangenheit zu versichern. Und was für das Individuum gilt,
trifft ebenso auf Gruppen und Gesellschaften zu. Beim Betrachten von
Denkmälern in einer Stadt, von Grabsteinen auf einem Friedhof oder
von Kunstwerken in einem Museum blicken wir im Licht der Gegenwart auf die Vergangenheit, auf die als erinnerungswürdig erachteten
Ereignisse unserer Gesellschaft.

Doch woran wird erinnert? Welche Artefakte, welche Orte werden
auf gesellschaftlicher Ebene in den Kanon des Beachtenswerten aufgenommen? Wer bestimmt darüber, was erinnerungswürdig und was
vergessenswert ist, was also in das kollektive und kulturelle Gedächtnis integriert wird und was eben nicht?

15.2   Erinnern, Gedenken und Gedächtnis

Die Thematik des Erinnerns erlebt seit mindestens einem halben Jahrhundert eine Hochkonjunktur; zahlreiche Wissenschaftler riefen um
die Jahrtausendwende eine „Epoche des Gedenkens" aus (Borsdorf/
Grütter 1999; Lepeltier 2004; Nora 1997b): „Wir leben in einer Zeit,
in der die Erinnerung wie noch niemals zuvor zu einem Faktor öffentlicher Diskussion geworden ist. An die Erinnerung wird appelliert, um
zu heilen, zu beschuldigen, zu rechtfertigen. Sie ist zu einem wesentlichen Bestandteil individueller und kollektiver Identifikationsstif-
tung geworden und bietet einen Schauplatz für Konflikt ebenso wie
für Identifikation" (Antze/Lambek 1996, VII).

In der wissenschaftlichen Literatur werden die Begriffe Erinnern,
Gedenken und Gedächtnis teilweise synonym, teilweise unterschiedlich verwendet (Patzel-Mattern 2002, 23). Der Historiker Clemens
Wischermann (1996, 15) trifft folgende Unterscheidung: Erinnern
steht primär im Kontext persönlicher Perspektiven und Erfahrungen,

Gedächtnis hingegen vorwiegend im Kontext überindividueller Zusammenhänge. Gedenken wiederum soll im Folgenden als eine Handlung verstanden werden, in der Erinnerung und Gedächtnis dahin gehend zusammenspielen, dass die Vergangenheit vor dem Hintergrund persönlicher Erinnerungen und beeinflusst durch soziale Kontexte vergegenwärtigt wird (Winter/Sivan 1999, 9f.; Petermann 2007, 19f.). Die inhaltliche Nähe der Begriffe zeigt sich auch am Beispiel des kollektiven Gedächtnisses.

Kollektives Gedächtnis

Der französische Philosoph und Soziologe Maurice Halbwachs gilt als Begründer der Theorie des kollektiven Gedächtnisses. Seinem Verständnis nach umfasst das kollektive Gedächtnis (*mémoire collective*) zwei Komponenten, die sich gegenseitig durchdringen: ein sozial geprägtes individuelles Gedächtnis und ein innerhalb einer Gruppe erfolgender Bezug auf Vergangenes (Halbwachs 1966; Erll 2005). Gedächtnis ist für Halbwachs eine Konstruktion, die durch Kommunikation, Interaktion, Institutionen und Medien auf der Grundlage von gegenwärtigen gesellschaftlichen Bezugssystemen (*cadres sociaux*) entsteht. Folglich interpretiert eine Gruppe die Vergangenheit (und damit letztlich auch Gegenwart und Zukunft) immer im Licht der sich permanent verändernden Jetztzeit (Assmann 2007, 42). Eng verbunden mit dem Konzept des kollektiven Gedächtnisses ist das individuelle und kollektive Vergessen beispielsweise durch die grundlegende Änderung eines gesellschaftlichen Bezugssystems (Halbwachs 1967).

Das kollektive Gedächtnis ist nur eines von mehreren Feldern, mit denen sich die Gedächtnisforschung seit den 1920er-Jahren auseinandergesetzt hat. Des Weiteren existieren beispielsweise das kulturelle und das kommunikative Gedächtnis, die der Ägyptologe und Kulturwissenschaftler Jan Assmann (2007) als Unterformen des kollektiven Gedächtnisses ansieht. Das kulturelle Gedächtnis wird aktiv konstruiert und umfasst den „[...] jeder Gesellschaft und jeder Epoche eigentümlichen Bestand an Wiedergebrauchs-Texten, -Bildern, und -Riten [...], in deren ,Pflege' sie ihr Selbstbild stabilisiert und vermittelt" (Assmann 1988, 15). Es handelt sich dabei um „ein kollektiv geteiltes Wissen vorzugsweise (aber nicht ausschließlich) über die Vergangenheit, auf das eine Gruppe ihr Bewusstsein von Einheit und Eigenart stützt" (ebd.). Das kommunikative Gedächtnis beinhaltet dagegen „[...] die eigensinnige Verständigung der Gruppenmitglieder darüber [...], was sie für ihre partikulare Vergangenheit im Wechselspiel mit der identitätskonkreten Großerzählung der Wir-Gruppe halten und welche Bedeutung sie dieser beilegen" (Welzer 2001, 15).

Ungeachtet der konkreten Gedächtnisform trägt die Vergegenwärtigung von Vergangenem – meist ausgelöst durch Orte, Gegenstände

kulturelles Gedächtnis

kommunikatives Gedächtnis

oder (rituelle) Handlungen – zur Identitätskonstruktion von Individuen und Gruppen bei. Insbesondere Orte, Objekte und Rituale fungieren als Anker für Bewusstwerdung, Sinnstiftung und Identifikation. Anhand ihrer vergewissert sich beispielsweise eine Gruppe, wer sie ist bzw. wie sie sich sieht. Durch diese Anker wird die eigene Lebenswelt geordnet und durch sie fällt die Differenz zu anderen auf. Vor diesem Hintergrund ist es wichtig, den Blick nicht nur darauf zu richten, was in das Gedächtnis aufgenommen wird, sondern auch zu rekonstruieren, was nicht aufgenommen wird bzw. einer *collective amnesia* (Johnson 2007, 318) unterliegt.

Orte, Objekte und Rituale als Anker für Sinnstiftung und Identifikation

Die Aufnahme bzw. Nicht-Aufnahme in das Gedächtnis liegt im Ermessen unterschiedlicher Akteure. Zum einen bestimmen politische Entscheidungsträger beispielsweise darüber, welche Ereignisse ins kollektive und kulturelle Gedächtnis integriert werden oder welche Bedeutung bestimmte historische Momente erlangen. Zum anderen sind es aber auch die alltäglichen Handlungen der „einfachen Leute", die die wandelbaren Inhalte und Zuschreibungen nicht nur aufgreifen und bestätigen, sondern durch den praktischen Umgang auch verändern können.

15.3 Erinnerungsorte als Kristallisationspunkte der Vergangenheit

Gedenken und Erinnern sind nur durch die „Handgreiflichkeit eines Dinghaften" (Arendt 1960, 87) möglich. Sie bedürfen einerseits der persistent als erinnerungswürdig erachteten Ereignisse und andererseits der oben genannten Anker bzw. Auslöser der Erinnerung: „Ohne Erinnerung und die Verdinglichung, die aus der Erinnerung selbst entspringt, [...] würde das lebendig Gehandelte, das gesprochene Wort, der gedachte Gedanke spurlos verschwinden, sobald der Akt des Handels, Sprechens oder Denkens an sein Ende gekommen ist; es würde sein, als hätte es sie nie gegeben" (Arendt 1960, 87f.).

Forschung zu Erinnerungsorten

Jene Kristallisationspunkte der „Handgreiflichkeit des Dinghaften" (ebd., 87) sind unter dem Namen Erinnerungsorte seit den 1980er-Jahren ein häufig thematisierter Forschungsgegenstand der Kultur-, Sozial- und Geschichtswissenschaften. Allein in der deutschsprachigen Literatur gibt es inzwischen zahlreiche Publikationen, die sich auf wissenschaftlicher Ebene mit Erinnerungsorten auseinandersetzen und die sich beispielsweise im Kontext eines nationalen Bezugsrahmens mit Frankreich, Deutschland oder der DDR sowie auf supranationaler Ebene mit Europa oder transnationalen Perspektiven beschäftigen (z. B. François/Schulze 2001; Sabrow 2009; Buchinger et al. 2009). Andere Untersuchungen fokussieren auf die Erinnerungsorte historischer Epochen wie der Antike oder auf diejenigen religiöser Gemeinschaften wie dem Christentum (z. B. Markschies/Wolf 2010; Stein-Hölkeskamp/Hölkeskamp 2006).

Erinnerungsorte

Eine grundlegende Arbeit zu Erinnerungsorten (*lieux de mémoire*) hat der französische Historiker Pierre Nora verfasst. Er vertritt die These, dass es Orte gibt, an denen das kollektive Gedächtnis einer Gruppe (in seinem Falle das der französischen Nation) in besonderem Maße gebündelt wird (Nora 1990). Hierunter fallen nicht nur physisch-materielle Orte und gebaute Strukturen (z. B. Städte), sondern unter anderem auch Handlungen (z. B. Rituale), Objekte (z. B. Bücher), historische Persönlichkeiten (z. B. François Guizot) sowie Symbole (z. B. die Marseillaise) (Nora 1997a). Erinnerungsorte werden mit Bedeutung aufgeladen, verkörpern Kontinuität bzw. Dauer und haben eine identitätsstiftende Funktion für eine Gruppe. An ihnen wird eine Diskontinuität zwischen Vergangenem und Gegenwärtigem deutlich; sie sind somit Orte abgebrochener Geschichte (Assmann 1999, 309) und vereinen materielle, symbolische und funktionale Komponenten. Ob ein Ort zu einem Erinnerungsort wird, hängt maßgeblich vom Vorhandensein des Erinnerungswillens einzelner Akteure und Gruppen ab (Nora 1990).

Sieht man in die Grundlagenwerke zu Erinnerungsorten in Frankreich (Nora 1997a) und Deutschland (François/Schulze 2001), fällt eine große Bandbreite unterschiedlicher Erinnerungsorte auf. Beispielhaft seien hier im französischen Kontext der Eiffelturm, Descartes, die Marseillaise und Verdun genannt; für den deutschen Kontext können der Reichstag, Versailles, Goethe und das Wort „Heil" angeführt werden. Anlehnend an das Konzept der Erinnerungsorte wurde von Lossau und Flitner (2005) der Begriff der Themenorte eingeführt. Hier- **Themenorte** unter werden entgegen des weit gefassten Ortsverständnisses von Nora (1997a) oder François und Schulze (2001) keine Mythen, Ereignisse und Personen, sondern lediglich konkrete Orte verstanden (z. B. Bahnhof, Industrie-Kultur-Landschaft Ruhrgebiet), die es „[...] im alltagssprachlichen Verständnis des Wortes ‚wirklich' gibt [...]" und die „[...] weniger ‚Größe' und Stabilität [als Erinnerungsorte] verlangen [...]" (Lossau/Flitner 2005, 11). Wie im Folgenden anhand zweier Beispiele deutlich wird, unterliegen Interpretation und Aussage von Erinnerungsorten trotz ihrer vermeintlichen Stabilität einem permanenten Veränderungsprozess.

15.3.1 Objekte: Denkmäler

Bei einem Denkmal handelt es sich um „[...] ein in der Öffentlichkeit errichtetes und für die Dauer bestimmtes Werk [...], das an Personen oder Ereignisse erinnert und auch aus dieser Erinnerung einen Anspruch seiner Urheber, eine Lehre oder einen Appell an die Gesellschaft ableiten oder begründen soll" (Mittig/Plagemann 1972, 6). Denkmäler werden im Kontext bestimmter Werte und Ideen errichtet und dienen vor allem der Information, Legitimation und Repräsentation. In ihren Sinnzuschreibungen unterliegen sie einem zeitlichen Wandel, teils weil sich die Wahrnehmung „[...] der angebotenen Formensprache entzieht, teils weil die einmal gestalteten Formen eine andere Sprache zu sprechen beginnen als ihnen anfangs eingestiftet

Interpretation und Aussage eines Denkmals

war" (Koselleck 1979, 274). Die Interpretation eines Denkmals hängt aber nicht nur von seiner Formensprache bzw. Symbolik sowie vom Wissen des Betrachtenden ab, sondern auch von den Bedeutungen, die seinem Standort zugeschrieben werden. Meusburger et al. (2011, 11) zufolge kann sich die Aussage eines Denkmals verändern, wenn es von seinem ursprünglich zentralen Standort in einer Stadt in die Peripherie verlagert wird. So ist zwar ein Denkmal in der Regel in Stein gemeißelt – seine Bedeutungen und Zuschreibungen sind es hingegen nicht.

15.3.2 Handlungen: Rituale

Im Kontext von Gedächtnis und Erinnerung sind Rituale von besonderer Bedeutung. Sie erzeugen einen Rahmen, in dem die Erinnerung an bestimmte Ereignisse und Personen besonders leicht hervorgerufen werden kann (Winter/Sivan 1999).

Rituale

Rituale sind zu einem bestimmten Anlass und mit einer bestimmten Absicht wiederholt durchgeführte und stilisierte Handlungen mit hohem Symbolgehalt, die den Menschen dabei helfen, ihren Alltag zu strukturieren und zu ordnen (Michaels 1999; Moore/Myerhoff 1977; Soeffner 1991). In der Religionswissenschaft und der Ethnologie werden sie häufig mit religiösen oder magischen Momenten (z. B. übernatürliche Ereignisse) verbunden. In Anlehnung an den französischen Ethnologen Arnold van Gennep (1909) geht der schottische Ethnologe Victor Turner (1982) von drei Phasen ritueller Handlungen aus: Christliche Übergangsrituale, wie zum Beispiel Pilgerreisen, bestehen zunächst aus einer Phase der Loslösung des Pilgers aus seiner im Alltag bestehenden Sozialstruktur; es folgt eine liminale Phase des Übergangs, in der eine alternative Sozialstruktur entsteht und abschließend eine Phase der Wiedereingliederung in vorherige soziale Kontexte. Eine Ausweitung des Ritualbegriffs auf säkulare Handlungen (wie z. B. kollektive Gedenkzeremonien an kriegerische Auseinandersetzungen) wird schon seit den 1970er-Jahren als sinnvoll erachtet (Moore/Myerhoff 1977; Petermann 2007).

Vor allem durch gemeinsam vollzogene Gesten sowie im Ritual verwendete, überindividuell anschlussfähige Symbole und Mythen erfolgt eine Vergemeinschaftung der teilnehmenden Individuen. Rituale helfen, Überzeugungen lebendig zu erhalten und „[…] zu verhindern, dass sie aus dem Gedächtnis schwinden, das heißt im Ganzen genommen, die wesentlichen Elemente des kollektiven Bewusstseins wiederzubeleben. Durch sie [die Rituale, S. P.] erneuert die Gruppe periodisch das Gefühl, das sie von sich und von ihrer Einheit hat" (Durkheim 1984, 505).

Auch wenn Rituale formale und stilisierte Handlungen sind, kann sich ihre Aussage durch einen veränderten kulturellen Kontext wandeln. So galten etwa die Rituale zum Gedenken an die Schlacht von Verdun einst als Demonstration des siegreichen Frankreichs; heute werden sie (auch) als Ausdruck eines versöhnten Europas verstanden (Petermann 2009; 2007).

15.4 Gedenktourismus

Orte und Objekte der Erinnerung werden häufig nicht nur im Kontext von Ritualen aufgesucht, sondern sind auch Ziel touristischer Reisen. In der wissenschaftlichen Literatur wird dieses Phänomen sehr unterschiedlich konzeptualisiert und mit Begriffen wie beispielsweise Heritage-Tourismus (*heritage tourism*) oder – in Bezug auf kriegerisch-historische Ereignisse – mit Gedenktourismus (*tourisme de mémoire*) und/oder Thana-Tourismus (*thanatourism, dark tourism, morbid tourism, black spot tourism*) gefasst. Beim Heritage-Tourismus werden **Heritage-Tourismus** Orte aufgesucht, die von kulturellen Institutionen als (historisches) Erbe deklariert (z. B. UNESCO-Welterbestätten) oder die von den Besuchern als Erbe verstanden werden (Poria et al. 2003). Im Rahmen des Gedenktourismus spielt der Bildungsaspekt eine wichtige Rolle. So soll etwa der Besuch ehemaliger Kriegsschauplätze nicht nur zum Gedenken, sondern auch zu einem besseren Verständnis der historischen Ereignisse führen (Hertzog 2012). Beim Thana-Tourismus **Thana-Tourismus** liegt der Schwerpunkt hingegen auf der Faszination des Todes: „[…] Dark Tourism is tourism motivated by a fascination/interest in death/or tourism sites associated with death, whether individual, mass, violent, natural, untimely or otherwise" (Sharpley 2005, 220). Hierunter fallen beispielsweise Reisen zu Stätten tödlicher Ereignisse (z. B. Schlachtfelder von Verdun) sowie zu Friedhöfen (z. B. Arlington National Cemetery) und Museen, die auf den Tod verweisen (z. B. United States Holocaust Memorial Museum) (Lennon/Foley 2000; Sather-Wagstaff 2011). Heritage-, Gedenk- und Thana-Tourismus sind nicht immer eindeutig voneinander abgrenzbar, da ein und derselbe Ort aus unterschiedlichen Beweggründen aufgesucht werden kann.

15.5   Das World Trade Center Memorial: Dimensionen des Gedenkens

9/11 – dieses Datum wird seit dem Jahr 2001 weltweit von vielen Menschen mit dem Anschlag auf das World Trade Center in New York City assoziiert. Schon kurz nach dem Attentat wurde überlegt, wie die für eine neoliberale kapitalistische Weltordnung stehenden Twin Towers durch ein neues Bauwerk ersetzt werden könnten und wie der traumatischen Ereignisse sowie der rund 3 000 Toten zu gedenken sei (Kaplan 2006, 243f.). Vor diesem Hintergrund sollte auf einer der teuersten Bauflächen Manhattans ein Mahnmal geschaffen werden, dessen Aufgabe darin besteht, nicht nur die Narben der Stadt, sondern auch jene der US-amerikanischen Bevölkerung zu heilen (Bleiker 2006, 85). Zentral in diesem Anliegen war die Idee, dass am Ground Zero – wie schon im Masterplan für den Wiederaufbau des World Trade Centers durch Daniel Libeskind enthalten – die „Fußabdrücke" der Twin Towers als „Container der Erinnerungen" sichtbar bleiben sollten. Als Gewinner aus einem international ausgeschriebenen Wettbewerb ging das Projekt *Reflecting Absence* von Michael Arad und Peter Walker hervor, das genau diese Grundidee beinhaltet: Inmitten einer Baumpflanzung liegen in den wieder errichteten Fundamentgruben der Türme zwei quadratische Wasserbassins, welche die Abwesenheit der Twin Towers symbolisieren. Von ihrer Umrandung, auf der die Namen der Toten der Terroranschläge geschrieben stehen, fällt permanent Wasser die rund zehn Meter hohe Wand hinab und entzieht sich – wie dies bei den Opfern der Fall war, deren sterbliche Überreste in vielen Fällen nicht gefunden werden konnten – in einer mittig liegenden, quadratischen Einlassung den Blicken der Besucher (Arad 2009; Edkins 2003; Kaplan 2006; Sturken 2004) (Abbildung 15.1).

Das Gedenken von Vergangenem – wie hier das Gedenken des Anschlags vom 11. September 2001 – kann verschiedene Dimensionen beinhalten, die lebensweltlich eng miteinander verwoben sind. Die folgenden Ausführungen unterscheiden zu analytischen Zwecken zwischen einer sakralen und einer politischen Dimension und vollziehen diese Unterscheidung am Beispiel des World Trade Center Memorials nach.

15.5.1   Sakrale Dimension

Vor allem beim Vergegenwärtigen von Ereignissen, die mit dem Tod von Menschen verbunden sind, ist das Gedenken eng mit Glaubensinhalten und Transzendenzerfahrungen verknüpft. Dies trifft insbesondere auf nationale Heiligtümer – wie zum Beispiel Gettysburg oder Graceland in den USA – zu, die wie heilige Orte oder „kosmische Berge" funktionieren. Es sind Orte, an denen – dem Kulturwissenschaftler John F. Sears (1998, 210) zufolge – das Sakrale in die Welt

Abb. 15.1
Das World Trade Center
Memorial mit angren-
zendem Museum und
1-WTC im August 2012
(Foto: S. Petermann
2012)

Abb. 15.2
Sakrale Formensprache am Beinhaus von Verdun (Foto: S. Petermann 2006)

tritt. Gerade bei Erinnerungsorten des massenhaften oder individuellen Todes verwundert eine sakrale Dimension kaum, da schon allein die – angesichts des Todes bewusst werdende – irdische Vergänglichkeit auf eine jenseitige, transzendente Welt verweist. Die sakrale architektonische Formensprache

Botschaft drückt sich beispielsweise in der architektonischen Formensprache der Erinnerungsorte aus: Die entsprechenden Bauten ragen häufig dem Himmel entgegen und weisen sakrale Zeichen und Symbole, wie Kreuze oder Schwellen, auf (Abbildung 15.2). Hierher kommen die Besucher zur Kontemplation und hier werden sie auf das Göttliche, das Transzendente verwiesen.

Auch am Ground Zero lädt der von der Außenwelt durch Bäume abgeschirmte Ort zu Kontemplation, Andacht und Ehrerbietung ein. Der Besucher kann hier individuell oder kollektiv gedenken und trauern, sich mit dem Tod anderer und der eigenen Endlichkeit konfrontieren. Die quaderförmigen Fußabdrücke demonstrieren durch das Nicht-Gegenwärtige bzw. das Nicht-Sichtbare, also die Toten, die Präsenz des Abwesenden und verweisen zugleich auf das Jenseitige und Transzendente. Das Gesamtensemble der Gedenkstätte kann als Zyklus des Verfalls und der Wiedergeburt verstanden werden (Arad 2009, 44). Schon vor der Errichtung des Memorials erfolgte eine Transformation des Ortes in einen *sacred ground* (Sturken 2004, 314): Der Kulturwissenschaftlerin Marita Sturken zufolge wurde der Ort durch das

Abb. 15.3
Ansprache des französischen Staatspräsidenten Jacques Chirac anlässlich des 90. Jahrestags der Schlacht um Verdun (Foto: S. Petermann 2006)

dort verflossene Blut sakralisiert und durch die Anwesenheit von Geistlichen sowie durch die Errichtung eines Kreuzes „christianisiert" (Sturken 2004, 314).

15.5.2 Politische Dimension

Zu einer Politisierung des Gedenkens kommt es laut dem Literatur- und Medienwissenschaftler Torsten Hahn (2001, 447), „[...] wenn die Annahmewahrscheinlichkeit politischer Entscheidungen durch das Medium der Erinnerung erhöht werden soll, indem aktuelle politische Macht sich durch den Aufruf der Vergangenheit invisibilisiert [...]". Beispielsweise werden durch (politische) Rituale (siehe Abbildung 15.3) und Diskurse Geschichtsfiguren und Identitätsbilder öffentlich konstruiert, fixiert und anschließend verwendet, um eine gewisse Wirkung auf die Gegenwart zu erzielen (Bock/Wolfrum 1999, 9; Reichel 1995, 325; Till 2003, 290). Der Politikwissenschaftler Fabrice Larat (2000, 187) spricht in diesem Zusammenhang von der Instrumentalisierung des kollektiven Gedächtnisses. Für den Historiker und Politikwissenschaftler Peter Reichel (1995) entfaltet sich die Manipulation des Gedenkens maßgeblich im Kontext von Denkmälern. Die Wahl des Standortes und – damit verbunden – die Beanspruchung eines Territoriums sowie die Entscheidung für eine bestimmte Ästhetik und Form der Architektur ist ein politischer Akt. Mit dem Bau eines Denkmals „[...] streben die politischen Akteure als Denkmalsetzer an, ein zeit- und gruppenspezifisches oder gruppenübergreifendes Geschichtsbild [...] buchstäblich festzuschreiben, sei es zur Legitimation ihrer eigenen Ziele, sei es zur ideellen Verpflichtung und demonstrativen Integration ihrer Anhänger [...]" (Reichel 1995: 48). Dies

Instrumentalisierung des kollektiven Gedächtnisses

Auseinandersetzungen
über Bedeutungen,
Formen und Standorte

läuft, wie die Geographin Karen Till (2003, 294) ausführt, häufig nicht konfliktfrei ab: „Localized struggles over the meanings, forms, and locations of places of memory are often tied to larger political disputes about who has the authority to represent the past in a society". Mit diesen Auseinandersetzungen über Bedeutungen, Formen und Standorte sind Inklusions- und Exklusionsprozesse von Gedächtnisinhalten verbunden. Es stellt sich folglich immer die Frage, von wem, für wen, in welcher Form, wo und mit welchem Ziel ein Ort des Gedenkens ehemals errichtet wurde bzw. heute erhalten wird. Oder anders formuliert: Wer oder was soll im Gedenken eingeschlossen und wer oder was soll (damit unweigerlich verbunden) ausgeschlossen werden?

In New York steht der schon kurz nach den Anschlägen einsetzende *rush to memorialisation* im Kontext des politischen Bestrebens der US-Regierung, einen identitätsstiftenden Ort für die traumatisierte Nation zu kreieren und eine Basis für die Wiederherstellung der Souveränität des Staates sowie für die Rechtfertigung des sich anschließenden Krieges zu legen (Edkins 2003, 232). Der Weg von Arads Projektvorschlag bis hin zur Realisierung „[...] durch ein Sperrfeuer ideologischer, politischer und kommerzieller Interessen [...]" (Häntzschel 2011) ist ebenso in einem politischen Kontext zu sehen wie die von Kriegsrhetorik durchzogenen Gedenkrituale anlässlich des ersten Jahrestages des Anschlages: „The anniversary had been duly marked, silences observed, victims remembered – and Bush's heroic global strategy against America's enemies justified" (Edkins 2003, 246). Wichtig ist – wie bereits erwähnt – zudem, was *nicht* gesagt wird und wohl auch *nicht* im angegliederten Museum der Gedenkstätte thematisiert sein wird: die Einbettung der Anschläge in einen größeren politischen Kontext. Zwar steht auf der Homepage des zukünftigen Museums, dass die Hintergründe untersucht werden sollen, die zu dem Ereignis führten. Glaubt man aber dem Journalisten Andreas Mink (2011), wird es „[...] eine Diskussion um die Nahostpolitik Washingtons als mögliche Ursache muslimischen Hasses auf die USA, wie sie nach 9/11 kurzzeitig stattgefunden hat, [...] an Ground Zero ebenso wenig geben wie eine Betrachtung des von der Bush-Regierung als Antwort auf die Anschläge lancierten ‚Krieges gegen den Terror'".

15.6 Fazit

Gedenken und Erinnern haben für Individuen und Gesellschaften verschiedene Funktionen: Sie stiften Identität, sind Kristallisationspunkte sowie Referenzrahmen im alltäglichen Leben der Menschen und beinhalten sakrale und politische Komponenten. Aber nicht nur öffentliches Gedenken „im Großen", sondern auch persönliche Erinnerungen „im Kleinen" wirken, wie eingangs am Beispiel der Schatztruhe gezeigt, stabilisierend und ordnungsstiftend. Durch alltägliche

Praktiken wird Vergangenes mit Bedeutung aufgeladen; individuelle Erinnerungsorte stiften Identität und helfen dabei, sich seiner selbst zu versichern. Gerade vor diesem Hintergrund sind Erinnern und Gedenken wichtige Themen für eine Kultur- und Sozialgeographie, die sich mit der durch Menschen geschaffenen Ordnung der Lebenswelt beschäftigt.

Literatur

Antze, P.; Lambek, M. (Hg.) (1996): Tense past. Cultural essays in trauma and memory. New York: Routledge.

Arad, M. (2009): Reflecting Absence. Places 21 (1), 42–51.

Arendt, H. (1960): Vita Activa – oder Vom tätigen Leben. Stuttgart: Kohlhammer.

Assmann, A. (1999): Erinnerungsräume. Formen und Wandlungen des kulturellen Gedächtnisses. München: C. H. Beck.

Assmann, J. (2007): Das kulturelle Gedächtnis. Schrift, Erinnerung und politische Identität in frühen Hochkulturen. 6. Aufl., München: C. H. Beck.

Assmann, J. (1988): Kollektives Gedächtnis und kulturelle Identität. In: Assmann, J.; Hölscher, T. (Hg.): Kultur und Gedächtnis. Suhrkamp-Taschenbuch Wissenschaft 724. Frankfurt a. M.: Suhrkamp, 9–19.

Bleiker, R. (2006): Art After 9/11. Alternatives 31, 77–99.

Bock, P.; Wolfrum, E. (1999): Einleitung. In: Bock, P.; Wolfrum, E. (Hg.): Umkämpfte Vergangenheit. Geschichtsbilder, Erinnerung und Vergangenheitspolitik im internationalen Vergleich. Sammlungen Vandenhoeck. Göttingen: Vandenhoeck & Ruprecht, 7–14.

Borsdorf, U.; Grütter, H. T. (1999): Einleitung. In: Borsdorf, U.; Grütter, H. T. (Hg.): Orte der Erinnerung. Denkmal, Gedenkstätte, Museum. Frankfurt a. M.: Campus, 1–10.

Buchinger, K.; Gantet, C.; Vogel, J. (Hg.) (2009): Europäische Erinnerungsräume. Frankfurt a. M.: Campus.

Durkheim, E. (1984): Die elementaren Formen des religiösen Lebens. 3. Aufl., Frankfurt a. M.: Suhrkamp.

Edkins, J. (2003): The rush to memory and the rhetoric of war. Journal of Political and Military Sociology 21 (2), 231–251.

Erll, A. (2005): Kollektives Gedächtnis und Erinnerungskulturen. Stuttgart: J. B. Metzler.

François, E.; Schulze, H. (2001): Deutsche Erinnerungsorte. 3 Bde., München: C. H. Beck.

Gennep, A. v. (1909): Les rites de passage. Étude systématique . . . .Paris: Édition Nourry.

Hahn, T. (2001): Politik. In: Pethes, N.; Ruchatz, J. (Hg.): Gedächtnis und Erinnerung. Ein interdisziplinäres Lexikon. Reinbek bei Hamburg: Rowohlt, 447–448.

Halbwachs, M. (1966): Das Gedächtnis und seine sozialen Bedingungen. Soziologische Texte 34. Berlin: Luchterhand.

Halbwachs, M. (1967): Das kollektive Gedächtnis. Stuttgart: Enke.

Häntzschel, J. (2011): Gigantisches Gedenken. 9/11-Denkmal am „Ground Zero". Süddeutsche Zeitung vom 07.09.2011, http://www.sueddeutsche.de/kultur/2.220/-denkmal-am-ground-zero-gigantisches-gedenken-1.1140049 (letzter Abruf: 05.03.2011).

Hertzog, A. (2012): Tourisme de mémoire et imaginaire touristique des champs de bataille. Via@ – revue internationale interdisciplinaire de tourisme 1, 1–14, http://www.viatourismreview.net/Article6.php (letzter Abruf: 01.04.2012).

Johnson, N. C. (2007): Public memory. In: Duncan, J. S.; Johnson, N. C.; Schein, R. H. (Hg.): A companion to Cultural Geography. Malden: Blackwell, 316–327.

Kaplan, S. J. (2006): Visualizing Absence: the function of visual metaphors in the effort to make a fitting response to 9/11. In: Jowett, G. S.; O'Donnell, V. (Hg.): Readings in propaganda and persuasion. Thousand Oaks: SAGE, 243–257.

Koselleck, R. (1979): Kriegerdenkmale als Identitätsstiftungen der Überlebenden. In: Marquard, O.; Stierle, K. (Hg.): Identität. München: Fink, 255–276.

Larat, F. (2000): Instrumentalisierung des kollektiven Gedächtnisses und europäische Integration. In: Deutsch-Französisches Institut (Hg.): Frankreich-Jahrbuch 2000: Politik, Wirtschaft, Gesellschaft, Geschichte, Kultur. Opladen: Leske + Budrich, 186–201.

Lennon, J.; Foley, M. (2000): Dark Tourism. The Attraction of Death and Disaster. London: Continuum.

Lepeltier, T. (2004): Nora, Pierre. De l'histoire nationale aux lieux de mémoire. Sciences Humaines 152, 46–48.

Lossau, J.; M. Flitner (2005): Ortsbesichtigung. Eine Einleitung. In: Flitner, M.; Lossau, J. (Hg.): Themenorte. Geographie 17. Münster: LIT, 7–23.

Markschies, C.; Wolf, H. (Hg.) (2010): Erinnerungsorte des Christentums. München: C. H. Beck.

Meusburger, P.; Heffernan, M.; Wunder, E. (2011): Cultural Memories: An Introduction. In: Meusburger, P.; Heffernan, M.; Wunder, E. (Hg.): Cultural Memories. The Geographical Point of View. Knowledge and Space 4. Heidelberg: Springer, 3–14.

Michaels, A. (Hg.) (1999): „Le rituel pour le rituel" oder wie sinnlos sind Rituale? In: Caduff, C.; Pfaff-Czarnecka, J. (Hg.): Rituale heute. Theorien – Kontroversen – Entwürfe. Berlin: Reimer, 23–48.

Mink, A. (2011): Schwieriges Gedenken am Ground Zero. Neue Züricher Zeitung vom 28.08.2011, http://www.nzz.ch/nachrichten/kultur/aktuell/schwieriges_gedenken_an_ground_zero_1.12173809.html (letzter Abruf: 05.03.2012).

Mittig, H.-E.; Plagemann, V. (1972): Denkmäler im 19. Jahrhundert. Deutung und Kritik. Studien zur Kunst des 19. Jahrhunderts 20. München: Prestel-Verlag.

Moore, S. F.; Myerhoff, B. G. (1977): Introduction. Secular ritual: forms and meanings. In: Moore, S. F.; Myerhoff, B. G. (Hg.): Secular ritual. Amsterdam: Van Gorcum, 3–24.

Nora, P. (Hg.) (1997a): Les lieux de mémoire. Vol. 1, 2, 3. Paris: Gallimard.

Nora, P. (1997b): L'ère de la commémoration. In: Nora, P. (Hg.): Les lieux de mémoire. Vol. 3: Les France. Paris: Gallimard, 4687–4719.

Nora, P. (1990): Vorwort. In: Nora, P. (Hg.): Zwischen Geschichte und Gedächtnis. Berlin: Wagenbach, 7–9.

Patzel-Mattern, K. (2002): Geschichte im Zeichen der Erinnerung: Subjektivität und kulturwissenschaftliche Theorienbildung. Studien zur Geschichte des Alltags 19. Stuttgart: Steiner.

Petermann, S. (2009): Verdun. Rituale machen Räume des Gedenkens. Berichte zur deutschen Landeskunde 83 (1), 27–45.

Petermann, S. (2007): Rituale machen Räume. Zum kollektiven Gedenken der Schlacht von Verdun und der alliierten Landung in der Normandie. Bielefeld: transcript.

Poria, Y.; Butler, R.; Airey, D. (2003): The core of heritage tourism. Annals of Tourism Research 30 (1), 238–254.

Reichel, P. (1995): Politik mit der Erinnerung. Gedächtnisorte im Streit um die nationalsozialistische Vergangenheit. München: Hanser.

Sabrow, M. (2009): Erinnerungsorte der DDR. München: C. H. Beck.

Sather-Wagstaff, J. (2011): Heritage that hurts. Tourists in the memoryscapes of September 11. Heritage, Tourism, and Community. Walnut Creek: Left Coast Press.

Sears, J. F. (1998): Sacred places: American tourist attractions in the nineteenth century. 2nd ed., Amherst: Oxford University Press.

Sharpley, R. (2005): Travels to the Edge of Darkness: Towards a Typology of „Dark Tourism". In: Ryan, C.; Page, S. J.; Aicken, M. (Hg.): Taking Tourism to the Limits. Issues, concepts and managerial perspectives. Advances in Tourism Research. Amsterdam: Elsevier, 215–226.

Soeffner, H.-G. (1991): Zur Soziologie des Symbols und des Rituals. In: Oelkers, J.; Wegenast, K. (Hg.): Das Symbol – Brücke des Verstehens. Stuttgart: Kohlhammer, 63–81.

Stein-Hölkeskamp, E.; Hölkeskamp, K.-J. (Hg.) (2006): Erinnerungsorte der Antike. Die römische Welt. München: C. H. Beck.

Sturken, M. (2004): The aesthetics of absence: rebuilding Ground Zero. American Ethnologist 31 (3), 311–325.

Till, K. E. (2003): Places of memory. In: Agnew, J.; Mitchell, K.; Toal, G. (Hg.): A companion to political geography. Blackwell Companions to Geography 3. Oxford: Blackwell, 289–301.

Turner, V. (1982): Das Ritual. Struktur und Anti-Struktur. 9. Aufl., Frankfurt a. M.: Campus.

Welzer, H. (2001): Das soziale Gedächtnis. In: Welzer, H. (Hg.): Das soziale Gedächtnis. Geschichte, Erinnerung, Tradierung. Hamburg: HIS, 9–21.

Winter, J. M.; Sivan, E. (1999): Setting the Framework. In: Winter, J. M.; Sivan, E. (Hg.): War and Remembrance in the Twentieth Century. Cambridge: Cambridge University Press, 6–39.

Wischermann, C. (1996): Kollektive versus „eigene" Vergangenheit. In: Wischermann, C. (Hg.): Die Legitimität der Erinnerung und die Geschichtswissenschaft. Studien zur Geschichte des Alltags 15. Stuttgart: Steiner, 9–17.

16   Arbeiten und Produzieren

Christian Berndt

16.1   Einleitung

Der nachfolgend zu Beginn von Kapitel 2 abgedruckte Textauszug sowie die beiden Interviewausschnitte, die den Kapiteln 3 und 4 vorangestellt sind, stehen stellvertretend für den Wandel der Arbeitswirklichkeiten in unserer Gesellschaft. In den Jahrzehnten nach dem Zweiten Weltkrieg profitierte ein wachsender Teil der Bevölkerung von stabilen, geordneten Beschäftigungsverhältnissen. Flankiert durch wohlfahrtsstaatliche Maßnahmen entstand in dieser Zeit eine prosperierende Mittelschicht. Etwa ab Mitte der 1970er-Jahre verlor Industriearbeit in den westlichen Ländern gegenüber Dienstleistungsaktivitäten an Bedeutung. Der Arbeitsmarkt fächerte sich auf: Am oberen Ende stieg die Nachfrage nach wissensbasierten, kreativen Tätigkeiten, am unteren Ende erlebten Niedriglohndienstleistungen eine Renaissance.

Diese Veränderungen der Arbeitswirklichkeiten am Übergang von einer Industrie- zu einer Wissensgesellschaft stehen im Mittelpunkt dieses Beitrags. Er beginnt mit einer Darstellung des Industriezeitalters und des sogenannten Normalarbeitsverhältnisses und diskutiert anschließend die Umbrüche im heutigen Kapitalismus. Eine wichtige Facette der Veränderungen betrifft die Rolle von Ungleichheit und Diversität, vor allem mit Blick auf die Geschlechterbeziehungen. Dieser Aspekt steht im Mittelpunkt des dritten Abschnittes, an den sich ein kurzes Fazit anschließt, das auf die Rolle der Globalisierung und die geänderte globale räumliche Arbeitsteilung hinweist.

16.2 Von der Industrie- zur Wissensgesellschaft

Industriearbeit zu Beginn der 1970er-Jahre

Jürg A. arbeitet schon lange an dieser Maschine. Manchmal hat er das Gefühl, er habe nie etwas anderes gemacht. Und meist ist er sogar zufrieden dabei. Was hätte er auch für Gründe zur Unzufriedenheit? Hier kann ihm keiner lange Vorschriften machen. Hier geht ihn nichts etwas an. Die Fabrik gehört den Aktionären, die Verantwortung für seine Abteilung kommt dem Meister zu, und für seine Fräsmaschine und deren Wartung ist der Vorarbeiter zuständig. Was soll ihn da kümmern? Jürg A. hat es gut. Die Werkstattschreiberin bringt ihm die Akkordkarte

mit aufgedruckter Stückzahl und Vorgabezeit. Der Handlanger stellt ihm die Werkstücke zur Maschine. Der Kontrolleur kommt täglich vorbei und mißt mit seiner Schiebelehre die Stücke nach. [...] Die Arbeitswoche dauert nicht zu lange. Freizeit, bleibt Jürg A. genug, schließlich hat er kein Steckenpferd, zählt zumindest das Fernsehen nicht als solches. [...] In der Fabrik ist alles geregelt, alles hat seine Ordnung. Da weiß man, was man zu tun hat, und wenn man dies ausführt, wird man in Ruhe gelassen. Jürg A. stempelt seine Karte bei Schichtbeginn und steckt sie links ein, stempelt sie nach Schichtende und steckt sie rechts ein, stempelt die Akkordkarten dazu. Dies gibt genau Auskunft über die Zahl seiner Arbeitsstunden, über die Höhe seines Akkordzuschlages. Das ist ein exaktes Zusammenspiel von Präsenz-, Arbeits-, Vorgabe- und Fehlzeit.
(Quelle: aus Blatter 1972, 79–85)

Arbeit in der heutigen Form hat sich im Zuge der Industriellen Revolution und mit dem Aufstieg des Kapitalismus herausgebildet. Arbeitsteilung und Spezialisierung ermöglichten immer komplexere Produktionsprozesse, bei denen der Zugang zu Arbeit, Boden und Kapital mit herkömmlichen Mitteln nicht länger gewährleistet war. Man begann deshalb, die Bereitstellung dieser wichtigen Produktionsfaktoren über den Marktmechanismus zu organisieren. In diesem Zusammenhang erhielt Arbeit einen Marktpreis – den Lohn. Die industrielle Erwerbsarbeit war geboren. Als historisch-spezifisches Produkt des **Erwerbsarbeit** 19. und frühen 20. Jahrhunderts wurde Erwerbsarbeit in der Folge zum Dreh- und Angelpunkt der gesellschaftlichen, wirtschaftlichen und politischen Entwicklung in den sich industrialisierenden Teilen der Welt (Kocka 2000, 479).

An diesem Arbeitsbegriff wurde und wird häufig Kritik geäußert. Aus politisch-ökonomischer Perspektive wird die Idealisierung der Erwerbsarbeit kritisiert und auf die Schattenseiten lohnabhängiger, industrieller Beschäftigung hingewiesen (z. B. Disziplinierung, Ausbeutung, Entfremdung). Feministische Autorinnen thematisieren die willkürliche Trennung von Erwerbsarbeit und Nichterwerbsarbeit und prangern die Geringschätzung reproduktiver Tätigkeiten an. Andere diagnostizieren das Ende der Beschäftigungsgesellschaft und entwerfen alternative Modelle (z. B. Beck 2000a; Gorz 1999). Ungeachtet dieser Kritik wird in den meisten Bereichen der Sozialwissenschaft jedoch weiterhin davon ausgegangen, dass Erwerbsarbeit von großer Bedeutung für den gesellschaftlichen Zusammenhalt ist.

Als entlohnte und in der Regel abhängige Arbeit erhielt Erwerbsarbeit ihre besondere Form im Kontext umfassender gesellschaftlicher **Fordismus** Institutionen (z. B. Arbeitsmarkt und Beschäftigungssystem, Aus- und Fortbildungssysteme, Tarifpartnerschaft). Dieser Prozess erlebte seinen Höhepunkt in der Periode des Fordismus. So wird das industrielle Produktionsregime bezeichnet, das die Gesellschaft im Globalen Norden lange Zeit prägte: Als sich zu Beginn des 20. Jahrhunderts die industrielle Massenproduktion durchgesetzt hatte, waren große Investitionen in die Produktionstechnologie notwendig, die nur große Unternehmen bewältigen konnten. Es setzte ein Trend zur Unternehmenskonzentration ein, der erhebliche Produktivitätsschübe mit sich brachte. Das große Problem dieser Entwicklung war allerdings, dass die steigende Menge produzierter Güter in einem schwierigen wirtschaftlichen Umfeld nicht auf eine entsprechende Nachfrage stieß. Massenarbeitslosigkeit und Geldentwertung führten zu einer Radikalisierung der Beschäftigten und zu Arbeitskämpfen. Dieser Druck veranlasste den Staat, Maßnahmen zur Verbesserung der Lebensbedingungen zu ergreifen(z. B. New Deal in den USA). In der Phase nach dem Zweiten Weltkrieg setzte sich der „große fordistische Kompromiss" dann in allen Industrieländern durch. Flankiert durch entsprechende staatliche Maßnahmen erhielten Unternehmen Anreize, Gewinne nicht nur für Investitionen in neue Maschinen zu nutzen, sondern in Form steigender Löhne auch an die Arbeiter weiterzugeben. Die daraus resultierenden Lohnsteigerungen bildeten ihrerseits eine wichtige Grundlage für den Massenkonsum und die Entstehung einer aufstrebenden Mittelschicht in den Industriestaaten (vgl. Kühl 2008, 126ff.).

Unternehmens-konzentration

Die Institutionalisierung der Arbeitsbeziehungen lässt sich in den westlichen Industrieländern also nur in Zusammenhang mit einem historischen Prozess verstehen, der zunächst territoriale Nationalstaaten hervorgebracht und diese dann in der Folge als Wohlfahrtsstaaten konsolidiert hat. Dadurch war ein institutioneller Rahmen gegeben, der – nicht nur in Deutschland – auch heute noch eine standardisierte Form der Arbeit definiert: Das sogenannte Normalarbeitsverhältnis. Es handelt sich dabei um ein durch gesellschaftliche Maßstäbe definiertes Ideal; es beinhaltet einen unbefristeten Arbeitsvertrag, feste Arbeitszeiten, die sich an der Idee der Vollbeschäftigung orientieren, stabile Entlohnung sowie ein gewisses Maß an sozialer und arbeitsrechtlicher Absicherung (Offe 2000, 495). Das seit jeher mehr als Norm denn als Normalität geltende Normalarbeitsverhältnis erfüllte die Funktion eines Standardisierungsmaßstabs und zog scharfe Grenzen zwischen den Insidern und Outsidern des fordistischen Wohlfahrtsstaates ein. Als Insider galten diejenigen Beschäftigten, deren Risiken vom Sozialversicherungssystem abgedeckt wurden. Sie bildeten in funktionierenden Wohlfahrtsstaaten ein breites mittleres Segment der arbeitsfähigen Bevölkerung in dauerhaften Vollzeitarbeitsverhältnissen.

Normalarbeits-verhältnis

Für andere, wie zum Beispiel Migrantinnen und Migranten, hatte der fordistische Wohlfahrtsstaat jedoch eine ambivalente Bedeutung. Einerseits ermöglichte er in vielen Ländern Teilhabe am gesellschaftlichen Leben. Andererseits galt dies nur für Beschäftigte in stabilen Arbeitsverhältnissen. Das hatte zur Konsequenz, dass das Bleiberecht durch Arbeitsplatzverlust gefährdet war. Noch schlechter erging es

Migranten, denen entweder Gesetzesvorgaben den Zutritt zum formellen Arbeitsmarkt verwehrten (z. B. Asylbewerber/innen) oder die seit jeher die hohe Nachfrage nach nicht regulierter, informeller Arbeit befriedigten (siehe dazu auch den Beitrag zur Migration in diesem Band).

Geschlechter-
perspektive Auch aus einer Geschlechterperspektive wird Kritik am „goldenen" fordistischen Zeitalter geübt. Industrielle „Normalarbeit" war eine Domäne der Männer als alleinverdienende Versorger der Familie (siehe dazu auch den Beitrag zu Geschlecht und Sexualität). Frauen sorgten als Hausfrauen, Ehefrauen und Mütter für die Reproduktion der Arbeitskraft. Hinzu kam eine neue Form normierender Disziplin: Es entstand eine „formierte Gesellschaft, in der das Leben der Menschen ebenso standardisiert war wie die Stahlbleche, aus denen sie Autos zusammenschweißten" (Beck 2000b, 39). Abgesichert wurde der Fordismus „durch Familie, Sexualmoral, Gesundheits- und Lernverhalten, Regelmäßigkeit, Ordnung, Disziplin", eingebettet „in eine allgemeine nationale Moral" (Haug 2004, 26).

16.3 Arbeitswelt im Wandel: Postfordismus und neoliberale Globalisierung

Arbeit in der Wissensökonomie 1: Gewerbliche Reinigungsarbeit

Interviewer: Was machen Sie so?
Frau A.: Die Flugzeuge innen reinigen.
Interviewer: Ja und wie sieht das aus, wie läuft das ab?
Frau Se.: Wir haben eine Zeitvorgabe, aber ich weiß jetzt ehrlich gesagt nicht wie viel ... – **Fr. A.**: Bei der W. sind es 5 Minuten.
Interviewer: Für ein ganzes Flugzeug?
Frau Se.: Ja. – **Frau A.**: Es gibt einige, die sind direkt beim Flughafen angestellt, aber wir nicht. [...] – **Frau Se.**: Bloß mit dem Unterschied die verdienen mehr, obwohl wir dieselbe Arbeit machen. [...] Weil wir halt Leiharbeit machen. [...]
Interviewer: Was verdient man so in der Stunde?
Frau Se.: Wir kriegen jetzt 7,50. – **Frau A.**: Ja, ich bin Zahnarzthelferin eigentlich. – **Frau Se.**: Ich war früher Verkäuferin. [...]
Interviewer: Wie kommt man dann von der Zahnarzthelferin, Verkäuferin zur Zeitarbeit?
Frau A.: Ja ganz einfach, wenn es nichts mehr gibt und die mir schon mit 30 erzählt haben, ich bin zu alt für den Beruf. – **Frau Se.**: Ja, bei mir war es dasselbe. Ich war sechs Jahre aus dem Beruf raus [...] und dann hatte ich die 40 überschritten. – **Frau A.**: Also ich würde das nicht an einem Bahnhof machen

[...]. Ist halt finde ich trotzdem ein bisschen anders. [...]
Frau A.: Ich würde auch keine Gebäude reinigen, auch nicht für 10 Euro.
Interviewer: Warum?
Frau A.: Es ist eigentlich nur, weil das hier der Flughafen ist, also bei mir. Ich würde weder Wohnungen, noch Häuser, noch Busse, noch Züge putzen. Würde ich nicht.
Interviewer: Aber Flugzeuge?
Frau A.: Aber Flugzeuge. [...] – **Frau Se.**: Der Flughafen hat auch ein anderes Flair. Das Komische ist, wenn man den Leuten sagt: Ich bin am Flughafen beschäftigt, egal. Die fragen ja nicht: Was machst du? – Oh, Flughafen toll. Wahnsinn. Tollen Job und so. Oder wenn mich einer direkt fragt: Was machst du denn da, dann sage ich jetzt nicht: Ich bin bei der W. Putzfrau, dann sage ich: Ich bin Kabinenservice W. – **Frau A.**: Kabinenservice. (*alle lachen*) – Also wie ich anfing im ersten Drehkreuz 2005 im November, also da waren wir zu sechst. Haben zu sechst gearbeitet. [...] – **Frau Se.**: Das hat sich dann so eingespielt, dass es automatisch immer einer weniger wurde, weil die haben dann gesehen, ach da fehlt mal einer, die haben es jetzt nur zu fünft (geschafft) [...]. Also, wie gesagt, wenn mir einer gesagt hätte, damals 2005 wo wir angefangen haben mit sechs Leuten, und 2009 arbeitet ihr zu dritt, hätten wir das nicht geglaubt, dass das mal so kommt.
(Quelle: aus einem Interview mit Reinigungskräften am Flughafen Nürnberg im März 2009; Interview geführt von Christian Berndt und Marc Boeckler).

Das eben beschriebene Gesellschaftsmodell geriet im Laufe der 1970er-Jahre in eine Krise. Das fordistische Produktionssystem und die damit verbundene, unflexible wissenschaftliche Organisation der Arbeit stießen zunehmend an Grenzen. Individualisierte Lebensstile und Einstellungen der Menschen brachten ein geändertes Konsumverhalten mit sich und verlangten von den Unternehmen eine flexiblere Produktpolitik mit entsprechenden Herausforderungen an die Produktionsorganisation. Die Löhne reagierten zeitverzögert und stiegen zunächst weiter. Vor allem Unternehmen in konsumnahen Branchen (Bekleidung, elektronische Konsumgüter) gelang es angesichts gesättigter Märkte und falscher Einschätzungen nicht, ihren Absatz zu steigern. Deshalb wurden die Lohnstückkosten überwiegend durch Einsparungen gesenkt. Dies geschah durch Restrukturierungen in den Kernländern (Arbeitsplatzabbau, Rationalisierung) und mithilfe von Produktionsverlagerungen in die Länder des Globalen Südens (Offshoring).

Krise des Fordismus

Für den nationalen Wohlfahrtsstaat hatte das gravierende Auswirkungen. Da Unternehmen zunehmend in globalen Produktionsnetzen agierten, die Arbeitskräfte aber weiterhin ortsgebunden waren, verschoben sich die Kräfteverhältnisse im Dreieck Unternehmen, Beschäftigte und Staat zugunsten der Kapitalseite. In der Folge konzentrierte sich der „nationale Wettbewerbsstaat" darauf, „in Konkurrenz mit anderen Staaten günstige Verwertungsvoraussetzungen zu schaffen" (Hirsch 1995 zitiert in Kühl 2008, 130). Er zog sich aus vielen Aufgabenbereichen zurück (Privatisierung, Deregulierung) und legte sein Hauptaugenmerk auf die Verbesserung der Produktionsbedingungen (durch entsprechende Innovations- und Technologiepolitik, Flexibilisierung der Arbeitsmärkte usw.). Der fordistische Wohlfahrtsstaat machte einem aktivierenden Workfare-Staat Platz. Damit ist der Übergang von einem Staat, der die soziale Absicherung der Bürgerinnen und Bürger als Hauptaufgabe hat, hin zu einem Staat unter neoliberalen Vorzeichen gemeint, in dem der Bezug von Sozialleistungen mit individuellen Pflichten verbunden ist. Die neue Devise wird durch Schlagworte wie *welfare to work* oder „fördern und fordern" zum Ausdruck gebracht.

Workfare-Staat

Globale Arbeitsteilung

Unter Arbeitsteilung versteht man die Aufteilung von Produktionsprozessen in eine Reihe getrennter Produktionsschritte, die von spezialisierten Akteuren (Beschäftigte, Unternehmen) ausgeführt werden. Man kann anhand sozialer Kriterien besondere Formen der Arbeitsteilung unterscheiden: Zum Beispiel die geschlechterspezifische Arbeitsteilung oder eine Arbeitsteilung nach Herkunft (z. B. Arbeitsmigration). Eine geographische Dimension erhält Arbeitsteilung, wenn man mit einbezieht, wo diese einzelnen Produktionsschritte durchgeführt werden. Lange Zeit galten die Entwicklungsländer als Lieferanten von Rohstoffen und Agrarprodukten, die sie gegen Konsum- und Investitionsgüter aus den Industrieländern tauschten. Als jedoch im Zuge von Outsourcing- und Offshoring-Maßnahmen die Produktion industrieller Güter und Dienstleistungen zunehmend im Süden stattfand, wurde die klassische internationale Arbeitsteilung von der „neuen internationalen Arbeitsteilung" abgelöst. Die Bezeichnung „globale Arbeitsteilung" bezieht sich auf die Vollendung dieser Prozesse hin zu globalen Produktionsnetzen, in denen der unternehmensinterne Handel eine immer größere Rolle spielt.

Die sich allmählich herausbildende neoliberale Rationalität des Regierens hat sich immer wieder flexibel an die sich ändernden politischen Stimmungslagen angepasst. Nach Experimenten im Globalen Süden (vor allem Chile) wurde sie von Margaret Thatcher und Ronald Reagan im Gewande eines radikalen Konservatismus in den 1980er-

Jahren im industrialisierten Norden politisch „geerdet". Aufgrund der Rückbesinnung auf liberale Werte und wegen des unerschütterlichen Glaubens an die segensreichen Kräfte des freien Marktes sprechen Peck und Tickell (2002, 388–389) von Roll-back-Neoliberalismus. Die Arbeitsmärkte waren von den Privatisierungs- und Deregulierungsmaßnahmen in besonderem Maße betroffen. In vielen Ländern wurden Arbeitsmärkte flexibilisiert, Sozialversicherungsnetze grobmaschiger und Gewerkschaften marginalisiert.

Roll-back-Neoliberalismus

Neoliberalismus

Als Denkschule entstand der Neoliberalismus unter dem Eindruck der katastrophalen Folgen totalitärer Systeme (Faschismus, Stalinismus) nach dem Zweiten Weltkrieg. Dementsprechend steht die Freiheit des Individuums vor staatlicher Bevormundung im Mittelpunkt – eine Freiheit, die vor allem vom Wirken der Marktmechanismen und von privatwirtschaftlicher Initiative getragen wird. Als politisches Programm wurde der Neoliberalismus im Globalen Norden zunächst beim Rückbau wohlfahrtsstaatlicher Institutionen umgesetzt (Roll-back-Neoliberalismus) und dann im Sinne einer selektiven Mobilisierung wieder auf große Teile der Gesellschaft ausgedehnt (Roll-out-Neoliberalismus). Dogmatische Deregulierung wird dabei durch marktorientierte Reregulierung ersetzt, Strukturanpassung durch Good Governance und Privatisierung durch Public Private Partnership. Diese Entwicklungen sind auch als Antwort auf die Neoliberalismuskritik zu verstehen und erschweren diese vor allem dann, wenn sie einseitig als Kapitalismuskritik formuliert wird.

Im Zuge der 1990er-Jahre änderte der Neoliberalismus in den USA und in Großbritannien mit der stärker sozialliberalen Programmatik der Regierungen unter Clinton und Blair sein Gesicht. In Deutschland werden die Reformen der zweiten Regierung unter Schröder ähnlich eingeordnet (Berndt 2008). Diese jüngste Phase des Neoliberalismus wird von Peck und Tickell als Roll-out bezeichnet, weil diejenigen Bevölkerungsgruppen, die in der Roll-back-Phase marginalisiert und enteignet wurden, auf subtile Weise wieder eingebunden werden. Dies ist mit einer Form der Führung verbunden, die das Individuum anspricht und als eigenverantwortliches Subjekt aktiviert. Inspiriert von den Arbeiten Michel Foucaults wird dies als ein spezifisches Zusammenspiel von Fremd- und Selbstführung interpretiert (siehe dazu auch den Beitrag zu Regieren und Planen).

Roll-out-Neoliberalismus

    Zusammenfassend kann der Übergang in eine neoliberale Wirtschaftsordnung auf dem Arbeitsmarkt durch folgende Prozesse charakterisiert werden:

- Entgrenzung: Der Bedeutungsgewinn flexibler Beschäftigungsformen trägt dazu bei, dass über Jahrzehnte gewohnte und daher kulturell normalisierte „Grenzen" und soziale Verortungen in Bewegung geraten sind. Das betrifft die Trennung zwischen Arbeitszeit und Freizeit, Arbeitsplatz und Privatsphäre ebenso wie die lange gewohnte Verortung in festen Jobprofilen und Unternehmenshierarchien (Gottschall/Voß 2003).
- Prekarisierung: Für die Erosion des Normalarbeitsverhältnisses und den Anstieg „atypischer" unsicherer Beschäftigungsverhältnisse (u. a. befristete Arbeit, Zeitarbeit, Teilzeitarbeit) hat sich in der wissenschaftlichen Literatur der Begriff Prekarisierung durchgesetzt (siehe Kompaktinformation zu prekärem Arbeitsverhältnis). Kritische Autorinnen und Autoren verweisen darauf, dass viele Arbeitnehmerinnen und Arbeitnehmer in einer zum allgemeinen Dauerzustand gewordenen Unsicherheit leben und dadurch ausbeuterische Arbeitsbedingungen hinnehmen müssen (Bourdieu 1998, 81ff.).
- Informalisierung: Lange Zeit galten informelle Beschäftigungsverhältnisse als typisches Kennzeichen der Ökonomien in den sogenannten Entwicklungsländern. Ungeachtet der problematischen Begrifflichkeit ist Informalisierung auch in der industrialisierten Welt wieder zu einem wichtigen Thema geworden. Dabei lassen sich zwei Formen der Abweichungen von der formal-rechtlichen Norm unterscheiden. Einerseits führt das Fehlen eines Aufenthaltstitels zu informellen Beschäftigungsverhältnissen. Die meisten Betroffenen, sogenannte Sans-Papiers, üben Tätigkeiten aus, die von der Bevölkerung in den industrialisierten Ländern nicht mehr abgedeckt werden (z. B. Reinigung, Gastronomie, Landwirtschaft). Andererseits handelt es sich um Arbeiten, die außerhalb der arbeitsgesetzlichen Rahmenbedingungen ausgehandelt und ausgeführt werden (z. B. Schwarzarbeit). Eine zunehmend wichtige Rolle spielen in beiden Beschäftigtensegmenten private Haushalte als Arbeitgeber. Lohnbeschäftigung im Haushalt gilt als eines der am stärksten wachsenden Arbeitsfelder in Europa.

Ausweitung der Niedriglohnarbeit

Am unteren Ende des Arbeitsmarktes ist in diesem Zusammenhang eine Ausweitung der sogenannten Niedriglohnarbeit zu beobachten. Ein Niedriglohn liegt dann vor, wenn festgelegte Einkommensschwellen unterschritten werden. Daten der OECD zeigen, dass der Anteil der Niedriglohnbeschäftigten (Schwelle: zwei drittel des Medianeinkommens) an allen Arbeitnehmerinnen und Arbeitnehmern in den meisten Industrieländern zunimmt bzw. auf hohem Niveau verharrt. In Deutschland stieg der betreffende Wert zum Beispiel zwischen 1998 und 2008 von 16,5 auf 21,5 Prozent (OECD 2010, 295). In der Regel sind Frauen überproportional von Niedriglohnarbeit betroffen.

Prekäres Arbeitsverhältnis

Ein prekäres Arbeitsverhältnis zeichnet sich dadurch aus, dass es nicht durch institutionalisierte Standards und Absicherungen bestimmt ist und vom früheren normativen Leitbild gesellschaftlich geschützter Existenz durch Vollbeschäftigung abweicht. In der Regel wird mit Prekarität etwas Negatives assoziiert, das heißt zunehmende Unsicherheit und eine Verschlechterung gegenüber der Vergangenheit. Als prekär werden Arbeitsverhältnisse wie zum Beispiel Teilzeitarbeit, Temporär-/Zeitarbeit, Scheinselbstständigkeit usw. bezeichnet.

16.4 Ungleichheiten und Diversität: Fragmentierte Arbeitswelt

Arbeit in der Wissensökonomie 2: Kreativwirtschaft

Ich habe Fremdsprachensekretärin gelernt und bin nach meiner Ausbildung zu Saatchi & Saatchi gegangen als Teamassistentin in der Kundenberatung, war dort zwei Jahre [...] und dann hat sich die Gelegenheit ergeben eben hier zu K. zu gehen [...] und jetzt bin ich seit – im August seit 15 Jahren hier [...]. Art Buying ist eine Serviceabteilung der Kreation und wir kümmern uns eigentlich um alle Fremdleistungen im kreativen Bereich, die hier im Hause nicht geleistet werden können

[...]. Wir beraten die Kreativen mal mehr mal weniger [...] besorgen das Bildmaterial, kümmern uns dann um die Klärung der Copyrights, auch für andere Rechte die es gibt, für Autorenrechte, Musikrechte [...]. Es ist ein sehr teamorientiertes Arbeiten im ganzen Haus, sehr respektvoll, man hat immer noch das Gefühl als Person und Mensch wahrgenommen zu werden [...] und es macht einfach Spaß so die Zusammenarbeit [...]. Eigentlich hatten wir als ich angefangen hab hier auch eine relativ flache Hierarchie. [...] Der Druck wird größer, [...] der Druck Gewinn zu machen, natürlich klar um Gottes Willen, ich mein danach streben wir ja alle, [...] natürlich müssen wir betriebswirtschaftlich gut arbeiten und versuchen dabei, so kreativ wie möglich zu sein.
(Quelle: aus einem Interview mit einer Art Buyerin einer Werbeagentur, Frankfurt 23.04.08; Interviewer: Jonas Ried; vgl. Ried 2009).

Frage der sozialen Ungleichheit

Mit dem Übergang vom fordistischen zu einem neoliberalen Gesellschaftsmodell wird auch die Frage der sozialen Differenz und Ungleichheit neu verhandelt. In ihrer traditionellen Definition liegt soziale Ungleichheit im weiteren Sinne, das heißt strukturelle Ungleichheit, überall dort vor, „wo die Möglichkeiten des Zuganges zu allgemein verfügbaren und erstrebenswerten sozialen Gütern und/oder sozialen Positionen, die mit ungleichen Macht- und/oder Interaktionsmöglichkeiten ausgestattet sind, dauerhafte Einschränkungen erfahren und dadurch die Lebenschancen der betroffenen Individuen, Gruppen oder Gesellschaften beeinträchtigt bzw. begünstigt werden" (Kreckel 2004, 17).

Es besteht in weiten Teilen der Sozialwissenschaften Einigkeit darüber, dass in der gegenwärtigen Epoche eine Zunahme sozialer Ungleichheit in Form von Einkommensungleichheit zu beobachten ist. Während in den industrialisierten Ländern nach 1945 eine kontinuierliche Verringerung zu beobachten war, wächst der Abstand zwischen den reichsten und ärmsten 10 Prozent der jeweiligen Bevölkerung etwa seit 1980 (OECD 2008; OECD 2011). Solche Analysen eröffnen eine wichtige Perspektive auf die gesellschaftlichen Verwerfungen, die mit einer neoliberalen Globalisierung einhergehen. Die Daten basieren allerdings auf traditionellen Vorstellungen einer vertikalen Schichtung von Gesellschaften (Ober-, Mittel-, Unterschicht; verschiedene Klassenbegriffe). Im Zuge der Veränderungen der letzten Jahrzehnte (vgl. Individualisierung, Pluralisierung) sind solche vertikalen Großkategorien aber zunehmend in die Kritik geraten. In den Blick rücken verstärkt Ungleichheiten, die quer zu den alten Schichten verlaufen. Zu solchen „horizontalen" Dimensionen von Ungleichheit zählen zum Beispiel Alter, Geschlecht, Ethnizität oder Nationalität.

Schichtung von Gesellschaften

Es wurde bereits darauf hingewiesen, dass im fordistischen Wohlfahrtsstaat die „soziale Frage" überwiegend aus der Perspektive der Verteilungsgerechtigkeit gestellt wurde, das heißt im Sinne einer möglichst gerechten Verteilung von Einkommen und Arbeitsplätzen. Eingelassen war dies in einen territorial-nationalen Staat, der Verteilungsgerechtigkeit zu einem rein planerisch-technischen Problem machte und in dem Expertinnen und Experten mit technokratischem Elan an einer besseren Welt arbeiteten (Fraser 2009). Aus Sicht der arbeitenden Bevölkerung konnte der fordistische Wohlfahrtsstaat damit eine der beiden großen Schwachstellen des Kapitalismus zumindest teilweise beheben: die Tendenz zu sozioökonomischer Ungleichheit und zur Zerstörung gewachsener sozialer Beziehungen (auf diese Tendenz bezieht sich, laut Boltanski/Chiapello 2006, die „Sozialkritik"). Für die Behebung dieser Schwachstelle musste jedoch ein Preis bezahlt werden, wurde doch eine andere Schwachstelle noch verschärft: Die Neigung, alles Individuelle, Einzigartige, Abweichende und Authentische zu entfremden, normalisieren, standardisieren und zu disziplinieren (darauf bezieht sich die sogenannte „Künstlerkritik"). Dieser Aspekt bildete die Grundlage für die emanzipatorischen, kapitalismuskritischen Bewegungen der 1960er- und 1970er-Jahre. Es ist jedoch eine wichtige Eigenschaft des Kapitalismus, dass er sich im Spiegel der Kritik immer wieder neu erfindet und sich dabei seine Schwächen selbst zunutze macht. Im neuen neoliberalen Modell werden Forderungen der Künstlerkritik aufgegriffen und Werte wie Individualität, Flexibilität, Anerkennung und Autonomie betont. Fragen der Verteilungsgerechtigkeit werden demgegenüber kleiner geschrieben. Die Wiederbelebung der Sozialkritik – gerade im Gefolge der aktuellen Finanz- und Wirtschaftskrise – kann ihrerseits als Reaktion auf diese Verschiebung verstanden werden.

Diese Verschiebung lässt sich bis auf die Ebene der Arbeitsbeziehungen und den Arbeitsalltag der Beschäftigten nachzeichnen. Flexibilisierung und Entgrenzung der Arbeit und damit einhergehende Unsicherheiten sind mit einer veränderten Form der Produktions- und Unternehmensorganisation verbunden, die in wissenschaftlichen Texten als Übergang von Hierarchie zu Heterarchie beschrieben wird. Heterarchien werden als dezentrale Organisationsstrukturen definiert, in denen einzelne Elemente weder in einem eindeutigen Über- und Unterordnungsverhältnis zueinander stehen (wie das in Hierarchien der Fall ist), noch die atomistische (Un-)Ordnung von Märkten vorliegt. Eine Heterarchie ist demnach eine Organisationsstruktur, in der jedes Element grundsätzlich gleichberechtigt neben allen anderen steht und die Spielräume für Selbststeuerung und Selbstbestimmung bietet (Hedlund 1986; Stark 2009, 31). Das heißt nicht, dass klassische hierarchische Organisationsstrukturen obsolet wären. Im Unternehmenskontext befinden sich alle Beteiligten auf einer ständigen Gratwanderung zwischen dem markt- und kundengetriebenen Primat von Flexibilität und Kreativität auf der einen Seite und der Not-

Verteilungsgerechtigkeit

Übergang von Hierarchie zu Heterarchie

wendigkeit, Produkte und Prozesse standardisieren zu müssen, auf der anderen Seite. Entscheidend ist aus Sicht der Unternehmensverantwortlichen daher, Arbeitsabläufe und Arbeitsumgebungen so zu organisieren, dass beide Anforderungen – Stabilität und Flexibilität – so gut wie möglich erfüllt werden können.

Vor diesem Hintergrund rücken seit einiger Zeit Handlungsprogramme und Managementtechnologien in den Vordergrund, die ökonomisches Wissen in konkrete Unternehmens- und Arbeitsrealitäten überführen. Mit Blick auf die Arbeitsbeziehungen spielen neue Instrumente und Technologien zum besseren Management des sogenannten Humankapitals eine solche Rolle (Human Resource Management, HRM) (vgl. Maeder/Nadai 2007; Vormbusch 2009). Auch hier lässt sich etwa seit Beginn der 1980er-Jahre eine Verschiebung feststellen. Eine rein tayloristische Optimierung der Arbeitsabläufe wird abgelehnt und stattdessen ein Ansatz verfolgt, der darauf abzielt, dass sich die Arbeitskräfte mit ihren Unternehmen und Arbeitsaufgaben identifizieren. Dabei wird die Grenze zwischen Arbeitsalltag und Privatsphäre bewusst überschritten. Die verschiedenen Bewertungsinstrumente des HRM legen die Leistungen und Fähigkeiten einer Arbeitskraft im Vergleich zu allen anderen Beschäftigten offen und machen es somit noch einfacher, diesen eine gewünschte Form zu geben. Auf diese Weise werden die Beschäftigten zu Selbstevaluierung und Selbstreflexion angehalten und ständig daran erinnert, an sich zu arbeiten und sich zu verbessern.

Ein wichtiger Unterschied zu früheren Managementkonzepten besteht im Umgang mit sozialer Differenz. Das Ziel ist nicht länger, die Arbeits- und Produktionsschritte so zu optimieren, dass individuelle Unterschiede (z. B. Geschlecht, Alter) im Produktionsprozess unwichtig werden und eine homogene Belegschaft entsteht. Vielmehr ist Diversität selbst zu einer Ressource geworden, die „organisiert" werden muss und die im Produktionsprozess Gewinn bringend genutzt wird. Das hat vor allem mit den geänderten Wettbewerbsbedingungen zu tun. In den volatilen Marktumgebungen der heutigen globalen Wirtschaft genügt es nicht länger, lediglich auf Stabilisierung durch Standardisierung zu setzen. Die organisatorische Herausforderung ist es vielmehr, Dissonanzen, Brüche und Unterschiede zu ermöglichen und von diesen Spannungen zu profitieren (Stark 2009, 10).

HRM kann als ein Instrument interpretiert werden, das helfen soll, jene Spannungen produktiv zu nutzen, die sich aus unterschiedlichen Interessen und Werthaltungen in Organisationen ergeben. Das kann sich auf Dissonanzen zwischen der Arbeit „kreativer" Köpfe, ausführender Industriearbeit und „gering qualifizierter" Dienstleistungsarbeit beziehen, wie sie in vielen Unternehmen zu beobachten sind; es kann aber auch Konstellationen betreffen, in denen „ehrliche Handarbeit" neben industrielle Massenproduktion tritt. Beide Fälle sind zusätzlich entlang von Differenzdimensionen, wie Geschlecht, Alter,

Human Resource Management (HRM)

Diversität als Ressource

Ethnizität und Klasse, stratifiziert. Die Art und Weise, in der diese Unterschiede (re-)produziert und übersetzt werden, unterscheidet sich deutlich von der Vergangenheit, da das Fehlen klar sichtbarer hierarchischer Strukturen subtilere Ordnungsprozesse mit sich bringt, die allerdings nicht weniger wirkmächtig sind.

Ein weiterer Unterschied zu früheren Managementkonzepten besteht in der Ausrichtung auf die Beschäftigten. Den Beschäftigten bietet der neue Managementdiskurs des HRM nämlich ein verführerisches Skript an: Wer würde nicht gerne selbstverantwortlich und autonom arbeiten, umso mehr, wenn er oder sie in prekären oder niedrig entlohnten Verhältnissen angestellt ist? Der flexible und selbstverantwortliche Beschäftigte wird durch einen Diskurs angesprochen, der auf einem atomisierten und individualisierten Humankapitalbegriff gründet und der mit einer „totalen Mobilmachung' der Fähigkeiten und Anlagen, einschließlich der Gefühle und Emotionen" einhergeht (Combes und Aspe zitiert in Gorz 2004, 23). Qualitativen Attributen einzelner Arbeitsschritte kommt hier eine wichtige Bedeutung zu: Arbeiten werden geschlechterspezifisch oder ethnisch aufgeladen und als körperliche Marker den jeweiligen Beschäftigten zugeschrieben.

Ausrichtung auf Beschäftigte

> ## Wissensökonomie
>
> Die Bezeichnung Wissensökonomie bezieht sich auf die These, dass traditionelle Produktionsfaktoren – körperliche Arbeit, Boden, Kapital – zunehmend an Bedeutung verlieren und stattdessen das Wissen immer mehr über die Wettbewerbsfähigkeit und die Innovationskraft einer Gesellschaft entscheidet. Dabei gibt es unterschiedliche Meinungen dazu, was genau unter Wissen zu verstehen ist. In der Regel werden personengebundene, nicht kodifizierte Formen des Wissens betont, zunehmend wird auch kollektiv geteiltes Wissen (*communities of practice*) berücksichtigt.

Geographie spielt bei diesen Prozessen eine wichtige Rolle und zwar über die wenig originelle Erkenntnis hinaus, dass Arbeit immer an bestimmte Orte gebunden ist oder dass die hier beschriebenen Prozesse ihre Wirkung regional sehr unterschiedlich entfalten. Interessant ist vor allem die Frage, wie die Kommodifizierung von Verschiedenheit mit der Neuaushandlung räumlicher (Im-)mobilitäten verknüpft ist und mit der Herstellung sowie Inwertsetzung von Mobilitätsunterschieden einhergeht. Mobilität spielt dabei eine ambivalente Rolle, die in der gegenwärtigen Phase eine besondere Qualität erreicht hat: Einerseits kann das kapitalistische Wirtschaftssystem ohne Zirkulation, Bewegung und Austausch von Waren, Menschen und Ideen nicht überleben, andererseits sind gerade diese Mobilitäten eine ständige Quelle der Irritation und bedrohen die langfristige

Mobilität

Reproduktion des Systems (vgl. Harvey 1981; Boltanski/Chiapello 2006, 397ff.; vgl. auch Massey 1996). Darüber hinaus besteht auch eine Interdependenz zwischen relativ mobilen und relativ immobilen Akteuren. Als Beispiel sind kreative Handwerker zu nennen, lokale Tonstudios, Expertinnen für Audio-Branding und Audio-Identitäten, Web Designer usw., die von den großen Werbe- und Kommunikationsagenturen in Projekte eingebunden werden. Aber dazu gehören auch „einfachere" und weniger sichtbare Aktivitäten. Die gegenwärtige Wissensökonomie ist ohne Niedriglohndienstleistungen, wie etwa Reinigungs-, Catering-, Sicherheits- oder Betreuungsarbeit, nicht denkbar – ein wichtiger Aspekt der aktuellen Ökonomie, der seitens der Politik noch immer weitgehend ausgeblendet bleibt.

16.5 Ausblick

Die Ausführungen haben gezeigt, in welcher Weise sich Arbeitswirklichkeiten und Arbeitsbeziehungen in Deutschland und anderen Ländern des Globalen Nordens seit Beginn der Industrialisierung verändert haben. Sie beschränken sich aus Platzgründen auf den Teil der Welt, der von manchen Beobachtern auch heute noch als „industrialisiert" bezeichnet und unausgesprochen von einer „nicht-industrialisierten" Welt unterschieden wird. Nach über 40 Jahren beschleunigter Offshoring-Aktivität, fortwährender Umstrukturierung von Wertschöpfungsketten (*supply chains*) und der Entstehung ausgedehnter Produktionsnetze mutet dieser einseitige Fokus anachronistisch an. Industriearbeit findet heute vor allem in Ländern wie China oder Mexiko statt, auch komplexere Dienstleistungstätigkeiten werden zunehmend im Globalen Süden erbracht. Die Handelsströme beginnen sich darüber hinaus teilweise umzukehren. China und Brasilien umgehen den Norden und engagieren sich in großem Stil in afrikanischen Ländern. Und auf der Rückseite dieser Veränderungen entstehen neue Muster der Arbeitsmigration. Immer mehr Frauen aus armen Ländern suchen in Haushalten reicherer Nationen Arbeit, und das nicht nur im Globalen Norden. Migrantinnen aus Nigeria und Kamerun folgen zum Beispiel den neuen Handelsrouten und lassen sich temporär in chinesischen Wirtschaftsmetropolen nieder, chinesische Händler dringen ihrerseits mit ihren kleinen Läden in entlegene Gegenden afrikanischer Länder vor. Und gut ausgebildete portugiesische und spanische Arbeitskräfte fliehen vor der Wirtschaftskrise in die boomenden Zentren ehemaliger Kolonien, nach Luanda, São Paulo oder auch nach Mexiko-Stadt oder Buenos Aires – mobile Arbeit in einer bewegten Welt, in der die Umbrüche im Globalen Norden nicht ohne die Veränderungen im Globalen Süden verstanden werden können.

Arbeitsimigration

Literatur

Beck, U. (Hg.) (2000a): Die Zukunft von Arbeit und Demokratie. Frankfurt a. M.: Suhrkamp.

Beck, U. (2000b): Wohin führt der Weg, der mit dem Ende der Vollbeschäftigungsgesellschaft beginnt? In: Beck, U. (Hg.): Die Zukunft von Arbeit und Demokratie. Frankfurt a. M.: Suhrkamp, 7–66.

Berndt, C. (2008): Methodologischer Nationalismus und territorialer Kapitalismus: Mobile Arbeit und die Herausforderungen für das deutsche System der Arbeitsbeziehungen. Geographische Zeitschrift, 96 (1+2), 41–61.

Blatter, S. (1972): Schaltfehler. Frankfurt a. M.: Suhrkamp.

Boltanski, L.; Chiapello, È. (2006): Der neue Geist des Kapitalismus. Konstanz: UVK Verlagsgesellschaft.

Bourdieu, P. (1998): Acts of resistance: Against the Tyranny of the Market. New York: The New Press.

Fraser, N. (2009): Feminism, capitalism and the cunning of history. New Left Review 56 (March/April), 97–117.

Gorz, A. (1999): Arbeit zwischen Misere und Utopie. Frankfurt a. M.: Suhrkamp.

Gorz, A. (2004): Wissen, Wert und Kapital: Zur Kritik der Wissensökonomie. Zürich: Rotpunktverlag.

Gottschall, K.; Voß, G. G. (2003): Entgrenzung von Arbeit und Leben. Zur Einleitung. In: Gottschall, K.; Voß, G. G. (Hg.): Entgrenzung von Arbeit und Leben: Zum Wandel der Beziehung von Erwerbstätigkeit und Privatsphäre im Alltag. München: Hampp, 11–33.

Harvey, D. (1981): The spatial fix: Hegel, von Thünen and Marx. Antipode 13, 1–12.

Haug, F. (2004): Gender. Karriere eines Begriffs und was dahinter steckt. In: Hertzfeldt, H.; Schäfgen, K.; Veth, S. (Hg.): Geschlechter Verhältnisse. Analysen aus Wissenschaft, Politik und Praxis. Berlin: Karl Dietz, 15–32.

Hedlund, G. (1986): The hypermodern MNC – a heterarchy? Human Resource Management 25 (1), 9–35.

Kocka, J. (2000): Arbeit früher, heute, morgen. Zur Neuartigkeit der Gegenwart. In: Kocka, J.; Offe, C. (Hg.): Geschichte und Zukunft der Arbeit. Frankfurt a. M.: Campus, 476–492.

Kreckel, R. (2004): Politische Soziologie der sozialen Ungleichheit. Frankfurt/New York: Campus.

Kühl, S. (2008): Wirtschaft und Gesellschaft: neomarxistische Theorieansätze. In: Maurer, A. (Hg.): Handbuch der Wirtschaftssoziologie. Wiesbaden: VS Verlag für Sozialwissenschaften, 124–151.

Maeder, C.; Nadai, E. (2007): Sonderfall und Sonderwissen. Die Durchsetzung US-amerikanischer Managementmodelle in der Schweizer Arbeitswelt. In: Eberle, T. S.; Imhof, K. (Hg.): Sonderfall Schweiz. Zürich: Seismo, 251–262.

Massey, D. (1996): Space/power, identity/difference: Tensions in the city. In: Merrifield, A.; Swyngedouw, E. (Hg.): The Urbanization of Injustice. New York: New York University Press, 100–116.

OECD (2008): Growing unequal? Income Distribution and Poverty in OECD Countries. Paris: OECD.

OECD (2010): Employment Outlook 2010. Paris: OECD.

OECD (2011): Divided We Stand: Why Inequality Keeps Rising. Paris: OECD.

Offe, C. (2000): Anmerkungen zur Gegenwart der Arbeit. In: Kocka, J.; Offe, C. (Hg.): Geschichte und Zukunft der Arbeit. Frankfurt a. M.: Campus, 493–501.

Peck, J.; Tickell, A. (2002): Neoliberalizing space. Antipode 34 (3), 380–404.

Ried, J. (2009): Creative Industries in Frankfurt: Arbeitsorganisation am Beispiel einer Werbeagentur. Diplomarbeit am Institut für Humangeographie, Goethe-Universität Frankfurt.

Stark, D. (2009): The Sense of Dissonance: Accounts of Worth in Economic Life. Princeton: Princeton University Press.

Vormbusch, U. (2009): Talking Numbers – Governing Immaterial Labour. Economic Sociology: Electronic Newsletter 10 (1), 8–11.

17.1 Einleitung: Das Beispiel BIONADE

„Aus dem Nichts war das Getränk aus der Provinz aufgestiegen zum Symbol für urbanen Lebensstil: ein Produkt, das Ethik und Luxus, Kommerz und Moral vereint" (Weiguny 2011). Mit diesen Worten wird die Erfolgsstory des Lifestyle-Getränks BIONADE beschrieben. Es ist zugleich auch die Geschichte eines Konsumstils. Sie beginnt 1995 in Ostheim vor der Rhön: Eine kleine Familienbrauerei steht kurz vor der Insolvenz, als der Braumeister ein Verfahren zur nicht-alkoholischen Fermentation erfindet (Lauer 2006) und eine Limonade mit Rohstoffen aus kontrolliert biologischem Anbau herstellt. Nachdem sie zunächst nur mäßigen Absatz in Kurkliniken und Fitnessclubs findet, erhält ein Hamburger Getränkehändler 1998 eine fehlgeleitete Lieferung der Biolimonade und nimmt sie ins Sortiment auf. So gelangt das Getränk in die „Gloria Bar" im Hamburger Schanzenviertel, deren Inhaber sich erinnert: „Endlich gab es ein Getränk, das sich von den klassischen Softdrinks abgehoben hat und noch dazu von einem kleinen, unabhängigen Hersteller stammte – das kam beim Publikum sehr gut an" (Bionade 2008).

Wenig später gelang der Durchbruch, zunächst in Bioläden, dann auch im konventionellen Handel und in den Zügen der Deutschen Bahn. Die Zahl der verkauften Flaschen verhundertfachte sich von zwei Millionen im Jahr 2003 auf 200 Millionen im Jahr 2007. Das Produkt passte zum Zeitgeist des sogenannten LOHAS (*Lifestyle of Health and Sustainability*) und wurde vom Feuilleton auch zum Sinnbild für diesen Konsumtypus erklärt. Der Hersteller selbst warb mit dem Slogan „Das offizielle Getränk einer besseren Welt" (siehe Abbildung 17.1). Dann gingen die Absatzzahlen jedoch rapide zurück. Der Ausstoß lag 2011 nur noch bei 60 Millionen Flaschen (Weiguny 2011).

Ein Grund für diesen Umsatzeinbruch war – neben der Preispolitik und dem Konkurrenzdruck – auch ein Imagewandel: Nachdem die Mehrheitsanteile 2009 an die Radeberger-Gruppe unter dem Dach des Oetker-Konzerns verkauft wurden, konnte die Geschichte vom kleinen Familienunternehmen mit Bio-Idealen nicht mehr überzeugen. Hinzu kamen kritische Stimmen, die am Nutzen des Produkts im Rahmen einer gesunden Ernährung zweifelten oder die biologische Produktion infrage stellten: So wurde der Zuckergehalt bemängelt und die Organisation Foodwatch kritisierte 2008 die Verwendung des Biosiegels, da gar nicht genügend Bio-Litschis auf dem Markt seien.

Abb. 17.1
Bionade-Werbeplakat:
„Das offizielle Getränk
einer besseren Welt.“
(Quelle: Bionade Presse-
und Öffentlichkeitsar-
beit 2013)

Das Beispiel zeigt, wie Konsumpraktiken mit Produktions- und Vermarktungsstrategien verknüpft sind. Innovationen bei Konsumgütern lassen sich einerseits als Reaktion auf gesellschaftliche Trends verstehen; andererseits begründen neue Produkte die Herausbildung neuer Konsumstile und Lebensgefühle. Außerdem ist eine Moralisierung des Konsums zu beobachten – alltägliche Praktiken des Konsumierens werden mit Produktionszusammenhängen in Verbindung gebracht. Aus geographischer Sicht interessieren zudem die Verbindungen von Konsumpraktiken mit Orten und Räumen. Bei der Bionade-Story spielt beispielsweise das Hamburger Schanzenviertel als Keimzelle der Nachfrage eine Rolle und der Prenzlauer Berg in Berlin wird zum paradigmatischen Quartier der Bionade-Konsumkultur deklariert. Die Konsumenten lassen Überlegungen über einen lokalen Familienbetrieb sowie über den Ökolandbau in der Rhön bzw. über

Perspektive geographischer Konsumforschung

Litschi-Plantagen in Südafrika in ihre Kaufentscheidungen einfließen. Geographische Konsumforschung setzt hier an und fragt, wie wir beim Konsumieren die Welt auf uns beziehen.

17.2 Konsumgesellschaft und Konsumkritik

Der Beginn der Massenkonsumgesellschaft wird in den USA in der Zwischenkriegszeit der 1920er-Jahre gesehen, in Deutschland in der Nachkriegszeit der 1950er- und 1960er-Jahre (König 2008, 31ff.). Als Folge von Industrialisierung und Rationalisierung konnten in dieser Zeit Konsumgüter in Serie gefertigt werden, sodass nach und nach Produkte wie Kühlschränke, Pkw oder Fernseher von einem Großteil der Bevölkerung erworben werden konnten.

Die Etablierung einer Konsumgesellschaft hat zudem eine Verschiebung des Selbstverständnisses moderner Gesellschaften mit sich gebracht. Stand vorher die Pflichterfüllung durch Arbeit im Zentrum, wurden aufgrund von wachsendem Wohlstand und einer Reduzierung der täglichen Arbeitszeit zunehmend die Freizeitgestaltung sowie Ausgaben für Konsumgüter und Statussymbole zum Lebensinhalt. Der Übergang von der Produktions- und Arbeitsgesellschaft zur hedonistisch geprägten Freizeit-, Erlebnis- und Konsumgesellschaft ist somit auch eine Umkehr des Verständnisses von Produktion und Reproduktion: Gilt in der Produktionsgesellschaft der Erwerb von „Lebensmitteln" – im weiteren Sinn – als Mittel zur Reproduktion der Arbeitsleistung, so stellt in der Konsumgesellschaft die Arbeit ein notwendiges Mittel zur Reproduktion des identitätsstiftenden Lebensinhalts eines von Konsumpraktiken geprägten Lebensstils dar.

Verschiebung des Selbstverständnisses moderner Gesellschaften

Obwohl Konsumgesellschaft auch die Überwindung einer Mangelgesellschaft bedeutet, ist der Begriff häufig abwertend konnotiert. Es lassen sich drei Hauptformen der Konsumkritik unterscheiden:

Hauptformen der Konsumkritik

- Die wertkonservative Kritik setzt bereits in der Nachkriegszeit der 1950er-Jahre ein. Ein wichtiges Motiv ist die moralische Verurteilung des übermäßigen Konsums und der mit der Konsumentenrolle einhergehenden Individualisierung der Gesellschaft. Die Konsumgesellschaft wird dabei als eine Gefährdung des (Staats-)Bürgertums angesehen. Wenn sich Subjekte als Konsumentinnen und Konsumenten definieren, so die Befürchtung, wird der Bürgersinn als Verantwortung der Einzelnen für die Gemeinschaft mehr und mehr vom Prinzip der individuellen Nutzenmaximierung abgelöst.
- Das psychologische Moment dieser konservativen Kritik verbindet sie mit der linken Konsumkritik, die zugleich eine Herrschaftskritik darstellt und in der Tradition des Marxismus und der Kritischen Theorie das kapitalistische System infrage stellt. Sie gewann im Zuge der „Studentenbewegung" der späten 1960er- und frühen 1970er-Jahre stark an Bedeutung. Zentrale Denkfigur ist dabei die Entfremdung: Die konsumierenden Subjekte, so diese Kritik, wür-

den von den mit großem Machtpotenzial ausgestatteten Unternehmen manipuliert. Die Herrschaft des Kapitals generiere Konsumwünsche und -bedürfnisse, um die Bevölkerung gleichsam zu betäuben und die bestehende Gesellschaftsform aufrechtzuerhalten.

- Die dritte und jüngste Form der Konsumkritik geht aus der ökologischen Bewegung der 1980er-Jahre hervor und greift Motive sowohl der konservativen als auch der linken Perspektive auf. Im Vordergrund stehen dabei jedoch die Begrenzung der natürlichen Ressourcen und die Gefährdung der Umwelt durch den wachsenden Massenkonsum. Konsumentinnen und Konsumenten wird die Verantwortung für die Folgen und Bedingungen der wirtschaftlichen Aktivitäten zugeschrieben, die mit dem Verbrauch von Konsumgütern verbunden sind. Dementsprechend werden neue Konsummuster im Sinn einer global nachhaltigen Entwicklung gefordert.

Alle drei Formen der Kritik (Kritik am egoistischen Hedonismus auf Kosten eines kollektiven Bürgersinns, an der Manipulation der Massen sowie an der Verschwendung von Ressourcen) haben nicht an Aktualität verloren. Die heutige Konsumgesellschaft unterscheidet sich jedoch von jener der Nachkriegszeit. Die Nachfrage nach bewährten Produkten wurde sukzessive durch schnell wechselnde Konsumpräferenzen und Modeerscheinungen abgelöst, wodurch Produkte mit kürzerer Lebensdauer zum Normalfall wurden. Differenzierte Güter- und Nischenmärkte mit einer hohen Diversität und Individualität von Produkten ersetzten homogene Massenmärkte mit standardisierten Produkten. Neben der Funktionalität und dem Preis von Konsumgütern erhielten Ästhetik sowie mit Konsumgütern verbundene Bilder und Erzählungen ein immer größeres Gewicht (Coe et al. 2007, 288).

Konsumpräferenzen und Modeerscheinungen

Zugleich hat sich die klassische Trennung von Produktionswelten (Arbeit in der Fabrik) und Konsumwelten (Versorgung im Familienhaushalt) aufgelöst – in organisatorischer wie in räumlicher Hinsicht. In neuen, flexiblen Organisationsprinzipien sind Tätigkeiten des Produzierens und Konsumierens immer schwerer auseinanderzuhalten. Durch Informations- und Kommunikationstechnologien werden Konsumenten in die Produktionsabläufe – vom Produktdesign bis hin zum Marketing – integriert. Der Zukunftsforscher Toffler verwendet deshalb schon 1980 den Begriff *prosumer*: „Producer and consumer, divorced by the industrial revolution, are reunited in the cycle of wealth creation, with the customer contributing not just the money but market and design information vital for the production process. Buyer and supplier share data, information, and knowledge. Someday, customers may also push buttons that activate remote production processes" (Toffler 1980, 239).

17.3 Subjekte des Konsums

Konsumieren ist eine Aktivität, die entscheidend die Lebensführung und Identitätsbildung sowie das Selbstwertgefühl und die Anerkennung bestimmt (Hellmann 2010, 235). Dem konsumierenden Menschen wird ein Selbstbewusstsein zugeschrieben, das vor allem in der Freiheit besteht, zwischen Konsumoptionen wählen zu können. Allerdings gehen die Vorstellungen über die Mündigkeit und Souveränität der Konsumentinnen und Konsumenten weit auseinander. Während die neoklassische Wirtschaftstheorie davon ausgeht, dass Subjekte rationale und wohlinformierte Entscheidungen zu ihren Gunsten treffen, wird im betriebswirtschaftlichen Marketing vorausgesetzt, dass sich die Wünsche und die Präferenzen der Konsumentinnen und Konsumenten beeinflussen lassen. In dieser Hinsicht stimmt die Sichtweise des Marketings übrigens mit den konsumkritischen Vorstellungen überein.

Souveränität der Konsumentinnen und Konsumenten

Der amerikanische Ökonom und Soziologe Thorstein Veblen (2007) führt bereits Ende des 19. Jahrhunderts aus, dass Konsum nicht nur der Befriedigung materieller Bedürfnisse dient, sondern auch dem Zurschaustellen dessen, was man sich leisten kann. Durch elitäre Konsum- und Freizeitgewohnheiten werden ökonomische Potenz, Status und Klassenzugehörigkeit demonstriert. In der modernen Konsumgesellschaft haben sich zahlreiche weitere Formen dieses „demonstrativen Konsums" herausgebildet. Die Zugehörigkeit bezieht sich heute weniger auf Klassen wie zu Veblens Zeiten (Bürgertum) als vielmehr auf posttraditionelle Gemeinschaften („Szenen") und Lebensstile (Hitzler et al. 2008). Als Mercedes-Fahrer oder als Trägerin von Converse Chucks zeigt man nicht nur seinen Geschmack, sondern gibt sich als Teil einer bestimmten Lebensstilgruppe zu erkennen (siehe die Kompaktinformation zu Lebensstil).

„demonstrativer Konsum" (Veblen)

> **Lebensstil**
>
> Das Konzept des Lebensstils wurde in der Soziologie entwickelt, um soziale Gruppen nach einem „relativ stabilen, regelmäßig wiederkehrenden Muster der alltäglichen Lebensführung" (Geißler 2002, 126) zu charakterisieren. Ein Lebensstil umfasst ein „,Ensemble' von Wertorientierungen, Einstellungen, Deutungen, Geschmackspräferenzen, Handlungen und Interaktionen, die aufeinander bezogen sind" (ebd.). Konsumpräferenzen und -praktiken kommt dabei eine zentrale Funktion zu. Die für einen Lebensstil spezifischen Praktiken beinhalten in der Regel Distinktion, also Abgrenzung gegenüber anderen Lebensstilen (Bourdieu 1982).

Entsprechende Vergemeinschaftungen und Abgrenzungen sind keineswegs auf Konsumpraktiken kaufkräftiger Gruppen und klassische

Statussymbole beschränkt. Auch Jugendkulturen, Gegenkulturen oder Subkulturen nutzen Konsumpraktiken und die „Sprache des Konsums" (Marken und andere konsumbezogene Symbole) zur Stabilisierung der Identität durch einen gemeinsamen thematischen Bezugspunkt. Die Präferenz für bestimmte Produkte und Marken ist Ausdruck der Selbstverortung auf der Landkarte von Lebensstilen und Moden, die wiederum Rückschlüsse auf Wertvorstellungen zulassen. „Sag mir, was du isst und ich sage dir, wer du bist!" schrieb der französische Schriftsteller Brillat-Savarin schon 1825 in seinem Gastronomie-Buch „Physiologie des Geschmacks" (Brillat-Savarin 2010). Die Abwandlung „Sag mir, was du konsumierst, und ich sage dir, wer du bist!" könnte heute als Motto der Konsumforschung angesehen werden. Aus geographischer Sicht ist auch die Variante „We are *where* we eat" (Bell/Valentine 1997) von besonderer Relevanz. *Wo* etwas gekauft, gegessen – oder allgemeiner: konsumiert – wird, dient ebenso der Selbstvergewisserung und Selbstinszenierung wie das, *was* konsumiert wird und *woher* dies stammt.

Jeder Konsumakt kann auch als ein moralischer Akt angesehen werden. Indem wir etwas kaufen, geben wir Geld aus, welches keiner anderen Verwendung mehr zugeführt werden kann. Damit stellt sich nicht nur die Frage, ob die Entscheidung zu unserem eigenen Vorteil ist, sondern auch, ob der Kauf aus moralisch-ethischer Sicht sinnvoll, nützlich, gerecht/gerechtfertigt ist, oder ob es sich um Verschwendung bzw. um eine aus anderen Gründen verwerfliche Praxis handelt. Dies widerspricht dem Marktmodell der neoklassischen Ökonomie mit seiner Implikation eines auf Nutzenmaximierung ausgerichteten Wirtschaftssubjekts (homo oeconomicus). Die Institution des Marktes basiert, gemäß diesem Modell, auf dem Grundsatz, dass Konsument(inn)en beim Kauf keine Verpflichtungen haben, außer der Maxime zu folgen, ihren eigenen Vorteil zu optimieren. Beim moralischen Konsum (Priddat 2000) übernehmen die Konsument(inn)en hingegen Verantwortung für Bedingungen und Folgen der Produktion. Ein Beispiel dafür ist der Boykott von bestimmten Produkten bzw. Firmen. Daneben gibt es aber zahlreiche weitere Formen des moralischen Konsums durch Konsumverzicht: Zu nennen wäre beispielsweise der Verzicht auf den Konsum von Fleisch aus tierethischen Gründen oder auf Flugreisen aus ökologisch-ethischen Gründen. Andere Formen des moralischen Konsums beinhalten eine Kompensationsleistung für negative Folgen des Konsums, wie dies beim sogenannten CO_2-neutralen Reisen bzw. bei der freiwilligen Emissionskompensation der Fall ist (Gäbler 2010). Die Haltung, mittels Konsum etwas Gutes zu tun und Verantwortung für die Folgen des Konsums zu tragen, ist heute trotz ihrer Widersprüchlichkeit ein fester Bestandteil des Konsumalltags (vgl. Ermann 2006). Auch lässt sich eine Zunahme des Einflusses der von Konsument(inn)en getroffenen Entscheidungen auf Produktionszusammenhänge und Innovationen konstatieren (z. B. Stehr 2007, 11). Nicht zuletzt entstehen somit auch neue „mora-

Selbstverortung auf der Landkarte von Lebensstilen

moralischer Konsum

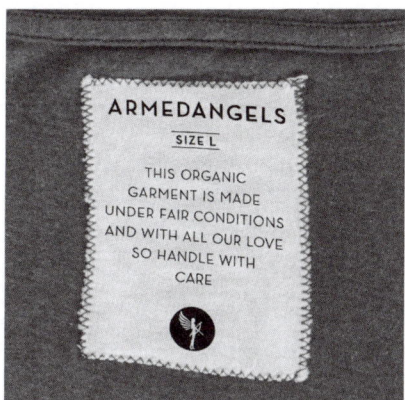

Abb. 17.2
Moralischer Konsum –
moralische Produkt-
kommunikation: Armed
Angels-Label (Aufnäher
auf einem Kleidungs-
stück dieser „ethischen
Marke") (Foto: Armed-
angels)

lische" Produktangebote wie zum Beispiel das 2007 gegründete Kölner Fashion Label Armed Angels (siehe Abbildung 17.2).

Indem den Konsument(inn)en Verantwortung zugeschrieben wird, werden jedoch implizit Produzenten sowie staatliche Organe von Verantwortung entlastet. Die Moralisierung des Konsums geht mit einer Verschiebung der Verantwortung von der gesellschaftlichen Ebene hin zur privaten Ebene individueller Haushalte einher. Die Idee des „Abstimmens mit dem Einkaufskorb" ist also nicht unproblematisch: Die Mitbestimmung der Bürgerinnen und Bürger mittels Kaufentscheidungen ist kein demokratischer Akt. Wer viel Geld hat, kann viel abstimmen bzw. mitbestimmen, wer nichts ausgeben kann, hat auch keine Stimme. Für die geographische Konsumforschung gilt es daher, Konsum als Praxis von Subjekten zu betrachten, die ganz unterschiedliche Konsum- und Selbstverständnisse sowie unterschiedliche Mittel besitzen.

Verschiebung der Verantwortung zur privaten Ebene

17.4 Objekte des Konsums

Etwas zu konsumieren bedeutet, etwas zu verwerten bzw. in Wert zu setzen. Tatsächlich macht der Tauschakt auf einem Markt, also in der Regel der Tausch einer Ware gegen Geld, die Besonderheit des „Konsums" gegenüber dem „Verbrauch" aus, auch wenn beide Begriffe häufig synonym verwendet werden (siehe dazu die Kompaktinformation zu Kommodifizierung). Die Grenzen dessen, was eine konsumierbare Ware ist, lassen sich nur schwer ziehen. Man spricht nicht von konsumieren, wenn man spazieren geht, Freundschaften pflegt oder Musik macht. Neue Schuhe zu kaufen, zum Essen auszugehen oder ein Musikinstrument zu erwerben, sind hingegen Akte des Konsums. Diese Beispiele zeigen auch die Schwierigkeit der Trennung von Produktion und Konsum: Der „Konsum" eines Musikinstruments kann

Warenform

der Produktion von Musik dienen, ebenso wie das „Konsumieren" eines Rasenmähers eigene Leistungen ermöglicht, die eine Alternative zu bezahlter Leistung darstellen. Grenzen der Warenform werden auch beim (Ver-)Kauf von Wissen deutlich: Beispielsweise kann der Output einer Universität – anders als etwa der einer Schokoladenfabrik, trotz einer Angleichung der betriebswirtschaftlichen Strategien – nicht einfach konsumiert bzw. verbraucht werden.

Kommodifizierung

Kommodifizierung bezeichnet den Prozess der Umdeutung eines Gegenstandes zu einer Ware. Unter Ware versteht man Gegenstände, denen ökonomischer Wert beigemessen wird und die auf Märkten gehandelt werden. Daher ist der Begriff auch eng verwandt mit der Bewertung (*valuation*) und der Vermarktlichung (*marketization*) sowie – im Sinn einer generellen Ausweitung der ökonomischen Logik – mit Ökonomisierung, Kommerzialisierung und Privatisierung. Dinge, Leistungen oder Menschen können den Status einer Ware erhalten, ihn aber auch wieder verlieren. Auch die Natur kann eine Kommodifizierung erfahren, wenn zum Beispiel Luftverschmutzung für Unternehmen im Zuge des Handels mit Emissionszertifikaten Kosten verursacht oder umgekehrt umweltschonende Produktionsweisen honoriert werden.

Waren zu konsumieren bedeutet auch, Menschen und Dinge an mehr oder weniger weit entfernten Orten auf sich zu beziehen und mit dem eigenen Leben in Verbindung zu bringen. Ausgehend von einer Ware wie einem Hühnchen aus dem Supermarkt, einer Rose aus dem Blumengeschäft oder einer Jeans aus dem Modegeschäft lassen sich mannigfaltige Geographien nachvollziehen. Die Rekonstruktion von Warenherkünften führt uns

- vom Supermarkt über Hühnerfarmen, die Pharmaindustrie und Finanzmärkte bis hin zu einer Geschichte des amerikanischen Nachkriegskapitalismus (Watts 1999, 308),
- vom Blumengeschäft über Plantagenarbeiter in Kolumbien (vgl. Meier 1999) zum Vertrieb von Spritzmitteln durch die global agierende Agroindustrie oder
- von der Markenboutique über die Näherinnen im Sweatshop zur Bewässerung der Baumwollplantage in Usbekistan.

Globalgeschichten von Waren

Von scheinbar profanen Waren lässt sich eine ganze Globalgeschichte erzählen, wie es der Anthropologe Sidney W. Mintz (1986) am Beispiel der Verbindung zwischen dem Zuckerkonsum in Europa und der Entwicklung in der Karibik vorführt (vgl. Cook 2004 zum explorativen Potenzial des Mottos „*Follow the thing!*"). David Harvey betont, dass in der kapitalistischen Wirtschaftswelt der Warenfetischismus für die Illusion sorgt, die Konsumwelt habe keine Verbindungen zu den Produktionsverhältnissen und -orten (Harvey 1990, 422). Deshalb gelte es, die tatsächlichen Verhältnisse hinter der Scheinwelt aufzudecken.

Die Analyse von Warenketten (*commodity chains*) und Wertketten (*value chains*) hat sich als ein Schlüsselkonzept der Wirtschaftsgeographie etabliert. Eine Warenkette wird definiert als eine Gesamtheit von Arbeits- und Produktionsprozessen, deren Resultat eine konsumfertige Ware darstellt (Hopkins/Wallerstein 1986, 159) und die Haushalte, Unternehmen und Staaten miteinander verbindet (Gereffi et al. 1994, 2). Wichtig ist dabei die Unterscheidung zwischen herstellergesteuerten (*producer driven*) und käufergesteuerten (*buyer driven*) Ketten, je nachdem, ob die Entscheidungsgewalt über die Gestaltung der Kette eher von produzierenden Firmen (z. B. Automobilindustrie oder Flugzeugbau) ausgeht oder ob sie von Marketing- und Einzelhandelsfirmen gesteuert wird. In der neueren Variante, der Wert(schöpfungs) kette nach Gereffi et al. (2005), wird zwischen marktförmig und hierarchisch organisierten Verbindungen der Glieder von Wertketten unterschieden. Zwischen diesen beiden Polen liegen diverse Typen netzwerkartiger Verbindungen.

Analyse von Waren- und Wertketten

Warenfetischismus

Der Warenfetischismus ist ein Begriff in der marxistischen Theorie, der sich auf das widersprüchliche Verhältnis von Gebrauchswert und Tauschwert einer Ware bezieht. Marx geht davon aus, dass im kapitalistischen Produktionsprozess eine „Entfremdung" stattfindet, die eine Ware von ihren Produktionsbedingungen löst, wenn sie mit anderen Waren getauscht wird. Eine Ware wird nicht wegen ihrer physisch-materiellen Eigenschaften oder der praktischen Nützlichkeit zum Objekt menschlicher Bedürfnisse, sondern die Warenform selbst macht ein Produkt zu einem begehrten Gegenstand. Den Gegenständen werden Eigenschaften zugeschrieben, die sie „von sich aus" nicht haben. Sie bekommen gewissermaßen ein Eigenleben. In marxistisch orientierten Ansätzen wird der Warenfetisch als eine Verschleierung der Produktionsverhältnisse angesehen, die es zu lüften gilt. In kulturtheoretischen Ansätzen wird hingegen der Fetisch selbst als wichtiger Teil der sozialen Realität angesehen und eine Trennung zwischen einer vermeintlichen Realität verborgener Produktionsverhältnisse und einer Illusion der symbolischen Warenwelt abgelehnt. Stattdessen wird der Blick auf den Prozess der Aufladung einer Ware mit Bedeutungen gelenkt.

In geographischer Perspektive lässt sich die räumliche Organisation von Produktion, Distribution/Vermarktung und Konsum einer Ware betrachten (vgl. Hartwick 1998, 425). Zuweilen erscheinen die Konsument(inn)en als schwache Glieder am einen Ende der Kette, die ähnlich machtlos die ihnen zugedachte Rolle einnehmen wie die Akteure am anderen Kettenende (z. B. Näherinnen, Kleinbäuerinnen und -bauern, Fabrikarbeiter/-innen). Oft sind Analysen von Warenketten jedoch auch gerade darauf ausgerichtet, den Einfluss des Konsums auf die Produktionszusammenhänge zu verdeutlichen. Diese Ausrichtung erlaubt es, mit der Analyse implizit oder explizit eine moralische Aufforderung der Einflussnahme der Konsument(inn)en zu verknüpfen.

Einfluss des Konsums auf die Produktionszusammenhänge

Warenketten lassen sich kulturgeographisch bzw. kulturanthropologisch auch als Zeichenketten verstehen. Waren sind demnach „Dinge", die sowohl materiell produziert als auch kulturell mit Bedeutungen aufgeladen werden (Kopytoff 1986, 64) und die verschiedene Stadien ihres „sozialen Lebens" durchlaufen (Appadurai 1986, 13). Die Rekonstruktion solcher Stadien zielt darauf ab, Brüche in der Biografie von Waren zu identifizieren und aufzuzeigen, unter welchen Bedingungen und in welchem Kontext etwas überhaupt einen Warencharakter annimmt und gegebenenfalls wieder verliert. Mit Blick auf die Kommodifizierung kann aufgezeigt werden, wie Märkte durch Ideologien und Diskurse, aber auch durch Alltagspraktiken hergestellt werden.

Kritisiert wird an den Konzepten der Waren- und Wertketten unter anderem deren Linearität: Komplexe Verbindungen zwischen dem Konsum und den vorgelagerten Prozessen der Erzeugung werden auf die Einflussnahme eines Kettenglieds auf andere reduziert. Alternative Konzepte verwenden stattdessen Bilder von Warenkreisläufen, -netzwerken oder -kulturen. Bekannte Beispiele des Kreislaufmodells mit der Betonung des Wechselspiels zwischen Konsumpraktiken und unternehmerischen Strategien bieten Du Gay et al. (1997) mit der Konstruktion und Perzeption des Sony Walkmans als kulturelles Artefakt oder Cook und Crang (1996), die zeigen, wie ethnische und regionale Küchen bzw. kulinarische Kultur durch neue Kombinationen von geographischen Vorstellungen und Praktiken des Kochens bzw. Essens entstehen.

17.5 Orte und Räume des Konsums

Als Orte des Konsumierens werden in der Regel die Orte des Erwerbs von Waren betrachtet. Sie stehen häufig im Zentrum der räumlichen Organisation der Gesellschaft. So bildet zum Beispiel der Marktplatz als materielle Realisation eines abstrakten Marktes, also des Zusammentreffens von Angebot und Nachfrage, den Mittelpunkt vieler Städte. „Markt-Plätze" haben sich heute allerdings auch in ganz anderen Regionen gebildet: Kaufhäuser, Supermärkte, Einkaufszentren und Outlets oder die virtuellen Markplätze des Onlinehandels sind Konsumorte mit unterschiedlichster Größe, Lage und Art der Warenpräsentation.

Marktplatz

Abb. 17.3
In seinen Bildern bringt
der bulgarische Künst-
ler Luchezar Boyadjiev
die Allgegenwart des
Konsums in (neo-)kapi-
talistischen Gesell-
schaften zum Ausdruck
(Sofia_Billboard Hea-
ven. Boyadijev 2005)

War einst der Jahrmarkt ein einmaliges Konsumerlebnis, scheint
heute das Jahrmarktprinzip auf große Teile der gesamten Konsumwelt übergegangen zu sein. Shopping ist zum Erlebnis geworden und
die Einkaufsorte sind Erlebniswelten, sodass das Konsumieren eng
mit Freizeit und Tourismus verwoben ist. Im Mittelpunkt der Erforschung von Konsumwelten stehen Fragen der Inszenierung und der
Authentizität. Wenn Eco (1990) und Baudrillard (1988) von Hyperre-   **Hyperrealität**
alität sprechen, haben sie genau diese Konsumwelten im Blick, die
zunächst als Simulationen und Zitate „realer" Vorbilder angesehen
werden können, aber ein Eigenleben entwickeln, sodass sie oft realer
als die Realität erscheinen. Die ganz auf Konsum und Kommerz ausgerichteten Städte Las Vegas und Dubai gelten als Idealform hyperre-
aler Konsumorte (Schmid 2009).

Orte des Konsums werden oft als „Konsumtempel" oder „Einkaufs-
kathedralen" bezeichnet. Dadurch werden die Orte des Konsums – der
wichtigsten sozialen Aktivität der Gegenwart – als Räume mit einer
quasi-sakralen Aura charakterisiert (Goss 1993, 18). Laut Goss wird
diese Magie der Warenwelt von Handelsunternehmen absichtlich als
pseudoplace hergestellt, um den profanen Akt des Kaufens und des
Massenkonsums hinter der Fassade der Erlebniswelt und der symbolisch aufgeladenen Waren zu verstecken (ebd., 19).

Die Entwicklung hin zum Erlebnis (Schulze 1992) und Spektakel
(Debord 1996) ist nur eine von mehreren Tendenzen der Veränderun-
gen von Konsumlandschaften. Mit der Inszenierung von Konsumor-   **„McDonaldisierung„**
ten geht eine Rationalisierung des Konsums einher, die der US-ameri-   **der Gesellschaft"**
kanische Soziologe George Ritzer (1997) als „McDonaldisierung" der

Gesellschaft bezeichnet. Wie im Fast-Food-Restaurant werden in vielen Bereichen der Gesellschaft Warenangebote standardisiert und Arbeitsabläufe aus dem Bereich der Produktion in den Bereich des Konsums verlagert. Selbstbedienungsläden, das Zusammenbauen von IKEA-Möbeln und die Koproduktion im Internet sind Ausdruck dieser Rationalisierung.

alternative Formen des Konsums

Auch alternative Formen des Konsums spiegeln sich in spezifischen Orten wider. So zeigen Crewe und Gregson (1998), dass auf Flohmärkten spezifische Konventionen hinsichtlich Markttransaktionen und Wertdefinitionen sowie andere Rituale des Kaufens herrschen. Zudem gibt es Orte des Konsums, die sich ganz explizit gegen die üblichen Marktgepflogenheiten richten. Das gilt nicht nur für Orte des moralischen Konsums wie Welt-Läden, Bio-Läden oder Bauernmärkte, sondern zum Beispiel auch für Müllcontainer von Supermärkten: Um sich mit kostenlosen Lebensmitteln zu versorgen, aber auch, um gegen die Wegwerfgesellschaft zu protestieren, sammeln politisch engagierte – wie auch bedürftige – Menschen aus Müllcontainern genießbare Lebensmittel. Andere Konsumorte jenseits klassischer Marktbeziehungen sind Tafeln für Bedürftige sowie diverse Tauschringe und Sharing-Projekte (vgl. dazu z. B. Lorenz 2012). Zu alternativen Konsumorten, die auf Eigenproduktion von Gütern und somit auf ein absichtlich marktfernes Konsumieren ausgerichtet sind, zählen auch die in jüngerer Zeit in vielen Städten populären Projekte des *urban gardening*.

sozio-materielle Gestaltung von Märkten

Orte und Räume des Konsums stellen nicht nur Standorte, an denen konsumiert wird, sowie Schauplätze des konsumistischen Spektakels dar. Sie beinhalten auch eine sozio-materielle Gestaltung von Märkten als Rahmen für Konsumpraktiken. Das heißt, dass beispielsweise die Einrichtung von Supermärkten und die damit verbundenen Strategien, die sich im Zeitverlauf immer wieder stark verändert haben, Einfluss darauf haben, wie und was die Kunden kaufen (Cook et al. 2000; Cochoy 2010). Einkaufsräume bringen spezifische Einkaufsatmosphären hervor, die sich auf die sinnliche und leibliche Befindlichkeit der Einkäufer und Einkäuferinnen auswirken (vgl. Kazig 2012).

Nicht zuletzt unterliegen Orte und Räume des Konsums vielfältigen Regionalisierungs- und Ethnisierungstendenzen. Zu denken ist hierbei beispielsweise an die Regionalisierung des Konsums im Rahmen der Vermarktung von Regionalprodukten (Ermann 2005) oder an die Vermarktung von Produkten mit lokalem, nationalem oder ethnisiertem Bezug (z. B. Everts 2010). Diese und viele andere Beispiele zeigen, dass das Phänomen des Konsumierens durch seine Alltagspräsenz ein Prisma bietet, durch das viele Phänomene des sozialen Lebens betrachtet und untersucht werden können.

Literatur

Appadurai, A. (1986): Introduction: commodities and the politics of value. In: Appadurai, A. (Hg.): The social life of things: commodities in cultural perspective. Cambridge University Press.

Baudrillard, J. (1988): Simulacra and Simulations. In: Baudrillard, J. (Hg.): Selected Writings. Cambridge: Polity Press.

Bell, D.; Valentine, G. (1997): Consuming Geographies: We are where we eat. London: Routledge.

Bionade (2008): Presseinformation vom 29.07.2008.

Blatter, S. (1972): Schaltfehler. Frankfurt a. M.: Suhrkamp.

Brillat-Savarin, A. (2010) [1825]: Physiologie des Geschmacks. Bremen: Salzwasser.

Bourdieu, P. (1982): Die feinen Unterschiede. Kritik der gesellschaftlichen Urteilskraft. Frankfurt a. M.: Suhrkamp.

Cochoy, F. (2010): Reconnecting marketing to „market-things". In: Luis, A.; Finch, J.; Kjellberg, H. (Hg.): Reconnecting marketing to markets. Oxford: Oxford University Press.

Coe, N.; Kelly, P.; Yeung, H. W. C. (2007): Economic Geography: A Contemporary Introduction. Oxford: Blackwell.

Cook, I. (2004): Follow the thing: papaya. Antipode 36, 642–664.

Cook, I.; Crang, P. (1996): The world on a plate: culinary culture, displacement and geographical knowledge. Journal of Material Culture 1, 131–153.

Cook, I.; Crang, P.; Thorpe, M. (2000): „Have you got the customer's permission?" Category management and circuits of knowledge in the UK food business. In: Bryson, J. R.; Daniels, P. W.; Henry, N.; Pollard, J. (Hg.): Knowledge, Space, Economy. London: Routledge.

Crewe, L.; Gregson, N. (1998): Tales of the unexpected: exploring car boot sales as marginal spaces of contemporary consumption. Transactions of the Institute of British Geographers, NS 23, 39–53.

Debord, G. (1996) [1967]: Die Gesellschaft des Spektakels. Berlin: Edition Tiamat.

Du Gay, P.; Hall, S.; Janes, L.; Mackay, H.; Negus, K. (1997): Doing Cultural Studies: the Story of the Sony Walkman. London: SAGE.

Eco, U. (1990): The Limits of Interpretation. Bloomington: Indiana University Press.

Ermann, U. (2005): Regionalprodukte. Vernetzungen und Grenzziehungen bei der Regionalisierung von Nahrungsmitteln. Stuttgart: Steiner.

Ermann, U. (2006): Geographien moralischen Konsums. Konstruierte Konsumenten zwischen Schnäppchenjagd und fairem Handel. Berichte zur deutschen Landeskunde 81, 197–220.

Everts, J. (2010): Consuming and living the corner shop: belonging, remembering, socialising. Social and Cultural Geography 11, 847–863.

Gäbler, K. (2010): Moralischer Konsum und das Paradigma der Gabe. Geographische Revue 12, 37–50.

Geißler, R. (2002): Die Sozialstruktur Deutschlands. Die gesellschaftliche Entwicklung vor und nach der Vereinigung. Wiesbaden: Westdeutscher Verlag.

Gereffi, G.; Korzeniewicz, M.; Korzeniewicz, R. P. (1994): Introduction: global commodity chains. In: Gereffi, G.; Korzeniewicz, M. (Hg.): Commodity Chains and Global Capitalism. Westport: Greenwood.

Gereffi, G.; Humphrey, J.; Sturgeon, T. (2005): The governance of global value chains. Review of International Political Economy 12 (1), 78–104.

Goss, J. (1993): The „magic of the mall": an analysis of the form, function, and meaning in the contemporary retail built environment. Annals of the Association of American Geographers 83, 18–47.

Hartwick, E. (1998): Geographies of consumption: a commodity chain approach. Environment and Planning D: Society and Space 16, 423–437.

Harvey, D. (1990): Between space and time: reflections on the geographical imagination. Annals of the Association of American Geographers 80, 418–434.

Hellmann, K.-U. (2010): Der Konsument. In: Moebius, S.; Schroer, M. (Hg.): Diven, Hacker, Spekulanten. Sozialfiguren der Gegenwart. Frankfurt a. M.: Suhrkamp, 135–247.

Hitzler, R.; Honer, A.; Pfadenhauer, M. (2008): Posttraditionale Gemeinschaften. Theoretische und ethnografische Erkundungen (Reihe Erlebniswelten). Wiesbaden: VS Verlag für Sozialwissenschaften.

Hopkins, T.; Wallerstein, I. (1986): Commodity chains in the world-economy prior to 1800. Review 10, 157–170.

Kazig, R. (2012): Einkaufsatmosphären. Eine alltagsästhetische Konzeption. In: Schmid, H.; Gäbler, K. (Hg.): Perspektiven sozialwissenschaftlicher Konsumforschung. Stuttgart: Steiner.

König, W. (2008): Kleine Geschichte der Konsumgesellschaft. Konsum als Lebensform der Moderne. Stuttgart: Steiner.

Kopytoff, I. (1986): The cultural biography of things: commodization as a process. In: Appadurai, A. (Hg.): The social life of things: commodities in cultural perspective. Cambridge University Press.

Lauer, M. (2006): Der Wahnsinn in der Flasche. taz vom 18.09.2006.

Lorenz, S. (2012): Tafeln im flexiblen Überfluss. Ambivalenzen sozialen und ökologischen Engagements. Bielefeld: transcript.

Meier, V. (1999): Cut-flower production in Colombia – a major development success story for women? Environment and Planning A 31, 273–289.

Mintz, S. W. (1986): Sweetness and Power: The Place of Sugar in Modern History. London: Penguin.

Priddat, B. P. (2000): Moral hybrids. Skizze zu einer Theorie moralischen Konsums. Zeitschrift für Wirtschafts- und Unternehmensethik 1 (2), 128–151.

Ritzer, G. (1997): Die McDonaldisierung der Gesellschaft. Frankfurt a. M.: Fischer.

Schmid, H. (2009): Economy of Fascination: Dubai and Las Vegas as themed urban landscapes. Stuttgart: Schweizerbart.

Schulze, G. (1992): Die Erlebnisgesellschaft. Kultursoziologie der Gegenwart. Frankfurt a. M.: Campus.

Stehr, N. (2007): Die Moralisierung der Märkte. Eine Gesellschaftstheorie, Frankfurt a. M.: Suhrkamp.

Toffler, A. (1980): The Third Wave. New York: Bantam.

Veblen, T. (2007 [1899]): Theorie der feinen Leute. Eine ökonomische Untersuchung der Institutionen. Frankfurt a. M.: Fischer.

Watts, M. (1999): Commodities. In: Cloke, P.; Crang, P.; Goodwin, M. (Hg.): Introducing Human Geographies. London: Arnold.

Weiguny, B. (2011): Alarm im Bionade-Land. Frankfurter Allgemeine Zeitung vom 22.11.2011.

Andreas Pott # 18   Reisen

18.1   Einleitung

Alle Welt reist: Geschäftsleute, Sportler(innen), Pilger(innen), Pendelmigrant(inn)en, Verliebte, wissenschaftliche Entdecker(innen) oder Urlauber(innen) – sie alle sind in Bewegung und reisen. Die vielfältige Reisepraxis ist Kennzeichen der modernen Welt. In großem Umfang und mit nachhaltiger Prägekraft hat vor allem der Tourismus das Reisen zum Leitbild (Keitz 1997) des modernen Lebens erhoben. Die touristische Reiselust (Hennig 1999) ist das Resultat einer historisch gewachsenen und durch verschiedene Akteure hervorgebrachten Praxis. Touristisches Reisen verweist auf körperliche Mobilität, Außeralltäglichkeit und individuellen Genuss, aber auch auf Authentizität und persönliche Bildungserlebnisse. Diese Konnotation des Reisens ist seiner langen Entwicklungsgeschichte und seinem ehemals exklusiveren Charakter geschuldet. Sie motiviert noch heute verschiedene Versuche, anders als „normale Touristen" zu reisen, Versuche, die zumeist übersehen, dass sie längst selbst zu einer Spielart des Tourismus geworden sind.

Die nachfolgenden Ausführungen beschäftigen sich mit der Konstruktion und Praxis der touristischen Urlaubsreise. Dazu werden folgende Themen und Fragen behandelt:

- Der Tourismus wird zunächst als ein spezifisch modernes Phänomen bestimmt, als ein gesellschaftlicher Teilbereich, der auf moderne Lebensbedingungen reagiert und bestimmte gesellschaftliche Funktionen erfüllt.
- Fragt man nach der Produktion touristischer Reisen, wird die zentrale Rolle von Organisationen im Tourismus deutlich. Die Betrachtung offenbart außerdem die große Bedeutung von Ortswechseln und spezifischen Raumkonstruktionen für die Entstehung und Verfestigung touristischer Strukturen. Diese Einsicht motiviert weitere Anschlussfragen.
- Im zweiten Teil des Aufsatzes wird daher untersucht: Warum ist die Raumkategorie im Tourismus so wichtig und auf welche Weise erlangt sie Bedeutung?
- Welche Folgen hat dies für die touristische Bereisungs- und Besichtigungspraxis, also für das, was in der Tourismusforschung auch der „touristische Blick" genannt wird?

18.2 Touristisches Reisen und der Wunsch nach Distanzierung vom Alltag

Sowohl die mit Urlaubsreisen verbundenen Wünsche und Erwartungen der Reisenden als auch die touristischen Angebote zielen auf die Herstellung von Distanz zum Alltag. Touristen wollen sich physisch und psychisch erholen, entspannen, vergnügen, persönlich bilden usw. Der Tourismus verspricht und organisiert ihnen einen vorübergehenden Ausstieg aus dem Alltag, die Möglichkeit, Erholung vom Alltag zu finden und in einer „Gegenwelt" Differenzen, Anderes, Fremdes zu erleben (Hennig 1999, 43ff.; Kresta 1998; MacCannell 1999). Auch wenn das Bedürfnis nach Alltagsdistanz schon in vergangenen Gesellschaftsformen vorkam (Spode 1988), so ist dieses Interesse an zweckfreien Reisen doch ein spezifisch modernes Phänomen. Dies lässt sich zeigen, wenn man den Alltag in der modernen Gesellschaft genauer betrachtet.

Der moderne Alltag hat das Leben von Individuen verändert. Anders als in früheren Gesellschaften sind zum Beispiel der Lebensverlauf und die sozialen Positionen von Individuen heute weniger festgelegt. Individuen sind heute gleichzeitig in verschiedene gesellschaftliche Teilbereiche rollenspezifisch einbezogen (z. B. als Student an der Universität, Mitarbeiter in der Firma, Wähler in der Politik, Kunde im Einzelhandel oder Patient im Krankenhaus). Das gegenwärtige Alltagsleben ist also Ausdruck der charakteristischen Grundstruktur der modernen Gesellschaft: Dazu gehört die Differenzierung in verschiedene, jeweils einer eigenen Logik folgende Funktionssysteme (Erziehung, Wirtschaft, Politik, Gesundheit, Familie u. a.) und Organisationen (Unternehmen, Parteien, Schulen, Verwaltung u. a.). Das Leben in dieser modernen Gesellschaft ist durch multiple Bezüge gekennzeichnet, durch vielfältige Rollen- und Leistungserwartungen, durch Selbstdisziplinierung sowie die Notwendigkeit, eine anschlussfähige Identität auszubilden.

Grundstruktur moderner Gesellschaft

Vor diesem Hintergrund lässt sich der Tourismus als ein Zusammenhang deuten, der auf die Lebensbedingungen des modernen Alltags reagiert. Genau genommen reagiert der Tourismus auf die Folgen, die die Differenzierungsstruktur der modernen Gesellschaft für Individuen mit sich bringt. Der Tourismus bietet Individuen (auch wenn sie in Gruppen reisen) die zeitlich befristete Erholung von den Verpflichtungszusammenhängen der alltäglichen Lebensführung an. Mit anderen Worten: Die touristische Erfahrung von Alltagsdistanz basiert auf der Lockerung oder Variation alltäglich erlebter gesellschaftlicher Strukturen. Zur Lockerung der Rollen-, Leistungs- und Verhaltenserwartungen des Alltags gehört auch, dass das, was Individuen während der Urlaubsreise tun oder gerade nicht tun, in der Regel weitgehend folgenlos für die Erwartungen bleibt, mit denen sie im täglichen Leben konfrontiert werden. Zu den Ausnahmen dieser Regel zählen die Anerkennung und Aufmerksamkeit, die Reiseerfah-

Lockerung der Rollen-, Leistungs- und Verhaltenserwartungen des Alltags rungen (und ihre Dokumentation in Form von Berichten, neuen Selbstdarstellungen usw.) erhalten können.

Wesentlich für die durch Tourismus ermöglichte Lockerung ist der gegenüber der Alltagserfahrung verstärkte und diese oft kontrastierende Erlebnis-, Wahrnehmungs- und Körperbezug. Auch der im Tourismus intensivierte, manchmal geradezu experimentelle Selbstbezug ist hier zu nennen. So ist die touristische Praxis durch Identitätsbezüge (z. B. fremde/eigene Kultur oder Sprache; Exotik/Heimat) sowie physisch-körperliche, geistig-seelische und soziale „Identitätsarbeit" gekennzeichnet (Elsrud 2001). Die Beispiele reichen vom Wandern, von anderer Ernährung oder veränderten Tagesrhythmen über spirituelle oder ästhetische Erlebnisse bis hin zu Gruppenerfahrungen und Urlaubsflirts.

Regeneration An den verschiedenen Möglichkeiten der Regeneration, des Erlebnisses sowie der Identitätserfahrung im und durch den Tourismus sind nicht nur moderne Individuen interessiert. Sie „nützt" auch den unterschiedlichen gesellschaftlichen Teilbereichen, an denen sie im Alltag – mit je spezifischen Rollenerwartungen – teilnehmen (z. B. den Unternehmen, in denen sie arbeiten, den Schulen oder Universitäten, an denen sie studieren, den Geschäften, in denen sie im Alltag einkaufen, den Arztpraxen und Therapeuten, die sie als Patienten konsultieren, oder den Familien und Kindern, in denen sie bzw. für die sie tagtäglich Väter oder Mütter sind). Gestärkt durch ihre zeitlich befristete Teilnahme am Tourismus lassen sich Individuen wieder auf die alltäglichen Ansprüche und Rollenerwartungen (z. B. auf die Aufgaben am Arbeitsplatz) ein. Zusammenfassend kann man daher die gesellschaftliche Aufgabe des Tourismus in der vorübergehenden Lockerung und Veränderung alltäglicher Teilnahme- und Erwartungsstrukturen erkennen.

Die Bezugnahme auf die modernen Lebensverhältnisse unterscheidet den Tourismus grundlegend von früheren Reiseformen. Diese konnten zwar ebenfalls Alltagsdistanz schaffen: Die mittelalterliche Pilgerreise, die Grand Tour der jungen europäischen Adeligen, die Bäderreise oder die verschiedenen Formen der klassischen Bildungsreise bedeuteten für die Reisenden auch Vergnügen sowie vielfältige Lockerungen oder Variationen ihrer alltäglichen Pflichten (Krempien 2000; Leed 1993; Ohler 1988). Doch im Unterschied zum vordergründig zweckfreien touristischen Reisen waren sie zum einen deutlicher auf Erwerb (von Gesundheit, Wissen, Seelenheil) ausgerichtet. Zum anderen waren sie durch einzelne soziale Systeme (z. B. Religion, Gesundheit oder Wissenschaft) und Schichten (z. B. Adel oder Handwerker) induziert, definiert und legitimiert. Im Gegensatz dazu lassen

Veränderung des Verhältnisses von Gesellschaft und Individuum in der modernen Welt sich die touristischen Reisen seit dem 19. Jahrhundert als Reaktion auf die Folgen der radikalen Veränderung des Verhältnisses von Gesellschaft und Individuum in der modernen Welt deuten. Mit dem Übergang von der mittelalterlichen in die moderne, industrialisierte Welt hat sich eine Grundstruktur der Gesellschaft durchgesetzt und weltweit verbreitet, die Soziologen als funktional differenziert beschreiben. In dieser durch Arbeitsteilung und starken Komplexitätszuwachs gekennzeichneten Gesellschaft müssen Individuen mit der viel stärkeren Zukunftsoffenheit ihrer Lebensläufe sowie einer Vielzahl von unterschiedlichen und teilweise sehr fordernden Rollenerwartungen umgehen. Auf diese Erfahrung reagiert der Tourismus.

18.3 Tourismus als organisierte Form des Ortswechsels

Die voranstehende Deutung behauptet keine Kausalität. Um Alltagsdistanz zu gewinnen, kann man auch virtuelle Reisen tätigen oder Romane lesen. Erholung kann auch ein Saunaabend oder ein Wochenende bei Freunden stiften. Das heißt, Tourismus ist keine strukturell alternativlose Reaktion auf Bedingungen und Alltagsmerkmale der modernen Gesellschaft. Will man eine funktionalistische Argumentation vermeiden, ist daher die Frage zu beantworten, wie der Tourismus durch die Gestaltung seiner Angebote Alltagsdistanz und Erholung herzustellen vermag.

An dieser Stelle wird die große Bedeutung sichtbar, die Reiseunternehmen, Verlagen, Übernachtungs- und Gastronomiebetrieben, Tourismusämtern und anderen Organisationen im Tourismus zukommt. Ihre Struktur bildende Bedeutung kann kaum überschätzt werden. Der Tourismus kann angemessen nur als ein organisiertes Phänomen begriffen werden. Tourismus als organisiertes Phänomen

Wohlgemerkt sind mit dieser Aussage nicht nur die massentouristischen Entwicklungen im 20. Jahrhundert und auch nicht nur organisierte Reisen großen Stils, wie sie seit Mitte des 19. Jahrhunderts vermehrt zu beobachten sind, gemeint. Stattdessen bezieht sie sich auf den Tourismus in der Moderne insgesamt. Selbst der sogenannte Individualtourismus, der seine Identität gerade aus der Abgrenzung von (massen-)touristischen Organisationen bezieht, stützt sich auf Produkte und Leistungen, die Organisationen hervorbringen. Dazu zählen „alternative" Reiseliteratur, Karten und Informationsbroschüren, Transport- und Übernachtungsmöglichkeiten, (Outdoor-)Kleidung sowie eigens auf den individualtouristischen Geschmack zugeschnittene Angebotsbaukästen von Reiseveranstaltern. Auch die Reisepraxen der Backpacker, die typischerweise Individualität, Spontaneität und globale Bewegungsfreiheit betonen, sind ohne Organisationen nicht denkbar. Sie beruhen auf universellen, durch internetbasierte Kommunikationsnetzwerke verbreiteten Reiseschemata, Wissens- und Blickordnungen, die wesentlich durch Reiseführer wie beispielsweise Lonely Planet und durch Backpacker-Hostels (re-)produziert werden (Binder 2005, 104, 145, 190).

Die fundamentale Bedeutung von Organisationen für die Herstellung und Verbreitung von Urlaubsreisen als historisch neuer Praxis wird daran ersichtlich, dass die veränderten Lebensbedingungen in Bedeutung von Organisationen der modernen Welt nicht automatisch zu touristischen Reisen führen. Sie müssen stets als solche erkannt, als alltagstypische Anstrengungen oder Probleme kommuniziert und mit darauf reagierenden Lösungsangeboten beantwortet werden. Genau dies leisten tourismusrelevante Organisationen: Ob primär ökonomisch motivierte Transport-, Reise- oder Gastronomieunternehmen, ob politisch-ideologisch ausgerichtete Arbeiterverbände oder Wandervereine, ob kommunal-, planungs- und entwicklungspolitisch orientierte städtische (Fremden-)Verkehrsvereine, Tourismus- und Marketinggesellschaften – sie alle erkennen oder unterstellen das moderne Bedürfnis nach Alltagsdistanz und richten sich daran aus. Mit ihren Angeboten und Werbeaktionen definieren, stabilisieren und stimulieren diese Organisationen zugleich die Nachfrage, auf die sie reagieren. Zwischen modernen Bedürfnissen nach Alltagsdistanz und den touristischen Organisationen und ihren Produkten besteht ein wechselseitiges Verstärkungsverhältnis.

Häufig entstehen tourismusrelevante Organisationen überhaupt erst durch explizite Bezugnahme auf die Folgen, die der moderne Alltag für Individuen mit sich bringt. Sie kristallisieren an die Frage der Lockerung alltäglicher Erwartungsstrukturen, eine Frage, die sich seit der Ausbildung und Verbreitung der Erholungssemantik im 19. Jahrhundert als Frage der Erholung formulieren lässt. Ein Musterbeispiel dafür sind die ersten Unternehmen und Reisebüros von Thomas Cook, die in den 1840er-Jahren für die unteren sozialen Schichten zum verbilligten Sammeltarif Freizeitreisen und sonntägliche Eisenbahn-Ausflüge in die Natur organisierten – als Mittel gegen die ungesunden Lebensverhältnisse in den Industriegroßstädten und die Flucht vor dem Elend des Manchester-Kapitalismus in den Alkohol. Cooks Unternehmen demonstrieren die innovative und wachstumsgenerierende Kraft touristischer Organisationen. Es gibt „kaum etwas im Reisebürogewerbe, was nicht Cook auch schon – in vielen Fällen erstmalig – tat

Pauschal- und
Gesellschaftsreisen und unternahm" (Fuss 1960, 29). Er stellte erste Pauschal- und Gesellschaftsreisen (seit 1855 auch ins Ausland) zusammen, erfand das Reisesparen, den Hotelgutschein und entwickelte komplette Arrangements, die vom Frühstück, über den schriftlichen Reiseführer mit markierten Sehenswürdigkeiten bis zur Rundfahrt und der professionellen Produktion und Weiterentwicklung von Karten und Ortsmythen alles umfassten (Krempien 2000, 108ff.). Die von Cook initiierten Maßnahmen wurden bald von anderen Reiseanbietern übernommen und weiterentwickelt.

Die Geschichte des organisierten Tourismus zeigt, dass Kapitalisierung, Rationalisierung, „Normung", „Montage" (Enzensberger 1962) sowie Planbarkeit den Tourismus schon lange vor seiner sogenannten Industrialisierung im Zeitalter des Nachkriegs-Massentourismus kennzeichneten. Außerdem verdeutlicht sie, wie Organisationen den Ortswechsel als Antwort auf das Lockerungs- bzw. Erholungsproblem etablieren. So besteht eine der zentralen Leistungen von Organisationen im und für den Tourismus darin, touristische Reisen an und durch als bereiseneswert markierte Orte zu organisieren oder – etwa im Falle von Transport, Reiseführerliteratur, Versicherungen oder der Hotelbranche – zu ihrer strukturierten, organisierten, verlässlichen und planbaren Durchführung beizutragen. Mit anderen Worten sind es der zeitlich befristete Ortswechsel und die Bereisung bestimmter Orte, die die erwünschte Alltagsdistanz versprechen. Diese organisierte Erwartung gibt den Rahmen vor, der dann unterschiedlich ausgeformt oder auch überformt werden kann. So entsteht eine tourismusspezifische Raumordnung, das heißt eine raumbezogene Ordnung der touristischen Kommunikation und des touristischen Blicks (Pott 2011; vgl. dazu auch die Kompaktinformation).

tourismusspezifische Raumordnung

Die mit dem touristischen Ortswechsel und seiner Organisation produzierte Raumordnung besteht aus semantischen Verknüpfungen von räumlichen und anderen Unterscheidungen. Indem Raumstellen (z. B. Städte eines Landes oder territorial adressierbare städtische Teilräume) in der touristischen Kommunikation und Wahrnehmung durch besondere Objekte (z. B. Sehenswürdigkeiten) besetzt werden, entstehen Reiseziele, also bereisbare und bereiseneswerte Orte. Diese Orte oder Ziele werden in der Tourismuswissenschaft Destinationen genannt. Den verschiedenen Destinationen (Ruhrgebiet, Düsseldorf, Nordsee usw.) oder Destinationstypen (Stadt, Land, Küste, Berge, aber z. B. auch Vergnügungspark) ist gemeinsam, dass sie auf dem Prinzip des Ortswechsels basieren. Sie laden bestimmte Ortsbezüge in charakteristischer Weise semantisch und situationsüberdauernd auf. Sie verdanken sich in hohem Maße den Leistungen von miteinander vernetzten Organisationen. Ihre Bekanntheit und Zeitfestigkeit sind außerdem eine Folge der Verbreitung durch Massenmedien.

Destinationen

Mithilfe räumlicher Unterscheidungen beobachten und definieren die an der Herstellung des touristischen Geschehens beteiligten Organisationen zum einen, wer Tourist oder Touristin ist, und wen sie als solchen oder solche ansprechen. Zum anderen konstruieren tourismusrelevante Organisationen auch Profile und gegenseitige Abgrenzungen von Destinationen (Wöhler 2011, 163ff.). So entsteht das, was Touristinnen und Touristen an bestimmten Orten oder von ihrer Reise erwarten können.

Die auf diese Weise hergestellte Lockerung alltäglicher Strukturen durch Ortswechsel bringt eine beeindruckende Wachstumsdynamik hervor. Die Organisation touristischer Reisen bewirkt (Erwartungs-) Sicherheit und Planbarkeit. Dadurch tragen Unternehmen dazu bei, dass Hemmschwellen abgebaut werden. Die bereits mit der Cook'schen Form des Reisens verbundene Erwartungssicherheit ermöglichte etwa, dass erstmals in der bis dato ausschließlich männlich geprägten Geschichte des Reisens auch Frauen verreisten (Leed 1993, 304). Die kommerziellen Unternehmen der Tourismusindustrie entdeckten und entdecken immer wieder neue Gruppen (z. B. Arbeiter in der Weimarer Republik oder gegenwärtig die über 50-jährigen

„Best Ager") und beginnen, diese gezielt zu umwerben. Sie folgen dem Trend einer zunehmenden Ausdifferenzierung durch spezielle Erwartungsbildung (z. B. Organisationen für Transport, Übernachtung oder Reiseführung; Spezialisierung auf Reisen für Jugendliche, Familien, Arbeiter oder Senioren). Derart fördern sie die Professionalisierung sowie die weitere Zunahme touristischer Reisen und Aktivitäten.

Wachstum und Ausdifferenzierung des touristischen Reisens

Für das starke Wachstum und die enorme Ausdifferenzierung des touristischen Reisens seit dem Ende des 19. Jahrhunderts sind freilich nicht nur Organisationen verantwortlich. Neben einer ganzen Reihe anderer gesellschaftlicher Veränderungen und Faktoren (z. B. Industrialisierung, transport- und kommunikationstechnologische Erfindungen, Wandel der Bewertung des Reisens in einer zunehmend mobilen Gesellschaft) ist vor allem der Zusammenhang von Reisen, Freizeit, Urlaub und modernem Wohlfahrtsstaat zu nennen. Nur durch die erst im wohlfahrtsstaatlichen Kontext entstandene und durchgesetzte Urlaubsreise konnte sich das adelige und dann auch bürgerliche Reisemodell des frühen Tourismus schrittweise zu einem schichtübergreifenden Modell entwickeln (Keitz 1997; Spode 1988).

18.4   Der Raum als Medium der Erwartungsbildung

Die Ausführungen zum organisierten Charakter des Reisegeschehens und zur Destinationsproduktion verweisen auf die wichtige Rolle, die räumliche Unterscheidungen für die Herausbildung touristischer Strukturen spielen. Allerdings geht es im Tourismus nicht primär um räumliche Mobilität oder Destinationen. Räumliche Bezüge und Konstruktionen werden vielmehr sekundär relevant: Der Ortswechsel strukturiert die Antwort auf die den Tourismus induzierende Frage „Was verschafft Erholung?". Raum wird – anders formuliert – als Medium der touristischen Erwartungsbildung relevant.

Routen, Ziele und Inhalte des Reisens

Natürlich gilt: „Wer reist, benötigt Topoi: Schemata, Orientierungsmarken, die die Bewegung erst definieren [und den bereisten Ort erst konstruieren, A. P.]. So entstehen Topologien, die eng verflochten sind mit der Reisebewegung" (Karentzos et al. 2010, 6). Entsprechend lokalisiert der Tourismus Routen, Ziele und Inhalte des Reisens in einem Koordinatensystem von Wunschvorstellungen und Erwartungen. Warum jedoch gerade der Ortswechsel verspricht, das Erholungsproblem zu lösen, bleibt erklärungsbedürftig. Ausgehend von empirischen Beobachtungen lassen sich verschiedene Vermutungen anstellen. Die erste betrifft die Verbindung des Reisens mit dem Konsum. Indem der sich seit dem 18./19. Jahrhundert herausbildende und schrittweise ausdifferenzierende Tourismus als eine Form der räumlichen Mobilität organisiert wurde, konnte er an die lange Tradition des Reisens anknüpfen. Hieran hatten stets auch die nach ökonomischem Kalkül operierenden Verkehrs- und Transportunter-

nehmen (Postkutschen, Eisenbahn-, Schifffahrts-, Bus- und Flugge-
sellschaften) Interesse. Sie konnten durch die touristische Entwicklung selbst expandieren. Durch die von ihnen angebotenen Reisemög-
lichkeiten schürten sie ihrerseits die Nachfrage, was sich gegenwärtig
auch am wechselseitigen Steigerungsverhältnis von Billigfliegern
(Low Cost Airlines) und europäischem Städtetourismus beobachten
lässt. Auf diese Weise transformierten sie das Reisen erfolgreich in ein
modernes Konsumgut und wirkten damit wachstumsfördernd (z. B.
Cocks 2001; Keitz 1997).

Wesentlich erscheint ferner, dass es dem Tourismus gerade durch
den Raumbezug (durch Ortswechsel bzw. -bereisung) gelingt, Individuen zu mobilisieren sowie ihre Wahrnehmung und Körperlichkeit in
Anspruch zu nehmen. Touristinnen und Touristen nehmen – insbesondere wenn sie sich physisch bewegen – wahr, dass sie Orte wech-
seln, dort übernachten und auf ihrer Reise alltagsfremde Lokalitäten
besichtigen und erleben. Genau darin, so könnte man zuspitzen,
besteht die Teilnahme am Tourismus. Der Ortswechsel symbolisiert
die vom Tourismus versprochene und durch Teilnahme an ihm
erhoffte Alltagsdistanz, Erholung oder Kontrasterfahrung. Hierin
scheint auch die Attraktivität von Fernem (gegenüber Nahem)
begründet zu liegen. Der touristische Drang in die Ferne scheint der
einfachen Gleichung zu folgen: Je größer die (physisch-erdräumli-
che) Entfernung vom alltäglichen Wohn- und Arbeitsort, desto plausi-
bler die Erwartung von Alltagsdistanz. Die Beobachtung, dass in der
jüngeren Vergangenheit auch die andere Seite der nah/fern-Unter-
scheidung (z. B. Naherholungs-Tourismus) wieder stärker betont,
organisiert und beworben wird, widerspricht dem nicht. Sie ist vielmehr ein Beleg für die historisch erfolgreich durchgesetzte Identifikation von Ferne mit Variation (Kontrast, Fremde usw.), die Voraussetzung dafür ist, nun auch die Nähe (als die nur vertraut geglaubte,
aber doch fremde und daher noch zu entdeckende Welt) touristisch in
Wert zu setzen.

Raumbezüge und Ortswechsel sind auch deshalb bedeutsam, weil
sie das Wachstum des Tourismus unterstützen. Durch die Indizierung
touristischer Kommunikation mit räumlichen Unterscheidungen (wie
hier/dort) gewinnt der Tourismus eine markante Form, die als Erwar-
tungsstruktur kreative Weiterentwicklungen anstoßen kann: Gäste
erwarten in touristischen Zielorten (= dort) Hotels; Organisationen in
Gastländern und Ferienorten bauen Hotels, und zwar dort und solche,
von denen sie meinen, dass sie von Touristen erwartet werden; die
Touristen erkennen, dass im Gastland Hotels gebaut wurden, die ihre
ersten Erwartungen erfüllen und entwickeln daraufhin neue Erwartungen (Baecker 2007, 154ff.).

Infolge ihrer Abstraktion sind räumliche Unterscheidungen außerdem kommunikativ sehr einfach zu handhaben. Dies erleichtert die
globale Expansion des Tourismus („es gibt immer Orte, an denen man
noch nicht war", „immer weiter weg") und erlaubt die permanente

*Wahrnehmung und
Körperlichkeit*

*Identifikation von
Ferne mit Variation*

Abb. 18.1
Beim touristischen Blick erzeugt das Zusammenspiel von Schauplatz (*site*) und Ansicht (*sight*) die Sehenswürdigkeit. Durch ihre Anwesenheit am Schauplatz (hier: dem Schlosspark von Versailles) beeinflussen die Touristen die Ansicht und können so gewissermaßen Bestandteil der Sehenswürdigkeit werden (Foto: T. Freytag 2002).

Erfindung neuer Reisearten und -ziele, bis hin zum Weltraumtourismus oder zu den Berliner „Phantomführungen", die ausgewählte Standorte zum Anlass für die Erzeugung von Narrationen zu Gebäuden, Ereignissen oder Entwicklungen nehmen, die nicht (mehr) sichtbar sind.

18.5 Räumliche Ordnung und touristische Praxis

Räumliche Bezüge, Verortungen und Ortskonstruktionen dienen im Tourismus nicht nur der Ordnung der Kommunikation, sondern auch der Strukturierung des touristischen Blicks (vgl. dazu die Kompaktinformation). Dieser leitet die Bereisungs- und Besichtigungspraxis an und wird durch sie reproduziert (vgl. Abbildung 18.1). Die Formierung des touristischen Blicks durch räumliche Unterscheidungen lässt sich zum Beispiel an städtetouristischen Broschüren, Reiseführern oder Karten zeigen. Diese Ortskonstruktionen sind für das Sightseeing und für touristische Bewegungsmuster höchst relevant (Freytag 2010, 52f.; Keul/Kühberger 1996; Steinbrink/Pott 2010; Wöhler 2003).

Natürlich ist der touristische Blick kontingent, also auch immer anders möglich. Er wandelt sich historisch, hängt von den Interessen der Reisenden, den am Ferienort vorfindbaren Angeboten sowie persönlichen, sachlichen, zeitlichen und anderen Faktoren ab. Touristen könnten auch immer anderes sehen und erleben. Teilweise bemühen sie sich geradezu darum, *anders* zu reisen als andere Touristen oder als massentouristische Anbieter es ihnen nahelegen. Nicht nur in Großstädten versuchen manche Reisende, den touristischen Blick abzulegen, nicht die offiziellen Sehenswürdigkeiten zu besuchen, sondern – im Gegenteil – gerade das vermeintlich alltägliche Leben am besuchten Ort zu erleben. Allgemein gesprochen unterliegen touristische Handlungen und touristisches Erleben somit einer gewissen Unsicherheit. Sie sind, zumindest prinzipiell, immer auch anders möglich. Diese Unsicherheit suchen die Organisationen des Tourismus zu kontrollieren und möglichst unsichtbar zu machen. Für die Organisation des Tourismus ist es von großer Bedeutung, die potenzielle Instabilität des touristischen Blicks zu zähmen sowie die Möglichkeit alternativer Beobachtungen und die Einsicht in die Kontingenz touristischen Erlebens zu minimieren oder zumindest zu kanalisieren.

Kontingenz des touristischen Erlebens

Touristischer Blick (tourist gaze)

In der touristischen Praxis kommt dem Sehen und der Besichtigung ein herausragender Stellenwert zu: Bereisenswert ist das, was als erlebens- und sehenswert gilt; der Erfolg touristischer Destinationen basiert darauf, dass sie Objekte des „touristischen Blicks" werden. Entwickelt wurde das Konzept des *tourist gaze* von dem Soziologen John Urry (1990). Nach Urry steht der Blick im Zentrum des Reisens. Die Geschichte des modernen Tourismus ist die Geschichte der Herstellung, Veränderung und Anwendung eines nicht-alltäglichen Blicks auf Szenen, Landschaften und Städte. Schon in der ersten Hälfte des 19. Jahrhunderts wurden Orte und Gebäude zu touristischen Sehenswürdigkeiten, indem sie nicht mehr benutzt, sondern betrachtet wurden. Im Englischen wurde aus dem *site* ein *sight*. Auch der heutige Massentourismus ist eng mit dem touristischen Blick verknüpft. Die Dominanz des Visuellen führt zu einer *visual consumption*, die Tourismusdestinationen zu kommerziell verwertbaren Gütern macht. Bereits die Erwartungen an Destinationen sind durch Raumbilder strukturiert, wie sie im Fernsehen, in Broschüren oder im Internet präsentiert werden. Der bereiste Ort wird mit dem medial verbreiteten Bild verglichen und mit der Kamera wird eben dieses Bild gesucht, zitiert und reproduziert. Visueller Konsum ist nicht in erster Linie ein Verbrauch der konsumierten Güter selbst, sondern besteht in der Produktion und Reproduktion von Zeichen, die für diese Güter stehen (Urry 1990, 3).

Es wäre zum Beispiel für tourismusorientierte Betriebe und Städte, die sich um Reisende bemühen, problematisch, wenn potenzielle Touristen überhaupt keinen Grund zu Städtereisen sähen, da sie ihren Wohn- und Arbeitsort auch bei der Suche nach Erholung und nicht-alltäglichen Erfahrungen präferierten. Ebenso misslich wäre es, wenn

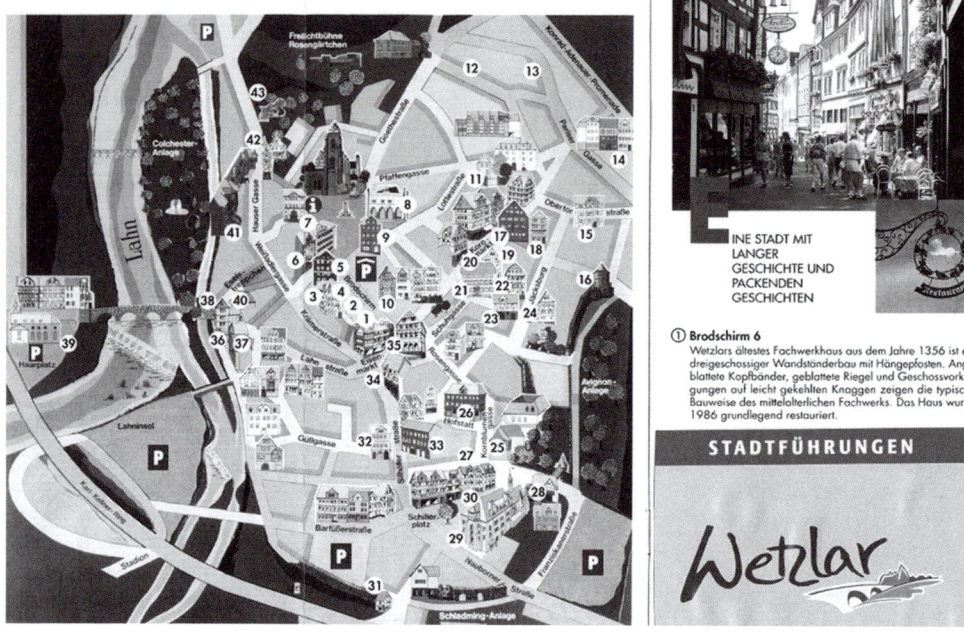

① **Brodschirm 6**
Wetzlars ältestes Fachwerkhaus aus dem Jahre 1356 ist ein dreigeschossiger Wandständerbau mit Hängepfosten. Angeblattete Kopfbänder, geblattete Riegel und Geschossvorkragungen auf leicht gekehlten Knaggen zeigen die typische Bauweise des mittelalterlichen Fachwerks. Das Haus wurde 1986 grundlegend restauriert.

Abb. 18.2
Touristischer (Alt-)Stadtplan von Wetzlar (Quelle: Wetzlarer Tourist-Information 2007)

Touristen mehrheitlich nicht die in einer Stadt lokalisierten Sehenswürdigkeiten bereisten und als Sehenswürdigkeiten beobachteten, wenn sie nicht die auf Touristen spezialisierten Events, Museen, Hotels oder Gastronomiebetriebe besuchten, sondern wenn sie sich immer wieder ganz anders als erwartet verhielten und anderes beobachteten. Daher stellen auch Individualtouristen, die ihre Identität gerade durch eine Abgrenzung von (massen-)touristischen Anbietern und der üblichen touristischen Praxis beziehen, eine besondere Herausforderung dar, die der Tourismus aber schnell als Innovationsmöglichkeit erkannt hat, um neue Angebote zu entwickeln.

Individualtouristen

Vor diesem Hintergrund wird eine wichtige Funktionsstelle deutlich, die die „Orte des Tourismus" (Pott 2007) einnehmen: Orte und Verortungen dienen der Asymmetrisierung und damit der Stabilisierung und Ordnung des potenziell instabilen Blicks der Reisenden. Sie ordnen nicht nur Kommunikation, sondern werden auch zu einem Phänomen für das (touristische) Bewusstsein (Baecker 2004, 257). So überführen zum Beispiel touristische Stadtpläne – ebenso wie der Beobachtungsrahmen Altstadt oder die in ihr lokalisierten Sehenswürdigkeiten – die Kontingenz des touristischen Blicks in eine reduzierte, geordnete und nicht-beliebige Abfolge, das heißt in die Erwart- und Erfahrbarkeit von Alltagsdistanz, körperlicher Ent- oder Anspan-

touristische Stadtpläne

nung, geistiger Anregung, leiblichem Genuss oder kultureller Variation durch konkrete und an konkreten Orte(n) (vgl. Abbildung 18.2). Damit tragen sie entscheidend zur Ausdifferenzierung des Tourismus und zur Stabilisierung des touristischen Blicks bei.

Selbst die Abgrenzungsversuche des Individual- oder Alternativtourismus sind räumlich codiert: Das sinnliche Wahrnehmen einer Kultur abseits der „eingetretenen Pfade" (Fendl/Löffler 1993, 69) und jenseits der standardisierten Blickordnungen des Massen- bzw. Mainstream-Tourismus, das alternative Reiseführer (z. B. Lonely Planet) üblicherweise zum Ziel erheben, verdankt sich ebenfalls räumlichen Formen und Konstruktionen. Die charakteristischen Abgrenzungen von den etablierten Orten und Praxen des Tourismus, die Nennung bestimmter Backpacker-Hostels oder die Verweise auf Subkulturen und Szenen in nicht-touristischen Stadtvierteln basieren ihrerseits auf Verortungen, nämlich den kritisierten alten sowie den empfohlenen neuen.

Damit fassen die letzten Beispiele die wesentlichen Einblicke der voranstehenden Argumentation zusammen. Gezeigt wurde, dass und wie der Tourismus auf die Lebensbedingungen in der modernen Gesellschaft reagiert: Durch die Arbeit von Organisationen, die Konstruktion von Raumbildern sowie die Produktion touristischer Orte und Blickordnungen ist mit der Urlaubsreise eine symbolische Form entstanden, die immer wieder aufs Neue touristische Mobilität generiert, indem sie die zentrale touristische Erwartung kommuniziert: Erholung und Alltagsdistanz durch Ortswechsel.

Literatur

Baecker, D. (2004): Miteinander leben, ohne sich zu kennen: Die Ökologie der Stadt. In: Soziale Systeme 10 (2), 257–272.

Baecker, D. (2007): Form und Formen der Kommunikation. Frankfurt a. M.: Suhrkamp.

Binder, J. (2005): Globality. Eine Ethnographie über Backpacker. Münster: LIT Verlag.

Cocks, C. (2001): Doing the Town. The Rise of Urban Tourism in the United States, 1850–1915. Berkeley: University of California Press.

Elsrud, T. (2001): Risk Creation in Travelling: Backpacker Adventure Narration. In: Annals of Tourism Research 28, 597–617.

Enzensberger, H. M. (1958): Eine Theorie des Tourismus. In: Ders. (1962): Einzelheiten I – Bewußtseins-Industrie. Frankfurt a. M.: Suhrkamp, 179–205.

Fendl, E.; Löffler, K. (1993): „Man sieht nur, was man weiß". Zur Wahrnehmungskultur in Reiseführern. In: Kramer, D.; Lutz, R. (Hg.): Tourismus-Kultur, Kultur-Tourismus. Münster/Hamburg: LIT Verlag, 55–77.

Freytag, T. (2010): Déjà-vu: tourist practices of repeat visitors in the city of Paris. In: Social Geography 5, 49–58 (http://www.soc-geogr.net/5/49/2010/).

Fuss, K. (1960): Geschichte des Reisebüros. Darmstadt: Jaeger.

Hennig, C. (1999): Reiselust. Touristen, Tourismus und Urlaubskultur. Frankfurt a. M.: Insel Verlag.

Karentzos, A.; Kittner, A.-E.; Reuter, J. (Hg.) (2010): Topologien des Reisens. Tourismus – Imagination – Migration. Online-Publikation der Universität Trier, http://ubt.opus.hbz-nrw.de/volltexte/2010/565/pdf/Topologien_des_Reisens.pdf.

Keitz, C. (1997): Reisen als Leitbild. Die Entstehung des modernen Massentourismus in Deutschland. München: dtv.

Keul, A.; Kühberger, A. (1996): Die Straße der Ameisen. Beobachtungen und Interviews zum Salzburger Städtetourismus. München/Wien: Profil.

Krempien, P. (2000): Geschichte des Reisens und des Tourismus. Ein Überblick von den Anfängen bis zur Gegenwart. Limburgerhof: FBV.

Kresta, E. (1998): Die Flucht ins Andere. In: Burmeister, H.-P. (Hg.): Auf dem Weg zu einer Theorie des Tourismus. Loccumer Protokolle 5, 11–20.

Leed, E. J. (1993): Die Erfahrung der Ferne. Reisen von Gilgamesch bis zum Tourismus unserer Tage. Frankfurt a. M./New York: Campus.

MacCannell, D. (1999 [1976]): The Tourist. A New Theory of the Leisure Class. Berkeley: University of California Press.

Ohler, N. (1988): Reisen im Mittelalter. München: Artemis.

Pott, A. (2007): Orte des Tourismus. Eine raum- und gesellschaftstheoretische Untersuchung. Bielefeld: transcript.

Pott, A. (2011): Die Raumordnung des Tourismus. In: Soziale Systeme. Zeitschrift für soziologische Theorie 17 (2), 255–276.

Spode, H. (1988): Der moderne Tourismus – Grundlinien seiner Entstehung und Entwicklung vom 18. bis zum 20. Jahrhundert. In: Storbeck, D. (Hg.): Moderner Tourismus. Tendenzen und Aussichten. Trier: Materialien zur Fremdenverkehrsgeographie 17, 39–76.

Steinbrink, M.; Pott, A. (2010): Global Slumming. Zur Genese und Globalisierung des Armutstourismus. In: Wöhler, K.; Pott, A.; Denzer, V. (Hg.): Tourismusräume. Zur soziokulturellen Konstruktion eines globalen Phänomens. Bielefeld: transcript, 247–270.

Urry, J. (1990): The Tourist Gaze. Leisure and Travel in Contemporary Societies. London: SAGE.

Wöhler, K. (2003): Kulturstadt versus Stadtkultur: Zur räumlichen Touristifizierung des Alltagsfremden. In: Bachleitner, R.; Kagelmann, H. J. (Hg.): Kultur – Städte – Tourismus. München/Wien: Profil, 21–34.

Wöhler, K. (2011): Touristifizierung von Räumen: Kulturwissenschaftliche und soziologische Studien zur Konstruktion von Räumen. Wiesbaden: VS Verlag für Sozialwissenschaften.

Verzeichnis der Autorinnen und Autoren

Christian Berndt	Professor für Wirtschaftsgeographie an der Universität Zürich	Als heterodoxer Wirtschaftsgeograph arbeitet er zur Geographie von Märkten und Warenketten mit einem Schwerpunkt auf die Arbeitsbeziehungen.
Ulrich Ermann	Professor für Humangeographie unter Berücksichtigung der Fachdidaktik an der Universität Graz	Er forscht zu Geographien der Produktion und des Konsums im Rahmen einer kulturtheoretisch orientierten Wirtschaftsgeographie.
Michael Flitner	Professor für nachhaltige Regionalentwicklung in der Globalisierung an der Universität Bremen	Sein Interesse gilt der Erforschung gesellschaftlicher Naturverhältnisse in sozial- und kulturwissenschaftlicher Perspektive. Aktuelle Schwerpunkte sind Problemlagen des Klimawandels und Umweltkonflikte in Deutschland und Indonesien.
Tim Freytag	Professor für Humangeographie an der Albert-Ludwigs-Universität Freiburg	Er beschäftigt sich mit Städten und Metropolräumen unter sozialen, politischen und kulturellen Aspekten. Zu seinen weiteren Schwerpunkten zählen Tourismus- und Mobilitätsforschung sowie Bildungsgeographie.
Matthew G. Hannah	Professor für Kulturgeographie an der Universität Bayreuth	Er interessiert sich für die politische und historische Geographie des Wissens, versucht dabei marxistische, feministische, Foucaultsche sowie phänomenologische Ansätze fruchtbar miteinander zu verknüpfen.
Susanne Heeg	Professorin für Geographische Stadtforschung an der Goethe-Universität Frankfurt am Main	Ihre Forschungsschwerpunkte sind die Neoliberalisierung des Städtischen, gebaute Umwelt in Städten, Globalisierung der Immobilienwirtschaft und ein Rescaling von Arbeitsbeziehungen.
Ilse Helbrecht	Inhaberin des Lehrstuhls für Kultur- und Sozialgeographie an der Humboldt-Universität zu Berlin	Ihre Forschungsschwerpunkte sind kultur- und sozialgeographische Stadtforschung, Aspekte der Stadtentwicklungspolitik sowie internationale Wohnungsmarktforschung.

Felicitas Hillmann	zurzeit Gastprofessorin an der Freien Universität Berlin	Ihr Forschungsschwerpunkt liegt auf der internationalen Migrationsforschung, insbesondere auf Fragen der (geschlechtsspezifischen) Integration in städtische Arbeitsmärkte, außerdem auf Stadtentwicklungsfragen.
Holger Jahnke	Professor für Geographie und ihre Didaktik an der Universität Flensburg	Seine aktuellen Arbeitsgebiete liegen im Bereich der Geographiedidaktik, insbesondere der Visuellen Geographie, sowie der Bildungsgeographie und dem aktuellem Wandel von Bildungslandschaften.
Caroline Kramer	Professorin für Humangeographie am Karlsruher Institut für Technologie (KIT)	Ihre Lehr- und Forschungsschwerpunkte sind Stadt- und Bevölkerungsgeographie (z. B. demographischer Wandel), Zeitgeographie, Bildungsgeographie sowie Themen der geographischen Genderforschung.
Roland Lippuner	akademischer Rat am artec Forschungszentrum Nachhaltigkeit der Universität Bremen	Seine Forschungsschwerpunkte sind die sozialwissenschaftliche Umweltforschung, Sozialtheorie (Systemtheorie, Theorie der Praxis), Konsum, Versorgungssysteme und Technik im Alltag.
Julia Lossau	Professorin für Humangeographie an der Universität Bremen	Sie lehrt und forscht zu Fragen von Kulturgeographie und Politischer Geographie, zu Stadt- und Regionalentwicklung sowie zu postkolonialer Theorie.
Annika Mattissek	vertritt derzeit die Professur für Allgemeine Wirtschafts- und Sozialgeographie an der TU Dresden	Ihre Forschungsschwerpunkte liegen in der Politischen Geographie, der Stadtgeographie und der Gesellschaft-Umwelt-Forschung sowie in poststrukturalistischen Theorien und deren methodischer Umsetzung.
Detlef Müller-Mahn	Professor für Humangeographie an der Universität Bonn	Schwerpunktmäßig befasst er sich mit Risikoforschung in Entwicklungskontexten, Anpassung an den Klimawandel und Politischer Ökologie.
Sandra Petermann	wissenschaftliche Mitarbeiterin am Geographischen Institut der Johannes Gutenberg-Universität Mainz	Sie lehrt und forscht im Bereich der Stadt- und Sozialgeographie (z. B. Raum- und Ritualtheorien, Erinnerungsorte, Altstädte) mit einem regionalen Fokus auf Marokko, Frankreich und Deutschland.

Andreas Pott	Professor für Sozialgeographie an der Universität Osnabrück	Seine Forschungsgebiete sind die geographische Migrationsforschung, Tourismus, kulturelle Geographien der Städte sowie Raumtheorie. Er ist Direktor des interdisziplinären Instituts für Migrationsforschung und Interkulturelle Studien (IMIS).
Achim Prossek	wissenschaftlicher Mitarbeiter am Geographischen Institut der Humboldt-Universität zu Berlin	Seine Forschungsschwerpunkte liegen in der Stadt- und Regionalentwicklung, wobei kulturwissenschaftliche wie raumplanerische Fragen gleichermaßen Berücksichtigung finden.
Paul Reuber	Professor für Anthropogeographie an der Universität Münster	Seine Forschungsschwerpunkte liegen im Bereich der Politischen Geographie, der Neuen Kulturgeographie und der Sozialgeographie.
Anke Strüver	Professorin für Sozial- und Wirtschaftsgeographie an der Universität Hamburg	Ihr Forschungsfokus liegt mit verkörperten Subjekten auf dem Wechselverhältnis von Identitäts- und Raumkonstitution, insbesondere in der Grenz-, Migrations- und Stadtforschung
Julia Verne	wissenschaftliche Mitarbeiterin am Institut für Humangeographie der Goethe-Universität Frankfurt	Sie arbeitet zu Fragen der Kultur- und Wirtschaftsgeographie, aktuellen Debatten der Entwicklungsgeographie sowie der Schnittstelle von Geographie, Anthropologie und Science and Technology Studies.
Benno Werlen	Professor für Sozialgeographie an der Friedrich-Schiller-Universität Jena	Forschungsschwerpunkte und Lehrbereiche sind die praxiszentrierte Theorie und Methodologie der Geographie, Globalisierung und Alltagswelt sowie globale Nachhaltigkeit.

Bildquellen

Umschlagbild: J. Lossau 2012

Abb. 2.1: Bourdieu, P. (1998): Praktische Vernunft. Zur Theorie des Handelns. Frankfurt a. M.: Suhrkamp, S. 19

Abb. 2.2: Oppel, A./Ludwig, A. (Hg.) (1898): Allgemeine Erdkunde in Bildern. 3. Aufl. von F. Hirts geographischen Bildertafeln, Teil 1. Breslau: Ferdinand Hirt, Tafel 28

Abb. 3.1: R. Schübel, Bildarchiv der Thüringer Tourismus GmbH (www.thueringen-tourismus.de)

Abb. 3.2: bpk, Bildagentur für Kunst und Geschichte/Bayerische Staatsgemäldesammlung

Abb. 4.1: Werlen, B. (1999): Zur Ontologie von Gesellschaft und Raum. Sozialgeographie alltäglicher Regionalisierungen, Band 1. 2., völlig überarb. Aufl., Stuttgart: Franz Steiner Verlag, S. 127

Abb. 5.1: Müller, W./Seifert, W. (2012): Wohnungsmarkt Bericht 2011. Frankfurt a. M.: Amt für Wohnungswesen der Stadt Frankfurt, S. 66

Abb. 6.1: © Library of Congress – digital re/Science Faction/Corbis

Abb. 7.1: M. Wegener, 2012, eigene Darstellung

Abb. 8.1: F. Hillmann, 2011, eigene Darstellung

Abb. 8.2: F. Hillmann 2011

Abb. 9.1: Gans, P./Kemper, F.-J. (2010): Die Bevölkerung und ihre Dynamik. In: Hänsgen, D.; Lentz, S.; Tzschaschel, S. (Hg.): Deutschlandatlas. Darmstadt: Wissenschaftliche Buchgesellschaft, S. 19, ergänzt

Abb. 9.2: Wehrhahn, R./Sandner Le Gall, V. (2011): Bevölkerungsgeographie. Geowissen kompakt. Darmstadt: Wissenschaftliche Buchgesellschaft, S. 55

Abb. 10.1: A. Strüver, eigene Darstellung

Abb. 10.2: A. Strüver v.l.n.r. 2012, 2012, 2004

Abb. 10.3: A. Strüver, eigene Darstellung

Abb. 11.1: Autorengruppe Bildungsberichterstattung (Hg.) (2012): Bildung in Deutschland 2012. Ein indikatorengestützter Bericht mit einer Analyse zur kulturellen Bildung im Lebenslauf. Bielefeld: W. Bertelsmann Verlag, S. 69

Abb. 11.2: Dubai International Academic City (http://www.diacedu.ae/media-center/photogallery), mit freundlicher Genehmigung

Abb. 12.1: I. Helbrecht 2012

Abb. 12.2: I. Helbrecht 2012

Abb. 12.3: I. Helbrecht 2012
Abb. 12.4: I. Helbrecht 2012
Abb. 13.1: P. Reuber 2006
Abb. 13.2: P. Reuber, eigene Darstellung
Abb. 14.1: Bundesamt für Bauwesen und Raumordnung (Hg.) (2005):
Raumordnungsbericht 2005, Bonn, 219, ergänzt
Abb. 14.2: B. Mächtle 2011
Abb. 15.1: S. Petermann 2012
Abb. 15.2: S. Petermann 2006
Abb. 15.3: S. Petermann 2006
Abb. 16.1: Lars Reimann, Imago Stock & people GmbH, Berlin
Abb. 17.1: Bionade Presse- und Öffentlichkeitsarbeit 2013
Abb. 17.2: ARMEDANGELS (www.armedangels.de)
Abb. 17.3: L. Boyadjiev, mit freundlicher Genehmigung
Abb. 18.1: T. Freytag 2002
Abb. 18.2: Wetzlarer Tourist-Information 2007

Sämtliche Grafiken wurden von Birgitt Gaida nach Vorlagen aus der Literatur, der Herausgeber und Autoren umgesetzt.

Sachregister

Solides Grundwissen über das urbane Mensch-Umwelt-System

Was ist Stadtökologie? Was wissen wir über die Natur in der Stadt und wie lassen sich Städte ökologisch gliedern? Welche Rolle spielen Klima, Wasserhaushalt und Boden im urbanen Raum? Wie greifen Stadtbewohner gewollt oder ungewollt in die natürlichen Wechselbeziehungen ein?

Diese und andere Grundfragen des urbanen Mensch- Umwelt-Systems werden ausführlich und anschaulich erläutert. Merksätze in der Randspalte fassen die wichtigsten Inhalte und Erkenntnisse prägnant zusammen, zahlreiche Abbildungen und Tabellen illustrieren die Sachverhalte und erleichtern das Verständnis. Ein Verweissystem mit umfangreichem Literatur- und Stichwortverzeichnis ermöglicht die weitere Vertiefung und das schnelle Auffinden von Informationen.

Einführung in die Stadtökologie. Grundzüge des urbanen Mensch-Umwelt-Systems.

W. Endlicher. 2012. 272 Seiten, 96 Abbildungen, 30 Tabellen, kart. ISBN 978-3-8252-3640-3.

 **www.utb.de**